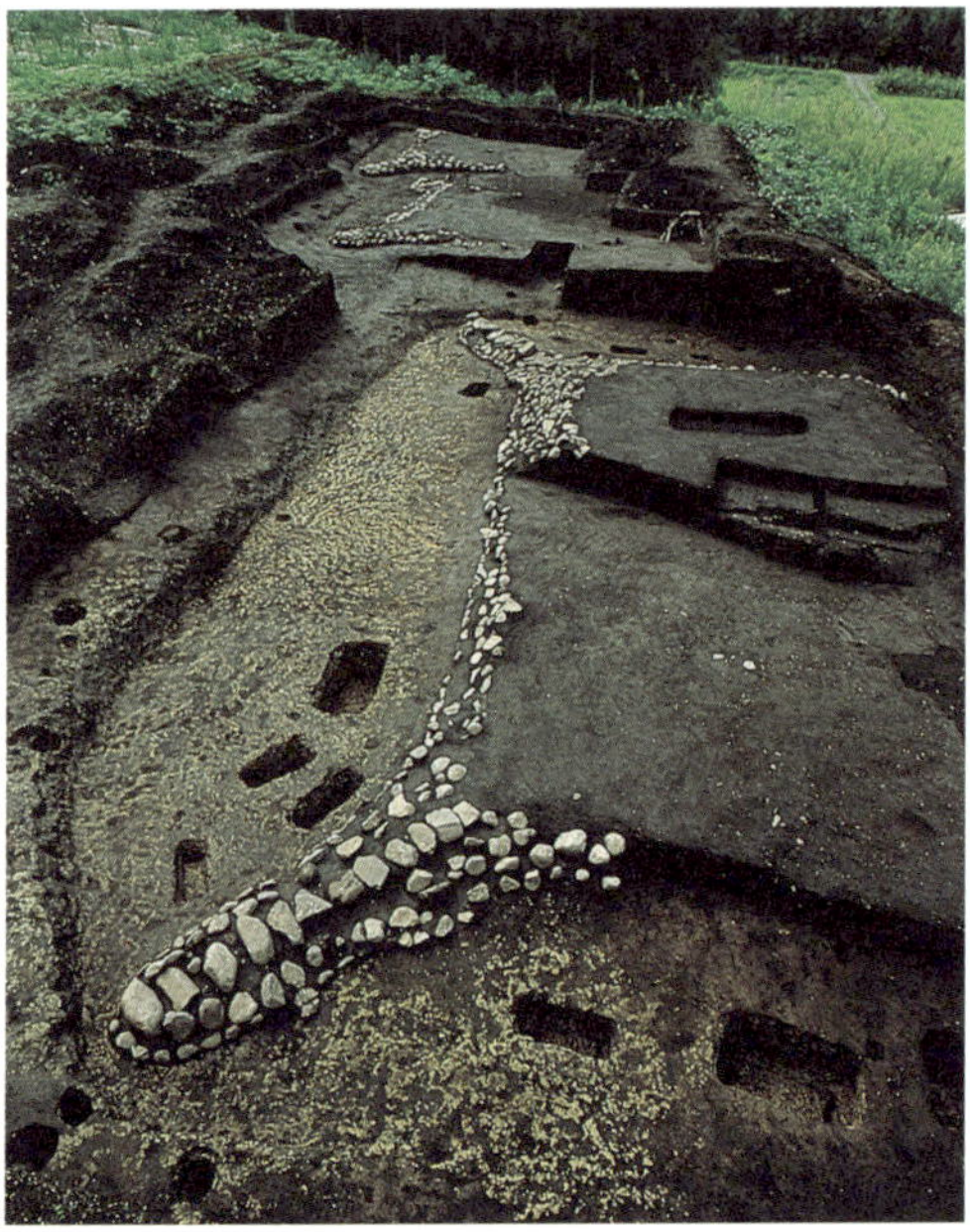

▲阿弥大寺《あみだいじ》墳丘墓《ふんきゅうぼ》群(倉吉市下福田《しもふくだ》)　弥生時代後期の「四隅突出型墳丘墓」が３基，東西方向に連続して築造されている墳丘墓群。四隅突出型墳丘墓は，出雲地方を中心に主に日本海側に分布する。阿弥大寺墳丘墓群は，１号墳が全長17.8m，２号墳と３号墳がともに全長8.0m前後の規模。国指定史跡。

►『大山寺縁起』　原本は国宝で室町期の作であるが，昭和３(1928)年に大山寺本堂とともに焼失した。牛の鼻引き，田植えなど，中世における農作業の姿をうかがわせてくれる。

▲上淀廃寺《かみよどはいじ》出土彩色壁画「神将《しんしょう》」上半部(米子市)　上淀廃寺から奈良県の法隆寺にしか現存しない壁画が多量に出土し注目された。写真は神将の頭部から胸の鎧《よろい》までの断片で，長さが22㎝，幅12㎝のもの。神将の横には如来《にょらい》か菩薩《ぼさつ》に係わる部分とみられる大きな蓮華文《れんげもん》がある。

▼伯耆《ほうき》国分寺塔跡出土鬼瓦《おにがわら》(倉吉市，縦34.6㎝，横33.4㎝，最も厚い部分11.3㎝)　木型に粘土を押し込んでつくられたもので表面に木目がのこる。大胆な鬼面の表現であり，他に類例がみられない。

►向山《むこうやま》４号墳(米子市，全長65ｍ，後円部高さ10ｍ)　淀江平野に面した向山丘陵上にある前方後円墳。６世紀初頭の古墳時代後期に築造されたと推定される。近くには，大型の前方後円墳が９基もある。淀江平野は古代において潟湖《せきこ》であり，日本海水上交通の重要な拠点であったのではないかと注目されている。国指定史跡。

▲「伯耆国河村郡東郷《とうごう》荘下地《したじ》中分《ちゅうぶん》絵図」　正嘉２(1258)年に作成された本図は下地中分を示す代表的な絵図とされている。裏書に，領家《りょうけ》(松尾《まつお》社)と地《じ》頭《とう》の和与《わよ》中分の条件が示されている。

▲絹本《けんぽん》著色《ちゃくしょく》楊柳《ようりゅう》観音坐像　智頭《ちず》町の豊乗寺《ぶじょうじ》に伝来する高麗《こうらい》仏画。奈良・長《は》谷《せ》寺《でら》のものとよく似た姿で描かれており，膝を両手でかかえこんだポーズを示すめずらしい図像とされている。重要文化財。

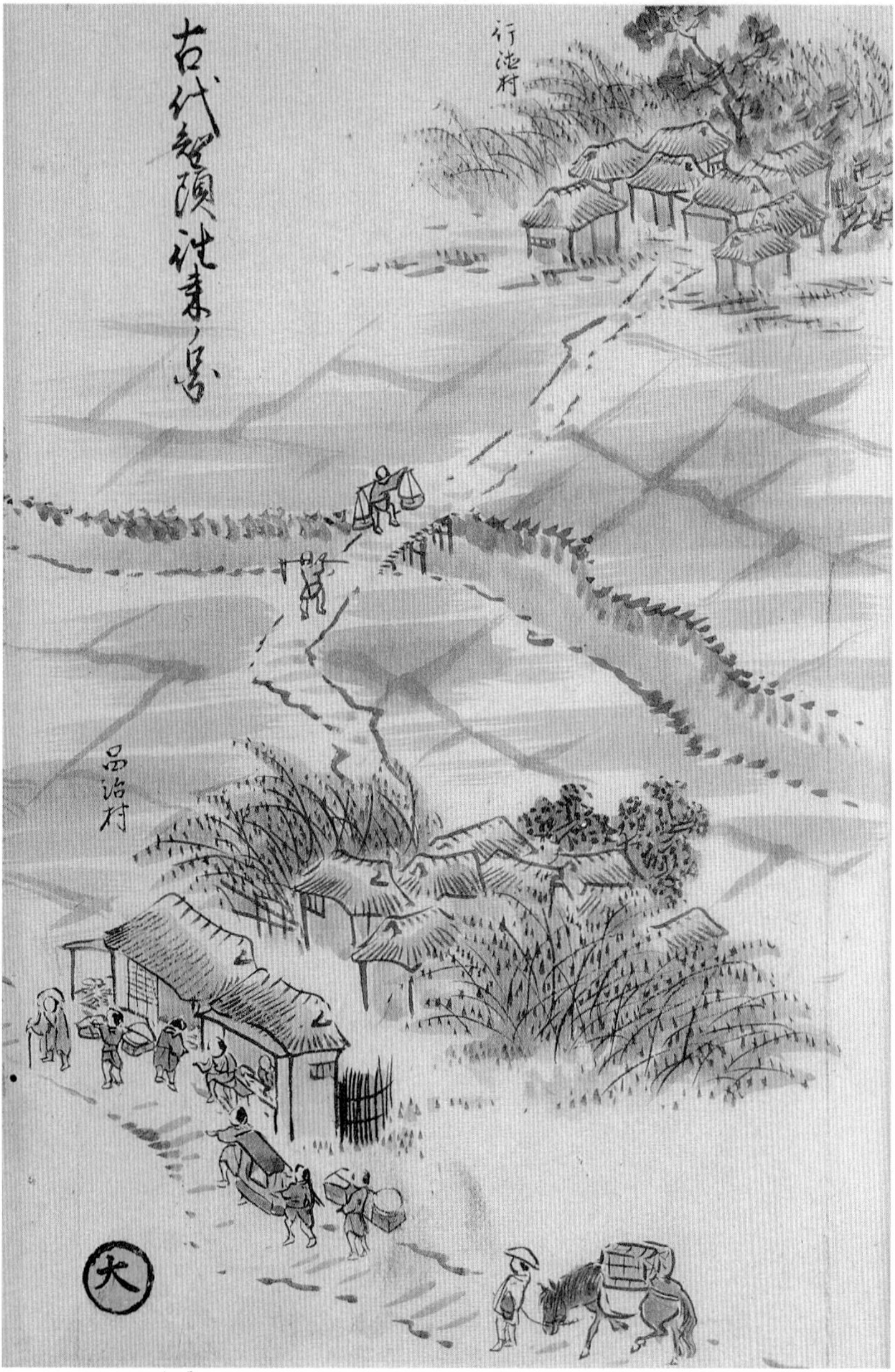

▲「古代智頭《ちず》往来ノ図」　文政12(1829)年に岡島正義がまとめた『鳥府志《ちょうふし》』に収録されている図で，鳥取城下から品治《ほんじ》村を経て行徳《ぎょうとく》村に至る智頭往来の様子を描いたもの。

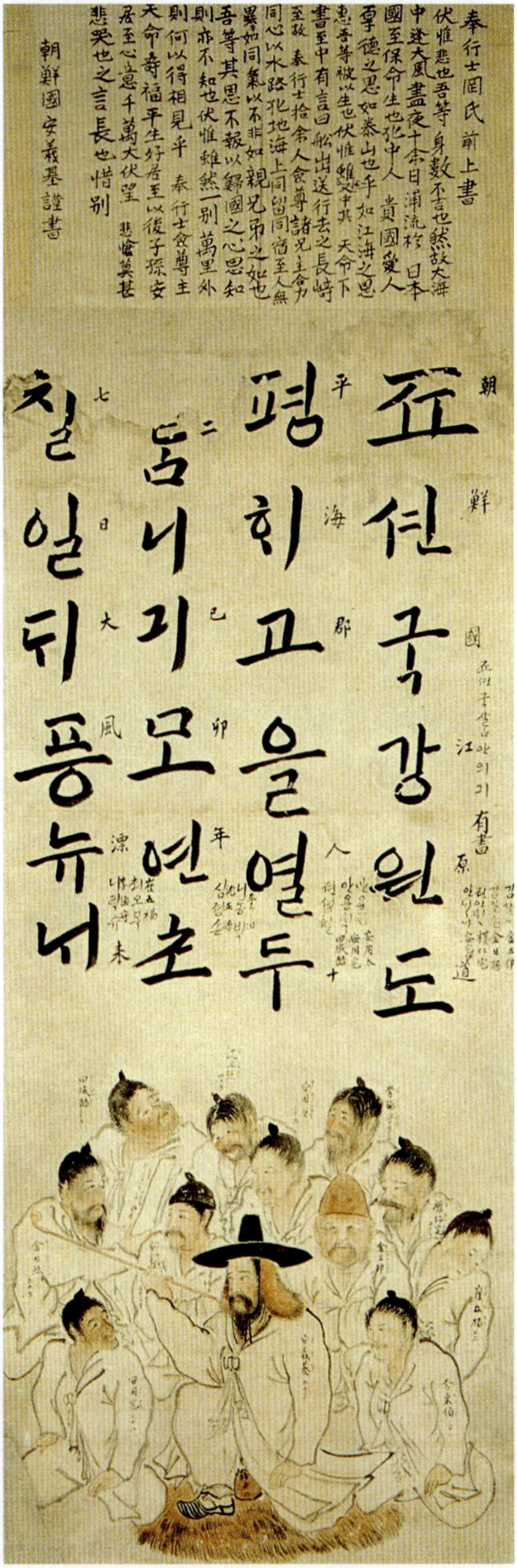

◄漂着朝鮮人の図　文政2（1819）年，朝鮮国江原道平海州から伯耆国八橋浦に漂着救助された安義基ら12人の朝鮮人と安義基が執筆した謝辞。ただし安義基は干鰯《ほしか》の商人であるのに，この画では両班《ヤンバン》の姿で描かれている。

►「伯耆大野大山遠望」(歌川広重筆『六十余州名所図会』) 後ろにそびえるのは伯耆の大山。江戸期の田植え風景で，『大山寺縁起』の田植えと比べてみるとおもしろい。

▼玉川沿いの土蔵群(倉吉市) 明治・大正期の倉吉は，特産の千歯扱《せんばこき》の行商と倉吉絣で栄えた。そうした歴史をのこす街のたたずまいである。

▲仁風閣《じんぷうかく》(鳥取市)　フランスルネサンス様式を基調にした木造２階建ての本格的な明治洋風建築。明治40(1907)年，皇太子の行啓宿舎として建てられた。

▼倉吉絣　明治・大正期に全盛期をつくった倉吉絣の特徴は絵絣にあるといわれる。母から娘へと絵図帳が伝えられていった。

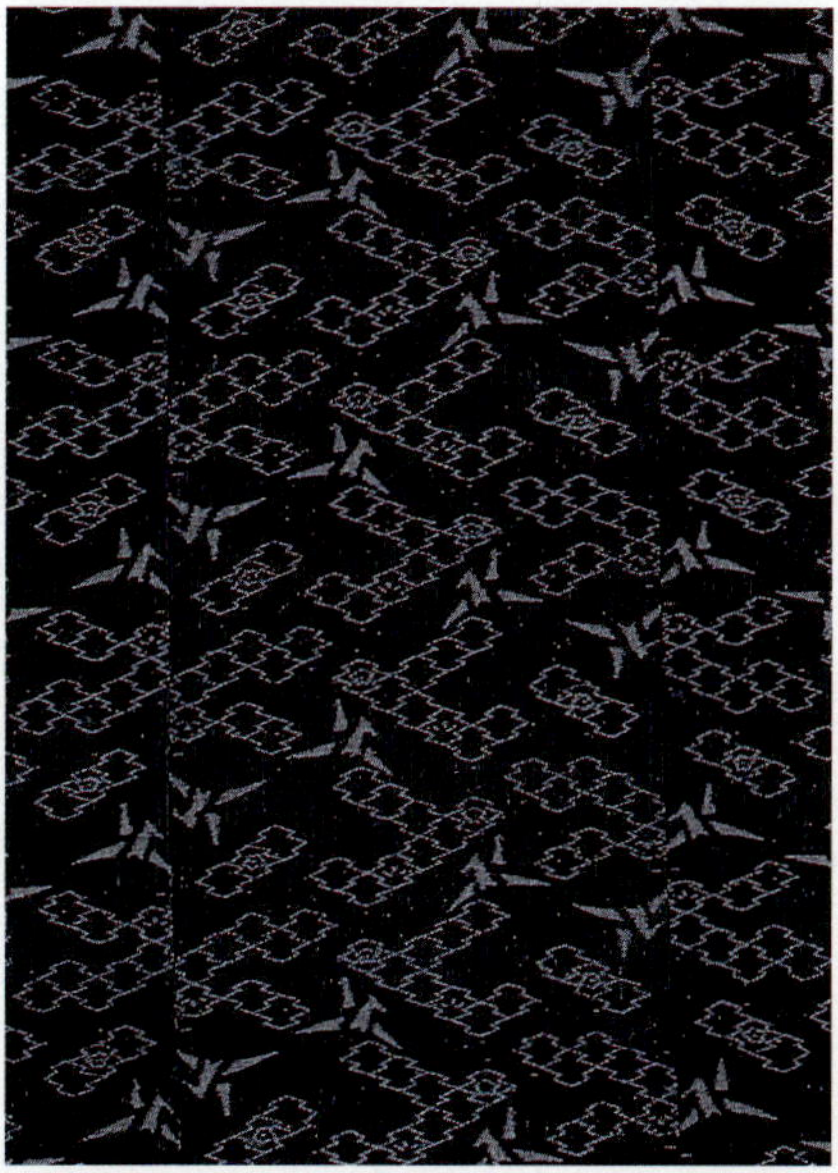

▲東郷町の中国庭園―燕趙園《えんちょうえん》　昭和61(1986)年に鳥取県が友好県省の協定を締結した中国河北省との友好10年を記念して，すべての材料を中国で調達してつくった。

▼環日本海圏４カ国地方政府サミット　平成６(1994)年11月８日，韓国江原道，中国吉林省，ロシア沿海地方，そして日本鳥取県という環日本海域に位置する４カ国の地方政府の首長が会合した。

鳥取県の歴史　目次

地方史研究協議会名誉会長
学習院大学名誉教授
児玉幸多　監修

企画委員　熱田公｜川添昭二｜西垣晴次｜渡辺信夫

内藤正中｜真田廣幸｜日置粂左ヱ門

付録

索引／年表／沿革表／祭礼・行事／参考文献

鳥取県の歴史

風土と人間——人と社会と自然の調和

鳥取の県名由来●

『和名類聚抄《わみょうるいじゅしょう》』（以下『和名抄』）の因幡《いなば》国邑美《おうみ》郡の五郷の一つに鳥取《ととり》がある。郷名は垂仁《すいにん》天皇の王子本牟智《ほんむち》和気御子《わけみこ》のために設けられたという鳥取部にちなむ。この地域一帯が広い沼地で、多くの水鳥が生息していたといわれ、そのため近年は、全国の白鳥伝説とのかかわりのなかでも議論されるようになっている。

文書のうえでは、天慶三（九四〇）年の「東南院文書」、因幡国高草《たかくさ》郡東大寺領高庭《たかば》庄坪付《つぼつけ》注進状に「主張鳥取高俊《たかとし》」と署名されているのが初見で、高俊は鳥取を名乗る郡司《ぐんじ》であったと推定されている。鳥取郷の地域は、袋《ふくろ》川の東側、現在の鳥取市久松《きゅうしょう》山麓一帯であり、戦国期以降には、城名または城下町の名称として使われるようになった。明治二（一八六九）年の版籍奉還後は、旧藩主池田慶徳《よしのり》が因幡・伯耆《ほうき》両国を区域とする鳥取藩知事に任命され、同四年の廃藩置県で鳥取藩は鳥取県となって現在に至っている。ただし明治九〜十四年のあいだは、島根県に併合されて鳥取県はなくなっていた。

鳥取県の風土と人●

山陰といえば、明るい山陽にくらべて、じめじめとして陰うつなところとイメージされている。交通が不便で、経済活動も後進的な地域と思われてきた。たしかに、北西の季節風が吹きつける真冬には雨や雪の日が多く、鉛色のどんよりとした空が広がる。そうしたことから、山陰にある鳥取県のイメージがつくられてきた。しかし暗い冬は十二月から二月までの三カ月で、雪が降るといっても積雪量は少なく、気温もさほど低くなく、寒くて凍りつくような日は数えるほどしかない。

むしろ鳥取県の気候条件は恵まれているといえる。四季を通じて温暖で、春から秋にかけては好天が多く、そして冬には降雪もあり、四季の移り変わりはあざやかである。だから鳥取県の第六次総合計画では、「鳥取県はコバルト色の空、緑の山々、藍《あい》色の海という大変美しい自然に恵まれています」とのべているのである。

そしてさらに続けて、「この豊かな自然の中で、今日まで二十世紀梨《なし》や砂丘農業をはじめとする特色ある農林水産業を育て、豊かな歴史と文化を築き、粘り強い人材を生み出してきました」という。

北は日本海に面し、南は中国山地にさえぎられた地形は、山地が海岸近くまで迫って平地を小さくかぎり、海岸部には砂丘が続く。このためかつての時代には、農業はきびしく、食料の乏しさに苦しんでいた。しか

大山(標高1711m)　中国地方でもっとも高く,「伯耆富士」とよばれている。

しそれだからこそ、そこに住む人たちは、力をあわせて知恵をだし、きびしい自然の条件に働きかけ、乏しい自然の実りをわかちあう生き方をつくってきた。それは自然にさからわず、自然のありがたさをかみしめ、ほどほどに自然と調和する暮らしの生き方である。

このようにきびしさもほどほどの鳥取県では、自然との調和を保つことを通じて、住む人の、のどかで温和な気質をはぐくんでいった。誠実で粘り強く、そしてみんなに信頼される人のよさが、鳥取県の県民性の特徴だといわれている。

地下おこしで若者定住を●

鳥取県の人口は全国でいちばん少ない。平成七（一九九五）年の国勢調査では六一万五二〇二人で、昭和六十三（一九八八）年の六一万六三七一人をピークに、それ以降は減少する傾向にある。もちろん、出てゆくのは若者たちである。結果として高齢化率は平成七年で一九・二％と、全国平均を五％も上回ることになる。

それだけに、若者の地元定住をはかる地域活性化の対策が重要な課題となるわけで、鳥取県では、昭和六十一年の第五次総合計画で「地下《ジゲ》おこし」を提唱し、二十一世紀をめざして「明るく豊かなふるさとをつくろう」とよびかけてきた。ジゲおこしについて鳥取県では、「ジゲに内在する力を掘り起し、ジゲの活性化を図っていくという、いわば内発型の地域社会づくり」であると説明していた。そして五年後の第六次総合計画においても、ジゲおこしを地域づくりの基本理念として継承発展させるといい、県に内在する力を掘り起こす例として、岡野貞一《ていいち》・田村虎蔵《とらぞう》・永井幸次《こうじ》の名をあげて、「日本の音楽教育の基礎を作った作曲家を輩出したこと」が「本県の大きな誇りです」と特筆大書した。たしかに三人は、全国に著名な県出身の作曲家であるが、鳥取県に住みついて、鳥取県の地域づくりに直接的に貢献したというものではない。

　いま鳥取県にとって大切なことは、鳥取県の恵まれた環境条件のなかで生まれ育っても、学校を卒業するとともに県外にでていってしまうのではなく、県内にとどまり、あるいはUターンして帰郷し、県民として、県民とともに県民のエネルギーを結集して、地域の発展のために貢献した先人たちに、歴史の教訓を求めるべきではないだろうか。そうでなければ、いうところの「内発型」の地域社会づくりにはなっていかない。

　この三人の作曲家だけではない。鳥取県は昔もいまも、多くのすぐれた人材を県外に送りだし続けてきた。近代の一〇〇年をみても、県人口の増加はきわめて緩慢でしかなかった。

　鳥取県は耕地が狭くかぎられていたためか、明治十年代から福島県や北海道に旧藩士族を移住させた

東郷湖（東伯郡湯梨浜町）と梨の花

のをはじめ、朝鮮、中国、旧満州、そして中南米への移民も多かった。

かつてNHKの県民意識調査で、鳥取県は教育への期待度の強さは全国第一〇位であるが、親を手本にしたいというものは全国最低であるという結果がでていた（NHK放送世論調査所編『日本人の県民性』）。若者たちは親をのりこえるために県外の大学に進み、そのまま就職して帰郷しないのである。それが続く以上、県人口の増加は期待できないというべきである。

鳥取県を発展させてゆくうえで、県外にでていった県出身者の支援協力も必要ではあるが、地域を担うのはそこに定住している県民である以上、県民一人ひとりが、地下おこしの主人公として自覚することからはじめなければならない。

鳥取県が地下おこしの地域振興を提唱して一〇年になろうとしている。各地それなりの地域活性化は実現できたと思うが、県人口の増加にはつながっていないのである。一過性のイベントだけでなく、若者たちの定住を促進する地域振興の具体策が、いま切実なものとして求められている。

歴史のなかから未来を開く●

地域振興に対する県民の内発的エネルギーは、地域の歴史を学ぶところから導きだされる。地域の過去を客観的に検証し、先人たちのチャレンジ精神に学び、そこから歴史の教訓を描きだして、現在と未来のためにどのように生かしてゆくかを考えてこそ、歴史の学習は有効な役割をはたすことになる。

だが鳥取県においては、残念ながら歴史の研究も不十分であるし、歴史から学ぶ姿勢が少なすぎるように思われる。たとえば、環日本海交流を中心とする地域の国際化についてである。

地域の活性化に役立つならばということで、鳥取県でも国際交流に熱心に取り組んでいる。それはたしかに世界に開かれた地域づくりにつながることと思う。とりわけて鳥取県では、その立地の条件から日本海の対岸に位置する韓国・北朝鮮・中国・ロシアとの交流を重視して、東の新潟県に対応して環日本海交流における西のゲートウエーになると意気込んでいる。

それはそれでよい。しかし日本海の対岸諸国は、かつての時代にいずれもが日本帝国主義の侵略対象であっただけに、ただ近いところというだけでなく、たしかな歴史認識をもって、「負の遺産」を交流のなかでどのように克服してゆくかについて、しっかりと考えておかなければならないはずである。とくに環日本海交流の場合、地方自治体の主導で地域レベルのものとして推進されている以上、歴史認識もまた、一般論に加えて、地域レベルでの関係史を通じて確固としたものとしてつくられる必要がある。ただ残念ながら、鳥取県での現状はきわめて不十分といわなければならず、本書を通じて地域にかかる歴史認識をたしかなものにしてゆく手がかかりにしていただければと思っている。

そうした願いから、本書では古代から近・現代に至る鳥取県の歴史を、北東アジアとのかかわりのなかでみなおすことを心がけてきた。あるいはまた、漂流して救助されたことは棚にあげて、救助したことだけを重視する自国中心主義の歴史観も、是正されなければならない。

とりわけて鳥取県が交流している韓国江原道《カンウォンド》との関係史でいえば、江原道に属していた鬱陵島《ウルルンド》(江戸時代には竹島と日本ではよんでいた。現在の竹島は松島をさす)をめぐって、鳥取藩、そして鳥取県が侵略に加担していた歴史があることを直視すべきである。江戸初期に七八年間にわたって米子《よなご》商人が行った竹島渡海事業は、幕府の免許を得ていたからといって許されるものではない。幕府が渡海禁止令を発したのは、竹島、すなわち鬱陵島が朝鮮領であることを確認したためであるが、それにもかかわらず、かつて鳥取県では、「朝鮮欝陵島占領事業」と称してはばかることがなかった。そのうえに、米子商人の越境侵略に抗議して鳥取藩にやってきた安龍福について、韓国では中学や高校国史教科書に記してあるにもかかわらず、『鳥取県史』は無視してとりあげていないのである。こうした歴史認識のギャップを埋めるためにも、両国に関係する歴史の共有をめざす地域史研究が深められる必要があるのではなかろうか。

1章

鳥取県のあけぼの

野口１号墳出土装飾子持壺付装飾器台

1　大山と潟湖

大山裾野丘陵の旧石器●

日本海の沖合から山陰地方をみわたすと、まず目に飛び込んでくるのが大山《だいせん》だ。大山は標高一七一一メートル、「伯耆《ほうき》富士」ともよばれる秀麗な山容である。約一万年前まで噴火を続けた火山で、裾野《すその》には火山灰が厚く覆ったなだらかな起伏の丘陵が広がっている。周辺の地形は、急峻《きゅうしゅん》な中国山地の支脈が発達しており対照的である。大山の裾野丘陵を形成している大山火山灰層は、最下部・下部・中部・上部の四層に区分され、最上部には火山灰が土壌化したクロボクがのる。このうち、中部火山灰層の上部と上部火山灰層は、ほぼ後期旧石器時代に相当する。また、上部火山灰層の下位にキナコのような火山灰が約二〇センチの厚さで堆積《たいせき》しているが、これが、約二万二〇〇〇年前の鹿児島県始良《あいら》カルデラの大爆発によって飛んできた火山灰（AT火山灰）である。ほぼ日本列島全域に降り積もった火山灰で、旧石器時代の物差し的役割をはたしている。

近年、この裾野丘陵から旧石器時代の石器遺物が発見されだした。ただし、その場所は七カ所であり、出土した石器遺物も一四点と少ない。このうち発掘調査で石器遺物が出土した遺跡は、中尾遺跡と長谷《はせ》遺跡（ともに倉吉《くらよし》市）の二カ所、ほかは偶然の機会に発見され、出土した火山灰層も不明なものが多い。また、中尾遺跡・長谷遺跡とも遺構は確認されておらず、出土した石器遺物は遊離したものである。

中尾遺跡は、標高二六メートルほどの丘陵に位置する遺跡。黒曜石《こくようせき》製と安山岩製のナイフ型石器が各一点と安山岩製の削器《さっき》一点が、上部火山灰層の上面から出土している。黒曜石製のナイフ形石器は、近畿《きんき》・瀬戸内地方で盛んに用いられた瀬戸内技法でつくられた、国府《こう》型ナイフ形石器とよばれるもので、瀬戸内技法は横長に割れる安山岩の性質を利用した石器製作技法であり、黒曜石製の石器に用いられるのは珍しい。黒曜石は隠岐島《おきのしま》に原産地があり、石材が入手しやすかったためだろうか。この瀬戸内技法でつくられた石器は近畿・瀬戸内地方に集中するが、東北地方の山形県や新潟県の遺跡でも出土している。この現象は、瀬戸内地方から中国山地を越え、日本海ルートで伝えられたものと考えられている。中尾遺跡で出土した国府型ナイフ形石器は、中国山地と日本海を結ぶものであり、当時の交流ルートを裏づける貴重な資料といえよう。

長谷遺跡は、中尾遺跡の東側に約二・五キロ離れた標高一〇〇メートルほどの丘陵上に位置する遺跡で

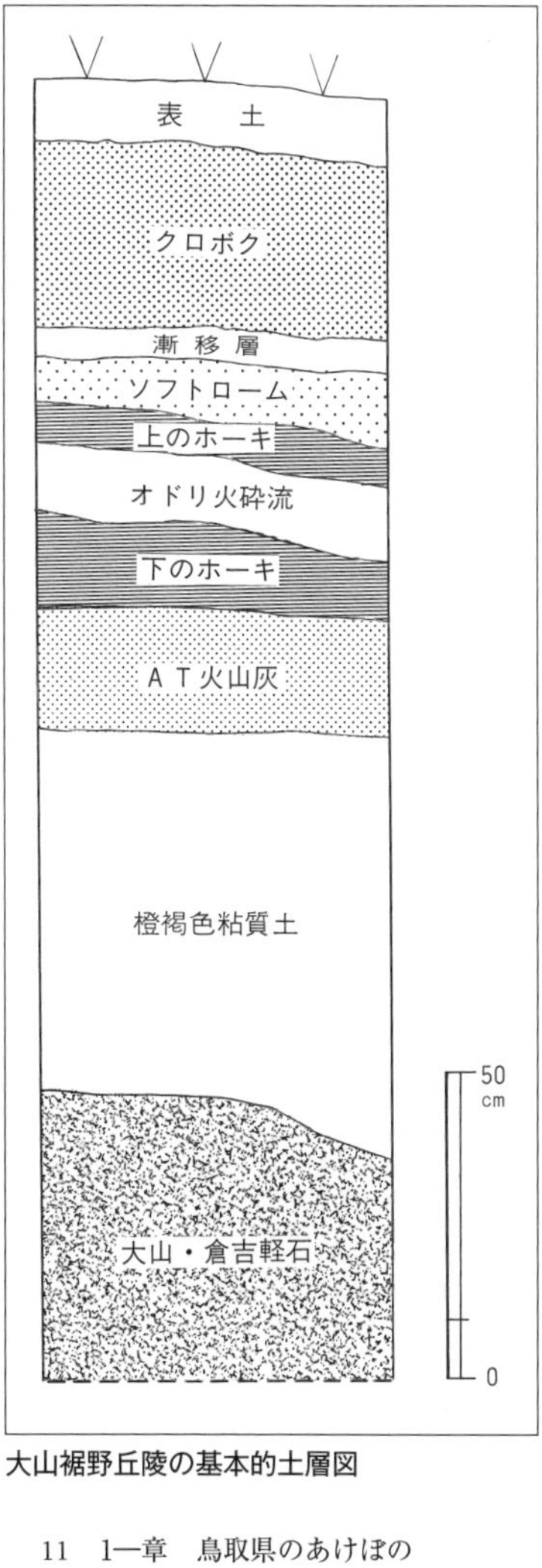

大山裾野丘陵の基本的土層図

ある。ここでも、上部火山灰層の上面から安山岩製のナイフ形石器が一点出土している。ナイフ形石器は、横長の剥片《はくへん》（石器をつくるために原石からはがされた石片）を用いてつくられたものである。なお、この長谷遺跡では上部火山灰層を構成するオドリ火山灰層から炭化物が集中して発見され、樹種同定と年代測定の結果、落葉高木のコナラで約二万三〇〇〇年前のものと判明した。コナラはドングリの実のなる樹木で、大山の爆発によってオドリ火山灰が降り積もる前、コナラの林が広がる自然環境であったことが想定される。

中尾遺跡や長谷遺跡以外にも重要な石器遺物が知られている。昭和初年ごろ、米子《よなご》市淀江《よどえ》町の原畑《はらばたけ》で採取された黒曜石製のナイフ形石器がそれである。細く縦長にはぎとった石材を用いてつくられたもので、東北地方の日本海側に分布する杉久保型ナイフ形石器に類似する。縦

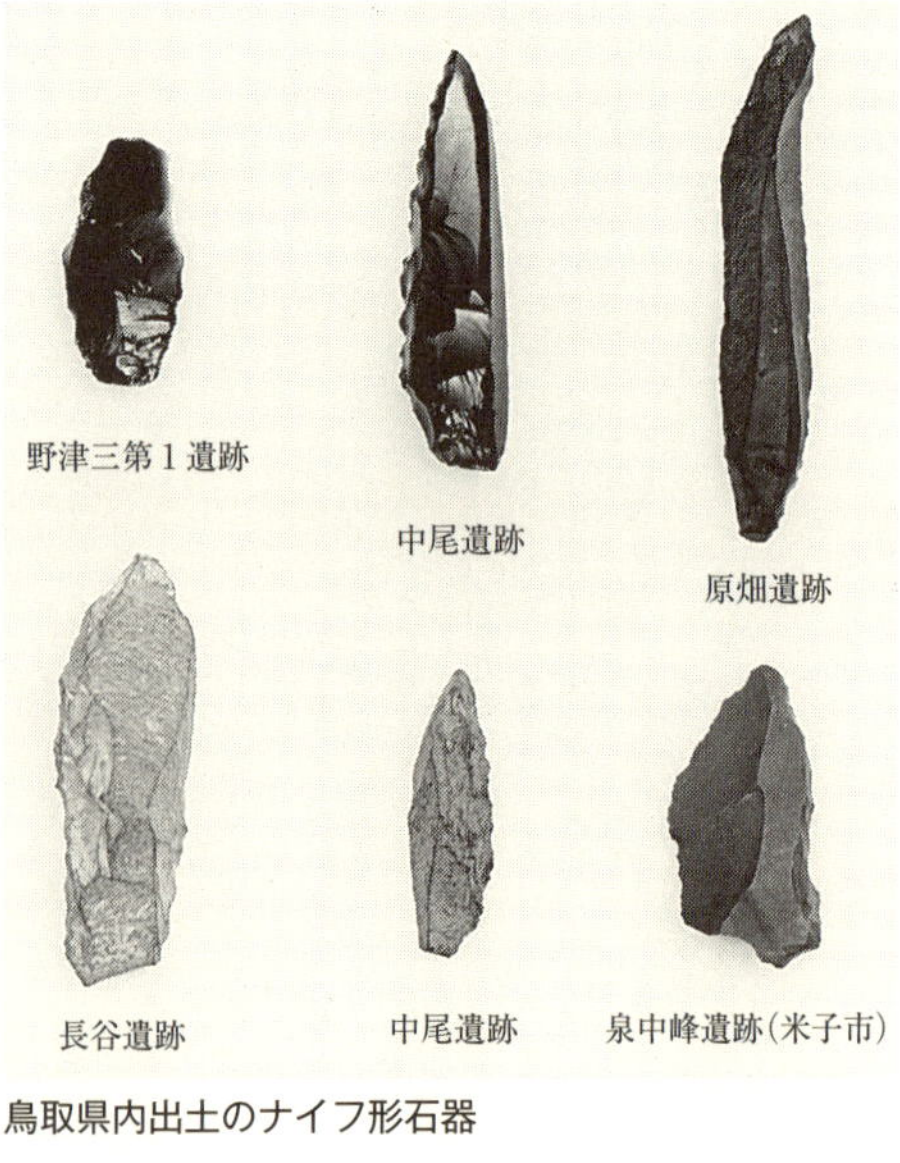

鳥取県内出土のナイフ形石器

長の剝片を用いた石器は、大山の東側、標高約五〇〇メートルにある野津三《のつみ》第一遺跡（倉吉市関金町《せきがねちょう》）からも採取されている。野津三第一遺跡から採取されている石器遺物は、ナイフ形石器三点をはじめ、彫器《きき》・掻器《そうき》・錐器《すいき》など多数がある。発掘調査によるものではないが、クロボク層直下の火山灰層から出土していることが確認されている。

旧石器時代の終わりごろの石器遺物に、細石刃《さいせきじん》とよばれる石器がある。細石刃とは小さな石器で、棒にいくつかはめこんで投げ槍《やり》のように使用したもの。この細石刃をはぎとったあとの石を細石刃石核《せっかく》という。細石刃石核は日本列島の全域から出土しているが、形とつくる方法に地域の特性がみられる。倉吉市と東《とう》伯郡《はくぐん》北栄町《ほくえいちょう》との境に位置する蜘ケ家山《くもがいやま》（標高一七一メートル）の中腹に位置する上神《かずわ》五一号墳（倉吉市）下層からも、黒曜石製の細石刃石核が採取されている。この石核は船底の形をしており、大分県などに多くみられる細石刃石核の特徴と一致する。時期が異なるものの、中尾遺跡や原畑のナイフ形石器が東北地方との交流を示す資料であることに対比すると、興味深い遺跡である。

鳥取県内では旧石器時代の明確な遺跡が発見されておらず、生活のようすや特徴を明らかにすることができない。ただ、数少ない石器遺物から広範囲の交流が行われていたことをみることができる程度である。ただし、中国山地の岡山県側に位置する恩原《おんばら》遺跡（岡山県鏡野町《かがみのちょう》）では、火山灰層中から四時期にわたる文化層が確認されるとともに、炉跡などの生活の痕跡《こんせき》も発見されている。鳥取県にも良好な火山灰層が堆積していることから、近い将来、旧石器時代の遺跡が発見され、当時のようすが明らかになることが期待される。

丘陵と潟湖沿岸の縄文遺跡●

旧石器時代の終わりから縄文時代のごく初めごろの石器に槍先型尖頭器《やりさきがたせんとうき》がある。槍先型尖頭器は木の柄の先に固定して槍として使ったもので、石の矢尻《やじり》（石鏃《せきぞく》）が登場すると姿を消した。鳥取県内では、大山の裾野丘陵を中心に約二八点の槍先型尖頭器が出土しているが、生活などの遺構に伴っては出土していない。縄文時代早期になってはじめて遺構が認められだす。早期の遺構はこれまでに三〇カ所ほど、旧石器時代の石器遺物出土地と同様に大山の裾野丘陵に多く分布する。

米子《よなご》市の東郊にある上福万《かみふくまん》遺跡は、この時期の代表的な遺跡で、丘陵末端の微高地に位置する。拳《こぶし》大から人頭《じんとう》大の石を、円形ないし楕円《だえん》形に集めた集石《しゅうせき》遺構三五基と、埋葬施設と考えられる土壙《どこう》が六一基発見されるとともに、三万点にものぼる縄文土器が出土し話題になった。集石遺構は一種の墓標と考えられるもので、径〇・六メートル前後の規模で、なかには八メートルにおよぶ大規模なものもある。

出土した土器のほとんどは底がとがる深鉢形土器である。表面に早期の特徴である山形、楕円、菱《ひし》形などの押型文がつけられているものもある。この時期の土器としては類例の少ない口径五〇センチ、高さ五四センチほどの大型の土器が数個体含まれ、また、九州地方の土器と同系統のものがみられるなど、縄文時代を研究するうえで重要な遺跡といえよう。上福万遺跡の性格は墓地ないし祭りを行った場所と考えられるが、これだけの規模の遺跡を残した集団の村跡は残念ながら発見されていない。発見されれば、規模・内容とも山陰地方を代表する拠点的な集落であった可能性が高いと思われる。

当時の住居跡は、倉吉市の取木《とりぎ》遺跡で発見されている。取木遺跡は標高三二メートルほどの丘陵にあり、住居址一棟と焼石群が二カ所調査された。住居址は平面の形が、隅が丸くなった長方形で、長径三・二メートル、短径二・七メートル、深さ〇・一一メートルの規模。床面がほぼ水平で柱穴が八個不規則に並んでいた。焼石群は径〇・九メートルほどの円形に、拳大から人頭大石が集められたもので、石が焼けているものが多く、付近からは深鉢形土器が出土しており、煮炊きに使用された炉跡と考えられる。取木遺跡は小規模で遺物もあまり出土していないことから、狩りや、自然食物の採取のときに使用されたキャンプ的な遺跡ではないかと思われる。鳥取県内に分布する早期の遺跡のほとんどは、遺物の採取されている状況などからみて、取木遺跡と同じようなキャンプ跡と想定される。

縄文時代前期以降の遺跡は平野部、とくに潟湖《せきこ》（ラグーン）周辺に多く分布するようになる。潟湖とは、砂州などによって海と切り離されてできた湖や沼のことである。鳥取県は海岸砂丘が発達しており、砂丘の後背地にこの潟湖を伴っているものが多い。

潟湖がうまれた背景には当時の気候変化がある。縄文時代前期（六〇〇〇～五〇〇〇年前）は、気候が温暖化し海水面が現在よりも五メートルほど上昇していた時期で、その後、縄文時代中期（五〇〇〇～四〇〇〇年前）、後期（四〇〇〇～三〇〇〇年前）、晩期（三〇〇〇～二三〇〇年前）と徐々に現在の気候に近づき海水面も下降する。このとき、陸地に閉じ込められた海が出現し、この海が淡水化し潟湖となっていく。海面が上昇する時期には遠浅の海が生じ、貝や魚の絶好の住処《すみか》となる。また、淡水化が進む潟湖も同様だ。このことが、縄文時代の人びとが潟湖周辺に進出した要因といえよう。

潟湖周辺の代表的な遺跡は、栗谷《くりたに》遺跡（鳥取市福部《ふくべ》町）、桂見《かつらみ》遺跡・布勢《ふせ》遺跡（鳥取市）、島遺跡（東伯郡北栄町）、目久美《めぐみ》遺跡（米子市）、鮒《ふな》が口《くち》遺跡（米子市淀江町）などで、その多くが前期から晩期までの数千年間にわたって生活がいとなまれていた。

栗谷遺跡は、福部砂丘の後背地にある縄文時代前期から晩期にかけての遺跡。湿地に位置しているため、土器や石器などの遺物のほか、通常の遺跡では残りにくい木器類、食料とした植物や動物の残滓《ざんし》が出土しているのが特徴である。木器類は、杓子《しゃくし》・籠《かご》・網代《あじろ》・もじり編み製品・すだれ状編物などで、いずれも当時の工芸技術を知る貴重な遺物だが、とくに杓子は柄の部分を精巧な装飾で飾った優品である。食料の残滓には、カヤ・オニグルミ・アカガシ・クリなどの植物と、フグ・クロダイなどの魚類、イノシシ・シカなどの動物があり、縄文時代の食生活や生業を復元する重要な資料となっている。

また、桂見遺跡は湖山《こやま》池の南岸に所在する遺跡。ここでは縄文時代後期の丸木舟が二艘《そう》、近接した位置で発見されている。二艘とも、杉の丸太を火で焦がしながら石器でえぐって製作したもので、非常に珍しいことにほぼ完全な形で残っていた。一艘は全長七・二四メートル、幅〇・七四メートル、もう一艘は全長六・四一メートル、幅〇・四六メートルあり、前者は現存する丸木舟のなかで全国最大級の大きさだという。湖山池に漕《こ》ぎ出して漁などに使われたのか、または日本海に漕ぎ出し交易に使われたのか、考えると楽しい。

縄文時代の丸木舟は、島遺跡でも断片が出土している。島遺跡は、北条砂丘の後背地に位置する縄文時代前期から晩期の遺跡。山陰地方では数少ない貝塚が確認されている。貝塚は縄文時代の人びとが食べた貝の殻などを捨てた場所である。いまでいうとゴミ捨て場だが、土器や石器などの道具や各種の自然遺物が含まれており、生活や環境を復元する資料として重要だ。島遺跡の貝塚では、縄文時代前期にはマガキ・ハマグリ・イソシジミなどの貝、中期になるとヤマトシジミが中心となっている。このことは、島遺跡の周辺が海辺から湖岸へ変化していったことをあらわしている。また、土中に含まれている花粉を分析した結果、縄文時代前期から中期にかけては気候が温暖で、シイ林を主体としたカシ・ツバキなどの照葉樹林が広がっていたが、後期から晩期にかけては気候が冷涼・湿潤化し、シイ林がカシ林へ変化するとともにブナ・トチなどの落葉広葉樹が増加していることが判明している。

縄文時代前期から晩期、潟湖周辺以外の丘陵地では、獣をとらえるための落とし穴が多数つくられた。青木遺跡（米子市）の二三八基、中尾遺跡の八四基、万代寺《まんたいじ》遺跡（八頭《やず》郡八頭町）の五三基などが代表的なものである。落とし穴の平面形は円形や楕円形・方形などで、直径一メートル前後、深さ一メートルから二メートルほどの規模、底に杭《くい》を埋めた痕跡のあるものとないものとがある。杭は先のとがったもので、

縄文時代後期の住居址(津田峰遺跡)　中心が石組炉。

丸木舟の出土状況(桂見遺跡)

穴に落ちた獣を傷つけたものか。また、落とし穴の形態は、スリバチ型は少なく、壁が垂直になったものと、フラスコ型のものが多いのが特徴である。イノシシ・ニホンシカ・ノウサギなどの中小動物が対象だったと推定される。

丘陵地からは住居址も発見されている。これは、潟湖周辺の遺跡より住居址などの遺構がみつけやすいという特性によるものである。住居址は一辺四メートル前後、方形ないし楕円形の平面形の竪穴《たてあな》住居で、中央付近に炉が設けられている（倉吉市・津田峰遺跡）。一遺跡から一棟ないし二棟の竪穴住居しか発見されておらず、集落とはいえないものが多い。

縄文時代の土器、縄文土器は、時期によって形と文様《もんよう》が変遷している。県内の縄文土器は、時期ごとに近畿地方や瀬戸内地方・北九州地方などの影響をうけて成立し、広がっている。この影響の関係をみると、当時の交流の状態が浮かびあがってくる。

鮒が口遺跡から出土した土器に興味深いものがある。それは縄文時代前期の土器で、表面に太い沈線で幾何学文様をほどこしている。九州地方に分布する曽畑《そばた》式土器とよばれるものだが、朝鮮南部の櫛目文《くしめもん》土器によく似た特徴をもっている。この土器がどこの影響でつくられたのか、またどこからもたらされたのか興味深い。

目久美遺跡の水田跡●

いまから二千数百年前、大陸から稲作が伝わった。稲作は九州地方に根をおろし、しばらくして日本列島を東進して、またたくまに東北地方まで到達する。そのルートは太平洋岸を通じてではなく、日本海岸沿いに伝えられたものという。このことは、北部九州に特有な遠賀川《おんがかわ》式土器、およびその影響をうけてつくられた土器の分布状態から裏づけられている。本格的な稲作がはじまったこの時代は弥生時代とよばれる。

鳥取県内で遠賀川式土器が出土している遺跡は、目久美《めぐみ》遺跡（米子市）・長瀬高浜《ながせたかはま》遺跡（東伯郡湯梨浜町）・岩吉《いわよし》遺跡（鳥取市）などで、多くが海岸近くないし河川沿いの低湿地に位置し、縄文時代晩期から引き継がれる遺跡である。縄文時代晩期の遺跡から、農耕に使われたと考えられる打製の石鍬《いしぐわ》が出土するのが、鳥取県の特色である。縄文時代晩期には、稲作を受け入れる体制が準備されていたといえよう。

昭和五十七（一九八二）年、鳥取県内ではじめての水田跡が目久美遺跡で発掘調査された。このとき、集落跡の一部もあわせて確認されている。目久美遺跡は中海《なかうみ》の入江近く、標高二メートルほどの低湿地に位置する遺跡。縄文時代早期から弥生時代中期までの遺物が出土する遺跡として古くから知られていた。弥生時代の水田跡は、現在の水田面より一メートルほど下から発見された。しばしば洪水にみまわれたらしく、前期（二三〇〇〜二一〇〇年前）から中期（二一〇〇〜一九〇〇年前）のあいだに三度水田がつくりなおされ、四度目

上空からみた目久美遺跡の水田跡

の洪水で放棄されたようだ。最後の時期、弥生時代中期末の水田は四八枚が確認されている。

各水田は幅四〇センチ、高さ五～六センチの畔《あぜ》で区画され、最大のものが七〇平方メートル、最小のものが一一平方メートルほどの面積で大小の差が著しいが、三四平方メートルが平均的な広さである。大まかには、集落跡に近い水田が小さく不定形、遠くの水田が大きく矩《く》形という傾向がある。水路や水を取り入れる水口など、入排水の施設は整備されているが、水田の管理が十分でなかったようで、ガマやオモダカ類の水草にまじって稲が生えていた状態だったようだ。中期末の水田面下層にある中期と前期の水田は、畔の多くが失われており広さなどは明確でない。ただし、前期の水田面には足跡が多数残っており、弥生時代の人びとを身近に感じることができる。足跡の状況から考えて、稲を刈りとってまもない時期に洪水にあったのだろうか。なお、集落跡の調査は一部分であり、柱穴が多数確認されたにとどまっている。

目久美遺跡からは、土器はむろんのこと木製品・石

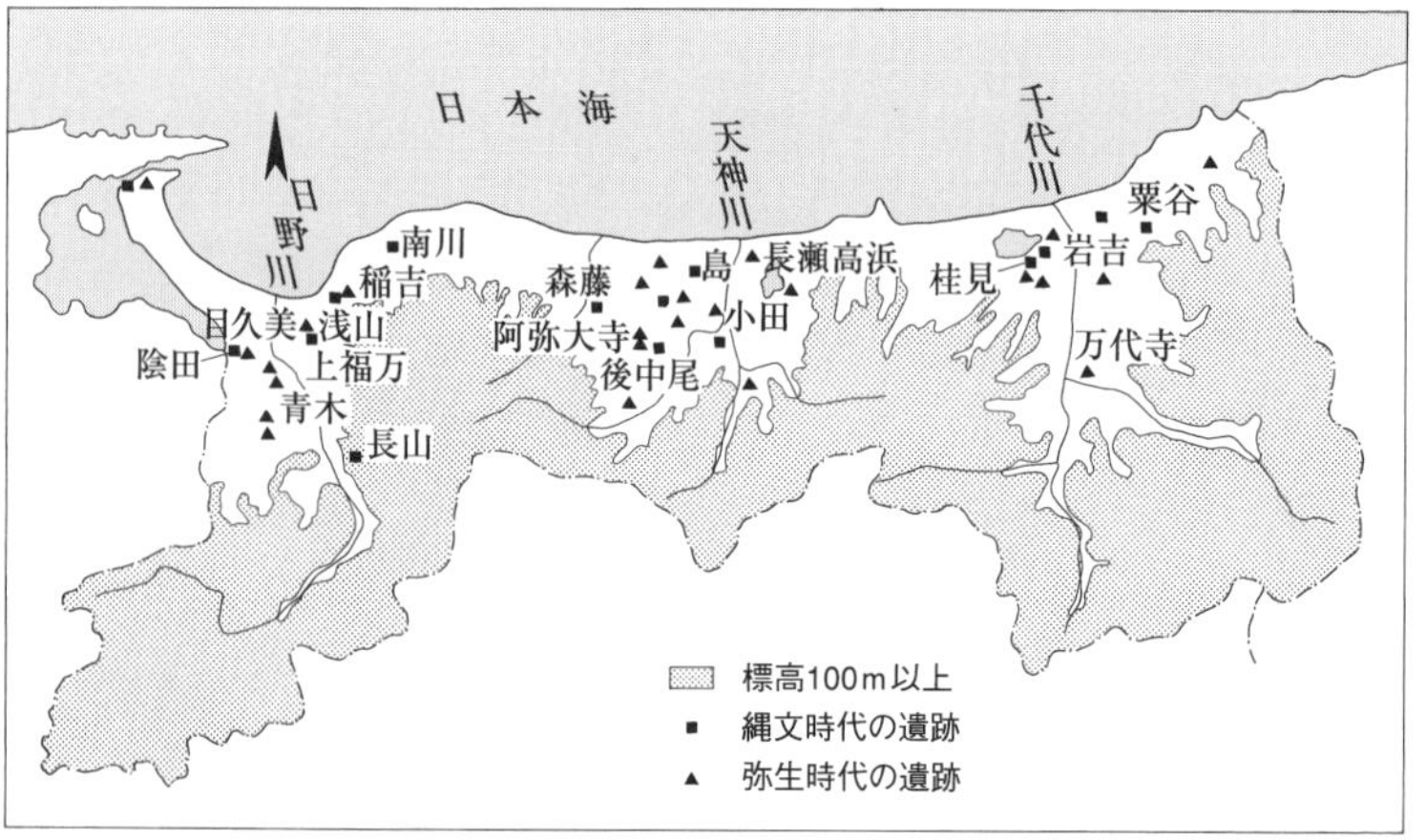

おもな縄文・弥生時代の遺跡

器・土製品など多数の遺物が出土している。木製品は、現在のスコップのような柄鋤《えすき》をはじめ、平鍬《ひらぐわ》・馬鍬《まぐわ》・田下駄《たげた》、稲穂をつみとる木包丁《もくぼうちょう》などの農耕具が中心である。石器は、矢の先端につける石鏃《せきぞく》、穂つみ具の石包丁、木製品の製作に用いられた石斧《せきふ》、魚網《ぎょもう》にとりつけられた石錘《せきすい》など多種多様である。鉄刃を装着した痕跡が残る木製の平鍬がみられることから、鉄器の使用はすでにはじまっているが、石器がある程度の位置を占めていることはいなめない。土製品のなかに土笛《つちぶえ》がある。土笛は直径七センチほどの卵型をしたもの。山陰地方の日本海沿いに多くみられるが、県内では目久美遺跡と東隣の池ノ内遺跡（米子市）からしか発見されていない。

弥生時代中期末、洪水にみまわれた目久美遺跡の集団は、東隣の池ノ内遺跡に居を移したようだ。池ノ内遺跡は目久美遺跡に連続する低湿地に位置する。ここでは弥生時代後期（一九〇〇～一七〇〇年前）から古墳時代後期（一四〇〇～一三〇〇年前）のあいだ、五度にわたって水田がつくりかえられていた。いずれも洪水の被害をうけたためらしく、自然の脅威を感じる。弥生時代後期の水田は、幅三〇～四〇センチ、高さ一〇センチ前後の畔で方形に区画されている。平均的な面積は二二平方メートルほどで、最大の水田は四五平方メートル、最小の水田は四平方メートルの広さがある。この遺跡では目久美遺跡と同様にたくさんの木製農耕具が出土している。なかでも、稲の苗などを運ぶために湿田で用いられた田船と、多量の田下駄の出土に特色がある。また、作物の豊作などを祈るときに使用されたと考えられる船形木製品や鳥形木製品も出土しており、弥生時代の人びとの精神生活の一部を知る貴重な資料となっている。

目久美遺跡から池ノ内遺跡でみられる水田の変遷は、県内の低湿地周辺でも繰り返されていただろう。そして、早い段階において山間部の谷間でも水田がいとなまれだしたことが、遺跡の分布から考えられる。

風景が描かれた弥生土器

米子市淀江町の歴史民俗資料館は、小規模ながら上淀《かみよど》廃寺から出土した壁画や、石馬谷《いしうまだに》古墳の石馬（重文）などが展示されており、なかなかみごたえのある資料館だ。展示品のなかに弥生時代中期中葉の大型の壺がある。高さ七〇センチほどに復元された堂々とした壺である。淀江町稲吉《いなよし》の角田《かくた》遺跡から出土したものだが、頸《くび》の部分にヘラのようなもので絵が描かれている。絵は、船一隻にのった人物、大小の建物二棟、紡錘《ぼうすい》形物体二個をつりさげた樹木と思われるものの一本が、連続して絵巻のように描かれている。また、この土器の破片で画面のどの部分にあたるか不明な細片二点のなかに、シカと太陽と推定される同心円が描かれたものがある。

船はゴンドラ形で、中央部を欠いているため明確ではないが、船上の人物は四人かとも推測

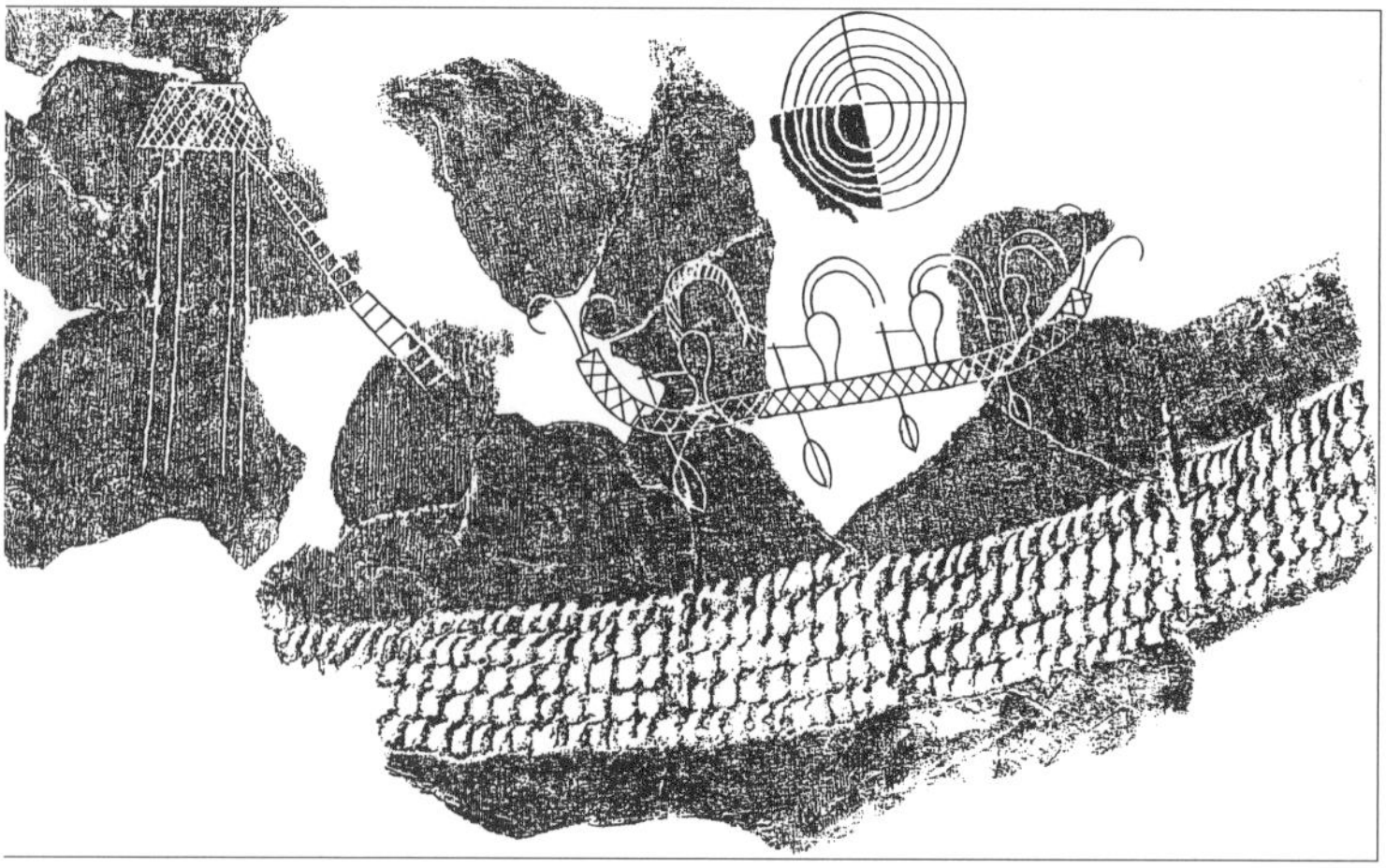

❖コラム

される。人物は手に櫂《かい》をもち、船が左方にむかう表現になっている。この人物の頭部から二本の線が派生しているが、これは鳥装した人物をあらわしたものという。船の前方に二棟の建物がある。一棟は、寄棟《よせむね》屋根に異常に長い四本柱をもち、長い梯子《はしご》がかけられた特異な建物で、もう一棟は切妻屋根の高床建物と考えられるもので、神殿と高床倉庫であろうか。建物の左側には枝をつけた樹木がたち、下段の枝に紡錘形の物体が二個つりさげられている。この紡錘形の物体は銅鐸《どうたく》の可能性が考えられている。シカは銅鐸や武器によく描かれているモチーフである。このようなことから、この土器に描かれた絵は、豊穣を願う春の祭りか、収穫を祝う秋の祭りの情景を表現したものと考えられている。当時の精神生活を知るうえで貴重な資料である。

なお、この土器は埋葬に使用された土器棺《かん》と思われる。

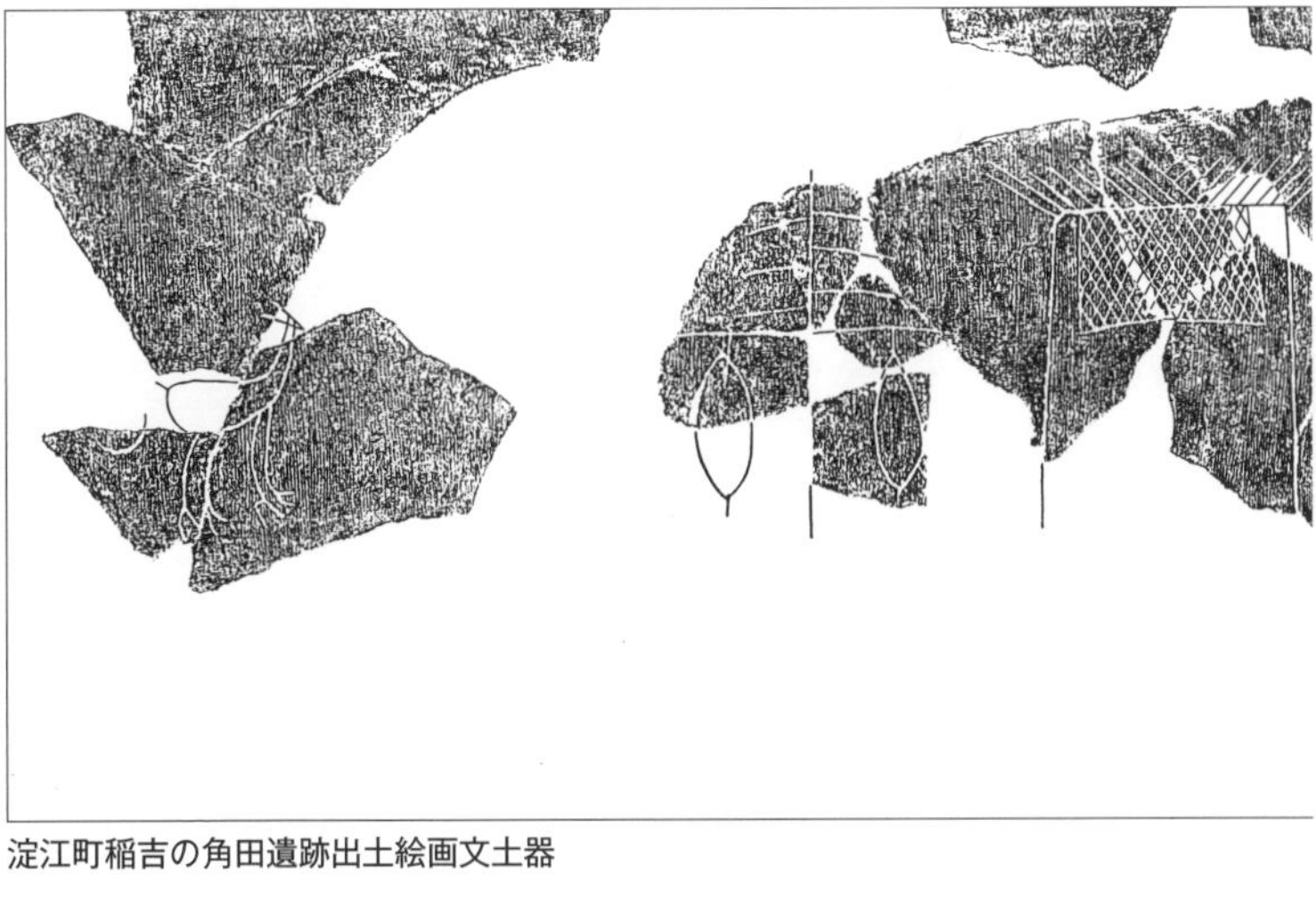

淀江町稲吉の角田遺跡出土絵画文土器

増加する弥生集落●

昭和四十八（一九七三）年、日野川《ひの》の支流、小松谷川《こまつだに》をみおろす丘陵に位置する諸木遺跡《もろぎ》（西伯郡南部町《なんぶ》）から、幅一メートル、深さ一〜二メートル、V字状に深く掘られた濠《ほり》が発見された。濠は、出土した土器から弥生時代前期に掘られたと判断されるもので、埋まっている土の状態から空濠《からぼり》だったと思われる。部分的な調査のため全容は不明だが、直径七〇メートルほどの楕円形に丘陵を取り囲んでいるらしい。濠で取り囲まれたなかには、付近の状況から住居址が数棟存在するものと判断される。このような濠で囲まれた村を環濠《かんごう》集落とよんでいる。環濠集落は、稲作の伝来より少し後れて朝鮮半島から導入されたと考えられている。縄文時代にはみられない集落の形態である。濠が外敵から村をまもるための施設であることはまちがいなく、弥生時代に争いがあったことをあらわしている。

諸木遺跡と同様な環濠集落は、後中尾《うしろなかお》遺跡（倉吉市）、宮尾《みやお》遺跡・清水谷《しみずだに》遺跡・天王原《てんおうばら》遺跡（いずれも南部町）、尾高浅山《おだかあざやま》遺跡（米子市）など、鳥取県の中・西部地区で発見されている。東部地区にも環濠集落があったことは十分に想定されるが、これまでに確認されていない。中・西部地区の弥生遺跡の多くが丘陵上に所在するのに対し、東部地区では低湿地に立地している遺跡が多いことが発見を後らせている要因であろうか。発見されている環濠集落のうち、尾高浅山遺跡が後期、ほかは前期の可能性があるものもあるが、おおよそ中期にいとなまれたものである。

後中尾遺跡は、西から東にのびる舌状の丘陵上に位置する、弥生時代後期から古墳時代後期にかけての集落跡である。弥生時代中期の中ごろに環濠が掘削されている。環濠は、丘陵の先端と基部近くの二カ所に丘陵を横断する形のもので、丘陵の北側と南側は急傾斜の斜面になっているためか、濠は設けられていない。濠は断面がV字状で、幅一メートル、深さ一メートルほどの規模。先端部の濠と基部の濠との間隔は約一〇〇メートル、濠で区画された面積は、おおよそ七〇〇〇平方メートルほどになる。

環濠が設けられた時期の村は、八棟から九棟の竪穴住居と、食料などをたくわえる貯蔵穴数基などからなる。竪穴住居址の多くは、のちの時期の竪穴住居によって壊されていたが、平面形が円形で直径四メートルほどの大きさのものの。貯蔵穴は断面の形がフラスコ型のもので、入口の直径が一メートル、深さ一・二メートル前後の大きさ。これらの住居址と貯蔵穴は、二棟から三棟の住居址と貯蔵穴一基から二基の単位で、環濠内の北東側・北西側・中央部北側・中央部南側の四カ所にわかれていた。これらの遺構から復元される村は、東西に細長い区画の北側に住居を配し、南側に広場を設けている構造になる。なお、四カ所にわかれている単位が、それぞれ家族の単位なのであろうか、興味深い事実である。

後中尾遺跡の濠は、弥生時代中期の終わりごろには埋ま

後中尾遺跡の南側発掘状況　上方と下方が丘陵を横断する環濠。

ってしまっている。しかし村はそのまま継続しており、この時期以降、外敵から防御する必要のなくなったことをあらわしている。これに対して米子市の尾高浅山遺跡は、弥生時代後期になって環濠集落として出現する。面積は約八〇〇〇平方メートルで、後中尾遺跡とそうかわらない。しかし、集落の位置は標高約七〇メートル、現在の水田面から四〇メートルも高いところであり、そのうえ、三重の環濠をめぐらす非常に防御性の高い村だ。この時期、ふたたび緊張した環境が生じたのであろうか。

環濠集落がつくられだしてしばらくたったころから、集落の数が多くなりだす。とくに後期になると爆発的に増加するといっても過言ではない。そして、その多くが丘陵地に立地し、古墳時代まで引き継がれているのが特徴だ。また集落には、数十棟の竪穴住居からなる大規模かつ中核的なものから、数棟の竪穴住居からなる小規模なものまである。代表的な遺跡は、青木遺跡（米子市）・上種《かみだね》第五遺跡（東伯郡北栄町）・中峰《なかみね》遺跡（倉吉市）などである。

青木遺跡は、標高四〇メートルほどの丘陵地に位置する、弥生時代中期から奈良時代にかけての遺跡である。調査された住居址などの遺構は一〇〇〇基にのぼり、西日本最大級の遺跡だ。弥生時代の遺構は、おおよそ二〇〇基で、多くが竪穴住居と掘立柱《ほったてばしら》建物である。掘立柱建物は高床ないし地面を床とするもので、住居または倉庫として用いられたもの。弥生時代の掘立柱建物が多いことが青木遺跡の一つの特徴になっている。また、竪穴住居の平面形が、中期では円形であったものが、後期になると角が丸くなった隅丸方形と、六角形や五角形などの多角形に変化する。そして多角形の竪穴住居は、面積が三〇平方メートルを超えるものがあるなど規模の大きいのが特色である。青木遺跡にみられる竪穴住居の変化は、県内の弥生時代の竪穴住居の変化と共通する。

小規模な集落としてはコザンコウ遺跡（倉吉市）がある。丘陵地のかなり奥まったところに位置する遺跡で、隅丸方形の竪穴住居二棟と多角形の竪穴住居一棟が調査された。各住居址は二五メートルから四〇メートルほど離れ、それぞれに掘立柱建物一棟と貯蔵穴一基が付属する。集落を区画する施設もなく、前後の時期にも住居址などの遺構がなにも存在しない。三棟の住居址とも火災をうけた痕跡があり、火事にあって放棄された集落のようである。南側約一・五キロのところに所在する中峰遺跡の出村だったのであろうか。

鳥取県内の弥生時代の集落跡からは多量の弥生土器が出土している。煮炊きに使われた甕《かめ》、貯蔵用の壺、食べ物を盛る高杯《たかつき》などがその代表だ。弥生時代前期から中期の土器は、近畿地方や北九州地方などの影響をうけているが、後期になると山陰地方独特のものに変化する。ちょうど集落の数が増加するころである。

四隅突出型墳丘墓●

弥生土器が山陰地方独特のものに変化したころ、四隅突出型墳丘墓《よすみとっしゅつがたふんきゅうぼ》がつくられだす。四隅突出型墳丘墓とは、死者を埋葬した墓のことで、方墳《ほうふん》の四隅がツノのように突き出た特異な形から、この名称がつけられている。また、墳丘の斜面に石をはるなど、墳丘の表面に石を用いるのが特色であり、四隅突出型墳丘墓に共通する要素となっている。

この四隅突出型墳丘墓は弥生時代中期の末ごろ、広島県と島根県の県境付近の中国山地で発生し、出雲地方を中心に北陸地方にまで分布する。鳥取県内では尾高浅山一号墓（米子市）・阿弥大寺《あみだいじ》墳丘墓群（倉吉市）・西桂見《にしかつらみ》墳丘墓（鳥取市）など、一〇遺跡で一三基が発見されている。その分布状況は、鳥取市を中心とする東部地区二遺跡二基、倉吉市を中心とする中部地区三遺跡五基、米子市を中心とする西部地区五遺跡六基と、伯耆国内に多く分布する。

尾高浅山一号墓は、環濠集落の尾高浅山遺跡の南側にのびる丘陵上に位置する四隅突出型墳丘墓。県内に分布する四隅突出型墳丘墓のなかでは、もっとも古い弥生時代後期初頭に築造されたもので、突出部を含めた長辺一〇・五メートル、短辺七・六メートル、高さ〇・八五メートルの規模である。これに対して西桂見墳丘墓は、湖山《こやま》池をみおろす丘陵上に後期終末ごろ築造されたもので、一辺が約六四メートルと、四隅突出型墳丘墓のなかでは最大の規模である。ただし、調査前に墳丘の大部分が開発工事によって破壊されており、詳細が不明なのが惜しまれる。

また、阿弥大寺墳丘墓群は、弥生時代後期前半ごろに築造された三基の四隅突出型墳丘墓から構成される。昭和五十四(一九七九)年に発掘調査されたが、当時、古墳時代につくられた古墳か、弥生時代につくられた墳墓かで議論されていた四隅突出型墳丘墓研究の進展に、大きな役割をはたした。天神《てんじん》川の支流、国府《こう》川に

尾高浅山四隅突出型墳丘墓

のぞむゆるやかな傾斜地にあり、東西に三基が並ぶ。三基とも調査前に墳丘の北半分が壊されていたが、南半分はよく残っていた。東に位置する一号墳丘墓がもっとも大きく、突出部も含めると一辺が約一八メートル。西側に連続する二号墳丘墓と三号墳丘墓は、一辺が約八メートルと小規模である。三基とも墳丘の端に人頭大の川原石をたて、墳丘の斜面にも同様の川原石をはり、突出部の上面にはやや大型で偏平な石をおく。埋葬施設の調査は一号墳丘墓にかぎって行われ、墳丘内に二カ所の埋葬施設があり、墳丘の周辺に一二基の土壙墓がつくられていることが確認された。墳丘内の埋葬施設は木棺を安置していたと推定されるもので、長さが二メートルを超える規模。墳丘周辺の土壙墓も木棺を安置していたものだが、長さが一メートル前後と小規模なものであった。

阿弥大寺墳丘墓群の東側では、土壙墓が一四基ほど発掘されている。時期は阿弥大寺墳丘墓群とほぼ同時期で、規模は一～二メートル、未発掘の部分が多いことからすると、土壙はもっとあったようだ。集団墓地だったのだろう。東側の土壙墓に葬られた人たちと、四隅突出型墳丘墓にまつられた人との格差はあまりにも大きい。このことは、同じ集団のなかに力をもつ人たちと力をもたない人たちがいたことを示している。

四隅突出型墳丘墓がつくられだす以前、弥生時代前期と中期の墓制はどうだったのだろうか。イキス遺跡（倉吉市）と別所新田《べっしょしんでん》遺跡（米子市）などで前期の土壙墓群が、宮前《みやまえ》遺跡（西伯郡南部町）と万代寺遺跡などで中期の土壙墓群が発掘されている。前期と中期の土壙墓とも、長さが一～二メートル前後の規模で数基から数十基がまとまっているが、群のなかの土壙墓間に格差は認められない。阿弥大寺四隅突出型墳丘墓群とその周辺の土壙墓にみられた格差は、つぎの古墳時代にはさらに大きな差となってあらわれる。

2　ヤマト王権と因幡・伯耆

陸路の支配・海路の支配●

山陰地方独特の土器や四隅突出型墳丘墓など、かなりの地域特性をもっていた弥生時代後期、閉鎖された社会でなかったことはいうまでもない。ほかの地域との交流を示す遺物がいくつか出土している。それは、土器や「まつり」に使われた土製品などである。大谷後口谷《おおたにうしろだに》墳丘墓群（倉吉市）では、山陰系の土器にまじって吉備《きび》（岡山県）系の大型壺が一点出土している。この大型壺は、吉備地方の土器をまねて倉吉でつくられたものではなく、送り込まれたか、持ち込まれたものらしい。また、吉備地方を中心に分布する分銅《ぶんどう》形土製品は、お守りのような用途ではなかったかと推定されるが、布勢《ふせ》第二遺跡（鳥取市）・後中尾《うしろなかお》遺跡（倉吉市）・大道原《おおみちはら》遺跡（西伯郡大山《だいせん》町）など、県内のほぼ全域で出土している。さらに、吉備地方でも山陰系の土器が出土しているなど、両地方の交流が比較的活発であったことが推測される。この両地方の交流は、中国山地を越えて行われていたのであろう。

近畿地方において大規模な前方後円墳が築造されだしてしばらくたったころ、吉備との交流ルートの終点付近にあたると思われる内陸部に前方後円（方）墳がつくられた。普段寺《ふだんじ》一号墳（西伯郡南部町）と国分寺古墳（倉吉市）である。普段寺一号墳は標高五〇メートルほどの丘陵尾根にある前方後方墳で全長約二三メートル、木棺《もっかん》と推定される中心の埋葬施設に、中国製の三角縁神獣鏡《さんかくぶちしんじゅうきょう》一面と剣、そして頸《くび》飾りなどに用いられた玉類が副葬されていた。

国分寺古墳は標高二五メートルほどの微高地に位置する。全長約六〇メートルの前方後円墳だったと推定されるが、現在は後円部のみが残る。最近の測量調査などにより、前方後方墳であった可能性も指摘されている。中心の埋葬施設は、木棺を粘土《ねんど》で覆った粘土槨《かく》とよばれるもので、副葬品は中国製の三角縁神獣鏡・夔鳳鏡《きほうきょう》・二神二獣鏡《にしんにじゅうきょう》それぞれ一面をはじめ、武器・工具・農具などの多量の鉄製品であった。普段寺一号墳と国分寺古墳は、ともにあまり大きな規模の古墳ではないものの、中国製の鏡などすぐれた副葬品をもち、位置するところも吉備・出雲《いずも》・因幡《いなば》などの他地方はもとより、伯耆国内に広がる陸上交通のかなめ的な要衝の地である。

普段寺一号墳と国分寺古墳が築造された後、鳥取県中央部の東郷《とうごう》池北岸に、大型の前方後円墳、馬ノ山四号墳（東伯郡湯梨浜《ゆりはま》町）が出現する。標高約一〇〇メートルの馬ノ山丘陵から派生した支脈の尾根上に築かれたもので、全長約一〇〇メートル（現在長、約九〇メートル）の規模である。古墳からは眼下に日本海と東郷池をみおろすこ

馬ノ山四号墳全景

とができる。墳丘は全面に板石が葺《ふ》かれ、円筒埴輪《えんとうはにわ》と朝顔形埴輪がたてめぐらされていた。中心の埋葬施設は長さが八・五メートルほどもある長大な竪穴式石槨《せっかく》で、石槨内には長さ二・七メートルとこれまた長大な割竹形木棺《わりたけがた》が安置され、棺内には中国製の鏡三面、日本製の鏡二面をはじめ、碧玉《へきぎょく》製の石釧《いしくしろ》や車輪石、勾玉《まがたま》・管玉《くだたま》、鉄刀・鉄剣・鉄斧など、多数の貴重な品物が副葬されていた。このような馬ノ山四号墳の内容は、ヤマト王権の中心である近畿地方の前方後円墳と同じものであり、かつ、遜色《そんしょく》ないものである。

また、山陰地方の他の地域、出雲・因幡では、前方後円墳の出現が馬ノ山四号墳より一時期ないし二時期後れる。このことは四号墳にまつられた人が早くからヤマト王権と密接な関係をもっていたことをあらわしている。まつられた人の「チカラ」の背景はなんであったのだろうか。四号墳周辺はいまでこそ豊かな田園地帯だが、古墳時代はそうでもなさそうだ。そうすると、四号墳の立地状況などから海上交通路の支配が浮かんでくる。日本海および東郷池から馬ノ山をみあげると、葺石《ふきいし》が白く輝く雄大な馬ノ山四号墳の姿が目に飛び込んできたであろう。その姿こそ、隔絶された権力の象徴としてふさわしいものだった。

東郷池周辺には馬ノ山四号墳以降、宮内狐塚《みやうちきつねづか》古墳（全長約九五メートル）・北山《きたやま》古墳（全長一一〇メートル、ともに東伯郡湯梨浜町）と大規模な前方後円墳が継続して築かれる。とくに北山古墳は山陰地方最大の規模をほこる。築造された時期は五世紀の前半、中心の埋葬施設は長大な竪穴式石槨であったが、徹底的な盗掘をうけていたことが惜しまれる。

この北山古墳以降、東郷池の周辺を含めた東伯耆から大規模な前方後円墳は姿を消す。そのかわりのように、淀江平野にのぞむ向山《むこうやま》丘陵上に規模の大きな前方後円墳が継続的に築造されだす。いずれも淀江町の向山三号墳（全長約三九メートル）・向山四号墳（全長約六五メートル）・長者ヶ平《ちょうじゃがなる》古墳（全長約四八メートル）・石馬谷古墳《いしうまだに》（全長約六一メートル）など、築造時期は、五世紀後半から六世紀後半である。淀江平野はもと潟湖で、地形的には東郷池周辺とよく似た部分がある。東郷池から淀江平野への前方後円墳の移動は、権力の移動をあらわしているのか、興味深い。

鳥取県東部、因幡の状況はどうであろうか。馬ノ山四号墳に後れる四世紀後半、鳥取平野の南部に広がる鳥取市の丘陵地のなかに、因幡最古の前方後円墳、六部山《ろくぶやま》三号墳（全長六三メートル）が築造される。引き続き五〇〇メートルほど西方、谷をへだてて因幡地方最大級の規模をほこる古郡家《ここおげ》一号墳（全長九〇メートル）がつくられる。しかし、鳥取平野南部の大型前方後円墳はここまでで、古郡家一号墳の築造と相前後する時期、日本海に近い湖山池の南岸に大型の前方後円墳である里仁《さとに》二九号墳（全長八一メートル）が突然に出現する。そして、桷間《かくま》一号墳（全長九二メートル）、布勢古墳（全長五九メートル）、大熊段《おおくまだん》一号墳（全長約四五メートル）と、五世紀から六世紀のあいだ、湖山池の南岸から東岸にかけて大規模前方後円墳が継続的にいとなまれる。因幡国も伯耆と同じように権力の移動があったのであろうか。これらの古墳はいずれも現在の鳥取市域にあるが、地図上に落とされている前方後円墳のしるしをながめていると、古墳時代の歴史的な事柄が浮かんでくるようで楽しい。

砂丘に埋まっていたムラ●

鳥取県内の海岸部には、砂丘が発達している。砂丘地での耕作は、近年まで水の問題や風によって移動する砂のためたいへんだったという。この砂丘の下に遺跡が、それも大規模な遺跡が埋まっているとはだれが想像したであろうか。昭和五十二（一九七七）年、東郷池の北岸、天神川の河口近くの砂丘のなか、それも一〇メートルほど白砂を取り除いた下から、想像を絶する遺跡が発掘された。遺跡は所在地の地名から長瀬高浜遺跡と名づけられている。

長瀬高浜遺跡は、弥生時代前期から鎌倉・室町時代までいとなまれた遺跡である。この時期、砂丘の活動はほとんど停止していたらしく、当時の人びとが生活を送った地表面が黒砂層として残っていた。黒砂面に刻まれていた遺構は足の踏み場もないほどで、また出土遺物の量も膨大な数であった。ただし、弥生時代と奈良時代から鎌倉・室町時代のものはわずかで、大多数が古墳時代の住居址と古墳で占められる。

調査された古墳時代の遺構は、竪穴住居址約一六〇棟、掘立柱建物約四〇棟、大型掘立柱建物三棟、井戸跡六基、古墳四一基などで、竪穴住居址のほとんどは古墳時代前期、四世紀代の一〇〇年間に順次たてられたものである。また、掘立柱建物や大型掘立柱建物、井戸跡も竪穴住居址と同じ時期である。これらの遺構は、おもに遺跡の西側から南側にかけてL字型に横たわる砂の丘の東側に広く分布する。

長瀬高浜遺跡(東伯郡湯梨浜町)の住居址群

砂の丘は高さ五メートルほどで、まるで村をまもる障壁のようだ。丘の上からながめる住居址群の姿に圧倒されたことを思い出す。なお、住居址群はさらに東へ北へと続いているようで、相当大規模なムラであった可能性が高い。

長瀬高浜遺跡のムラは、古墳時代に入って出現する。丘の北側斜面、井戸を中心とするかのように十数棟の竪穴住居址が群をなし、住居址群の東側と西側には倉庫跡と思われる掘立柱建物群が伴う。この段階で注目されるのは、住居址群から北側に少し離れて大型掘立柱建物が存在することである。大型掘立柱建物は、発見された当時、神殿跡かと話題になった遺構で、全長約一五メートル、前方後方墳形に溝をめぐらし、後方部にあたる部分に四本柱の掘立柱建物をたてる。柱の間隔は約五メートル、柱を埋める穴（柱掘方《はしらほりかた》）は直径三メートル前後と大きい。柱掘方から想定される建物は、高さの高い規模の大きなものである。付近からは「まつり」に使用されたと考えられる銅製の小さな鏡などが出土して注目されており、「まつり」に使われた建物ないし豪族の屋敷跡とも考えられて興味深い。

四世紀後半ごろになると住居址の数は前の時期よりも増し、遺跡全体に広がる。このことはムラが発展したことをあらわしているが、その規模は山陰地方随一といってよいだろう。ところが、四世紀後半代になると住居址の数が減少し、丘の北側斜面や東側斜面など数カ所に数棟の単位でまとまる程度になってしまう。さらに、五世紀代になると住居址の数はごくわずかになってしまい、かわりに古墳が築造されだす。ムラはどこかに移動してしまったようだ。

竪穴住居も時期とともに変化している。古墳時代に入ると、弥生時代にみられた、平面形が多角形ないし隅丸方形のものが姿を消していき、かわりに方形の竪穴住居がつくられだす。方形の住居は一辺が四メートルから五メートル程度のもの。柱を四本たてるものと二本たてるものとがあり、四本柱のほうが早くから出現する傾向がある。ほかの古墳時代のムラは、丘陵上にいとなまれている場合が多い。弥生時代後期ごろからムラがつくられだし、古墳時代後期まで続くものもある。そして、古墳時代後期以降、丘陵上からムラの姿が消えていく。平野部に移動したのであろう。土器の形も変化する。古墳時代に入ってしばらくは山陰地方独特のもので、それが古墳時代中ごろから地域性がなくなってくる。

長瀬高浜遺跡でみられたムラの変遷、これを東郷池周辺の大規模前方後円墳の築造時期と対比すると、興味深いことが浮かんでくる。ムラがもっとも発展した時期、この時期は馬ノ山四号墳が築造されたころである。また、大規模な掘立柱建物を伴うムラのころには、四号墳と同一の尾根の先端に位置する前方後円墳、馬ノ山二号墳（全長約六八メートル）が築造されたと考えられる。ただし、研究者のなかには、二号墳の築造時期を四号墳より後にする考えもある。ムラの規模が縮小し消えていくころ、この時期には大規模古墳も宮内狐塚古墳、北山古墳と、東郷池の対岸に築造されている。みごとな対応関係である。長瀬高浜遺跡のムラの首長が、馬ノ山四号墳に「まつられた人」の可能性が高いのではなかろうか。

長瀬高浜遺跡では、いくつかの大発見があるが、そのなかの一つに埴輪群の発見がある。埴輪は古墳にたてめぐらされたものであるが、それが浅い皿状にくぼんだところからまとまって発見された。家形《いえがた》埴輪八、甲冑形《かっちゅうがた》埴輪三、盾形《たてがた》埴輪三、鞆形《ともがた》埴輪一、蓋《きぬがさがた》形埴輪一〇、朝顔形埴輪一〇五以上、円筒埴輪一〇以上と多量で、一基の前方後円墳にたてめぐらされるに十分な数だ。本来、古墳にたてられるものが、どうしてなのか。謎《なぞ》が謎をよび、いろいろな解釈がだされた。そのなかの一つに「北山古墳に続く前方後円墳のために準備されたが、なんらかの理由で前方後円墳が築造されなかったため、放置された」という考えがある。筆者もそう考える一人である。

小規模古墳の群れ●

鳥取県内には約一万一〇〇〇基もの古墳が分布している。古墳の数としては、近畿地方にある府県の古墳分布数と遜色《そんしょく》ない数である。ちなみに、鳥取市を中心とする因幡に約四〇〇〇基、倉吉市を中心とする東伯耆に約四〇〇〇基、米子市を中心とした西伯耆に三〇〇〇基で、分布する古墳の大多数が円墳である。方墳もみられるが、概して数は少ない。古墳の多くは、直径ないし一辺が一〇メートルから二〇メートルほどの小規模なものである。なかには直径ないし一辺が三〇メートルを超える中規模なものもあるが、ごくわずかである。なお、前方後円（方）墳は約二六〇基、全体の約二・四％を占めるにすぎない。

古墳時代前期の古墳は、周囲に溝（周溝《しゅうこう》）をめぐらした方墳が主流を占める。ほとんどが丘陵の尾根上につくられており、周溝を共有しながら二基から三基が連続し築造されたものがいくつか集まって古墳群を形成している。連続して築造される古墳の関係は、親・子・孫の関係であろうか。埋葬施設は、墳丘の中央付近に一基ないし二基、大型の墓壙《ぼこう》を掘り、なかに箱形に組み合わせた木棺を安置する例が多い。竪穴式石槨や竪穴式石槨状に石を組んだ石室《せきしつ》、割竹形木棺などが安置されたものもあるが、比較的規模が大きい古墳にかぎられるようだ。副葬品がほとんどみられないか、あっても乏しいのがこの時期の特徴である。ただし、古墳群の中心的な古墳（盟主墳《めいしゅふん》）のなかには、少ないながら鏡や玉類、鉄器が副葬されているものがある。

この時期の代表的な古墳群としては、桂見《かつらみ》古墳群（鳥取市）・宮ノ峰《みやのみね》古墳群（倉吉市）・猫山《ねこやま》遺跡（倉吉市）・青木古墳群（米子市）などがある。なお、大型の壺を埋葬施設として使用する壺棺《つぼかん》が伯耆地方に分布する。壺棺は埋葬専用としてつくられたもので、口径四〇センチ、高さ八〇センチ前後のものである。墳丘内に埋葬されるものは少なく、多くは周溝内に埋葬される。四世紀前半に出現し、五世紀前半には姿を消す特異なものである。

古墳時代中期、おおよそ五世紀代に入ると、方墳はあまりつくられなくなり、かわりに円墳が多く築造されだす。古墳が立地する場所、古墳群の形成のされ方、規模などは、前期の方墳とほぼ同じである。埋葬施設も墳丘上に一基から二基、ただし、木棺は少なくなり、箱式石棺《はこしき》が多くなる点が異なる。箱式石棺は、板石を箱形に組んだ、長さが二メートル前後のもので、棺内に板石をV字状に組んだ石枕《いしまくら》をおく石棺があるが、これは東伯耆の地域的特色となっている。副葬品は、勾玉や管玉などの玉類と鉄剣・鉄刀・鉄鏃などの鉄製武器類などを中心的におさめているが、ときたま小型の日本製の鏡をいれている石棺がある。代表

イザ原古墳群(倉吉市)

的な古墳群としては、イザ原古墳群（倉吉市）・長瀬高浜遺跡などがある。

なお、箱式石棺は粘土で目張りされていることが多い。このため棺内に雨水の進入が妨げられるのか、人骨が残っている例が多くみられる。一体の埋葬例がふつうだが、複数体埋葬されていた石棺も比較的多い。高畦《たかあぜ》二号墳（倉吉市）は、石棺内に四五歳過ぎと四〇歳過ぎの男性および二五歳過ぎの女性が埋葬されていた例である。男性二人と女性との関係は興味深い。ともあれ、石棺内に残された人骨は、当時の人びとの特徴や家族構成などを知る重要な手がかりである。また、古墳を区画する周溝内にも、木棺・箱式石棺・土壙墓・土器棺など多種多様な埋葬施設がつくられている。小規模なものが多いが、一古墳に一基から二基、なかには七基もつくられている古墳もある。ほかの地方にはあまりみられない地域的な特色である。家族の墓か、または飼われていた動物の墓なのか、近い将来、土中に残る脂肪酸を分析することによって解明されることを期待したい。

大宮古墳と梶山古墳●

四世紀末から五世紀初頭のころ、北九州地方に横穴式石室が出現する。朝鮮半島から伝わったもので、六世紀代には古墳の主流となる。横穴式石室は、石材を積み上げたり組み合わせてつくられた石の部屋で、遺骸を埋葬する玄室《げんしつ》と、玄室に通じる通路の羨道《せんどう》とからなる。横穴式石室以前の竪穴式石槨や箱式石棺、木棺などは、いったん遺骸をおさめ埋められると、あらたな遺骸を追加して埋葬することが困難だ。これに対して、横穴式石室は遺骸を順次埋葬することが可能である。このことは、古墳が個人のためにつくられた墓から、家族のためにつくられた墓へと変化したことを示している。

因幡・伯耆では、六世紀の前半代に横穴式石室が導入される。大宮古墳（倉吉市）・吉定《よしさだ》一号墳（西伯郡伯耆町《ほうき》）・円護寺《えんごうじ》二七号墳（鳥取市）などである。

大宮古墳は、天神川の支流広瀬川の河岸段丘につくられた、直径三〇メートルの円墳で、石室は全長五・二メートル、高さ二・七メートルの規模。玄室の平面形は方形で、長さ二・六メートル、幅二・二メートルのもの。石室は基底部に大きな板石を横長にたて、その上に平石を小口積みにして四方から順次持ち送り、天井に比較的大きな板石を一枚使う構造である。とくに天井は隅三角持ち送り式天井とよばれるもので、朝鮮半島の高句麗《こうくり》にその源流が求められる。また、玄室の奥壁よりには遺骸を安置した場所をくぎる屍床《ししょう》仕切り石があり、その上には石棚状の施設、両側壁には灯明台《とうみょうだい》的な構造があるのが特徴である。

大宮古墳の石室構造にみられる特徴は、中・北九州地方の横穴式石室に共通するもので、この古墳が築造された背景には、中・北九州地方の強い影響をうかがうことができる。

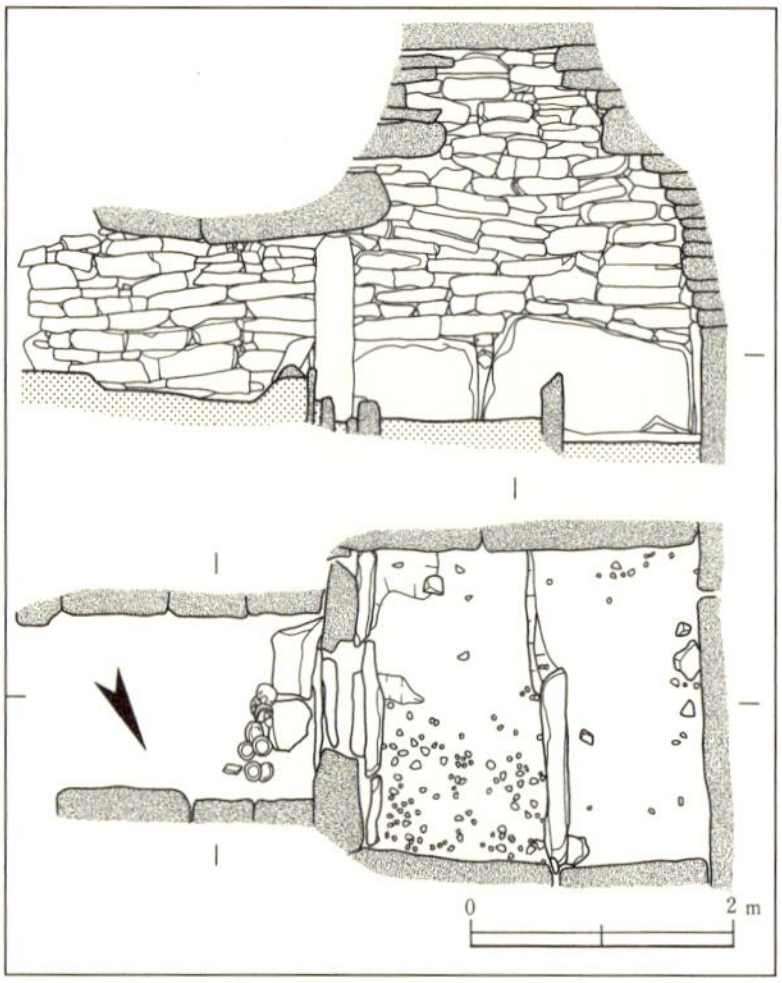

大宮古墳の横穴式石室実測図

❖コラム

鳥を飾る須恵器

鳥取県だからというわけではないが、県内の遺跡から鳥に関する遺物が出土することがある。古代、鳥は神の使いとか魂を運ぶものとして信仰されていた。このため、弥生時代以降、鳥をかたどった木製品（布勢遺跡、鳥取市）や、鳥形のスタンプがおされた土器（中峯遺跡、倉吉市）などが出土している。

古墳時代後期の野口一号墳（倉吉市）では、鳥などを飾った須恵器《すえき》の装飾付壺と器台形土器（重文）が出土している。この土器は、器台と広口壺とが一体化してつくられたもので、器台の口縁部に五羽の鳥が飾られ、壺の胴部にめぐらされた突帯の上に小像群と小壺をのせたものである。土器の高さは四八・四センチ。五羽の鳥のうち、現存するのは三羽で、羽を閉じているもの、羽が広りかけたもの、羽を大きく広げ飛んでいる姿をあらわしている。鳥が飛びたっていく姿態の変化を表現したものと解釈される。しかしこの装飾須恵器の主題は鳥ではない。壺の部分の小像群が中心のモチーフである。小像群は小壺によって三場面にわけられている。一場面は、振り返るシカ、吠えかかる犬、飾り馬にまたがる人物が配された狩りの場面で、シカの左わきには矢の刺さった跡があり、馬にまたがる人物は弓をもち貴人をあらわす冠《かぶ》り物をつけている。ほかの場面は、小像は完全に残っていないが、相撲《すもう》をとる人物が配された場面と、琴をひく人物が配された場面で、琴は板状で三本の弦《げん》をあらわしている。琴が表現された装飾土器は、朝鮮半島の古新羅《こしらぎ》の陶質土器にあるが、わが国ではいまのところ本例しか知られていない。

六世紀後半から七世紀代、因幡・東伯耆・西伯耆でそれぞれ地域的な特徴をもった横穴式石室がうまれ、展開する。因幡には中高式《なかだかしき》天井石室とよばれる横穴式石室の一群が、鳥取市と岩美《いわみ》郡に分布する。中高式天井石室とは、平面形が長方形を呈する玄室の天井を、前後三枚の板石をおいてつくるが、真ん中の石を前後の石の上にかけ渡し一段高くしていることからつけられた名称である。石室構造の特徴は、近畿地方の横穴式石室に共通するが、中高式天井の構造は、他地方に類例がみられない因幡特有のものである。代表的な古墳に坊ヶ塚《ぼうがづか》古墳（鳥取市）や穴観音《あなかんのん》古墳（岩美郡岩美町）があるが、彩色壁画で有名な梶山《かじやま》古墳（鳥取市国府《こくふ》町）もこの中高式天井の系列に属する。

　梶山古墳は、丘陵の南側斜面を馬蹄《ばてい》形に削平して築造された古墳で、墳丘は、直径約二〇メートルの変形八角形墳という特異な形であり、墳丘の前面にあたる南側には石垣が三段つくられるという類例の少ないものである。八角形墳は、古墳時代の終わりごろ、天皇陵に用いられ

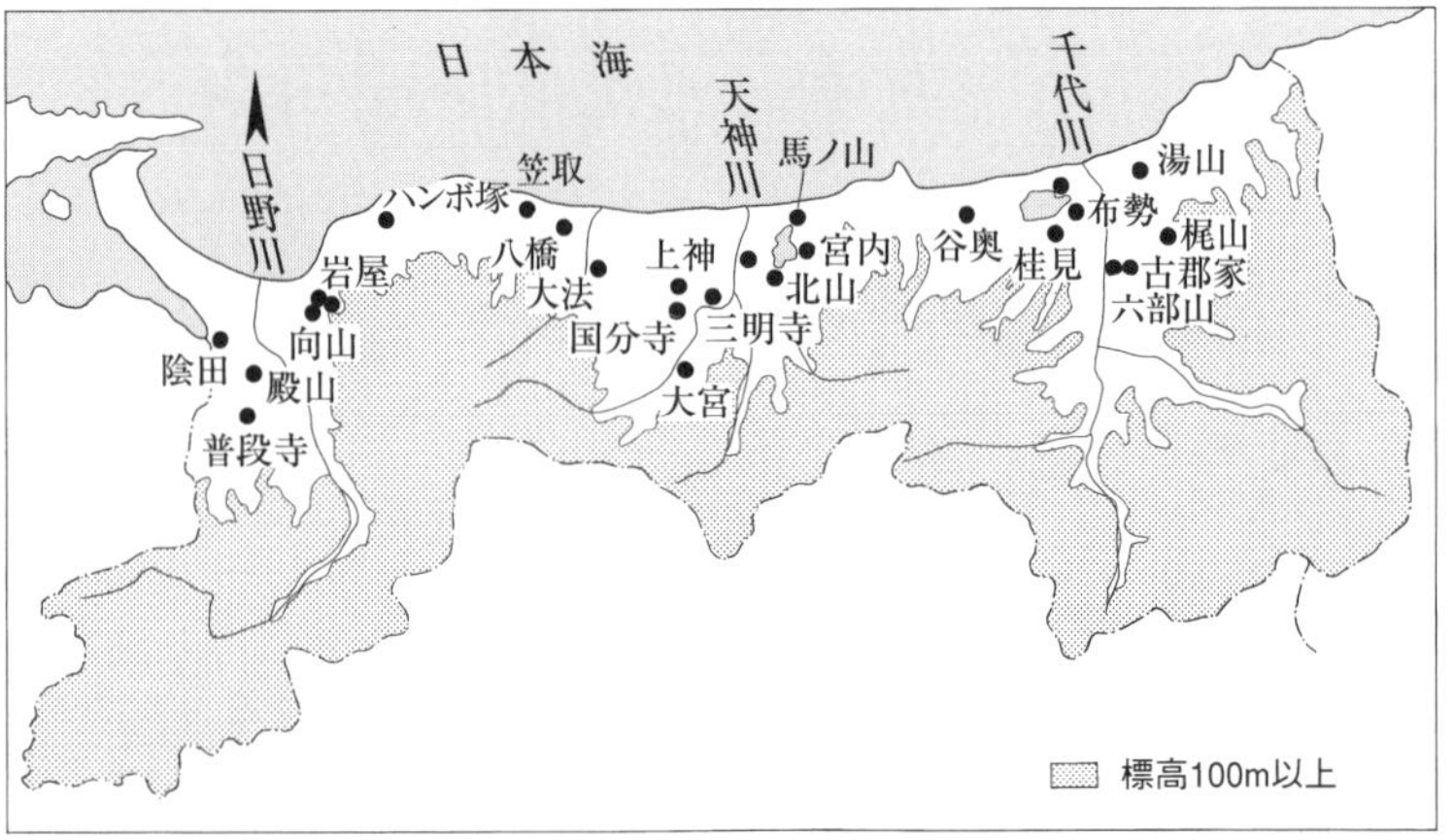

おもな古墳の分布図

た墳形という。石室は玄室・前室・羨道からなり、全長八・九メートル、凝灰岩《ぎょうかいがん》の切り石を使って築かれている。玄室は長さ二・四メートル、幅一・二メートル、高さ一・六メートル、床面に板石が敷かれていた。また、玄室の入口にあたる玄門部には扉のはめこみ溝が設けられるなど、ととのった石室である。前室の天井は一段高くかけられ、床面には石櫃《いしびつ》のための台石《だいし》と思われる特殊な構造が設置されていた。壁画は玄室の奥壁に赤色顔料を使用して上下三段に描かれていた。上段は同心円文と三角文、中段は魚文、下段は円文である。梶山古墳の築造された時期は出土遺物から七世紀初頭と推定され、横穴式石室が築か

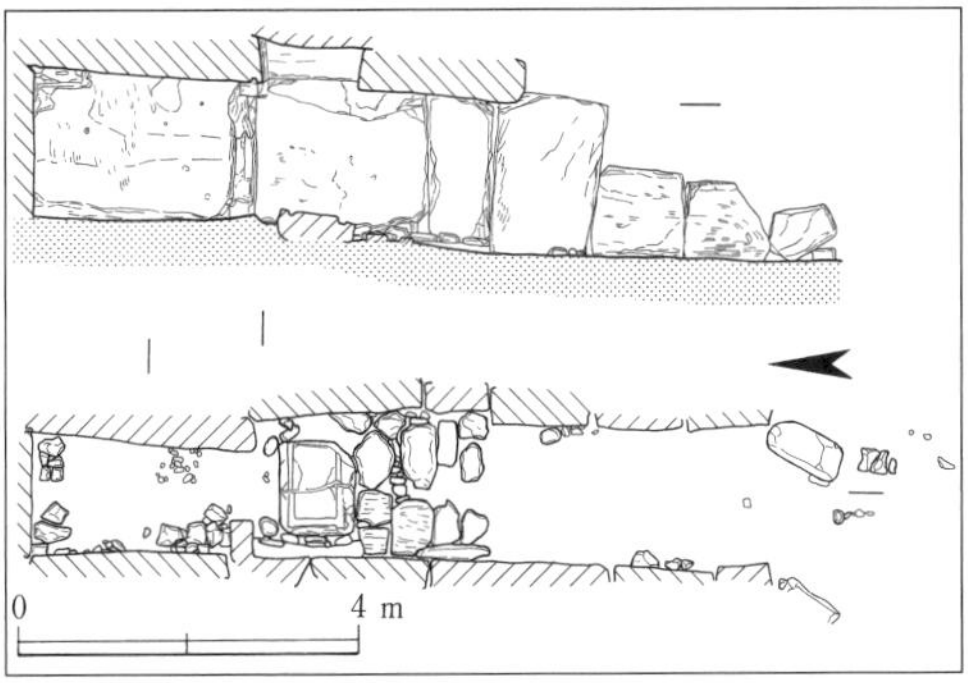

梶山古墳の横穴式石室（国府町教育委員会編『梶山古墳緊急発掘調査報告書』を一部改変）

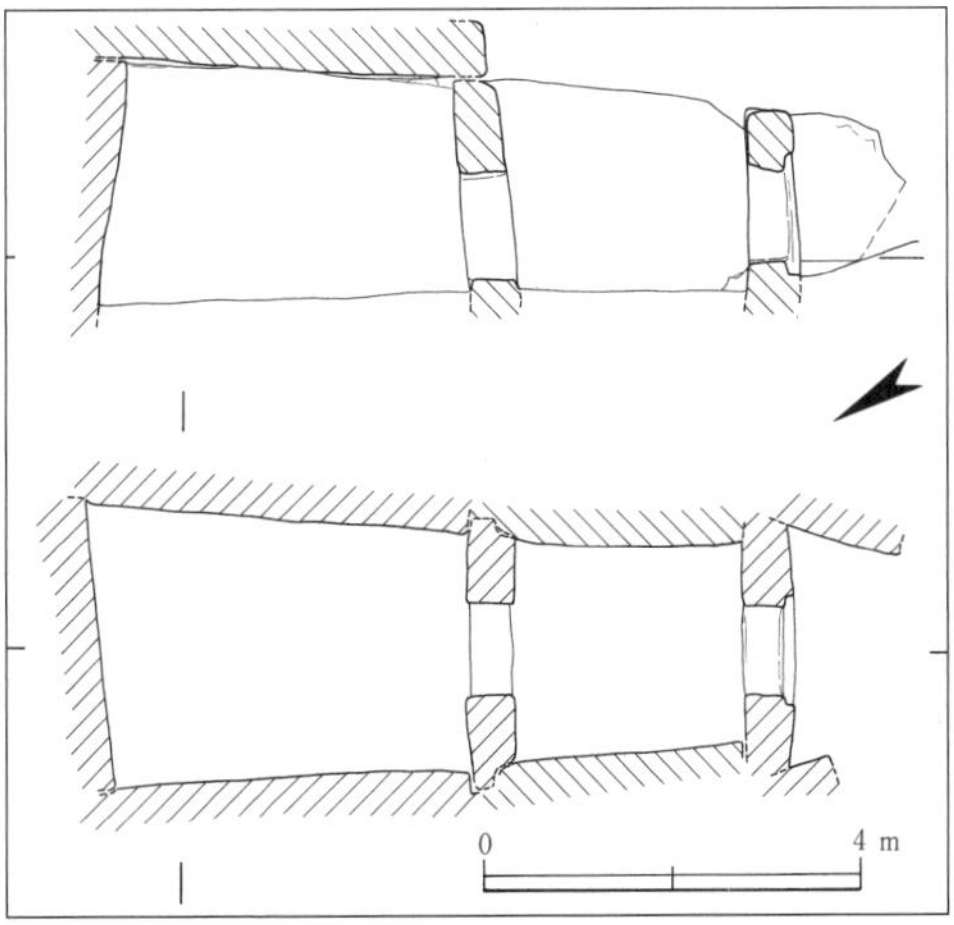

岩屋古墳の横穴式石室（出雲考古学研究会編『石棺式石室の研究』を一部改変）

れた最終段階ごろのものである。なお、顔料ではなく、線刻で描かれたものが鳥取県内の横穴式石室に多くみられるという。ただし、後世の落書きなどと区別が容易ではなく、その評価には慎重を要する。

東伯耆では、大宮古墳以後も中・北九州地方の影響をうけた向山六号墳（倉吉市）などが築造されるが、平面形が方形で、玄室の奥壁と左右の側壁を大型の立石三枚で構築される地域色の強いものが発生し、展開する。このタイプの石室は、東伯耆はもちろん、因幡の気高《けたか》地方まで広く分布している。これに対して、西伯耆では大山山麓を中心に、岩屋古墳（米子市淀江町）など出雲地方の影響をうけた石棺式石室が展開する。石棺式石室は、玄室の四方の壁を各一枚石でつくり、入口部分の石材の中央をくり抜き玄門とした、地域色の強い構造である。また、西伯耆には地形の関係からか、丘陵の斜面をうがった横穴墓が多いのも特色の一つである。

因幡・東伯耆・西伯耆に分布する横穴式石室の違いに代表される地域的なまとまりは、古墳時代だけではなく現在まで引き継がれている感じがする。

対外交流の足跡●

横穴式石室にみられる九州地方の影響は、どのようにしてもたらされたのか。西日本各地の横穴式石室と比較すると、どうも日本海の海上ルートが利用された可能性が高そうだ。淀江平野をみおろす丘陵に、石馬谷《いしうまだに》古墳とよばれる前方後円墳がある。この古墳からは九州地方にしか分布しない石馬と石人《せきじん》、短甲《たんこう》が出土している。石馬は全長一・五メートル、鞍《くら》・轡《くつわ》・手綱《たづな》・鐙《あぶみ》などの馬具が浮彫りで表現されている。石人と短甲はいずれも断片のみで、ともに地元の石材を加工してつくられている。つくられた時期は六世紀の中ごろ、本州には本例しか存在せず、数々の疑問を投げかけている遺物だが、九州地方の影響をうけてつくられたことはまちがいなかろう。やはり、横穴式石室の構築技法と同様に、日本海ルートを使ってもたらされたものであろうか。この日本海ルート、国内の交流にかぎられるのだろうか。

倉吉市の高畦《たかあぜ》二号墳は、内陸部の狭い谷をみおろす直径二〇メートルほどの円墳である。五世紀の中ごろに築造された古墳で、埋葬施設は箱式石棺。これは、この地方の石棺が板石を組み合わせているのとは異なり、切り石を組み合わせたもので、棺外に鉄斧・鉄剣・鉄鎌などの鉄器が副葬されていた。この鉄器のなかに、約半分から折れ失われているが、長さが一七センチほどの薄い鉄板状の鉄製品が二枚含まれていた。鉄板状の鉄製品は、鉄製品をつくる素材で鉄鋌《てってい》とよばれている。当時の日本では鉄の生産が十分でなく、鉄鋌の形で朝鮮半島から輸入したという。鉄鋌は、ほとんどが近畿地方の古墳から出土していることから、ヤマトの王権が掌握していたものと考えられている。高畦二号墳に埋葬された人は、どのような方法でこの鉄鋌を手に入れたのか。ヤマト王権からか、朝鮮半島から直接か、気になる遺物である。

天神川の支流、国府《こう》川に沿う低丘陵にある不入岡《ふにおか》遺跡（倉吉市）では、カマドをつくりつけた竪穴式住居が発見されている。時期は五世紀の後半代である。五世紀代から六世紀代、つくりつけのカマドは東日本を中心に全国の竪穴式住居にみられるものであるが、山陰地方では数が少なく、鳥取県下では不入岡遺跡の一例だけである。大多数の竪穴式住居址は、依然として炉が煮炊きに使われていたようだ。

不入岡遺跡の住居址は、平面形が方形で一辺三メートル、カマドは住居址の南東隅につくりつけられたもので、幅八〇センチ、奥行七〇センチほどの煙を住居の外にだす煙道が、焚口《たきぐち》からまっすぐ外にでず、壁に沿うようにL字状に折れ曲がってだされているのが特徴である。通例のカマドは、煙道が焚口からまっすぐのびている。不入岡遺跡の住居址のカマドは、L字状カマドとかオンドル状遺構とよばれるもので、朝鮮半島に起源があり、九州地方と滋賀県などを中心に全国に分布するが、数はそう多くない。渡来系の人びととの住居ではないかと考えられている。不入岡遺跡の住居址も、出土している土器のなかに山陰地方にはみられない長胴形の甕《かめ》や多孔式の甑《こしき》などが含まれている。渡来系の人の住居だったと考えたい。

また、不入岡遺跡の東側約一・五キロ離れた丘陵に位置する夏谷《なつたに》遺跡（倉吉市）では、朝鮮半島の移動式カマドとよく似たカマドの断片と、渡来系の住居と考えられている溝を方形にめぐらした、大壁住居と思われる遺構が発見されている。ここにも渡来系の人びとが住んでいただろうか。不入岡遺跡と夏谷遺跡に住んでいた渡来系の人びとは、直接日本海を渡ってきたのだろうか、それとも国内のどこかに住んでいた渡来系の人びとが移動してきたものであろうか、考えると楽しい。

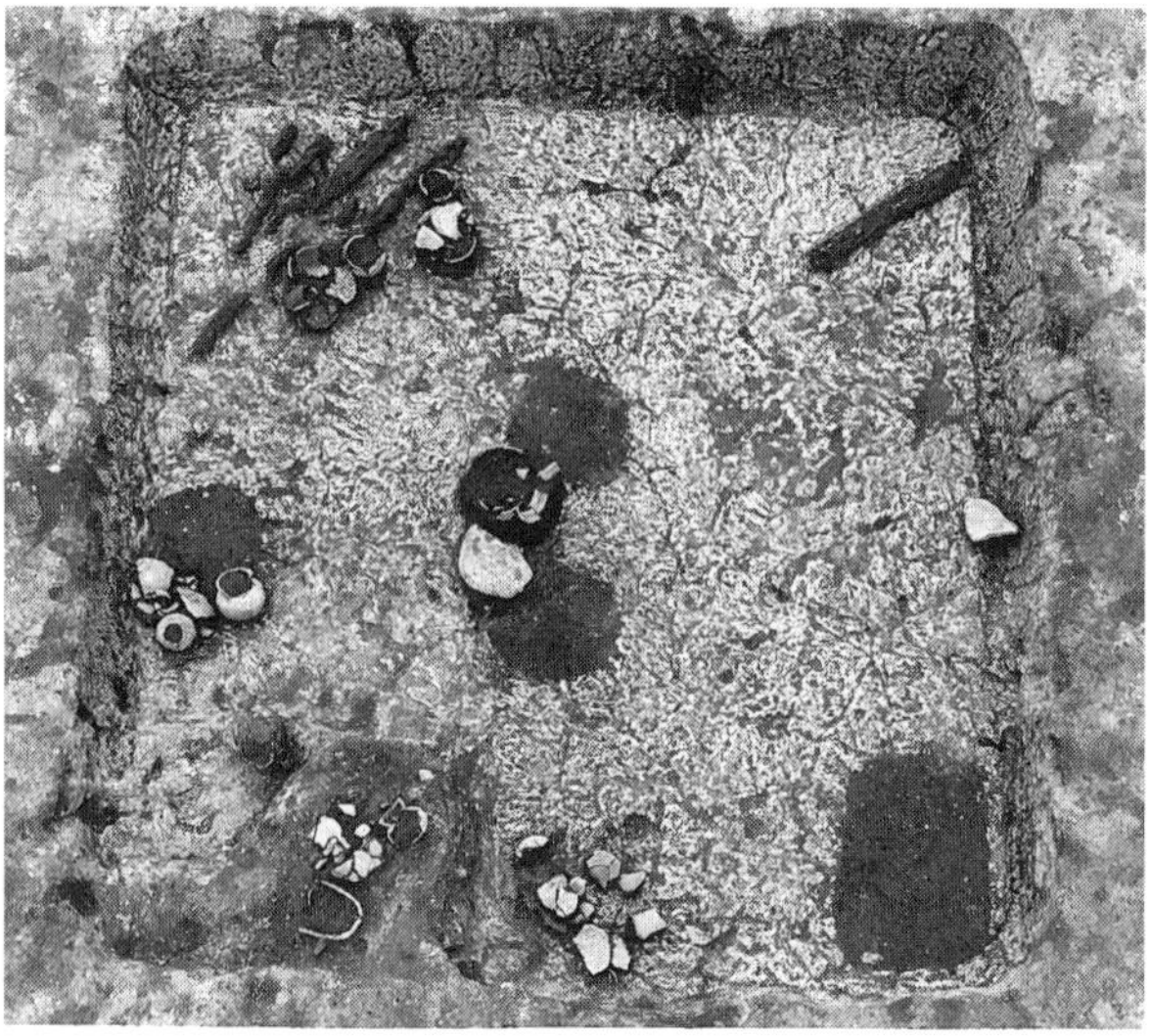

不入岡遺跡の竪穴式住居址　左下側がL字状カマド。

2章

律令制下の因幡・伯耆

上淀廃寺の塔跡

1　因幡国・伯耆国

伊福吉部徳足比売●

江戸時代の安永三（一七七四）年、因幡《いなば》国法美《ほうみ》郡稲葉郷宮下村（鳥取市国府《こくふ》町）の無量光寺《むりょうこうじ》の境内宇部《うべ》の山から、石櫃《いしびつ》に安置されていた骨蔵器が掘りだされた。骨蔵器は火葬された人骨をおさめたもの。『続日本紀《しょくにほんぎ》』によると、火葬は文武天皇四（七〇〇）年の僧道昭《どうしょう》が最初とされるが、それ以前から行われていたようである。

宇部の山から掘りだされた骨蔵器は、鋳銅製の被《かぶ》せ蓋《ぶた》式の容器で高さ一六・五センチ、蓋の直径が二六・四センチあり、蓋の表面には銘文が一六行にわたって放射状に刻まれていた。銘文には、因幡国法美郡の伊福吉部徳足比売臣《いふきべとこたりひめのおみ》は文武天皇に仕え、慶雲四（七〇七）年には従七位下の位を賜った。和銅元（七〇八）年七月一日に亡くなり、同三年十月に火葬し埋葬されたことが記されている。

この銘文によると、埋葬された伊福吉部徳足比売は、天皇ないし皇后のそば近くに仕えていた釆女《うねめ》だったと思われる。釆女は、地方豪族が一族の娘のうちで容姿端麗な者を選び、天皇や皇后に奉仕させたもの。伊福吉部徳足比売は、因幡の豪族伊福吉部氏（伊福部氏）の出身であろう。ただし、伊福部氏に伝わる『因幡国伊福部臣古志』と題された系図には、その名が記載されていない。

『因幡国伊福部臣古志』は、序文に延暦三（七八四）年の年紀が記されている。伊福部氏の由来が知られる点で貴重な史料だが、第二六代の大乙上《だいおつじょうつ》都牟自臣《むじのおみ》の記述などが、古代史料として重要なものとなっている。都牟自の記述は、「大乙上の都牟自臣は、孝徳《こうとく》天皇二（六四六）年に水依評《みよりのこおり》がたてられたとき、その督《かみ》（長官）に任じられ、小智冠《しょうちかん》の冠位を授けられた。その当時、因幡国は一つの郡だけで、他の郡がなかった。同三年に小黒冠《しょうこくかん》の冠位を授けられ、五年には大乙下の位を授けられた。斉明天皇四（六五八）年に大乙上の位を授けられ、同年正月に水依評を壊して高草《たかくさ》郡をつくった。同年三月十一日に死亡した」（佐伯有清『古代氏族の系図』）という内容。注目されるのは、孝徳天皇二年に水依評がたてられたことと、斉明天皇四年に水依評を壊して高草郡をつくったことだ。これは、大化改新後に朝廷がめざした、律令的な地方支配体制の動きを裏づける重要な史料の一つといわれている。

大化二（六四六）年、薄葬令《はくそうれい》が施行された。この薄葬令は冠位によって古墳の規模などを規制したもので、冠位をもたない庶民の古墳造営は禁止された。これにより伝統的な古墳の築造は急速に衰退していく。因幡・伯耆とも例外ではなく、この前後、古墳はつくられなくなっている。

七世紀代、仏教が普及するとともに、火葬された人骨を骨蔵器におさめて埋葬する火葬墓がいとなまれだす。ただし、支配者階級にかぎられるようだ。また、火葬墓がはじまる時期は、『続日本紀』に記された僧道昭よりさかのぼることが確実である。

倉吉《くらよし》市街地の北側に横たわる向山《むこうやま》に所在する長谷《はせ》遺跡から火葬墓が一基発見されている。発見された場所は、谷をさかのぼった行き止まりで、見通しのまったくきかないところである。火葬墓は板状の石を組んだ石槨《せっかく》で、その構造は横穴式石室によく似ている。ただし、規模が奥行四五センチ、幅六〇センチと小型である。石槨内の底に板石を敷き、その上に土師器《はじき》の骨蔵器二個と須恵器《すえき》の長頸壺《ちょうけいこ》一個がおかれていた。二個の骨蔵器とも容量の三分の一程度の火葬骨がおさめられていた。鑑定によると、それぞれ壮年後期から熟年の男女であり、死後まもなく火葬されたと推定されている。時期は土師器の特徴から八世紀後半ころのものである。この二個の骨蔵器におさめられていた人骨、夫婦と考えるのが自然であろうか。どのような身分の人であったのか、伊福吉部徳足比売のように墓誌がなく、想像するよりほかにない。

伯耆国衙を掘る●

大宝元（七〇一）年、大宝律令が制定され、地方の支配制度がほぼととのった。その制度は、地方を国《こく》・郡《ぐん》・里《り》（郷《ごう》）の三段階の行政区画にわけ人民を支配するものであった。国は全国で六〇余国、中央から国司が派遣され、地方政治の任にあたった。国はいくつかの郡にわけられ、地方豪族のなかから任命された郡司が政務をとった。郡はさらにいくつかの里にわかれる。里は五〇戸を一単位とする行政区画の最小単

長谷遺跡の火葬墓

❖コラム

置き捨てられた祭祀遺物

発掘調査に従事していると、ときに土器や動物などをかたどった祭祀《さいし》遺物が出土することがある。ふつうは集落遺跡などから数点ほどが出土するものだが、倉吉市上神《かずわ》に所在する谷畑《たにはた》遺跡からは、多量の日常土器とともに多くの祭祀遺物が出土しおどろかされた。

谷畑遺跡は、丘陵にはさまれた谷の奥部に位置する遺跡で、祭祀遺物は、谷の東側と西側の二カ所に集中して発見された。東側では、人形《ひとがた》・動物形土製品などとともに二二〇点にのぼる手捏《てづく》ね土器が、西側では、土製模造鏡・丸玉・勾玉《まがたま》がカマドなどとともに出土している。

人形は粘土《ねんど》の塊《かたまり》から手足と頭を指でつまみだしてつくり、顔などの表現はまったくほどこされていない。大型のものが一〇センチ、小型のもので八センチ前後の大きさで、欠損しているものが多い。手捏ね土器は、壺や甕《かめ》などの土器の模造品的なもので、大小さまざまな形をしている。

これらの祭祀遺物は、なんらかの「まつり」が終わったあと、ていねいに置き捨てられた状態であった。

谷畑遺跡の祭祀遺物の時期は、六世紀末から七世紀初頭である。祭祀そのものの内容は不明であるが、人形・動物形など内容の多様さに特徴があり、当時の生活史の一端を知るうえで貴重な資料である。

谷畑遺跡出土の祭祀遺物

位で、おおよそ里の人口は一〇〇〇人弱と推定される。

国司が地方政治を行った施設を国衙《こくが》とよび、国衙の周辺を国府《こくふ》という。国府の地名は全国各地に残っており、鳥取県内にも、因幡国が鳥取市国府町《こくふ》、伯耆国《ほうき》が倉吉市国府《こう》という地名で伝わっている。地名としてはよく残っている国府だが、その構造や規模などの実態は不明な部分が多いのが現状である。

昭和四十年代後半、因幡国と伯耆国の国府があいついで発掘調査された。因幡国府では平安時代末期から鎌倉時代にかけての国衙跡の中心部が、伯耆国府では国衙跡の全容がほぼ確認されるという大きな成果をあげた。とくに伯耆国衙の調査成果は、研究者のあいだで「無名の新人がいちやくスターになったようなもの」と語られるほどのものであった。

因幡国庁跡

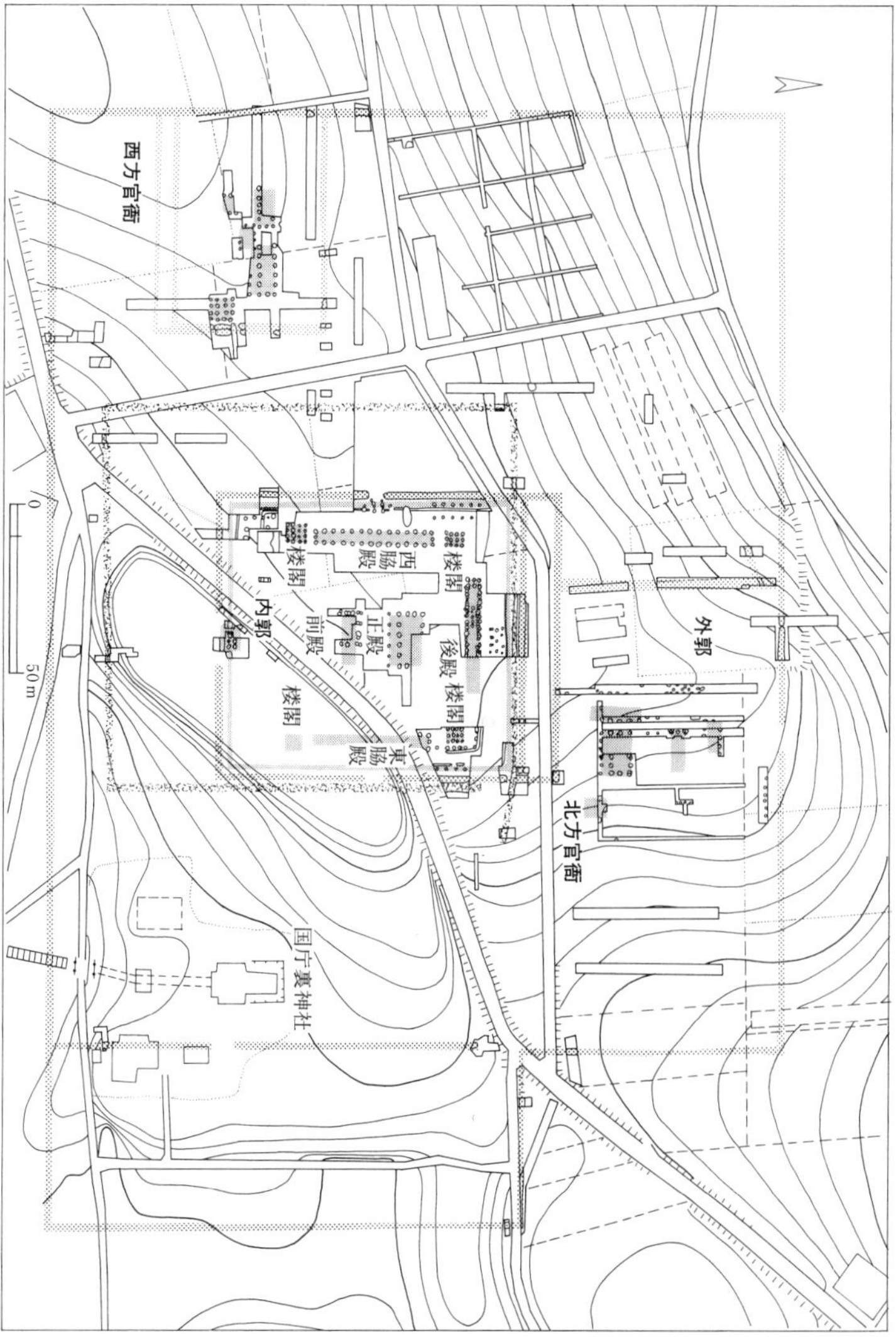

伯耆国庁遺跡配置図（倉吉市教育委員会編『伯耆国庁跡発掘調査概報〈第5・6次〉』を一部改変）

伯耆国衙跡は、天神川《てんじん》の支流、国府川《こう》に迫る標高四〇メートルほどの丘陵上に位置し、近くには伯耆国分寺跡と国分尼寺跡が近接している。伯耆国衙跡の調査は昭和四十八（一九七三）年秋、国庁裏神社《こくちょうり》近くの道路の法面《のり》で発見された柱穴が契機となってはじまり、それから昭和五十三年まで、毎年秋から初冬にかけて実施された。

伯耆国衙跡は幅二メートル、深さ一メートルほどの溝によって東西二七三メートル、南北二二七メートルの長方形に区画され、さらに、区画の東辺には東西五一メートル、南北一四九メートルの張出部が設けられていた。区画のほぼ中央部には儀礼を行う国衙政庁（国庁）が設けられ、周辺には実務を行う建物群（曹司《そうし》）が配置される構造である。発見された遺構は、掘立柱建物・礎石建物・門・塀・道路・築地《ついじ》状遺溝・溝・土壙《どこう》など多数で、建物跡などの重なりの状況から、八世紀中ごろから一〇世紀のあいだ、大きく四時期の変遷があったことが確認されている。

Ⅰ期は八世紀中ごろから末期。国庁は掘立柱塀により、東西八四メートル、南北九五メートルに区画され、南方から、南門、前殿、正殿、後殿を配置し、正殿の東西に細長い脇殿《わきでん》と、脇殿の南側に楼閣風建物を設ける。建物はすべて掘立柱建物で、正殿を中心にコの字状に建物を配置するのが特徴。これは当時の役所（官衙《かんが》）跡に共通する構造である。

Ⅱ期は九世紀初頭ごろ。南門、前殿、正殿、後殿を同じ位置でたてかえ、東西両脇殿の北側に、楼閣風の総柱建物をあらたに設けている。

Ⅲ期は九世紀中ごろ。国庁の外周に幅二メートル、深さ一メートル前後の溝を掘り、内側に築地塀をめぐらし、東西八四メートル、南北一〇八メートルに区画する。国庁内の建物は南門をのぞいて礎石建物にたてかえられる。ただし、前殿はとりのぞかれ、南門と正殿のあいだは敷石道路となる。もっとも国衙が整備された時期である。

Ⅳ期は九世紀末から十世紀のころ。国庁を区画するⅢ期の溝を埋め、あらたに南と西に幅一・五メートル、深さ一メートル前後の溝を掘り、東西一一一メートル、南北一二六メートルに拡張されるが、建物および築地塀はⅢ期のまま継承される。なんのための拡張かはわからない。

なお、曹司地区の調査は進展していないが、国庁の北側と西側で建物群が発見されており、国庁の建物群と同様の変遷をしていることが確認されている。

伯耆国の国衙は、この十世紀をもって姿を消す。どこかに移動した可能性があるが、はっきりしない。十世紀代に国衙がそれまでの場所から姿を消すのは、全国的な傾向のようだ。ちょうど律令《りつりょう》体制が崩壊する時期でもある。

伯耆国衙の南側に広がる平野に方六町（約六〇〇メートル四方）の国府域が想定されていたが、部分的な調査の結果では、平城京や平安京のような碁盤目《ごばんめ》状の道路や府域を区画する施設はなかったと思われる。近年、急速に進む各地の国府調査でも、同じことがいえるようである。

山上憶良と大伴家持●

中央から各国に派遣された国司は、国を統轄する守《かみ》、守を補佐する介《すけ》、一般事務などにたずさわった掾《じょう》、書記官の目《さかん》の四等官で、これに史生《ししょう》とよばれる下級書記官が含まれる場合がある。国司の人数は国の等級によって異なるが、上国にランクされている因幡国と伯耆国では四等官各一人、史生は三人である。ちなみに事務関係や物品製作、雑役などに従事する人を含めた総職員数は四三〇人ほどになる。多いのか少ないのか、奈良時代の因幡と伯耆の人口は、それぞれ九万人前後という。

因幡国と伯耆国の国司に任命された人物たちの記録は、あまり多く伝わっていない。守はそれでも比較的記録に残っているが、介以下についてはほとんど伝わっていない。国司の任期は六年、のちに四年。因幡守と伯耆守の一覧をみると、有名な人、無名な人、善政を行った人物、悪政を訴えられた人物など、多士済済である。このなかで注目されるのは、霊亀二（七一六）年に伯耆守に任官した山上憶良《やまのうえのおくら》と、天平宝字二（七五八）年に因幡守に任官した大伴家持《おおとものやかもち》の二人。両者とも万葉の歌人として、あまりにも有名な人物である。

山上憶良は、状況証拠でいえば朝鮮半島からの渡来人、しかし直接的な証拠はない。斉明天皇六（六六〇）年ころの生れという。大宝元（七〇一）年、遣唐少録《しょうろく》に任命され中国に渡る。律令国家の高級役人の仲間入りをする従五位下の位階を授かったのが、和銅七（七一四）年五四歳のときである。伯耆守に任じられたときは五六歳、五年後の養老五（七二一）年に平城京へ帰り、神亀三（七二六）年ころ筑前守《ちくぜんのかみ》として赴任し、退官して帰京したあとの天平五（七三三）年、大病にかかって亡くなったという。享年七三歳。伯耆守のときの実績はなにも伝わっていない。

大伴家持は、憶良と対照的である。名門大伴氏の氏上《うじのかみ》大伴旅人《たびと》の長子としてうまれた。養老二年ころと推定される。天平十七年、二七歳のとき従五位下の位階を授かり、翌天平十八年には越中守《えっちゅうのかみ》に任じられる。以後、少納言《しょうなごん》・兵部少輔《ひょうぶしょうゆう》・山陰道巡察使《じゅんさつし》・兵部大輔《ひょうぶたいふ》などを歴任した。因幡守に任官したときが四〇歳で、四年後、信部《しんぶ》大輔に任じられ帰京するが、以後、政治的激動にまきこまれ、不遇をかこつ。延暦四（七八五）年、従三位・中納言《ちゅうなごん》のとき六八歳で亡くなった。因幡守のとき、新羅《しらぎ》征討のための軍船の建造を命じられているが、それ以外の実績は不明である。

憶良と家持は、年齢差が五八歳ほどあり、一般貴族と名門貴族と出自が異なる二人だが、『万葉集』にみられる家持の歌は憶良の影響を強くうけているという。憶良の歌の大部分は筑前守以降のもので、活発な作歌活動は、憶良が筑前守のとき、大宰府《だざいふ》の長官（帥《そち》）として着任した大伴旅人との交流の結果うまれたといわれる。家持は父旅人にしたがって大宰府にくだっている。憶良六八歳、家持一〇歳のころ、わずか二年ほどであるが二人には接する機会があった。後年、家持は憶良が赴任していた伯耆国の隣国、因幡国に着任する。どのような気持をいだいたであろうか。それとも、激動する中央の政治に目がむいて、憶良を思うゆとりなどなかったであろうか。家持は、因幡国庁でうたった「新《あらた》しき年の始めの初春の今日降る雪のいや重け《し》吉事《よごと》」を最後に作歌活動を終わる。

なお、憶良晩年の代表作に「貧窮問答歌」がある。二人の貧しい男の貧しさを語り合う姿がうたわれたもので、当時の農民のきびしい生活のようすが描かれている。伯耆守時代か筑前守時代の体験にもとづいたものという。

奈良時代から平安時代の集落跡の発掘調査例は、あまり多くない。因幡国では郷原《ごうはら》遺跡（鳥取市河原《かわはら》町）や睦逢《おうさか》遺跡（同市気高町）、伯耆国では平ル林《なるばやし》遺跡（倉吉市）・向野《むこうの》遺跡（東伯《とうはく》郡北栄町）・青木遺跡（米子《よなご》市）などがある。平ル林遺跡では、丘陵の頂部に大型の掘立柱建物が一棟、縁沿いに小型の竪穴《たてあな》住居が数棟ずつのまとまりでたてられていた。竪穴住居は奈良時代ごろにつくられなくなり、その後は掘立柱建物が住居の中心となるようだ。貧窮問答歌にうたわれた農民の暮らしは、伯耆の村のようすだったのだろうか。遺跡はなにも語ってくれない。

郡衙と正倉●

『和名抄《わみょうしょう》』によると、因幡国は巨濃《この》郡・法美《ほうみ》郡・邑美《おうみ》郡・高草《たかくさ》郡・気多《けた》郡・八上《やかみ》郡・智頭《ちず》郡の七郡、伯耆国は河村《かわむら》郡・久米《くめ》郡・八橋《やはし》郡・汗入《あせり》郡・会見《あいみ》郡・日野《ひの》郡の六郡にわけられ、各郡には五から一二の郷（里）がおかれていたという。各郡の郡名と郷名は、地名として現在まで引き継がれているものが多い。

郡にも役所がおかれていた。郡家《ぐうけ》とよばれる場合が多いが、国衙との対応関係から郡衙《ぐんが》と呼称されている。郡衙に勤務した役人が郡司《ぐんじ》で、大領《だいりょう》・小領《しょうりょう》・主政《しゅせい》・主帳《しゅちょう》の四等官からなる。郡は、所属する郷の数によって大郡から小郡まで五等級にわかれ、それぞれ職員の総数が異なるが、およそ一〇〇人前後。郡衙の重要な役割は、租税を徴収することである。租税は稲が主であり、保管する倉庫群が郡衙に付属して設置される。この倉庫群を正倉《しょうそう》という。

郡衙の遺構は、万代寺《まんたいじ》遺跡（八頭郡八頭町）と上原《かんばら》遺跡（鳥取市気高町）で確認されている。万代寺遺跡は千代《せんだい》川の支流、八東《はっとう》川と私都《きさいち》川にはさまれた丘陵に位置し、八上郡

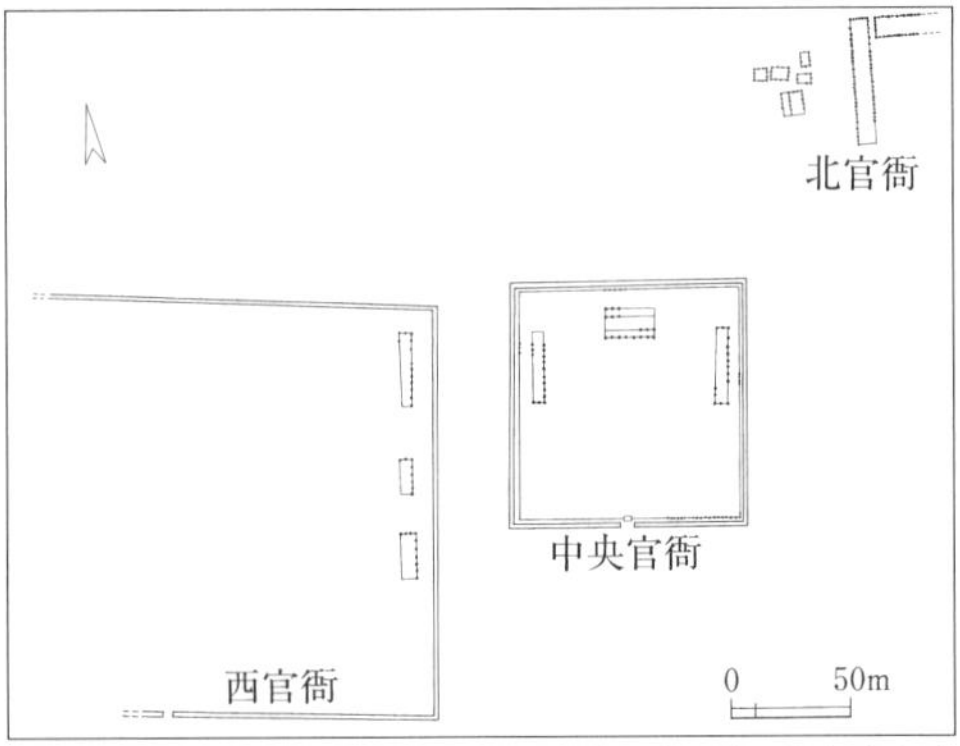

万代寺遺跡遺構配置図（郡家町教育委員会編『万代寺遺跡発掘調査報告書』を一部改変）

の郡衙と推定される。八上郡は、出雲神話に登場する八上比売《ひめ》と関係深い地だ。万代寺遺跡では、北・中央・西の三群にわかれた掘立柱建物群をはじめ、溝などの遺構が発見されている。北の群は長大な掘立柱建物が二棟、北と西に配置されているもの。東側が未調査であるが、おそらく北・東・西に長大な掘立柱建物を配した施設であったであろう。中央の群は、溝と塀で区画された東西九九メートル、南北九六メートルのなかに、南向きの正殿と、正殿の東西に脇殿を整然と配置した施設である。西の群は、東西一七五メートル以上、南北一六六メートルを溝で区画した施設で、長細い掘立柱建物群が確認されているが、未調査部分が多く、くわしくはわからない。

この三群にわかれた施設は八世紀前半から九世紀前半のもので、北の群と西の群が郡衙政庁とよばれる中心施設である。ただし、北の群は中央の群より先につくられたものである。北の郡衙政庁が古くなったためか、あらたに中央の郡衙政庁がつくられたものであろう。西の群は正倉と推定される。

上原遺跡は、南北に細長い谷の河岸段丘上に位置し、気多郡の郡衙と推定される。遺跡の範囲は未確認であるが、郡衙政庁の中心建物と思われる掘立柱建物が発見されており、さらに、郡や郡衙の長官をあらわす「大領」と書かれた墨書土器が出土している。この上原遺跡の周辺には、正倉跡と推定される上原西遺跡をはじめ、瓦《かわら》類が多量に出土した上原南遺跡、掘立柱建物群が発見されている阿弥陀森《あみだもり》遺跡など、七世紀後半から十世紀代の遺跡がある。いずれも気高町にあり、いわゆる、郡衙を中心とした郡家の実態をあらわした遺跡群で、貴重な存在である。

上原遺跡周辺だけでも、古代史の研究者から注目されていたが、さらに、上原遺跡より東に約三・五キロ離れた気高町瑞穂谷《みずほだに》地区で、研究者をおどろかす発見があった。それは、戸島《としま》・馬場《ばば》遺跡の調査結果である。戸島遺跡は、掘立柱建物の正殿を、南門を含む一〇棟の掘立柱建物が取り囲み、建物と建物のあいだを塀でつないだ施設で、馬場遺跡は戸島遺跡の東に位置し、大型の掘立柱建物群と倉庫群からなる遺跡である。両遺跡とも七世紀後半から十世紀のもので、郡衙と正倉の構造とよく類似する。上原遺跡と同時期のものであり、気多郡の出先機関であろうか、郡の下におかれた郷の「郷庁」と「郷倉《ごうそう》」と推定される遺跡の存在が明らかになったのである。律令体制下における地方行政の末端組織については、文献のうえでも考古のうえでも未確認なので、大きな発見であった。

なお、伯耆国では、八橋郡衙に付属する正倉跡と推定される大高野《おおたかの》遺跡（東伯《とうはく》郡琴浦《ことうら》町）や、伯耆国久米《くめ》郡下神《しもつわ》郷の郷倉ではと考えられている殿屋敷《とのやしき》遺跡（北栄町）、会見《あいみ》郡衙跡ではといわれている長者屋敷遺跡（西伯《さいはく》郡伯耆町）などがある。

不入岡遺跡と税●

平成五（一九九三）年、伯耆国衙跡の近くに位置する低丘陵上で、大規模な掘立柱建物群が発見された。建物群は、写真撮影を行うヤグラの上からながめても全容を把握することが不可能であり、小型の飛行機からの写真撮影ではじめて全容が把握されたほどの規模である。遺跡の名称は地名から不入岡《ふにおか》遺跡（倉吉市）と名づけられた。

大規模な掘立柱建物は一〇棟ある。東西方向にたてられ、南北に軒を接して並列する。建物一棟が梁行《はりゆき》三間（約六メートル）、桁行《けたゆき》一〇間（約二四メートル）前後の規模である。よくみられる掘立柱建物の規模は、梁行二間（五メートル前後）、桁行三〜五間（八〜一四メートル前後）のもので、梁行三間の建物は、国衙や郡衙など官衙施設の中心建物にみられる程度であり、平城宮の建物でも梁行三間は珍しい。それが一〇棟もある。しかし、不入岡遺跡の大規模建物を検討していくと、一つの建物で柱と柱の間隔が異なり、柱の並びが必ずしも直線でないことがわかってきた。どうも、規模のわりには簡易な建物だったようだ。この大規模建物、全国に類例がなく、その用途についていろいろな意見がだされた。倉庫・馬房《ばぼう》・兵舎・宿舎・工房など、いずれも一長一短で、出土遺物が少ないことも決め手に欠ける要因だった。

不入岡遺跡は、幅五メートルの溝で区画された中央施設部分と、その西側に位置する大規模建物を含めた掘立柱建物群からなる。遺跡はさらに東側と南側に広がっており、一辺が約一六〇メートル以上の規模であろう。発見された掘立柱建物は約七〇棟、大きく前後二つの時期（Ⅰ期・Ⅱ期）にわかれる。問題の大規模建物群は、後のⅡ期に属する。

Ⅰ期は八世紀前半代の時期で、中央施設部分には、細長い掘立柱建物が北・東・西の三方にコの字状に配置されるなど、郡衙の構造に酷似する。ところが、八世紀後半から九世紀代のⅡ期になると様相が一変する。中央施設部分の細長い建物は廃され、かわりに規模の大きな倉庫群と掘立柱建物群がた

不入岡遺跡全景

てられる。倉庫群の一つは梁行三間（約九メートル）、桁行七間（約一八メートル）の掘立総柱建物で、床面積が約一六四平方メートルと大きい。全国で発掘されている掘立総柱建物のなかでも最大級である。西側は、溝で区画されたなかに、前述した大規模建物群が整然と配置される。大規模建物群の用途は検討した結果、物資を一時的に保管した倉庫がもっとも適切と判断された。そして、不入岡遺跡の性格は、伯耆国衙に近いという立地条件などから、伯耆国衙に付属する物資収納施設と考えるに至っている。この物資とは、税のことである。

律令体制下の税には、租《そ》・庸《よう》・調《ちょう》があったことがよく知られている。租は、割りあてられた口分田《くぶんでん》の収量のうち三％を稲束でおさめるもの。おさめられた稲束は各国の正倉《しょうそう》にたくわえられ、地方の財源にあてられた。庸と調は、布・食品・鉄などの物品をおさめるもの。都に運ばれて中央政府の財源になった。庸と調を都に運ぶのは生産した農民自身で、運脚夫《うんきゃくふ》といい、国司に引率されて都までのぼる。その日数は、因幡国は一二日、伯耆国は一三日と決められている。伯耆国から都に運ばれた庸・調は、白絹・緋帛《ひはく》・綿などの繊維製品と鍬《くわ》・鉄などの産物である。

これらの物資は各国でどのように集積されたのであろうか、語られることはほとんどなかった。不入岡遺跡で発見された大規模建物群は、都に運ばれる物資を一時的に保管した施設ではなかったか。遺跡にたつと、南に国府川が流れ、近くには山陰道が想定される交通の要衝であったことがわかり、当時のようすに思いをはせることができそうである。

2 寺院の造営と因・伯の豪族

上淀廃寺と因幡・伯耆の寺院跡●

上淀廃寺《かみよど》（米子市淀江町《よどえ》）は、いま鳥取県内の遺跡のなかでもっとも全国的に名の知られた寺院跡である。平成三（一九九一）年の春に発見された壁画の断片が、無名に近かった上淀廃寺をいちやくスターダムに押し上げた。壁画の発見だけではない。南北に並列する二つの塔がたてられていた特異な伽藍《がらん》配置など、しばらくのあいだ古代史ファンの目を釘《くぎ》づけにする発見があいついだ。

上淀廃寺は、淀江平野の東端、東から西にのびる丘陵の南斜面に立地する。平成三年から行われた発掘調査によって、本尊の仏像を安置する金堂跡をはじめ、塔跡・中門跡・回廊跡などが発見されている。金堂の東側に塔をたてる法起寺《ほっきじ》式の伽藍配置だが、ふつうは一基しかたてられない塔が、南北に二基並列してたてられていることが特異な点である。さらに、南北に並列する塔の北側に、第三の塔が計画されていたらしく、塔の心柱をささえる塔心礎が残っていたことにはおどろかされる。

金堂跡は瓦積基壇《かわらづみきだん》で、南北一二・四メートル、東西一四・八メートルの規模。塔跡のうち北塔跡は、金堂跡の東側に約六・六メートル離れて並び、南塔と北塔のあいだは二・三メートルと近接する。南北の両塔跡とも、金堂跡と同様の瓦積基壇で、一辺一〇メートルの方形。金堂跡と塔跡の規模は、地方寺院跡のなかでも小さなものである。

注目の壁画は、建物の壁体に彩色されたものである。壁体は一～一五センチ大の断片で、おもに金堂跡周辺から出土している。その数は一七〇〇点以上にのぼるが、彩色が残るのは四七〇点あまり。壁画の図柄は、神将の上半身や菩薩《ぼさつ》像の頭部、飛天《ひてん》の翻《ひるがえ》る天衣《てんい》、中心の仏像の上方にかざされた天蓋《てんがい》の一部、風景の遠山と霞、遠景樹木など。これらの図柄から復元される図像は、仏が教えを説いている場面を描いた説法図か、浄土のありさまを描いた変相図であり、描かれた壁画の大きさは最小で幅六〇センチ、最大で一二〇センチのものと推定されている。壁体は二層になっており、藁《わら》すさのまじった荒土の上に、厚さ五ミリ程度の上塗りがほどこされて、さらにごく薄い白土を塗って壁画の下地としている。壁画は、赤系が三種類をはじめ、青系・緑系・黄系など、あわせて六〜八種類の色数を用いて描かれている。ただし火災にあっており、当初の色彩は失われている。壁画が描かれた時期は七世紀後半、法隆寺の壁画よりもさかのぼるものと考えられており、興味深い。

壁画以外にも、如来《にょらい》・菩薩・天部《てんぶ》などの塑像《そぞう》片も多数出土しており、当時の金堂内のようすを知る重要な手がかりを提供している。また、屋根の先端に用いられた軒丸瓦《のきまるがわら》のうち、創建時のものは単弁一二弁蓮華文《れんげもん》の文様《もんよう》を飾る独特のもので、上淀廃寺式とよばれている。出雲国（島根県）の教昊寺《きょうこうじ》跡（安来《やすぎ》市）などに同系統の軒丸瓦が分布するが、その祖形は朝鮮半島の新羅国に求められるという。実は瓦積基壇も渡来人系の寺院跡に多く認められるもので、上淀廃寺を造営した豪族の背後には渡来系の人びとの影がちらつく。

因幡国一一カ寺、伯耆国一三カ寺、これは、これまでに確認されている白鳳《はくほう》時代から奈良時代にかけて建立された寺院跡の数である。因幡国では智頭郡、伯耆国では日野郡をのぞく各郡に寺院跡が分布する。両国とも、国府が所在する法美郡（因幡）と久米郡（伯耆）に集中して分布する傾向がある。寺院跡からもっとも多く出土するのは、屋根に葺《ふ》かれていた瓦類だ。瓦は瓦礫《がれき》とよばれ、役にたたないものの代表的なものとしてあつかわれるが、どうして、どうして、歴史を語ってくれる重要な資料である。とくに軒丸瓦と軒平瓦《のきひらがわら》は、飾られた文様を観察することによって、いろいろなことがわかってくる。

　仏教が朝鮮半島から伝えられてから一〇〇年ほどたった七世紀中ごろ、伯耆国に野方《のかた》廃寺（東伯郡湯梨浜町）と大御堂《おおみどう》廃寺（倉吉市）が造営される。ほかの山陰道諸国にはこの時期の軒瓦が認められず、伯耆国で先んじて寺院の建立が開始されたことを物語っている。七世紀後半になると、全国的に寺院の建立が活発化する。中央政府が、地方の豪族へ寺院の建立を奨励したためという。因幡・伯耆とも、七世紀後半から八世紀前半にかけて建立された寺院跡が多い。

　因幡国には、岩井廃寺（岩美郡岩美町）、岡益《おかます》廃寺・等《とう》ケ坪《がつぼ》廃寺・大権寺《おおごんじ》廃寺（いずれも鳥取市国府《こくふ》町）、菖蒲《しょうぶ》廃寺（鳥取市）、土師百井《はじももい》廃寺（八頭郡八頭町）、寺内《てらうち》廃寺

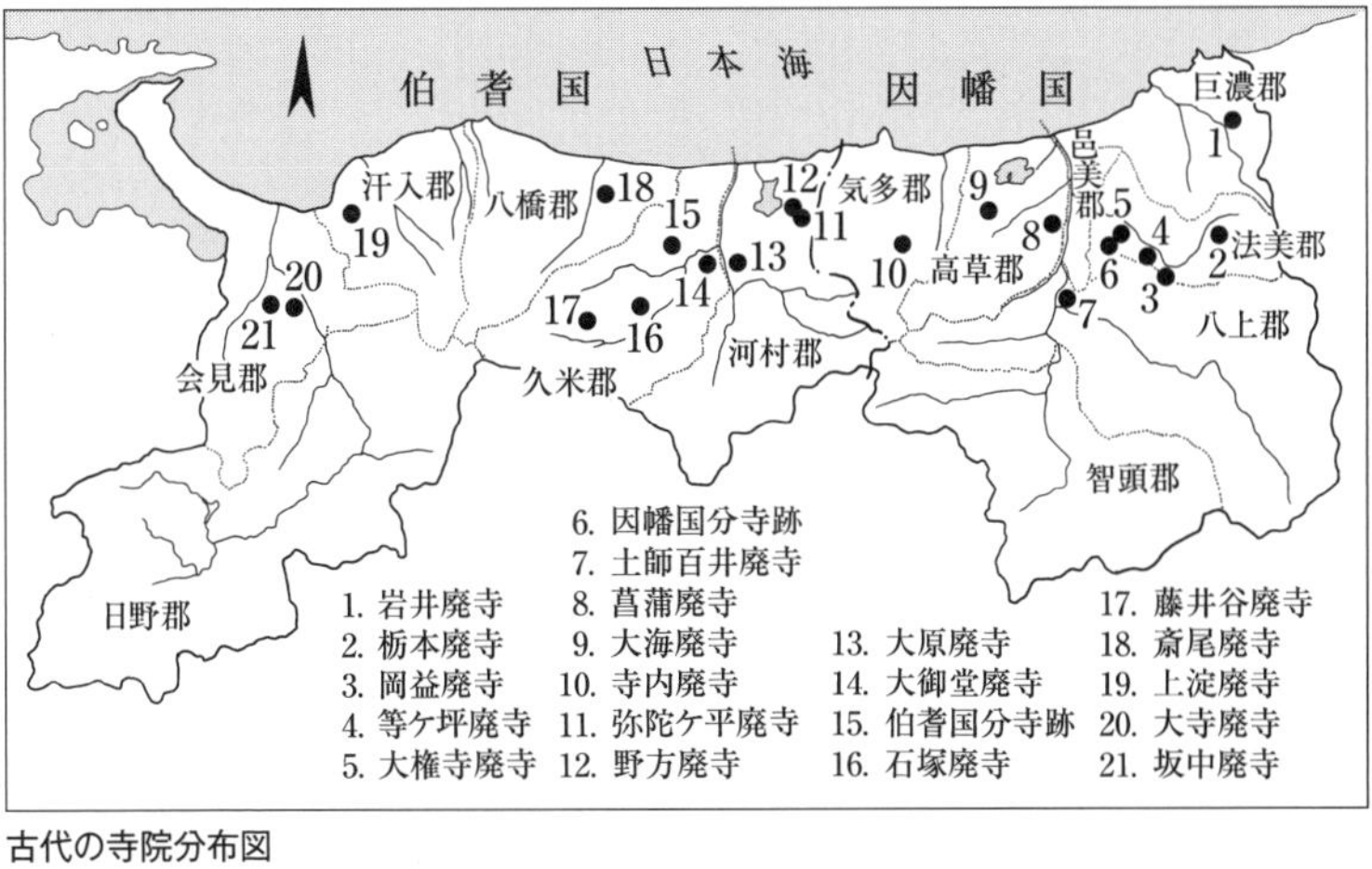

古代の寺院分布図

（鳥取市鹿野町《しかの》）などがある。伯耆国は上淀廃寺をはじめ、弥陀ケ平《みだがなる》廃寺・久見《ひさみ》遺跡（東伯郡湯梨浜町）、大原《おおはら》廃寺・石塚《いしづか》廃寺（倉吉市）、斎尾《さいのお》廃寺（東伯郡琴浦町）、高田原遺跡（西伯郡大山《だいせん》町）、大寺《おおでら》廃寺（伯耆町）などである。前代に建立された野方廃寺と大御堂廃寺は、この時期にも堂塔が整備されているようだ。上淀廃寺は、建立時期を示す「癸未《きび》年」と書かれた紀年銘文字瓦が出土し、瓦の絶対年代が判明している数少ない寺院跡である。癸未年は、天武天皇十二（六八三）年と考えられている。

　各寺院跡から出土する軒瓦を比較すると、近畿地方の寺院に用いられている軒瓦と同系統の文様を飾るグループと、地方独特の文様を飾るグループとにわけられる。前者は大御堂廃寺・等ケ坪廃寺・土師百井廃寺・斎尾廃寺など。大御堂廃寺と等ケ坪廃寺は川原寺《かわらでら》の系統、土師百井廃寺は山田寺《やまだじ》の系統、斎尾廃寺は軒丸瓦が紀《き》

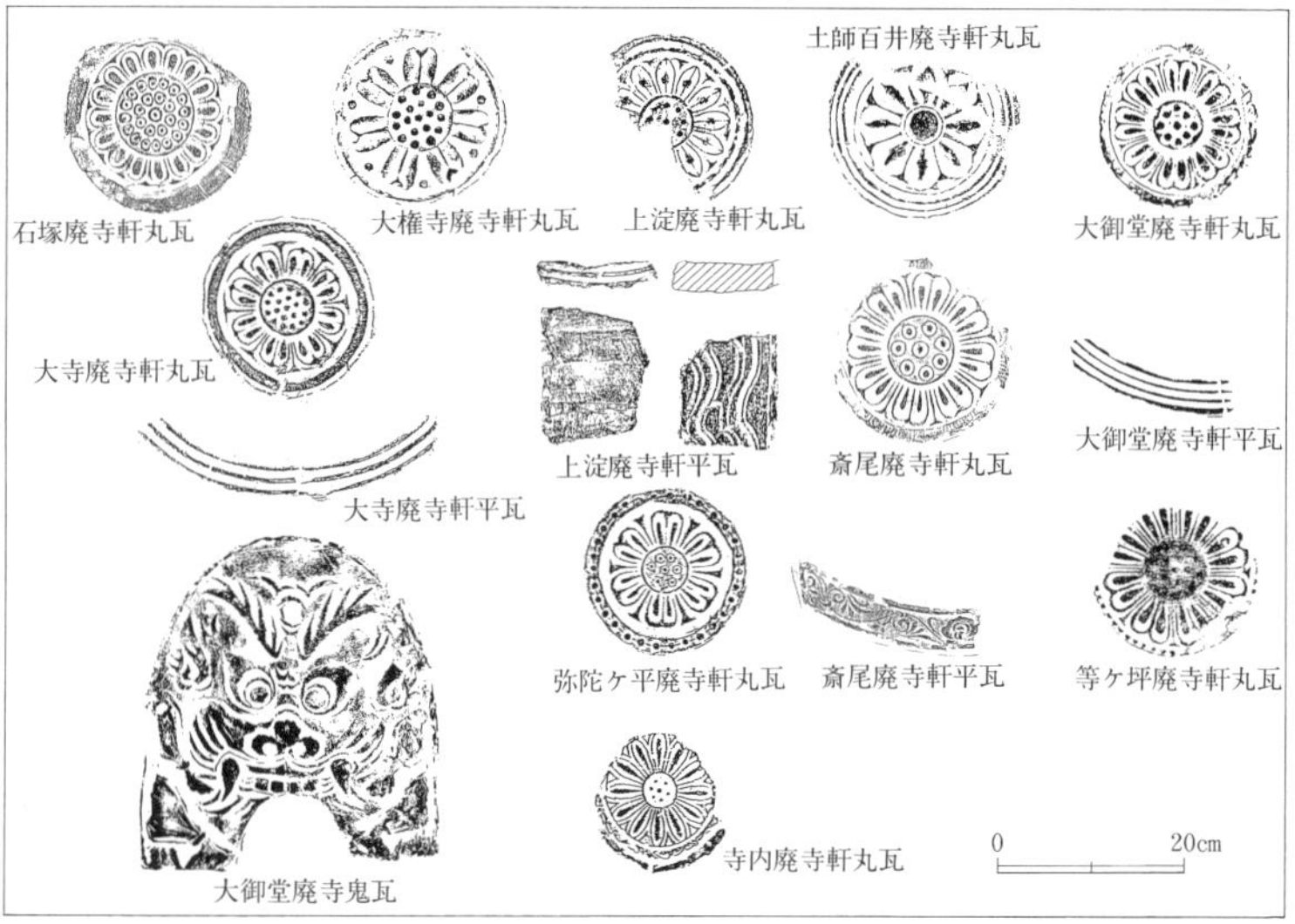

鳥取県内の寺院跡から出土した軒瓦と鬼瓦

寺《でら》で、軒平瓦が法隆寺《ほうりゅうじ》の系統である。斎尾廃寺の例は、中国地方ではあまりみられないもので、伽藍配置も法起寺式伽藍配置が多い因幡・伯耆の寺院跡のなかで、唯一、金堂を東、塔を西におく法隆寺式伽藍配置である。斎尾廃寺は法隆寺の荘倉との関連が考えられているが、山陰地方のなかでかなり特異な存在である。

後者の地方独特の文様のグループは、上淀廃寺・弥陀ケ平廃寺・石塚廃寺・大寺廃寺・大権寺廃寺・寺内廃寺などである。上淀廃寺の軒丸瓦は、前にのべたとおり新羅に祖形が求められるものだが、弥陀ケ平廃寺と寺内廃寺の軒丸瓦も同様に新羅の影響が認められる。また、大権寺廃寺の軒丸瓦は高句麗《こうくり》系のものである。これら以外にも大御堂廃寺からは、新羅直輸入といってもよいほどの鬼瓦《おに》が出土している。

このように、朝鮮半島系の軒瓦が多く分布する因幡と伯耆だが、直輸入、または直輸入的な軒瓦はほとんどない。地理的な特色なのだろうか。あるいは、七世紀後半代の日本仏教の文化は新羅的な要素が強いといわれるが、そのなかで考察される問題であろうか。

伯耆国分寺と地方豪族●

上淀廃寺など因幡国と伯耆国に分布する寺院跡の多くは、地方の豪族が建立した私寺と思われる。莫大な費用をかけて寺院を建立した地方豪族たちの思惑はなんであっただろうか。むろん、仏教に対する信仰心もあったであろうが、どうも律令制度下における私的な土地の所有問題などが複雑にからみあっているようである。私寺に対して、政府など公の機関が建立した官立寺院も存在する。地方では、国分寺がそれである。

国分寺は国家の平和と繁栄を願って、国ごとに建立された寺院である。僧の住む国分寺と尼僧が住む国分尼寺とからなり、多くが国府区域内かその周辺にたてられた。この事業は、聖武天皇と光明皇后によって実行に移されたもので、天平十三（七四一）年には「国分寺建立詔《みことのり》」といわれる詔勅がだされている。詔勅には、国分寺は国の華であるから、国内の適地をよく選んで建立すること、僧寺は、金光明四天王《こんこうみょうしてんのう》護国寺《ごこくのてら》と称し僧二〇人をおき、尼寺は、法華滅罪寺《ほっけめつざいのてら》と称し尼僧一〇人をおくことなどがのべられている。国分寺の造営工事は、莫大な資材と多数の農民の労役、新しい技術などを必要とした大事業だった。

因幡国分寺跡（鳥取市国府町）は千代川《せんだいがわ》が形成した沖積平野に位置するが、塔跡と南門などが確認されたにとどまり、全容は不明である。また、国分尼寺跡は国分寺跡の西方にある法花寺《ほっけじ》集落の周辺と推定されるが、確認されていない。因幡国分寺跡に対して、伯耆国分寺跡は僧寺・尼寺ともほぼ全容が解明されている。

伯耆国分寺跡は、伯耆国衙跡の東側約三〇〇メートルほど離れた同一丘陵上に位置し、国分尼寺跡は国分寺跡の北側約五〇メートルと、近接して造営されている。国分寺と国分尼寺は風紀上の問題からか離れて建立することが定められているにもかかわらず、伯耆では接するように設けられているのが特徴である。伯耆国分寺跡は、溝と土塁・築地塀によって区画された東西一八二メートル、南北一六〇メートルの寺域である。塔を寺域の東南隅にたて、金堂を寺域の中央よりやや西よりに、金堂の北に法会《ほうえ》を行う講堂を配する。塔・金堂などの主要な建物は、かたい地山を削りだした基壇にたてられた礎石建物である。なお、塔は平面の規模から高さが一五〇尺（四五メートル）ほどのものと推定されている。そうなると、詔勅では七重の塔をたてるようになっているが、伯耆では五重の塔であった可能性が高い。

国分尼寺跡は、溝と柵《さく》によって一五〇メートル四方に区画された寺域で、各辺中央部にほぼ同規模の四脚門を設けており、寺域の中央北半分に三棟の掘立柱建物を並列してたて、各隅には掘立柱建物をL字形に配置するなど、寺院の形態とはかなり異なった構造をしている。どうやら役所としてたてられた施設を国分尼寺に転用したものらしい。伯耆国の財政状況が悪かったのであろうか。

『続日本紀《しょくにほんぎ》』の天平勝宝八（七五六）年の記事に、伯耆国は因幡国など二六国とともに、国分寺におさめる寺物を政府から与えられたと書かれている。このころまでに国分寺が完成していたか、あるいは完成していなくても主要な建物はたてられていたことはまちがいない。

伯耆国分寺の建立は、たいへんな事業だったと推測されるが、記録が伝わっていない。ただし、出土する軒瓦からその一端を知ることはできる。伯耆国分寺では、軒丸瓦と軒平瓦とも文様の異なるものが一二種類も用いられている。ほかの私寺ではみられない数の多さである。また、伯耆国分寺に用いられている軒瓦と

東方からみた伯耆国分寺跡全景（中央平らな部分）　その上方に国府跡が広がる。

同系統のものが、伯耆国内の寺院跡にもみられる。それは、弥陀ケ平廃寺・久見遺跡・大原廃寺・藤井谷廃寺（倉吉市）・斎尾廃寺・上淀廃寺・大寺廃寺・坂中《さかなか》廃寺（西伯郡伯耆町）など、伯耆国内の全域におよぶ。もちろん、伯耆国分尼寺と伯耆国衙にも用いられている。

この現象はなにをあらわしているのか。天平十九（七四七）年、各国の国分寺建立があまり進まないことに腹をたてた政府は、国司の怠慢をせめ、郡司（地方豪族）の力を利用するよう命じた。たんに恫喝《どうかつ》しただけでは郡司も動かない。見返りとして、子孫を郡司に任ずると約束している。また、七一〇年代以降、制限されていた私寺の造営が認められた。伯耆国内の豪族たちも伯耆国分寺の造営に協力し、その見返りとして私寺の修理と新造が認められるとともに、国分寺建立の技術が国衙から提供されたのではなかろうか。これが、伯耆国分寺系軒瓦の分布としてあらわれていると思われる。山陰道の諸国でも大なり小なり伯耆国と似た状況を示す。ただし、伯耆国ほど徹底していない。そこに、中央の指示に忠実にしたがい、国分寺造営に力をいれた伯耆国衙の姿が浮かんでくる。

伯耆国分寺建立のころの天平十八年、伯耆国守に高丘連河内《たかおかのむらじかわち》という人物が任命される。彼は、本姓を楽浪河内《さざなみのかわち》といい百済《くだら》からの渡来人である。伯耆国守以前には、播磨《はりま》国司（大目《おおさかん》）とか平城京の右京職の亮《すけ》、柴香楽《しがらき》宮の造離宮司、恭仁《くに》京での宅地配給にかかわるなどしている。この経歴から行政能力と技術的能力にたけた人だったことがわかり、彼によって伯耆国分寺の造営工事が強力に進められたであろうことは想像するにかたくない。また、伯耆国分寺独特の軒丸瓦と同系統のものが、越中《えっちゅう》国・丹後《たんご》国・石見《いわみ》国・美作《みまさか》国の国分寺に用いられている。いずれも日本海沿岸か隣接する国だが、高丘連河内とかかわりがあるのであろうか。

国の総力をあげた国分寺の造営から二〇〇年ほどたった天暦二（九四八）年、伯耆国分寺の倉から火災が発生し、国分寺・国分尼寺とも焼失したことが記録されている。発掘調査でも火災の跡が確認されており、これはちょうど律令体制が崩壊する時期にあたる。国分尼寺は近くの道興寺《どうこうじ》（所在地不明）に機能が移されたというが、国分寺の再建にはふれていない。

新羅との緊張●

国分寺の建立事業は、天平十三（七四一）年の「国分寺建立詔」以前にその動きがあった。同九年の詔勅では、国ごとに釈迦《しゃか》三尊像の造像と大般若経《だいはんにゃきょう》を写すことを命じ、同十二年には国ごとに法華経一〇部を写し七重塔をたてることを命じている。天平九年の詔勅、これがだされた背景には、悪化した新羅との関係の好転と、新羅を打ち破る願いがあったという。日本と新羅との交渉は大化前代からあった。とくに唐との直接交渉が少なかった七世紀後半は、新羅との交渉が唯一、大陸の文化や制度を摂取する道であった。その関係は日本が新羅を従属視するものであったという。ところが新羅は対等の外交を求め、両国のあいだにしばしば緊張が生じた。日本海に面した因幡と伯耆もこの緊張関係の渦中にまきこまれていく。

天平四年、東海・東山《とうさん》二道、山陰道、西海《さいかい》道に節度使《せつどし》が設置された。設置の目的は、東海・東山道が蝦夷《えみし》の反乱にそなえて、山陰・西海道が新羅に対する海辺防備だった。山陰道の節度使は従三位多治比真人《たじひまひと》県守《あがたもり》。彼は養老元（七一七）年、遣唐押使として節刀《せっとう》を賜り渡唐、翌年帰朝し、武蔵守《むさしのかみ》・按察使《あぜち》・持節《じせつ》征夷《せいい》将軍などを歴任した人物。節度使は地方軍政官の一種で、鎮所《ちんしょ》をもち武装兵をしたがえ、みずから帯剣したという。任務は所管する国々の軍団兵士の整備・訓練、兵器の製造・修理、兵糧の準備、軍事施設の整備であった。

山陰道の鎮所がどこにおかれたかは不明である。因幡国におかれたという説があるが、鎮所が国衙の近くにおかれたとすると、海岸部からかなり離れていることが疑問である。『出雲国計会帳《けいかいちょう》』にみられる節度使と出雲国衙の往復文書によると、往復に要した日数はおおよそ六日から七日で、その日数からみるかぎり、石見国におかれていた可能性が高いともいわれている。いずれにしても、因幡・伯耆・出雲・石見四国の軍団が動員され、海岸の防備にあたった。

軍団に徴発された兵士は公民が主体で、一国内の成人（正丁《せいてい》）の三分の一が徴発され、一〇〇日に一〇日間、交代で勤務についた。税の一部が免除されたものの、食料と武器は自弁でかなり苛酷《かこく》な役割といえる。「正倉院文書」として伝わる「因幡国戸籍残簡」に、徴発された兵士の名をみることができる。海部《あまべ》得安、年二七。戸主海部牛麻呂の弟。二三歳の妻と二歳の子どもを残しての兵役だった。また、伊福部有《いふくべあり》床《とこ》は、四三歳という高齢にもかかわらず兵士に徴発されている。有床の属する伊福部古麻呂《こまろ》の戸《こ》には成人男子が三人もいるが、いずれも有床より年上のようだ。このため、年下の有床が徴発されたものであろうが、あまりにも苛酷ではなかろうか。

天平四年に設置された節度使は、同六年に海岸防備の体制を示した「備辺式」を各国司に渡し、任務を終了する。わずか二年間であったが、防備体制の強化がなされたようで、このときの「式」は、のちの規範とされている。新羅は宝亀十（七七九）年の遣日本使を最後に、公式使節の日本派遣をとりやめる。対等外交を求めた新羅と、あくまでも朝貢を求めた日本との差がこの結果となっているが、その背景には、中国をはじめとする東アジアの国々の政治的な動きが反映されている。八世紀後半から九世紀にかけて、新羅からの公的使節の来航がなくなったが、貞観五（八六三）年に因幡の荒坂浜頭《あらさかはまかしら》（鳥取市福部《ふくべ》町）に新羅人が五七人漂着するなど、私貿易船の来航・漂着はふえていった。これらの私貿易船は、日本側の警備が不十分であったり商取引に不満をもつと、海賊行為を働く場合が多かった。政府はたびたび海岸防備の強化を諸国に命じているが、兵士の質的低下などによりなかなか効果があがらなかったようである。

貞観九年、政府は伯耆・出雲・石見・隠岐・長門の五カ国に対して、四天王像各一組をくだし、像をまつる四王寺《しおうじ》の建立を命じた。神仏の力によって新羅海賊を打ち払おうと考えたものである。伯耆では、国衙の北側にある標高一七二メートルの山が選ばれた。この山は四王寺山とよばれ、頂上から北に派生した支脈の先端に伯耆の四王寺が建立されていたようである。いまもお堂がたつが、昭和初期に火災で焼失したあと、再建されたものである。火災をうけるまで堂内には多聞天《たもんてん》像がまつられていたが、平安時代のものかどうかは不明である。四王寺跡は、地形を改変した痕跡《こんせき》などから、現在のお堂付近を中心に支脈の西側斜面から谷にかけて、いくつかの建物がたてられていたと思われる。寺院跡からのながめは絶景で、眼下に日本海が広がり、天候によっては隠岐島《おきのしま》までのぞむことができる。

四王寺山から日本海をのぞむ

また、神仏の力だけではなく、弓馬の技にたけた東国の俘囚を沿岸諸国に配置し、防衛力の強化をはかっている。因幡国と伯耆国にもこの俘囚《ふしゅう》がおかれているが、その実態を知る手がかりがない。いずれにしても律令体制の衰退は覆いがたく、急速に崩壊していく。

浄土へのあこがれ●

九世紀後半以降、藤原氏による摂関体制が確立していく。それに伴い律令体制は崩壊していったが、この変化は、貴族間をはじめとして庶民に至るまでの身分や貧富の差の拡大をもたらした。さらに、洪水・干《かん》魃《ばつ》・飢饉《ききん》などの天災や、平将門《まさかど》の乱、藤原純友《すみとも》の乱などがおこり、社会的な不安が広がっていった。この社会的不安を背景に、死後浄土《じょうど》に往生することを願う浄土教が信仰されるようになった。比叡山《ひえいざん》横川《よかわ》の僧源信《げんしん》が著した『往生要集《おうじょうようしゅう》』が、この浄土教の普及を大きく推進する役割をはたしたという。

大山《だいせん》丘陵の奥部に位置する大日寺《だいにちじ》（倉吉市）は、源信が永延二（九八八）年に創建したとも伝えられる寺院である。いまは小さな寺院となっているが、江戸時代に著された『伯耆民談記《ほうきみんだんき》』によると、昔の寺域は広大で、上院・中院・安養《あんよう》院の三院からなり、三〇〇宇の坊舎を有していたという。現在、西から東にのびる丘陵の裾《すそ》野に礎石建物跡をはじめ、建物跡と推定される平坦《へいたん》地が数カ所にわたってみられる。これらの建物跡は、伝承のとおり、おおよそ三カ所にまとまるが、調査が部分的にしか実施されておらず、実態は不明である。寿永二（一一八三）年の改鋳銘のある「伯耆州桜山大日寺之鐘」が、島根県平田市の鰐《がく》淵寺《えんじ》に所蔵されているほか、数体の平安時代の仏像が大日寺に伝えられている。

大日寺で注目されるのは瓦経《がきょう》の存在だ。瓦経は粘土板に経文を書き、焼きあげたものである。平安時代後半の人びとは、末法の世の到来を意識し、弥勒《みろく》菩薩がこの世に出現するときまで教典を伝える目的で経

古代の仏教美術

❖コラム

鳥取県内には、大山寺《だいせんじ》（西伯郡大山町《だいせん》）・三仏寺《さんぶつじ》（東伯郡三朝町《みささ》）・豊乗《ぶじょう》寺（八頭郡智頭町《ちず》）などの古刹《こさつ》が所在している。これら古刹の多くは、奈良時代から平安時代初めごろの創建伝承をもつ。古刹を中心として仏教美術品が伝わっているが、平安時代後期以降のものが多い。

大山寺には、奈良時代の銅造十一面観音立像一体と銅造観音菩薩立像二体、天承元（一一三一）年の胎内銘がある木造阿弥陀如来及両脇侍像などが所在する。三体の金銅仏は地方作と思われるが、十一面観音立像は朝鮮半島との関係を推測させるものという。

三仏寺は、奥ノ院（投入堂、国宝）に安置されていた七体の木造蔵王権現《ざおうごんげん》立像が圧巻。中心の蔵王権現像は胎内におさめられていた願文《がんもん》により、仁安三（一一六八）年ごろの造像と知られており、わが国の蔵王権現像のなかでは最古級の作という。他の六体の蔵王権現像は平安時代末期から鎌倉時代初頭ごろの作という。

豊乗寺には、精巧な切金《きりかね》文様を多用する華麗な作品で藤原時代三普賢《ふげん》の一つにとりあげられる絹本著色《けんぽんちゃくしょく》普賢菩薩像（国宝）が所蔵されている。

これらの仏教美術品は、豊乗寺以外は宝物館などに収蔵されており、拝観することができる。また、それ以外の美術品も所蔵先や地元の教育委員会に連絡すれば拝観できる。

木造阿弥陀如来及両脇侍像（大山寺）

塚を造営した。瓦経はこの経塚に埋納された。大日寺の瓦経は、延久三（一〇七一）年という、現在全国で発見されている瓦経のなかで最古の年記銘を有している。埋納されていた経典は、法華経《ほっけきょう》・無量寿《むりょうじゅ》経・大日経《だいにちきょう》・金剛頂経《こんごうちょうきょう》・理趣経《りしゅきょう》・阿弥陀経などで、総数約四二七枚と推定されている。願主は僧成縁《せいえん》。『明匠略伝《めいしょうりゃくでん》』に記された、桜成縁聖人《さくらせいえんしょうにん》と同一人物と思われるが、経歴は不明。大日寺とほぼ同時期に、岡山県勝田郡の高福寺《こうふくじ》に瓦経を埋納している。なお、大日寺瓦経を書き写した人物は、泉豪《せんごう》・永泉《えいせん》・宗《そう》順《じゅん》など一五人にのぼる。この大日寺瓦経は江戸時代ごろから知られていたらしく、現在ほとんどが散逸してしまっていることが惜しまれる。

大日寺の南東、直線距離で約一〇キロ離れた山中で、昭和五十四（一九七九）年、十一世紀から十三世紀の小規模な寺院跡が発掘された。この寺院跡の言い伝えはまったくなく、地名によって広瀬《ひろせ》廃寺（倉吉市）と名づけられた。北側に山（字納金山《のうきんやま》）を負い、階段状に成形された水田に立地する。通称蓮池《はすいけ》とよばれる池跡を中心に、北・西・東の三方に礎石建物を配置する。北方建物は正面五間（一八メートル）、側面六間（二〇・四メートル）の規模をもっている。間とは柱と柱のあいだのことで、五間とは柱が六本たっていたことになる。西方建物は方五間（一七メートル）の有心堂《ゆうしんどう》形式の仏堂で、東方建物は桁行三間（六・九メートル）、梁行二間（四・二メートル）である。そのほか、池に水を送る水路（遺水《やりみず》跡）などが確認されている。

池を中心に建物を配する伽藍は臨池《りんち》伽藍とよばれ、極楽《ごくらく》浄土の世界を模したもので、浄土教の影響をうけて成立したという。京都の宇治《うじ》の平等院《びょうどういん》などは摂関家が造営した大規模な寺院として知られているが、広瀬廃寺程度のものは知られていない。ただし、源信の盟友である慶滋保胤《よししげのやすたね》が、天元五（九八二）年に著した『池亭記《ちていき》』に記載した保胤の居宅の構造と共通する部分が多い。広瀬廃寺は、浄土にあこがれた中・下級貴族の居宅の影響をうけたものであろうか。『拾遺往生伝《しゅういおうじょうでん》』のなかに、長暦三（一〇三九）年に往生した「円空上人《えんくうしょうにん》者。伯耆国弘瀬寺之禅徒也」の記述がある。この円空上人がよった弘瀬寺こそ、広瀬廃寺ではないかと思われる。京から遠く離れた伯耆の山中で、いま広瀬廃寺にたつと、世に無情を感じ浄土にあこがれた人が修行する場にふさわしい場所であることを強く感じる。

大正四（一九一五）年、伯耆国の東端近くに位置する伯耆一宮倭文《しどり》神社境内から経塚が発見された。盗掘による発見だが、石槨《せっかく》内におさめられていた経筒《きょうづつ》をはじめ、金銅製の仏像、鏡、短刀など供養品は無事に回収された。注目されるのは、経典をおさめていた総高四二センチの経筒の表面に刻まれていた銘文である。銘文には、釈迦入寂《にゅうじゃく》後二〇五〇年にあたる康和五（一一〇三）年、僧京尊が伯耆国河村東郷御坐《みます》一宮大明神の御前に如法経一部八巻を供養し、南東山中に埋納したものであり、趣意は滋尊の出世に

広瀬廃寺西方建物跡

そなえることと、功徳《くどく》により自他ともに成仏することなどが記されている。僧京尊の願いには反してこの世にだされた経塚だが、経塚造営の趣旨や目的を具体的にすることができるものとして、重要な資料となっている。

3章 武士の台頭と守護領国支配

永昌寺十三重塔

1 院政末期の因伯

国守時範と因幡の武士●

平安末期の因幡《いなば》の政務の一端を伝える記録に『時範記《じはんき》』がある。『時範記』は、平時範《ときのり》が承徳三（一〇九九）年二月に国守《こくしゅ》として因幡国に下るところからはじまる。

京をでて山崎に宿泊した一行は、摂津国《せっつ》（大阪府）から播磨国《はりま》（兵庫県）明石駅《あかし》、美作国《みまさか》（岡山県）境根（坂根）を経て因幡国へむかい、因幡智頭《ちず》に宿して、京より七泊八日の旅程で因幡国府に到着する。新任の受領《ずりょう》（国司）が任国に下向してくると、在地の国衙《こくが》官人らは、国境にでむいてこれを迎える儀式があった。国守が任国に下向したとき、まず第一に行うべきこととして、国内諸神の参拝がある。

『時範記』によれば、吉日を選んで神拝を二月二十六日と決定、まず惣社《そうじゃ》に参拝し、遠方の諸社へは「館侍《たちざむらい》十人を使」とし幣帛《へいはく》（神に献ずるもの）、神宝・告文《こうもん》を奉上し、ついで在庁官人をしたがえて宇倍《うべ》社に参拝している。こののち、時範は坂本社、三嶋《みしま》社、賀呂《かろ》社、服《はとり》社、美歎《みたに》社の五社に参拝し、国府へ帰着した。

この五社のうち、坂本社、美歎社を別にすると、あとの三社はいずれも袋川《ふくろ》（法美川《ほうみ》）か海岸に面している。これらの社は因幡から京に送る財物、米の積出場と密接に関係があり、運上米の船積み、船の安全な就航などを祈願する意味があったようである。

このなかでも注目すべきは、宇倍宮を中心とする神事・仏事である。三月一日の朔幣《さくへい》（国守が毎月朔日に奉幣する)、六日の百座仁王会(仁王経を講讃して鎮護国家、万民豊楽を祈願する法会)、十五日の春の臨時祭などがくわしく記されている。時範の因幡国滞在四二日のうち、宇倍社での神事・仏事の記述は八日にものぼる。因幡国一宮の地位を得る宇倍社は、伊福部《いふくべ》氏の祭神として知られる。伊福部氏は、因幡国衙在庁機構のうち、在庁官人で第一の地位にあったと思われる。平時範は、因幡国府に到着した当日、目代《もくだい》保《やす》

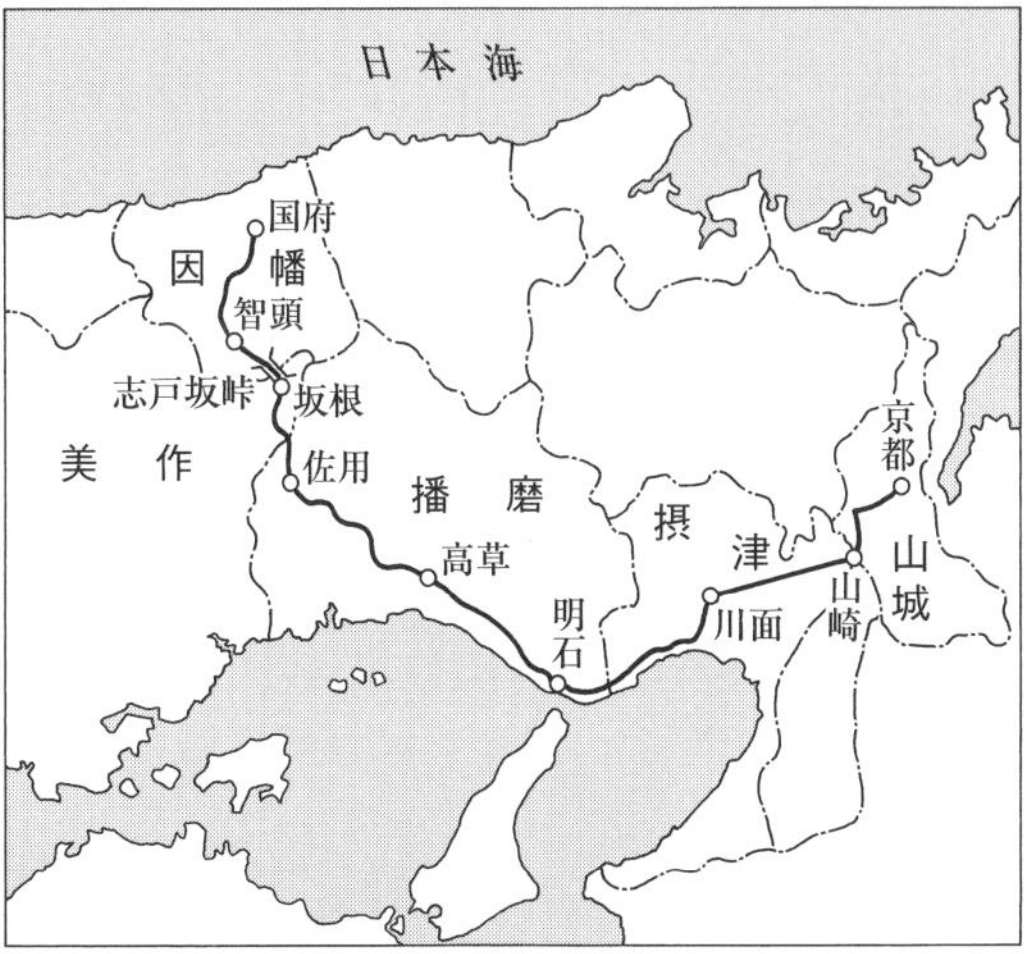

因幡守平時範任国下向の道(『鳥取県史』1による)

宇倍神社(因幡一宮, 鳥取市国府町宮の下)

清《きよ》に勧農のことを下知《げち》すると、介久経《すけひさつね》（宇倍宮の社司で、伊福部氏と考えられる）に神拝を命じている。目代保清・伊福部久経は、因幡国衙の重要な地位にあったことがわかる。また、因幡国の在地領主のうち、時範が京に帰るにあたって馬を献じた人びとの名もみえる。

品治郷司政茂《ほんじごうし》二疋《ひき》、介久経四疋、八上《やかみ》郡司国忠二疋、野見《のみ》郷司真遠二疋、土師《はじ》郷司季兼一疋

品治郷司政茂は二頭を献上し、続いて介・郡司・郷司の名がみえる。それぞれ、八上郡、土師郷などに本拠をもつ在地領主であり、国守から在地領主権を認めてもらおうとしたのである。久経のように国衙の介という地位をはじめ、在庁の各種の職、郡司職、郷司職などのかたちで確認してもらおうとしたのであろう。

『時範記』の承徳三年三月十九日条の記事には、「今日館侍ならびに国侍を以て射を競わしむ」とみえる。館侍というのは、国司の館に出仕する国司の私的従者であり、国侍は在地の武士である。このような在地領主層（武士）は、その国衙支配機構のうえからは国侍と称されたのであろう。とりわけ一宮での軍事的神事（射芸《しゃげい》・相撲《すまい》）に参加することは、国侍が武士として承認されることでもあった。軍事的身分としての国侍は、地方武士団形成の一つの機縁にもなっていたと考えられる。

大山騒動と治承・寿永の内乱●

『大山寺縁起《だいせんじえんぎ》』によれば、仁安三（一一六八）年から嘉応二（一一七〇）年にかけて、大山衆徒が軍兵と合戦したことがみえる。この事件は、仁安三年十月、官吏が大山に下向して大嘗会役《だいじょうえやく》の公物《こうもつ》（官物）を徴収しようとしたおりに、大山三院の大衆が、当山は御祈禱《きとう》のほかは無役であると主張し、官吏を寺領外に追いだしたことにはじまる。その後、南光院《なんこういん》別当の明俊《みょうしゅん》は官吏を支持、これに対して中門院《ちゅうもんいん》・西明院《さいみょういん》が

蜂起《ほうき》して南光院と合戦になった。別当明俊の用いた兵力は、伯耆《ほうき》国衙の兵であったが、国衙に近い美徳山《みとくさん》の法師たちも「軍兵」に加わっていたとみられる。これに対抗する大山中門院・西明院の衆徒は、河村郡の美徳山を襲い、美徳山の子守・勝手・蔵王《ざおう》堂の諸堂を焼き払ったと伝えている。大嘗会役を拒否することにはじまった大山衆徒の争乱は、国衙勢力と荘園諸勢力との対立に発展したものとみられる。この事件は中央に報告され、中・西両院の院務（座主《ざす》・院主）が罷免《ひめん》されたというから、三院の院務については、上皇を中心とする院政政権に任免の権限があったと思われる。

治承四（一一八〇）年、源頼政《よりまさ》は平氏打倒の兵をあげ、後白河法皇の皇子以仁《もちひと》王の令旨《りょうじ》を諸国の源氏に伝えた。伊豆に流されていた源頼朝《よりとも》や、一族の義仲《よしなか》をはじめ各地の武士団がつぎつぎにたちあがり、内乱は全国に広まった。治承・寿永の内乱期において、伯耆国内では激しい争乱が展開した。

『大山寺縁起』によると、養和元（一一八一）年二月、大山に騒動があり、宗徒の兵一〇余人が死んだが、騒動の背景に東伯耆の小鴨《おがも》氏と西伯耆の村尾《むらお》氏（紀成盛の一統と考えら

『大山寺縁起』 寛治8(1094)年の大山衆徒の上洛強訴の様相。

れる）の対立があった。『吉記《きっき》』寿永元（一一八二）年八月二十日条の記事に、伯耆国住人海六成盛（紀成盛と考えられる）と小鴨介基保《もとやす》が合戦し、基保側が追い落とされ、合戦の死者は幾千人にもおよんだ、とみえる。

『玉葉《ぎょくよう》』（右大臣九条〈藤原〉兼実《かねざね》の日記）寿永二年二月二日条の記事に、後白河天皇の子と自称する人物（はじめ大山にあり、のち美徳山に移住）が、平氏が都から追い落とされたのち、反平氏の挙兵をして伯耆半国を勝ちとった。「有勢武勇者」といわれる海陸業戌（海六成盛、紀成盛をさすと考えられる）はこれにしたがったが、小鴨基保はしたがわなかった。「小鴨系図」には、元暦元（寿永三＝一一八四）年、平氏没落のとき、小鴨基康（基保のこと）は平宗盛《むねもり》の催促に応じて、伯耆国より兵糧米《ひょうろうまい》を運送したが、のち平氏の西国入水《じゅすい》（壇ノ浦の戦いに平氏滅亡）を聞いて、伯耆に引き揚げた。

これらの史料は、すべて史実を具体的に記述したものとはいえないが、伯耆国内の激しい戦いの一端を伝えるものである。

平安末期、伯耆国内では激しい争乱が続いたが、因幡国内の争乱を記した史料は伝来せず、公家《くげ》の日記にも記述されていない（『新修鳥取市史』1）。

因伯の公領・荘園

古代の国《こく》・郡《ぐん》・里《り》の制が変質していくなかで、一国の編成は荘《しょう》・郷《ごう》とよばれる荘園・公領で構成される体制に移行していった。

公領支配の実際は、国司が国内を郡・郷・保《ほ》などのあらたな単位に再編成し、在地領主を郡司、郷司、保司などに任命し、年貢・公事などの徴収を請け負わせるのである。

公領と荘園の分割の動きは、十二世紀末〜十三世紀初めに決まったといわれる。『因幡民談記』にみえる「因幡国郷保庄記」（鎌倉時代に守護が作成した一国の土地台帳である大田文《おおたぶみ》を基にして書写された地名総覧と推定される）は、中世における地名呼称を後代に伝えたものと考えられる。このなかに、郷・保・別符《べふ》の呼称をつけられている地域は公領（国衙領）であり、庄名でよばれた地域は荘園（中央の権門《けんもん》・寺社を荘園領主としている）で、寺・社とよばれるものは寺領・社領を示すと思われる。

伯耆では、この期の記録は伝来せず、地誌の一つ『伯耆民談記』に「六郡郷庄村里名」を記載しているが、史料の形式からみて「因幡国郷保庄記」ほど中世の情況を伝えていないようにみえる。したがって後代の編纂《へんさん》物によって因幡・伯耆の史料を比較するおりには、かなり留意すべきであろう。検討すべき点も多くあるが、史料の内容・差異を考慮したうえで、つぎのような特色をあげることができる。

『伯耆民談記』に、伯耆では荘名でよばれる地域を二七伝えているから、荘園の数は因幡（「郷保庄記」に一〇と記す）の約三倍である。一方、伯耆のうちでは、東伯耆に荘園の数は少なく、西伯耆に荘園が多い。西伯耆三郡についてみると、このなかの会見《あいみ》郡に荘園が集中しているようで、同郡内では荘園一〇に対して郷はわずかに三つである。

『因幡民談記』の「郷保庄記」に記された郷を中世郷とみれば、因幡国内の中世郷には、和名《わみょう》郷がその名のままに継続しているようにみえ、律令《りつりょう》の郷体制があまり変動しないで中世郷に発展したと思われる。因幡国内では、在地領主（武士）の多くが郷司・保司というかたちで国衙支配組織のなかに組み込まれており（八二頁参照）、これが因幡国の特徴であった。因幡国衙支配力が安定していたことは、知行国《ちぎょうこく》制のもとにおける知行国主の収益が十分に確保されることである。平安時代末から鎌倉時代初期にかけて、因幡国がこのころ有力な公卿《くぎょう》の知行国として継続した理由でもあった。伯耆国守にも、院の近臣が任命されているが、伯耆国（とくに西伯耆）でも、院近臣受領による院領荘園の立荘がみられた（『玉葉』にみえる伯耆御厨《みくりや》・稲積《いなづみ》荘など）。

最近の全国荘園調査報告によると、因伯両国の荘園は一七一の項目で紹介されている（『日本荘園データ』）。このなかで『因幡民談記』などの記録に記されているが、荘名だけで傍証史料がみられないものは、因幡五二、伯耆では二三を数える。荘園関係史料によれば、平安末から鎌倉初期の荘園は伯耆国を中心に立荘されており、伯耆にくらべて、因幡ではこの時期のものは少ないようである。

山陰を含めて公領は和名郷を基本とし、それを継承しあるいはその分割によって領域型の荘園が存在する。年貢は米を基本にしながら地域の多彩な生産物が加わっていた。西国《さいごく》荘園には王家領の比重が大きいが、寺院領のほかに、上《かみ》・下賀茂《しもがも》社領、石清水八幡宮《いわしみずはちまんぐう》などの神社領もかなりの比重を占めている（『日本通史』7）。

後白河院から宣陽門院《せんようもんいん》に相伝された「長講堂領荘園」

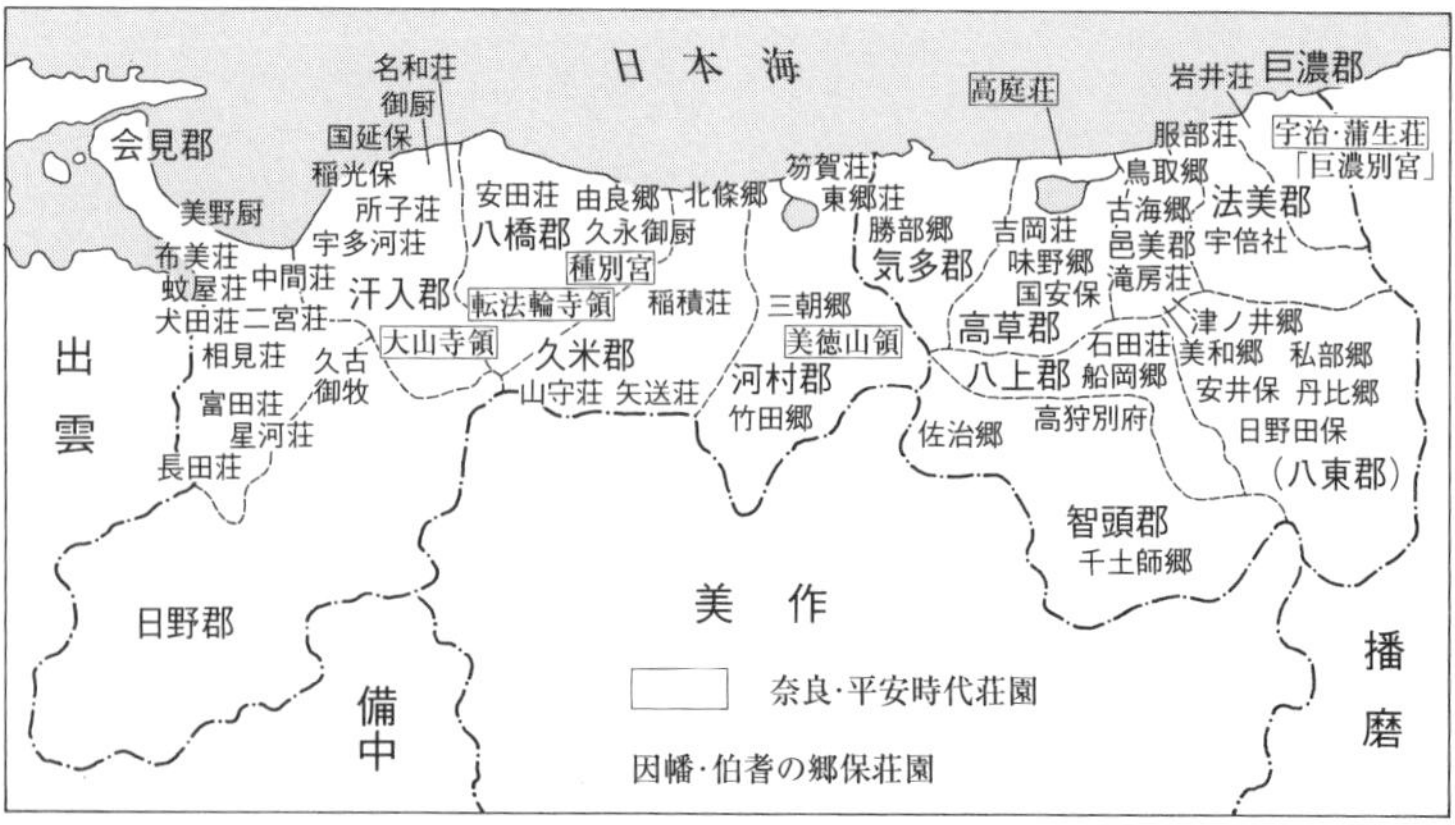

中世のおもな荘園・郷・保

（後白河法皇が多年にわたって集積し、その持仏堂に寄進した多数の荘園）のなかに、因伯の所領をつぎのようにあげている。因幡で宇倍社、伯耆では汗入《あせり》郡に宇多《うだ》河《がわ》東荘があり、久米《くめ》郡には矢送《やおくり》荘・久永《くえ》御厨があり、稲積荘も知られる。このうち稲積荘の位置は、伯耆の国府のおかれた久米郡のうち、現在の倉吉市上・下米《よな》積《づみ》の地域と推定される。

稲積荘を例示すると、建久二（一一九一）年、当荘の課役は、正月元旦に使用される御簾・御座などの雑物や、合子《ごうし》（蓋物《ふたもの》）一〇〇（大二〇・小八〇）、盤《ばん》（皿）二枚・鉢《はち》二口・斗納鍋（一斗炊きの鍋）一口・鉄輪《かなわ》一脚・砂五両の節器物、および三月御八講砂三両などの公事雑物や、門兵士三人・月充仕丁《しちょう》一人などの夫役《ふえき》であった（「長講堂領目録」島田文書）。稲積荘は宣陽門院領として推移するが、領家職は吉田民部卿《みんぶきょう》経房《つねふさ》から、のちに藤原定頼《さだより》らが相伝している。建武二（一三三五）年七月、当荘領家職は西園寺《さいおんじ》家に安堵《あんど》されている。応永十四（一四〇七）年三月の長講堂領目録写に

北条八幡宮（北栄町）　山田八幡ともいわれ，石清水八幡宮領山田別宮の地。

庁分として稲積荘の荘名がみえ、年貢は莚《むしろ》一〇〇枚であった。領家は葉室入道大納言（宗顕《むねあき》）家である（『鳥取県の地名』）。

平安朝以降鎌倉期までに因幡で知られた荘園は、京都石清水八幡宮領滝房《たきふさ》荘（鳥取市）、宇治荘（岩美《いわみ》郡岩美町）・因幡一宮宇倍宮（鳥取市）領服部《はっとり》荘（同市）、高野山領石田《いわた》荘（同市）で、南北朝から室町期以降にも京都下鴨社領士師《はじ》荘（八頭《やず》郡八頭町）、青蓮院門跡《しょうれんいんもんぜき》領吉岡荘（鳥取市）などが知られる。

一方、伯耆では平安朝以降に成立した荘園は因幡国にくらべて多いが、史料によって立荘の事情が明らかになる荘園の数は少なく、所在地不明のものも多い。伯耆国の荘園の多くは、日野《ひの》川下流域の米子《よなご》平野と天神《てんじん》川・国府《こう》川・小鴨川流域の倉吉平野や北条《ほうじょう》平野の周辺に立荘されている。

前述したように、皇室領として稲積荘、久永御厨（東伯《とうはく》郡北栄町ほか）、矢送荘、山守《やまもり》荘（倉吉市）、宇多河東荘（米子市）が知られ、摂関家領としては、長田《ながた》荘（西伯郡南部町）、笏賀《くつか》荘（東伯郡湯梨浜町）がある。寺社領には、石清水八幡宮領山田別宮（東伯郡北栄町）、種《たね》別宮（同町）、奈良原別宮（日野郡日野町）、京都上賀茂社領星川荘（南部町）、京都松尾社領東郷《とうごう》荘（湯梨浜町ほか）、京都下鴨社領所子《ところご》荘（西伯郡大山町）、伊勢神宮領三野《みの》御厨（米子市ほか）、日吉社領宇多河荘（米子市淀江町）などがあった。

2 中世因伯の武家支配

因伯武士勢力の伸張

鎌倉時代初期の因幡守護《しゅご》は大井次郎実春《さねはる》であろう。頼朝に招かれて鎌倉にくだった大江広元《ひろもと》は、元暦元

（一一八四）年九月に因幡守に任ぜられたが、目代《もくだい》に選ばれたのが鎌倉の有力御家人大井次郎実春であった（『大夫尉義経畏申記』）。因幡目代大井実春は、目代と守護が兼任される例から、鎌倉時代初期の因幡守護と考えられる。

鎌倉時代の初期、出雲・伯耆守護に任命されたのは佐々木高綱で、建久四（一一九三）年伯耆大山《だいせん》に等身大の地蔵を寄進したという。十三世紀の初め、伯耆守護に「カナモチ」があり（『愚管抄《ぐかんしょう》』六）、この人物は金持六郎広親《ひろちか》と思われる。くだって文永九（一二七二）年二月以前に守護職を知行していたのは北条時輔《ときすけ》で、建治（一二七五～七八）の前後は三浦（芦名《あしな》）氏であった。『伯耆巻』に元弘三（正慶二＝一三三三）年三月三日条の「当国（伯耆）守護糟屋《かすや》」とみえる糟屋氏は守護代で、守護正員は六波羅探題《ろくはらたんだい》南方北条時益《ときます》と考えられる（佐藤進一『鎌倉幕府守護制度の研究』）。

平安末から鎌倉初期に東伯耆の小鴨基保《おがももとやす》と、西伯耆の紀成盛およびその一統の対立がみられた（八三～八四頁参照）。紀成盛は承安元（一一七一）年「大山寺鉄製厨子《ずし》」（重文）の銘板に会東《かいとう》郡地主紀成盛とみえ、大山権現の宝殿再建にも尽力したといわれる有力者であった。紀氏は西伯耆会見郡を中心に勢力を拡張してきたと思われ、典型的な荘官系在地領主とみられる。郡中の大半は寄進地系荘園として立荘されたのであろう。

平氏覆滅後の紀氏の動静はつまびらかでないが、その子孫は海六兵衛を称した（沼田頼輔『大山雑考』）。会見郡の巨勢《こせ》氏は相見《あいみ》氏を称し、その一族に進《しん》氏があり（「伯耆志」『名和世家《なわせいか》』所収文書）、会見郡巨勢郷の長者原の台地によった紀氏の一統と伝える。伝承ではあるが、「大殿《おおとの》」の地に巨勢氏にかかる供養塔を伝え、字《あざ》名に「コセ」の地が知られる（『岸本町誌』）。これに対して、小鴨氏は「介《すけ》の家」を称する家柄で、伯耆国衙《こくが》の役務にあたる在庁官人としてつぎの時代にも発展する。

因幡にあって、平氏方にくみしたのは長田兵衛尉《おさだひょうえのじょう》実経《さねつね》である。『吾妻鏡《あずまかがみ》』寿永三（一一八四）年三月の項に、因幡国の住人長田兵衛尉実経が鎌倉に召喚されたことがみえる。平家に同心したので処罰されるところであったが、父親の功績に免じて本領を安堵《あんど》された。その父の高庭介資経《たかばのすけすけつね》は、源氏が敗北して源頼朝《よりとも》が伊豆《いず》国に配流されるに際して、その親族の藤七資家なるものを派遣し、頼朝を護衛させたというのである。因幡の住人長田氏は、高庭介とあれば、因幡国衙の有力な在庁官人の一人であろう。

因幡国佐治《さじ》郷の開発領主として知られたのが、佐治氏である。建暦三（一二一三）年ごろ、因幡国御家人《ごけにん》佐治四郎重貞《しげさだ》は、その所領の沙汰《さた》をめぐって争論をおこした。当郷は父道真から譲られていたのだが、重貞が幼少のために兄安貞《やすさだ》（曳田大夫康貞）がかわって沙汰していた。重貞が成人したあとも、その所務（職務に伴う得分）を渡さないことが対立の理由となっていた（東洋文庫蔵「弁官補任《べんかんぶにん》紙背文書」）。この争いでは、佐治四郎重貞の所職は「佐治郷司地頭職」であった。このあとの争論に決裁を与えた建暦三年十一月三十日付の鎌倉殿御教書《みぎょうしょ》によれば、その所領が「佐治郷地頭職」として認められている。これは、和田義盛《よしもり》の乱に際して佐治重貞が北条義時《よしとき》方の軍勢として参戦、勲功が認められたことによる。

西国に本領をもつ御家人中、幕府からその所領を地頭職として安堵されていたのはまれのようで、佐治重貞の場合、西国御家人の安堵の事例として興味深い。

承久三（一二二一）年五月、後鳥羽上皇は義時追討の宣旨《せんじ》を諸国に発し、倒幕の武士は京に集められたが、上皇方の軍は敗北する（承久の乱）。京方に加担した公家《くげ》・武士の所領三〇〇〇余カ所が幕府側に没収され、有功の御家人に恩賞として与えられた。伯耆では、会見郡勝田荘に新補《しんぽ》地頭が配されたが、因幡では安井保（八頭町）に新補地頭として青木氏が補任された。「新興寺文書《しんごうじ》」の足利直義《あしかがただよし》下知状案《げち》に、安井保三分二地頭である青木六郎左衛門尉実俊《さねとし》は、この地を「承久拝領」と称している。このほか、大江郷（八頭町）の地頭伊田《いだ》氏、千土師郷《ちはじ》（智頭町《ちず》）地頭東氏、私都《きさいち》（八頭町）の毛利《もうり》氏・保土原《ほどはら》氏らは承久の乱後、因幡に入部した東国御家人と思われる。因幡介を名乗る因幡の名門伊福部《いふくべ》氏をはじめ、因幡では武士の多くが上皇方に応じたため、承久の乱後に没落、所領を失ったものと考えられる。

荘園絵図の特質の一つに「支配系領域型絵図」があり、この型の絵図は一つの荘園の全域を対象にしてその景観を活写しようとしたもので、荘園絵図のかぎりある図像は、すべて作成目的があるとみられる。いま、伯耆国河村郡東郷《とうごう》の地におかれた東郷荘（湯梨浜町）にその特色をみていくことにする。

荘域は、東郷池（周囲一〇・一キロ、面積約四二〇ヘクタール）を中心に、その沿岸一帯の地域である。東郷荘が、京都松尾神社領として成立する事情を確定する史料はみられないが、その時期は平安末期か鎌倉初期と推定されている。東郷荘下地中分《したじちゅうぶん》絵図をみると、その荘域としては、北は日本海に面して中央に東郷池、東は野方《のがた》・笏賀《くつか》、南は三朝《みささ》・竹田、西は西郷および北条郷に囲まれた地で、郷名でいえば、東郷、埴見《はなみ》、河村の三郷が立荘化されたものである。

いまに伝えられた絵図は、鎌倉時代中期の正嘉二（一二五八）年、領家の松尾神社と地頭東郷氏（原田氏とも）とのあいだで、和与《わよ》中分が行われたもので、地頭の荘園侵略を伝える下地中分絵図として、つとに著名なものであるが、地頭については不明とする説もある。

絵図の裏書に、その取り決めについて示されているが、これによると、東郷荘は東西に二分され、東方を地頭分、西方を領家分としたことがわかる。つぎに道路のない部分については、絵図上に朱線を引いた

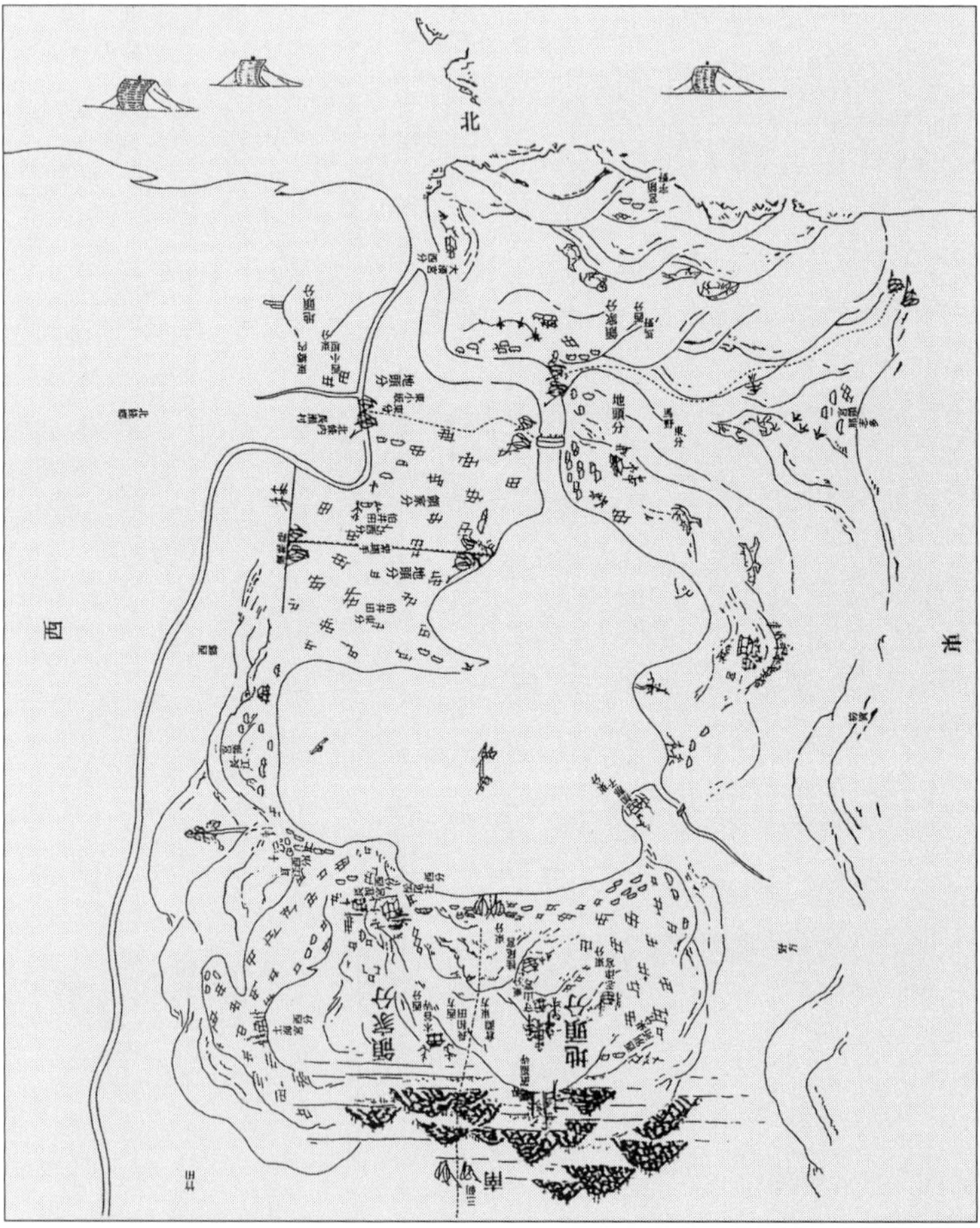

「伯耆国河村郡東郷荘下地中分絵図」(正嘉２年，トレース図版，……は朱線)　下地中分絵図であり，領域型絵図の構成をもつ。庄域全体を描き，３本の中分境界線がそのなかに位置づけられている（国立歴史民俗博物館編『描かれた荘園の世界』による)。巻頭口絵の絵図参照。

ところに両者が寄りあって掘割などの溝を掘り通す。

　南方では深山の部分については絵図上の朱線のとおり、まっすぐに見通して東分・西分の分領を判断する。西側の北条郷をみると、当時の北条郷は鎌倉北条氏の得宗《とくそう》領で、それに隣接する砂丘の西小垣の丘、浜山という場所に朱の牓示《ぼうじ》が絵図上に示されている。絵図では、田数、津、牧にとどまらず、馬の頭数、神社、寺院、さらには領主層の家や一般在家の数に至るまで、地頭分、領家分、一宮領分が一定の数値にもとづく等分の原則で、絵図表現として描写されている。東郷荘の地頭を原田氏とする研究もあるが（『絵引荘園絵図』ほか）、原田が関東御家人から選任された新補地頭でなく、在地の有力層出身と考えると疑問とする説もある（『荘園研究の視座』）。鎌倉幕府滅亡後、小鴨氏と結んだ南条《なんじょう》氏が有力になってくる。

　一方、北条郷の山田別宮では、文永十一（一二七四）年、兵衛尉秀真の下司《げし》職改変を主張する京都石清水八幡宮と秀真が対立していた。山田別宮の地で現地の武家勢力として山田氏が知られるが、秀真はその一統であろう。秀真は荘園領主の石清水八幡宮に対して、下司として現地で荘民支配を有利に進めようとし、鎌倉御家人役をつとめたとして、下司職の改補が不当であると主張するが、幕府からは認められなかった。鎌倉時代末期になると、これらの在地の勢力が結集されて幕府支配体制に対決するものもでてくる。

建武新政と名和長年

正中《しょうちゅう》の変に続いて、元弘元（一三三一）年討幕計画が幕府にもれ、九月、後醍醐《ごだいご》天皇はとらえられて隠《お》岐《き》へ配流された。しかし、護良《もりなが》親王や楠木正成《くすのきまさしげ》らが畿内《きない》の新興武士などの反幕勢力を結集して蜂起《ほうき》し、幕府軍に対抗していた。

　元弘三（正慶二）年閏《うるう》二月二十四日、隠岐を脱出した後醍醐天皇は伯耆に上陸した。着船の場所には諸説があるが、このうち、『太平記』に名《な》和湊《わみなと》、平泉澄説では「赤碕《あかさき》町箆津《のつ》」としている。『古本伯耆巻』によると、天皇の使者が名和氏館をたずねると、名和長年《ながとし》は一族を率いて湊に急行、天皇を奉じて船上《せんじょう》山《ざん》によって挙兵した。『太平記』は名和長年について、経済的に富裕であり、思慮深く、一族も多いと伝えている。『名和系図』によれば、一族は出雲国の東部から伯耆一帯におよんでおり、惣領の長年がこれを統轄していた。『伯耆巻』に「名和荘地頭」と記している。名和荘に隣接する御来屋《みくりや》の湊は、御厨《みくりや》であろう。伯耆御厨とは、久永・久古《くこ》・美濃《みの》（西伯郡日吉津《ひえつ》村）の各御厨をさしているが、御来屋もその一つと思われる。伯耆御厨は皇室領で、領家は伊勢《いせ》神宮であり、伊勢神宮に貢進される鉄・絹・莚《むしろ》がある。名和一族のなかには、これらの産業に従事していた人びとがあったと考えられる。『庶軒日録《しゃけんにちろく》』に「ハウキ（伯耆守）ハ鰯《いわし》売ナリ」とあり、その一端をうかがえる（佐藤進一『日本の歴史』9）。

　船上山は、名和湊から南東一二五キロほどのところにそびえる標高六〇〇メートルあまりの山で、峻険《しゅんけん》な独立丘である。山上に伯耆大山の支院で智積寺《ちしゃくじ》などがあり、大山参詣の道を経由して山陰・山陽諸国からの支援をうけるには好都合であった。長年の弟で大山の衆徒信濃《しなの》坊源盛《げんせい》は、同宿の一〇余人とともに天皇方に味方し、一族で伯耆国日野郡黒坂に本拠をもつ日野義行《よしゆき》・義泰《よしやす》父子も加わり、名和荘からは名和長年の指令によって船上山へ兵糧の搬入も行われた。

　幕府方の追討軍は、小波《こなみ》城に佐々木清高《きよたか》の二〇〇〇余騎がたてこもり、佐々木清秋の軍勢八〇〇余騎が赤碕に集結した。二十九日の初戦で勝利をおさめた天皇方の軍には、三日になると近国の武士がつぎつぎに参加し、出雲守護塩冶高貞《えんやたかさだ》一族をはじめ、出雲・因幡・美作・但馬《たじま》・丹後《たんご》、若狭《わかさ》の軍勢がつぎつぎ船上山に着到し、山上には大兵力が集結したという（『太平記』）。

伯耆船上山攻撃のため、鎌倉幕府（北条氏）の派遣した足利高氏《たかうじ》（尊氏）は山陰道に入って丹波篠山《たんばささやま》に布陣すると、天皇方に応じ、反転して幕府方の京の拠点であった六波羅《ろくはら》を攻撃、これをおとしいれ京を回復した。五月に関東で挙兵した新田義貞《にったよしさだ》らは鎌倉を攻め、これらの反幕勢力により鎌倉幕府は滅んだ。

京都に帰還し政権の座に復した後醍醐天皇は、摂政・関白を廃して天皇親政の政権を確立することをめざした。伯耆の名和長年は、従四位下左衛門尉伯耆守兼因幡守に任ぜられ、塩冶高貞謀叛ののちは、出雲守ともなっている。長子の義高《よしたか》は、正五位上検非違使《けびいし》に任ぜられ、地方武士が一朝にして中央政界における重職につくこととなった。鳥取県内に伝えられる名和長年の発給した文書に、新興寺あての名和長年所領安堵状がある。この文書の右端には、押紙《おうし》があり、「新興寺国宣」とみえる。因幡守として名和長年が管轄下の因幡国新興寺に与えたものである。国司の祈禱《きとう》所である新興寺において、狼藉《ろうぜき》を働いたり生き物を殺したりすることを禁止する、また、寺領は先例のように安堵するという（「新興寺文書」）国守の命令を、国宣の形式をとって地方に伝えたものである。

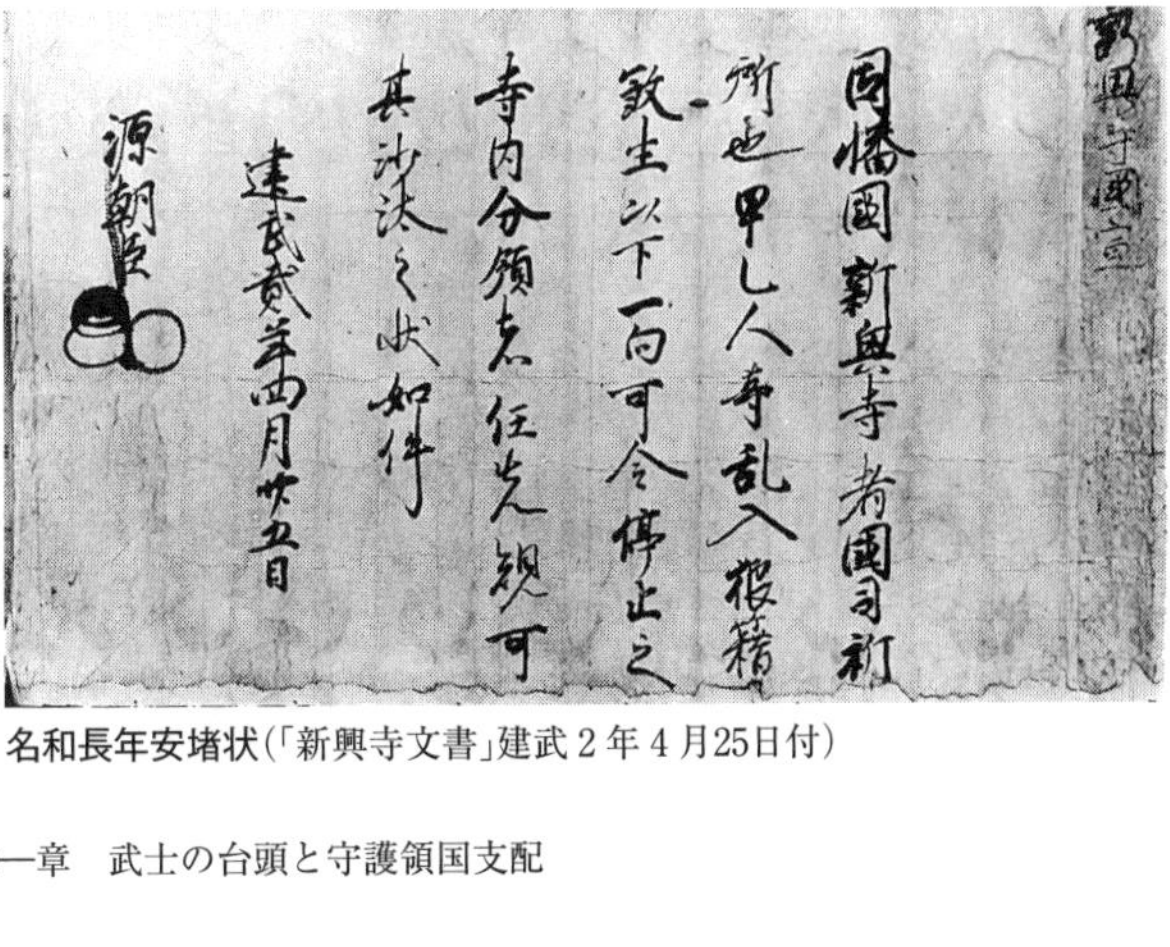
新興寺国宣
因幡国新興寺者国司祈
所也、甲乙人等乱入狼藉
致殺生以下一向可令停止之
寺内分領者任先規可
其沙汰之状如件
建武弐年四月廿五日
源朝臣（花押）

名和長年安堵状（「新興寺文書」建武２年４月25日付）

建武二（一三三五）年、足利尊氏は中興政府を離反、これに対抗した後醍醐天皇方の楠木正成、千種忠顕《ちくさただあき》らはつぎつぎに陣没する。延元元（建武三）年六月、名和長年が京都三条猪熊《いのくま》で戦死すると、因幡では足利方の諸家が優勢となっていった。

山名氏の進出と領国支配

南北朝初期の因幡守護は、延元二（建武四＝一三三七）年正月時の源義春《よしはる》（細川一族か）をはじめ、吉良貞家《きらさだいえ》・今川頼貞《よりさだ》らであり、観応《かんのう》の擾乱《じょうらん》のさなかの正平七（観応三＝一三五二）年には、高師秀《こうのもろひで》が守護になっていた（「東福寺文書」、佐藤進一『室町幕府守護制度の研究』）。

伯耆では、石橋和義《かずよし》についで山名時氏《やまなときうじ》が守護に補任されたと思われる。京都醍醐寺《だいごじ》の「三宝院《さんぼういん》文書」によると、幕府は建武四年七月十三日付で、醍醐寺領伯耆国国延《くにのぶ》保の甲乙人（一般の人）の濫妨《らんぼう》をとどめ、それを醍醐寺の雑掌《ざっしょう》（代官）に交付するよう命じている。文書の書式から、命令をうけるのは時の守護で、伯耆守護は山名時氏である（佐藤前掲書）。山名氏の祖は新田氏の分流で、上野《こうずけ》国緑野郡山名郷（群馬県高崎市）にあったが、南北朝の動乱を機にして、足利尊氏に属していた山名時氏は大将軍格に成長する（「三浦文書」）。

伯耆のうち、醍醐寺蓮蔵院《れんぞういん》領伯耆国国延保では、建武五年七月、寺社側の雑掌行秀《ゆきひで》の訴状によれば、守護方被官小林左京亮《さきょうのすけ》が押妨したとみえている。濫妨人を取り締まる立場にあった守護代が、国延保を押妨しているのである。したがって、幕府の遵行《じゅんぎょう》命令は実行に移されないで、その後も紛争が続いた。正平四（貞和五＝一三四九）年閏六月に至って、守護代小林左京亮と蓮蔵院雑掌とのあいだに下地中分が行われることになり、和与《わよ》状が作成された（「三宝院文書」）。これによって国延保は分割され、一方は武家領に編入された。このように武家勢力は確実に在地の支配権を拡大していった。

山名氏の南北朝時代初期の拠点は、伯耆では田内城《たうち》（倉吉市巌城《いわき》）といわれ、因幡における支配の中心は二上山城《ふたがみやま》（岩美《いわみ》町岩常《いわつね》）が知られている。

室町幕府の初期一五年の政治は、足利尊氏・直義《ただよし》兄弟による二頭政治といわれるが、施策の方途をめぐって、尊氏の執事高師直《こうのもろなお》と直義が対立した。足利氏の内輪争いは観応の擾乱といわれる。山名時氏は正平六（観応二）年直義にくみし、ついで足利直冬《ただふゆ》とともに南党として山陰道諸国に進出した。正平八（文和二）年ころ、山名師義《もろよし》（師氏《もろうじ》）は美作国にあり、時氏は因幡に本拠をおいていた。同年五月二十四日に、

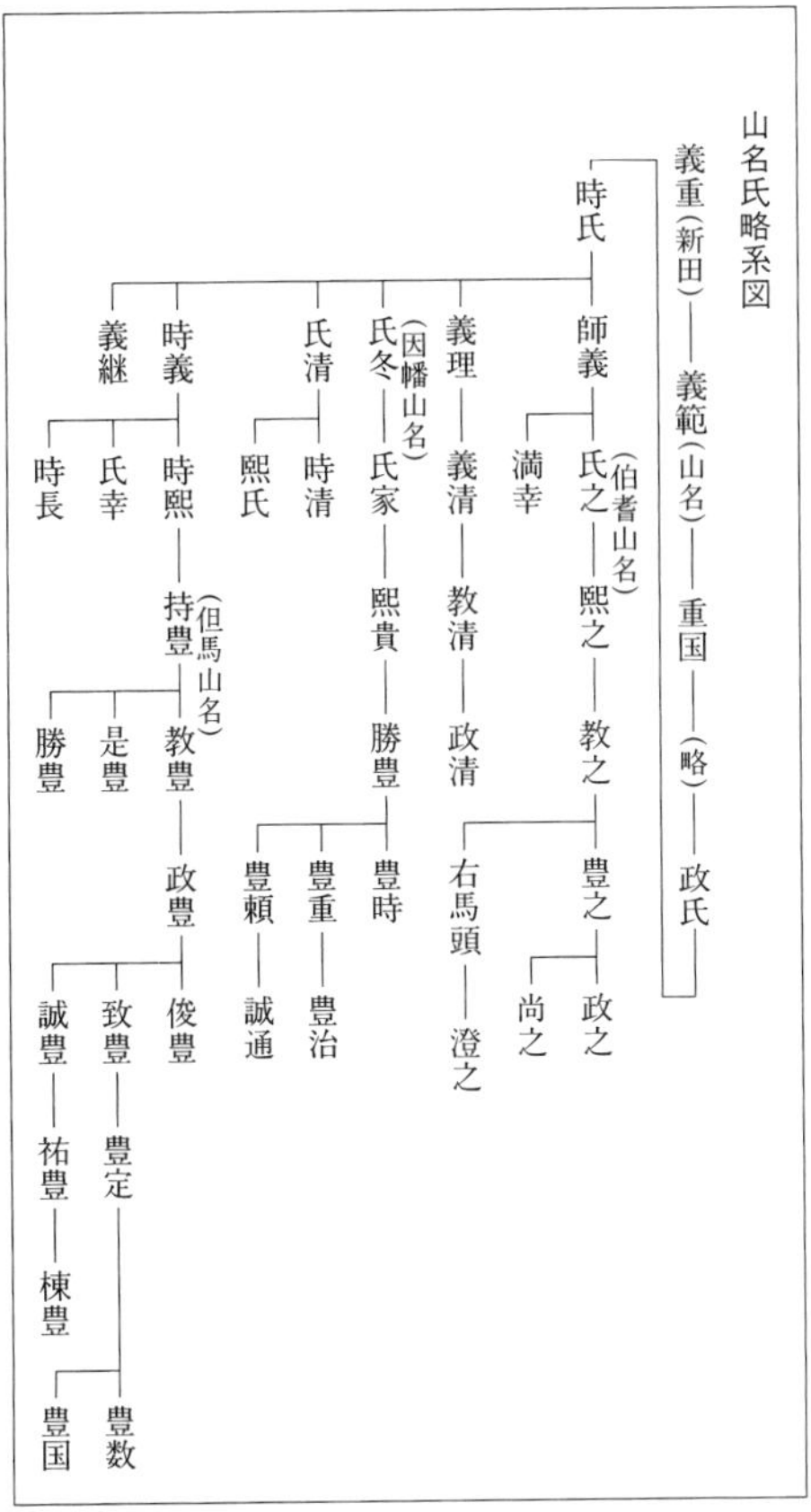

山名氏略系図

伯耆大山西明院衆徒に同国久古《くこ》御厨を寄付し、七月十三日、小林弥鳩に命じて伯耆稲光保《いなみつのほ》を波々伯部入道に還付させている。

正平九年十二月、反幕勢力の中心であった足利直冬は、山名時氏・師氏らとともに入京、師義の手中に因幡の伊田《いだ》氏・波多野《はたの》氏・吉岡安芸守《あきのかみ》・小幡出羽守《でわのかみ》・土師《はじ》右京亮・毛利因幡守・佐治但馬守《たじまのかみ》があった。神《こう》南《ない》合戦（大阪府高槻《たかつき》市）では、伊田・波多野ほか、「宗トノ侍八十四人、其ノ一族郎従二百六十三人」が討死、彼らを「因幡ノ岩常谷ノ道場」に送り菩提《ぼだい》を弔ったという（『太平記』）。

正平十八（貞治二）年九月ごろ、山名時氏は、領有していた五カ国の守護職をそのまま認められることを条件に幕府にくだっている。宮方の勢力が日に日に衰えていくのをみて、機会をうかがっていたのであろう。

十四世紀末における山名一族は、山陰および山城《やましろ》・紀伊《きい》・和泉《いずみ》の一一カ国の守護をかね、六分一殿とよばれて、室町幕府内の最有力守護であった。三代将軍義満《よしみつ》は、一族の内紛に乗じて山名氏を叛乱《はんらん》に追い込み、元中八（明徳二＝一三九一）年京都に進出してきた山名氏清《うじきよ》を討ち、満幸《みつゆき》を敗走させた（明徳《めいとく》の乱）。このの ち、山名氏は、但馬（時熙《ときひろ》）、伯耆（氏幸《うじゆき》〈之〉）、因幡（氏家《うじいえ》）の三国を管領するだけとなる。

応永年間（一三九四〜一四二八）になると、守護の権限は増大していく。室町期の守護は、荘園や国衙《こくが》領の年貢を請け負う守護請を通して、領国内に支配権を強化している。応永二（一三九五）年十二月、幕府は、田原信濃守清高《きよたか》が、京都青蓮院領の伯耆国山守《やまもり》荘北谷を「押妨」したとして、下地《じげ》を寺家雑掌（代官）に渡付するよう伯耆守護に命じている。時の伯耆守護山名氏之は、田原清高に年貢六〇〇〇疋を支払うという請文《うけぶみ》を提出させているが（「青蓮院文書」）、額の決定に守護がかかわっており、守護被官の田原清高を通じて、守護の荘園支配権は強化されていったのであろう。

応永十五年十二月付の室町幕府管領の施行状によれば、京都醍醐寺報恩院の雑掌の申請書にあるように、報恩院に属する蓮蔵院領伯耆国国延保で、守護方の「被官人の押妨」をやめさせるよう命じている。このときの伯耆守護は山名氏之で、守護代は佐々木信濃入道であった（「三宝院文書」）。この幕府の措置も、まっとうされなかったようである。「楞厳寺《りょうごんじ》文書」によれば、足利義満御判御教書と管領施行状および守護遵行状が伝来している。応永五年十一月十二日付の中務大輔遵行状の内容は、将軍家の命令をうけた因幡守護山名氏家が、守護代土屋次郎に管国の因幡国服部《はっとり》荘領家職を楞厳寺雑掌に沙汰し付け（命令を遵行すること）させたものである。このように、文書の伝達によって、将軍の命令が守護の領国に伝えられた。

嘉吉元（一四四一）年六月二十四日、播磨守護赤松満祐《みつすけ》は、将軍義教《よしのり》を京の自邸に招いて饗宴の最中に暗

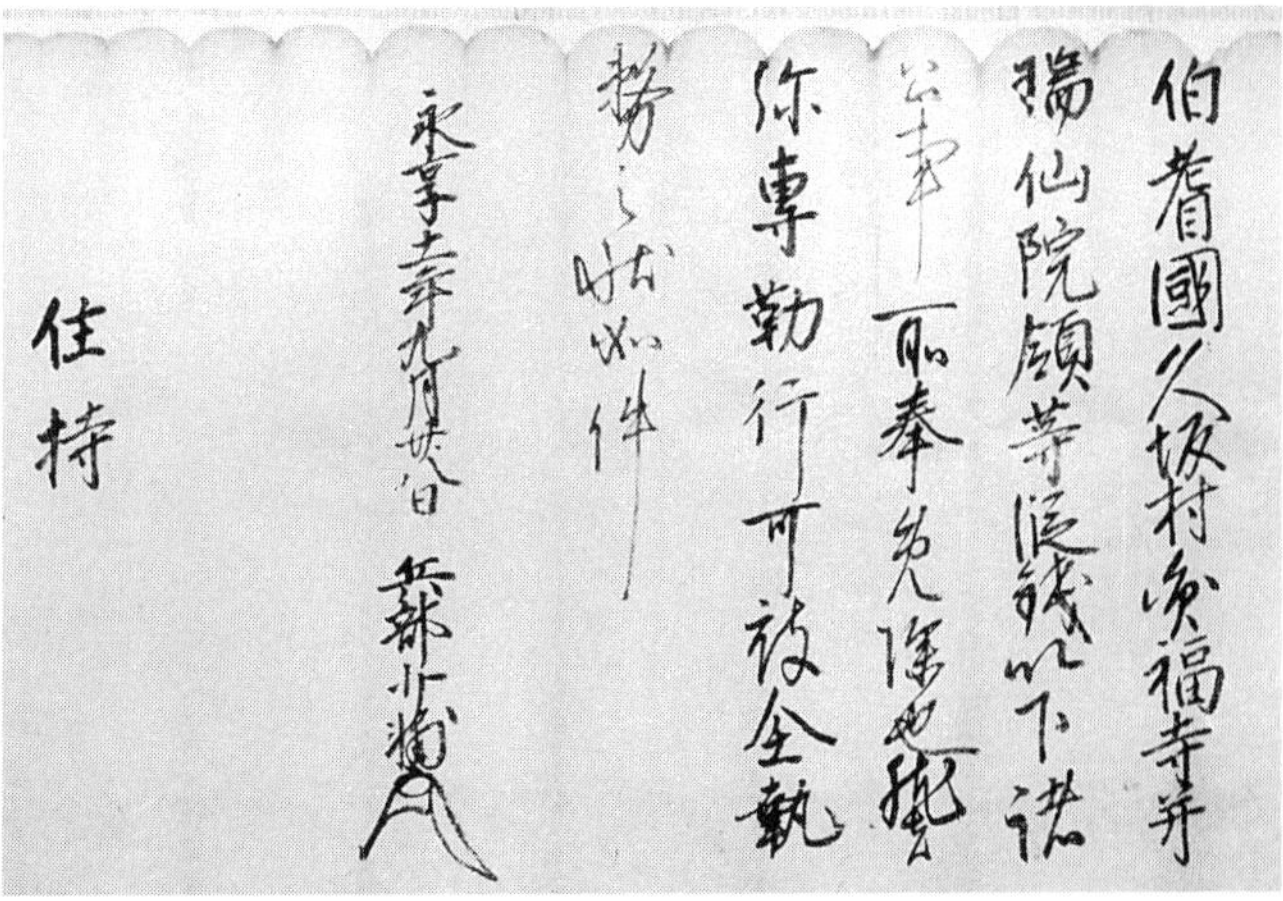

山名教之書下（「瑞仙寺文書」永享11年9月28日付）

殺、播磨に下国した。京で編成された赤松攻撃軍の大手に、細川持常《もちつね》ほか武田信賢《のぶかた》・河野通宣《みちのぶ》があり、搦《から》手《め》からの攻撃には山名持豊《もちとよ》と山名一族があたった。このうち伯耆守護山名教之《のりゆき》は「因幡・伯耆勢ヲ率」いて攻撃に加わり、満祐を討ったという。この嘉吉《かきつ》の乱後、その戦功によって山名一族の領国は但馬・因幡・伯耆・石見《いわみ》・備後《びんご》・安芸・伊賀《いが》に、旧赤松分国播磨・備前・美作を加え、一〇カ国に達した。山名教之は伯耆・備前両国を管領した。

山名教之は、山陽道の備前国の要衝の地福岡に守護代を派遣した。長禄二（一四五八）年五月十三日付で、教之は小鴨安芸守に対して、京都大聖寺領備前国軽部荘下村を同寺に渡付するよう命じている。寺領返還の実務にあたった小鴨安芸守は、備前に派遣されていた守護代であろう。

伯耆に伝来している山名教之の文書のうちに、「瑞仙寺《ずいせんじ》文書」の永享十一（一四三九）年九月の山名教之書下がある。この文書によれば、伯耆国円福寺・瑞仙院に「段銭《たんせん》・諸公事《くじ》」を免除するよう令している。また、定光寺《じょうこうじ》領および曹源寺《そうげんじ》領を安堵しており、寺領安堵・段銭・諸公事の免除を指示し、守護として伯耆一円を支配していた。このころの伯耆守護代には、東伯耆に小鴨氏があり、十五世紀中ごろになると南条氏が伯耆守護代であったが（「建内記」など）、西伯耆では進《しん》氏が知られる。

寛正五（一四六四）年、山名教之は、京都賀茂社領伯耆国星河荘を賀茂社家雑掌に渡付するよう進美濃守に命じている（「早稲田大学所蔵文書」）から、進美濃守は守護代の役務をつとめたのであろう。

日本海交通と因伯●

日本海をめぐる諸国の形勢をみると、九世紀後半には新羅寇賊《しらぎこうぞく》の激化が知られる。中央政府は海辺の諸国に防備の策を講ずるように命じているが、因幡国でも弩師《どし》（石弓をつくる者、射の術を教授する教官）を選び定めるよう令している。

高句麗《こうくり》遺民によって現在の中国東北地方にたてられた渤海国《ぼっかい》は、唐と結んだ新羅と対抗するために、日本との積極的な和親外交を展開した。八世紀における渤海使節の来着地は、能登《のと》や越前《えちぜん》（福井県）敦賀《つるが》の地であったが、九世紀末になると、山陰地方に着岸することも多くなった。

寛平六（八九四）年十二月二十九日、渤海国客徒一〇五人が伯耆国に到着し、同年十二月橘澄清が「渤海客入観によって」伯耆権掾《ごんのじょう》に任ぜられた（「公卿補任」）。このように、渤海使を迎える日本側の使者は、渤海使が着岸した近辺の諸国の、国司権官を称することが多かったようである。

延喜八（九〇八）年正月八日、「渤海入観大使裴璆《はいきゅう》等着岸」のことが伯耆国から朝廷に報告され、同年三月二十日には渤海使を京に迎えいれるために、存問渤海客使として、藤原博文が伯耆に発遣された。四月二日には、掌客使、領客使があいついで任命されている（『鳥取県史』1）。

伯耆を出発した渤海入観大使の一行は、四月下旬には京に到着し、準備をととのえている。ついで渤海使は騎乗行進で入京、それを官人・市井人が総出で見物、それ以後恒例の行事が続く。宇多天皇は大使裴璆に書を贈り、帰郷にあたっては掌客使、諸文士が鴻臚館《こうろかん》に集まり、それぞれ詩を賦《ふ》して別離を惜しんだという（「扶桑《ふそう》略記」、『日本渤海交流史』）。その後、渤海は契丹《きったん》に攻められて滅亡し（九二六年）、十世紀の東アジア世界は変動の時期を迎える。

日本海沿岸に住む人びとにとって、海上交通は重要で、日本海海運は大いに利用された。宝治二（一二四八）年、出雲の美保浦《みほのうら》に海関が設けられたが、近くの伯耆の浦にも船の出入りがあったと思われる。西日本海運の経路のうち、山陰・北陸間の商いにかかわる船は、若狭《わかさ》（福井県）小浜《おばま》が終着点である。さらに西は筑前（福岡県）博多《はかた》、長門《ながと》（山口県）赤間《あかま》、対馬《つしま》、北は高麗におよんでいたのであろう。京への交通路は、小浜経由（小浜・九里半街道・琵琶《びわ》湖）であったから、小浜は越前敦賀とともに、もっとも重要な拠点であった。

美保関は、隠岐《おき》へ至近の地であり、この時期、中国山地越えの交通は、伯耆の大山《だいせん》参詣道などもあり盛んであった。西日本海地域で流通した中世陶器は、因幡・伯耆では美作勝間田窯《かつまだがま》から生産されたもの、伯耆西部・出雲では備中亀山窯からつくられたものといわれ、いずれも山陽側から搬入された製品である。海から搬入されてきた物産は、陰陽の山地を越えて各地に運ばれ、交易が進められた。

若狭小浜経由で米が輸送されたことでは、万寿元（一〇二四）年、伯耆守藤原資頼《すけより》が京都へ米三〇〇石、簾《すだれ》三〇枚、和布《わふ》などを送ったことが知られ（『小右記《しょうゆうき》』）、承安四（一一七四）年には、若狭国在庁稲葉時定《ときさだ》が、伯耆国久永御厨の年貢輸送の津料徴収をめぐって対立している（『吉記《きっき》』）。荘園・公領の年貢輸送のことはよくわからないが、廻船が就航していたのであろう。「伯耆国河村郡東郷荘下地中分絵図」（九二頁参照）に、東郷池の河口部にある大湊宮（湯梨浜町橋津《はしづ》）周辺の日本海沿岸で、東から西にむかって航行する三艘《そう》の帆掛船が描かれており、廻船のようすがうかがわれる。水運と交易の拠点には、伯耆橋津、出雲美保津（島根県松江市）、伯耆名和氏の海上の拠点である名和湊（大山町）などが重要であった（『日本海と出雲世界』）。

『海東諸国紀』によると、出雲国の守護京極持清《きょうごくもちきよ》が長禄二（一四五八）年に、その家臣多賀豊後守高忠《たがぶんごのかみたかただ》が文明二（一四七〇）年に、「遣使来朝」したとある。出雲国美保関の郷左衛門大夫藤原朝臣盛政《もりまさ》も、応仁元（一四六七）年に「寿藺《じゅりん》護送と称して遣使来朝」したという。伯耆国からは、文明元年に伯州大守緑野源朝臣義保《よしやす》が、「宗貞国《そうさだくに》の請を以て接待」され、同年には因伯など八カ州総太守の山名弾正少弼《だんじょうしょうひつ》源朝臣義安《よしやす》が、翌年には父の山名宗全《そうぜん》が因伯丹三州太守として伯耆万福寺建立の助縁を求めて、使人を朝鮮王朝に送っている。これら朝鮮王朝との通交は、対馬《つしま》の宗《そう》氏の紹介で行く「宗貞国の請を以て接待す」といわれる方法と、「寿藺護送」を名目とする直接の訪朝があった。寿藺というのは、肥前名護屋《ひぜんなごや》の藤原頼永《よりなが》の使者として朝鮮倭館《わかん》に滞在していた僧である。寛正五（一四六四）年以降に世祖《せいそ》の周辺に瑞祥《ずいしょう》が重ねてあらわれていたことから、そのことを足利将軍に伝えるように命じられて帰国、その報告のために朝鮮へ渡るとき「護送」することを名目にしていった。この背景には地方大名それぞれによる通商があったと思われるが、交易の実際は不詳である。

山陰でもっとも活発な交流をした石見国の周布《すふ》氏の進上品と回賜品《かいしひん》（朝鮮側のお返しの品）よりみると、朝鮮王朝からの苧布《からむし》・麻布・綿紬《つむぎ》・虎皮《とらかわ》・豹皮《ひょうかわ》・人参《にんじん》などが貴重品で、とくに正布（綿布）は高級衣料として珍重された。また高麗版の大蔵経も日本にもたらされた。儒教を国是にした朝鮮王朝では仏典を不用としたことから、日本側の求請に応じて賜与したものである（内藤正中『山陰の日朝関係史』）。

『海東諸国紀』にみえる日本図は、本州と九州の地図で、国々は俵を並べたように描かれ、日本全体の輪郭も丸味をおびた曲線で示されている。出雲国では「三尾関浦《みおせきうら》」（美保浦）を特記する。ここは出雲の代表的港として知られる三保関《みほのせき》で、朝鮮側に重視されていた。伯耆国絵のなかに「湖」が記入されて「波形」に表示されている。この湖は描かれた位置からみて伯耆河村郡の東郷湖《とうごう》と考えられる。湖の近辺の地域こそ伯耆交通の要衝で、東郷湖の河口に立地する橋津港を表示するもので、この地に流入する北条河（天神川）は、東伯耆の河川交通の動脈であった。

3　中世の仏教美術

大山信仰と阿弥陀堂●

『伊呂波字類抄《いろはじるいしょう》』に「大山《だいせん》は伯耆国にあり、地蔵観音《じぞうかんのん》を以て本体となす」とみえる。大山信仰は地蔵信仰と結びついて、因伯はもとより中国地方一円に広まり、大山の地蔵の利益が全国的に知られるようになったといわれている。地蔵を供養すれば、地神の加護をうけて豊年満作・家内安全などの利益があるといわれ、中世になると、地蔵が農業神として信仰されるようになる。農業神としての地蔵信仰の代表的な例が、『大山寺縁起』にみえている（縁起の奥書に、応永五〈一三九八〉年前豊前《ぶぜん》入道了阿とみえる）。この縁起の原本は大山寺に伝来したもので、絵巻物としても貴重で、国宝に指定されていたが、昭和三（一九二八）年四月に焼失、現在では東京国立博物館の模本と、東京大学史料編纂所の写本にその一端を伝えている。

絵巻のうちでよく知られている部分に、「はやし田」といって音楽ではやしながら田植をするさまがあり、中世の田植が地蔵信仰と結びついていたことを示している。絵のなかでは、三人の早乙女《さおとめ》が菅笠《すげがさ》をかぶって苗を植えるその前で、四人の男が鼓《つづみ》・太鼓・ささら・横笛をもってはやしている。鼓と太鼓の二人が田植歌をうたい、その左上方に地蔵とひざまづいて礼拝する僧が描かれており、地蔵が田植を助ける農業神として信仰されていることをあらわしている（表見返し参照）。これは備後国神石《かめいし》の地蔵信者の話となっている。

大山領は山陰・山陽七カ国にまたがっているとみえ、ここにいう七カ国というのは、山陰地方で因幡・

伯耆・出雲の三カ国、山陽では美作・備前・備中・備後の四カ国を想定しているが（『鳥取県史』2）、山陰・山陽の諸国は大山の信仰圏と思われる。

　中国地方でうたわれている田植歌の歌詞を、ナガレ（連）により整理してみると、田植歌のなかに、大山参りをうたったものが圧倒的に多いと報告されている。ここにも農民の大山信仰がうかがわれる。三六行のうち、

　大山の権現様を拝むに何というて牛馬安全と拝むなり

とあり、ほかに四行の牛馬にかかわるものや、「五穀成就」についての歌詞も記録されている。これらの詞は、近世の成立かと思われるが、その精神は、中世以来伝えられた大山信仰の一面を語るものであろう（同前）。

　大山寺阿弥陀《あみだ》堂（常行《じょうぎょう》堂）は、本尊の造像が天承元（一一三一）年と推定されているから、十二世紀前半の建築とも考えられる。古棟札写によれば、古常行堂は、享禄二（一五二九）年の洪水によって流失、天文六（一五三七）年新地の地形を選んで曳《ひ》き改め、天文二十一年に造立したといわれる。

伯耆大山寺阿弥陀堂（大山町大山寺）　大山の阿弥陀堂は平安末期からの念仏行をいまに伝える。平安時代の阿弥陀三尊が安置されている。

阿弥陀堂は、現状からみると鎌倉時代の様式がうかがわれ、それが天文二十一年にさらに大修理がなされ、江戸時代にも向拝《こうはい》を付加するなどして、現存の堂舎となったものであろう。

時宗一遍の遊行と禅宗●

『一遍上人絵伝《いっぺんしょうにんえでん》』によれば、一遍は弘安八（一二八五）年五月上旬に丹後久美浜《くみはま》、続いて但馬を通って因幡に入った。伯耆国では、「伯耆国おほさか」というところで雪のなかに埋もれて、

つまばつめとまらぬ年のふるゆきにきえのこるべきわが身ならねば

とうたい、やがて美作に赴いたといわれる。伯耆国おほさかは、現在の西伯《さいはく》郡大山《だいせん》町逢坂八幡《おうさかはちまん》神社と思われる。一遍は武家の守護神である八幡に深く帰依《きえ》し、遊行《ゆぎょう》の旅先で各地の八幡社に参拝している。「あふさか」は中世大坂と記されている（「逢坂八幡神社文書」）。

『寺院縁起集』（「鳥取池田家文書」）によれば、曹洞宗の山名寺《やまなじ》について「遊行改宗の地山名寺」とあり、「相州藤沢遊行院ノ寺跡」とも伝えている。藤沢清浄光寺《しょうじょうこうじ》蔵の「往古過去帳」に、応永年間（一三九四～一四二八）の伯耆三明寺《さんみょうじ》（山名寺）の事情を伝えている。南北朝期の守護山名時氏《やまなときうじ》は「因幡ノ岩常谷」に時《じ》宗の道場をおいたが、時宗の帰依者として「往古過去帳」にも山名氏の一族三〇余人の名が記されている。このうちの一人で覚《かく》阿弥陀仏（山名大膳大夫《だいぜんだゆう》殿）とは、伯耆山名家の人であろう。京都長楽寺《ちょうらくじ》の「遊行派末寺帳」に、因幡の専称寺《せんしょうじ》・光清寺《こうせいじ》、伯耆で三明寺・海福寺《かいふくじ》をあげている。

臨済宗では、栄西《えいさい》の弟子で聖一《しょういつ》派の祖となった円爾弁円《えんにべんえん》は、東福寺《とうふくじ》を開き、備中宝福寺を根拠として美作・伯耆に進出してきた。聖一派の僧に南海宝洲《なんかいほうしゅう》があり、正平七～十六（文和四～延文六＝一三五二～六一）年のころ守護山名時氏の保護をうけて因幡に少林寺《しょうりんじ》、伯耆に光孝寺《こうこうじ》、美作に理済寺《りさいじ》をたてた。南海

❖コラム

広峰神社信仰と智頭郡

広峰社《ひろみね》は「播磨の広峯惣三所」ともいわれ、参詣者《さんけい》も多かった。信仰圏は兵庫・岡山両県から鳥取（因幡地方）、福井、京都、広島の一部にもおよぶ。「因幡の檀那《だんな》（信者）」は、「肥塚文書《こえづか》」により知られ、因・美国境の智頭《ちず》の信者は、応永六（一三九九）年の法順譲状にみえる。

文明十四（一四八二）年の「檀那村書注文」に、因幡智頭では「こまかえり（駒帰）五郎左衛門・弥太郎衛門」などとみえるが、これらの信者は村を指導する名主クラスの人たちであろう。天文八（一五三九）年の「檀那引付」では「こまかえり衛門、ちつ（智頭）のこうりの新五郎、まかの（真鹿野）治部大夫……」などと記載されている。天文十二年になると信者は因幡一円にみられる。播磨・美作国から国境の峠を越えて交易があり、この道を通って御師《おし》（神官）による布教活動もあったのであろう。「檀那村付帳」に、美作国についで、因幡国の郷村名と村々の信者が記されている。智頭郡の郷村をあげると、三田郷早瀬村では七郎衛門宿を含めて、太郎衛門、さこ、二郎兵衛、五郎兵衛、左衛門ら六人の信者を記す。苗字つきの河村藤左衛門方、谷口殿とみえている人びとは三田郷の代表者であろう。「檀那村付帳」には、宿を提供してくれる家を丹念に記載してある。広峰社の御師たちは、このような宿に泊りながら信者に神札を配り、布教して回ったのであろう。宿の提供者はおそらく在地の有力者で、広峰信仰普及にかかわった人たちと思われる。

八頭郡内の広嶺（峰）神社は、三吉《みよし》（智頭町三吉）の宇山田にあって、天正十四（一五八六）年九月八日の創立といわれる。

宝洲が三明寺に滞在中に光孝寺の塔頭《たっちゅう》がたてられ、山名時氏の長子師義《もろよし》の菩提所正受《しょうじゅ》院もこの寺域におかれていた。永禄年間（一五五八〜七〇）山名家が衰え、元亀年間（一五七〇〜七三）に光孝寺は兵火にかかって焼失、廃寺となったという（「三明寺大岳院懸合一件」）。のち、慶長年間（一五九六〜一六一五）に、中村伊豆守は大岳院四代秀山《しゅうざん》可春《かしゅん》とはかって同寺を再興し、曹洞宗に改めて山名寺と号したと伝える。

因伯における曹洞宗の発展は、総持寺二世峨山《がざん》韶碩《しょうせき》の弟子源翁心昭《げんおうしんしょう》が北陸から美作勝山に化生寺《けしょうじ》を開き、ついで伯耆に移って八橋《やばせ》郡岩井垣《いわいがき》城主篦津《のつ》豊後守平忠敦の帰依を得て、正平十二（延文二＝一三五七）年退休寺《たいきゅうじ》（西伯郡大山町退休寺）を開いたことにはじまる。これが因伯にたてられた最初の曹洞宗寺院である。『本朝高僧伝』の「越前慈眼寺沙門自性伝」によれば、天真《てんしん》自性は峨山韶碩の一番弟子通幻寂霊《つうげんじゃくれい》の弟子で、慈眼寺二代住職は天真自性の弟子機堂《きどう》である。機堂長応《ちょうおう》は伯耆羽衣石《うえし》に城を築いたといわれる南条貞宗《なんじょうさだむね》の次男である。機堂長応は、郷里の伯耆に帰って応永八（一四〇一）年河村郡に曹源寺《そうげんじ》（三朝《みささ》町曹源寺）を開いたといわれる（『当寺御開山由来記』）。その後、久米郡に定光寺《じょうこうじ》（倉吉市和田）がたてられたが、ここの開山も機堂長応といわれる（『鳥取県史』2）。定光寺境内には、東伯耆の戦国大名南条氏一族にかかわる三基の宝篋印塔《ほうきょういんとう》がある。

三徳山と不動院岩屋堂●

三徳山《みとくさん》（美徳山）は往古より国峰ともいわれ、『金峰山《きんぶせん》雑記』に三徳山はその縁起に「無量光仏の浄土」といい、霊山信仰、浄土の地と記されている。標高約五七〇メートルの地の一大岩窟《がんくつ》のうちに奥ノ院（投《なげ》入《いれ》堂、国宝）があり、投入堂の本尊は修験道《しゅげんどう》の神といわれる蔵王権現《ざおうごんげん》である。『伯耆民談記』に「伯州《はくしゅう》の修験等、年々秋ごと」に三徳山で法行をなしたと伝えている。投入堂はいかにも神秘的な建物で、山岳仏教の寺院建築として注目される。納経《のうきょう》堂は質朴な春日《かすが》造で鎌倉時代初期のものと考えられていたが、近年、奈良文化財研究所の調査によって投入堂と同じ平安時代後期の建物といわれる。文殊《もんじゅ》堂は切り立った断崖《だんがい》にむかって背面を岩角によせてつくられている舞台造の建物で、屋根は柿葺《こけらぶき》、背面の軒に唐破風《からはふ》をつけている。堂内の内陣に須弥座《しゅみざ》があり、文殊菩薩をまつっている。須弥座の扉金具に「金物之檀那南条備前守　天正八（一五八〇）年吉祥日」と陰刻《いんこく》されているから、羽衣石南条氏の寄進である。

地蔵堂は、舞台造の脚柱がみごとであり、規模・構造は文殊堂に酷似しているが、文殊堂とくらべて安定感がある。険阻な稜線《りょうせん》上に諸堂宇がたち並び、原始林相の自然景観とよく調和している。「三徳山文書」のうち、興国五（康永三＝一三四四）年の検注取帳があり、この奥書に院主良全《りょうぜん》・預所基広《もとひろ》の名がみ

不動院岩屋堂(八頭郡若桜町岩屋堂)

えている。院主良全は、原田系図に三徳山領温谷院主大師公と記されている人と思われ、預所基広は、東伯耆の武門の棟梁《とうりょう》であった小鴨《おがも》氏の一族と推定されている（『鳥取県史』２）。中世後期になると、三徳山領に寺坊をたてたり、所領を寄進した人びとがあり、彼らは東伯耆の領主層の一族であったと考えられる。

若桜《わかさ》町の不動院岩屋堂（重文）は、中世修験道寺院の建築として知られている。昭和三十～三十二（一九五五～五七）年の解体修理によって、堂は南北朝時代の様式をもつことが確認され、江戸時代以降の修補箇所は復元整備された。三仏寺奥ノ院に似た舞台造であるが、多分に密教的である。このように優秀な建造物が山間僻地《へきち》にも造営されたことは、因幡地方の仏教信仰を示すものとして注目される。

因幡では、中世の彫刻の一つとして、八頭《やず》町下門尾《しもかどお》の青龍寺《せいりゅうじ》に、木造持国天《じこくてん》・多聞天《たもんてん》の立像がある。持国天には、「正安三（一三〇一）年辛丑《かのとうし》正月廿五日仏師隆円《りゅうえん》」という墨書の胎内銘があり、作者が知

木造阿弥陀如来坐像（倉吉市桜，大日寺）

られる。隆円は地方の仏師と考えられる。倉吉市桜の大日寺木造阿弥陀如来坐像（重文）は、胎内銘によって鎌倉時代の嘉禄二（一二二六）年の造像であることがわかる。鎌倉期の仏像のもつ力強さと藤原期の優美さとをあわせもつ名作である。現在、出雲国鰐淵寺《がくえんじ》（島根県出雲市）に伝来する鐘の銘に「大日寺上院之鐘」とみえ、大日寺上院はじめ数多くの寺坊の存在が推定される。現在でも、大日寺の周辺には鎌倉時代の築造になる雄大な五輪塔群がみられる。

因伯の石造美術●

石塔・石仏の造立は仏教信仰の証《あかし》であり、造立した人はむろんのこと、拝む人たちにも功徳《くどく》がわかち与えられる。逆修《ぎゃくしゅ》とは生存中に逆《あらか》じめ自己の死後の仏事を修するもので、逆修塔を造立する行為で自己も功徳にあずかり、他人が死者のために石塔造立などを行うのが追善である。県内における主要石造美術は、南北朝以前のものは因幡八点、伯耆一一点で、因幡では南北朝期の宝篋印塔は六基、これに対して伯耆は印賀《いんが》塔のみである。

伯耆では、平安後期から鎌倉時代にさかのぼる古式五輪塔が中心になる。倉吉市桜の大日寺では、五輪塔が大小あわせて一五〇基あまり、三カ所にたち並び、ほとんどが鎌倉時代のものといえる。大日寺様式の五輪塔は、琴浦《ことうら》町別宮《べつみや》の転法輪寺《てんぽうりんじ》五輪塔群、大山町赤坂の五輪塔群におよぶ。一方、琴浦町の花見潟《はなみがた》墓地内にある、宝塔の塔身に宝篋印塔《ほうきょういんとう》の笠をそなえた石塔は、地方独特の様式として赤碕塔とよばれている。この石塔の様式のものは、倉吉市岩倉の永昌寺《えいしょうじ》境内にもいくつか保存されており、伯耆石塔の特色を示す。伯耆大山寺と三徳山を中心に山岳仏教の浸透が早くからあり、そのような宗教的基盤が地方文化の育成に寄与していたと思われる。川勝政太郎は、因幡の新興寺宝篋印塔、一行寺《いちぎょうじ》の宝篋印塔をとりあげて、因幡の宝篋印塔には播磨からの影響が濃厚であると指摘する。但馬・丹波・丹後地方の宝篋印塔には、中心飾付格狭間《こうざま》という独特な文様がみられる。八頭町福地《ふくち》の大樹寺《だいじゅじ》境内にある宝篋印塔（南北朝初期、安山岩）の調査報告によれば、中心飾付格狭間はみられないが、全体の姿、細部の手法から、但馬の様式に類似する。鳥取市布勢《ふせ》の山王《さんのう》社宝篋印塔（南北朝中期）には、中心飾付格狭間がほどこされていた。因幡では、宝篋印塔の伝播《でんぱ》に但馬地方の役割が大きく、但馬、丹波を通して京文化と結ばれていた（『新修鳥取市史』1）。

4章

戦国乱世の因伯

鳥取城(二の丸石垣)と鳥取県庁舎群(右側)

1　戦国大名の地方支配

尼子・毛利氏の進出●

応仁元（一四六七）年京で応仁の乱がおこると、西軍の総帥《そうすい》山名持豊《やまなもちとよ》に応じた因幡《いなば》・伯耆《ほうき》守護山名氏は、領国内の諸氏を動員して東軍の諸将とたたかったが、勝敗を決しないまま両軍の主将は病没し、文明九（一四七七）年になると京での戦いは終わった。ただし、争乱は地方へ広がっていった。伯耆・出雲《いずも》（島根県）の国境近くでは、東・西の勢力がしばしば衝突、東軍方の京極《きょうごく》氏の守護代尼子《あまご》氏は、伯耆山名勢の侵入をよく防いでいる。因幡では文明十一年になると、因幡国人《こくじん》毛利《もうり》（森）氏の勢力が優勢になっていた。毛利氏の行動は、因幡における山名政豊《まさとよ》の知行分も押領するという、反守護の動きであった。但馬《たじま》（兵庫県）守護で惣領でもある政豊もこれら国衆《くにしゅう》を制圧するため、山名氏一族の七郎豊氏《とようじ》、山名の被官垣屋《かきや》氏以下の総勢を率いて下向、因幡・伯耆二国の反守護勢力を鎮定した。因伯争乱の一因として赤松《あかまつ》・山名両家の対立があり、播磨《はりま》（兵庫県）赤松方の応援をうけた因幡守護山名政実《まさざね》とその与党毛利次郎は、前守護山名豊時《とよとき》と対抗し因幡私部《きさいち》城によった。豊時は、伯耆守護山名政之《まさゆき》とともにこれを攻囲、毛利次郎は戦死し、政実とその一族は紀佐市《きさいち》（私部）城を逃れて、矢部山城守《やましろのかみ》らにまもられて矢部館に帰館したものの、この地でついに自殺したという（『蔭凉軒日録《いんりょうけんにちろく》』延徳元〈一四八九〉年十一月二十日条）。

応仁のころから三〇余年間因幡では争乱が続き、因幡守護家は衰退していった。永正十一（一五一四）年ころになると、守護家のよった布施《ふせ》天神山城の近辺にも、しばしば戦火がおよんでいる（「北川文書」）。

大永年間（一五二一～二八）因幡守護を称したのは山名誠通である。このころの因幡では諸勢力が対立し、『因幡民談記』では、山名誠通が但馬の屋形で、一門の惣領山名誠豊の援助を得て因幡山名家を相続したとみている。

伯耆では、山名教之《のりゆき》の後に宮内少輔豊之《とよゆき》、ついで刑部少輔政之が伯耆守護であった（「伯州山名代々次第」）。しかし伯耆でも守護家の相続争いが続いて、伯耆山名家による一国統制は十分になされなかった。

永正年間（一五〇四～二一）の伯耆国騒乱は、伯耆守護職をめぐる山名一族内の争いで、山名澄之《すみゆき》が伯耆守護職を継承したが、その背後に隣国出雲の有力大名尼子経久《つねひさ》の援助があった（「日御碕《ひのみさき》神社文書」）。大永四（一五二四）年出雲守護尼子経久は、出雲国日御碕社の修理にあたって、伯耆西三郡（会見《あいみ》・日野《ひの》・汗《あせ》入《り》）の棟別銭を徴しているから、伯耆半国は出雲富田《とだ》城主尼子氏の領内とみられる。天文七（一五三八）年ごろ、因幡の山名誠通は尼子氏にしたがい、山陰道に覇をとなえようとする尼子勢力の一翼として、因幡一国支配を進めようとしていた。

天文十年尼子経久が卒し、後継者の尼子晴久《はるひさ》は、天文二十一年八カ国守護職に補せられた。山陰・山陽の諸国で出雲・隠岐《おき》・備前《びぜん》・美作《みまさか》・備後《びんご》・備中《びっちゅう》と因幡・伯耆の守護職である（「佐々木文書」）。このころになると、伯耆でも尼子氏の支配が行われた。『陰徳記』（一二）に「伯耆国守護吉田筑後《ちくご》守、舎弟左京亮」とみえるが、吉田兄弟は尼子氏の派遣した代官・奉行人《ぶぎょうにん》と思われる。

尼子氏の領国支配は、守護のもつ公役催促権をもとにして、領国内の国人層を掌握したもので、公認の守護権を通して、領国内の諸家に軍役（軍事動員）を課したのであろう。尼子氏家臣に対する給地宛行《あてがい》に、貫高・石高で表示された所領の宛行状があり、天文十二年七月七日付で、赤穴《あかな》氏は伯耆に付与した替地として「久米《くめ》郡の内横田七捨五石」を与えられた。尼子晴久判《はん》物《もつ》によれば、伊賀《いが》三郎五郎は伯耆の河村郡南谷四〇〇石、八《や》橋《ばせ》郡槻下《つきのした》一五〇石をはじめとして、あわせて一〇〇〇石をあてがわれた（『萩藩閥閲録』）。

毛利氏は安芸《あき》国高田郡吉田庄の地頭であったが、郡山《こおりやま》城によってしだいに大をなした。毛利元就《もとなり》は大内《おおうち》氏と結び芸・備の国人衆に積極的に働きかけたが、小早川《こばやかわ》氏に三男隆景《たかかげ》を、吉川《きっかわ》氏に次男元春《もとはる》をそれぞれ養子として送り同盟関係をかためている。永禄年間（一五五八〜七〇）の初め、毛利氏は山陰道の石見に進出し、この方面でも尼子党を圧していた。そのうえ永禄三（一五六〇）年十二月、尼子晴久が死去し義久《よしひさ》が家督を相続すると、出雲の国人のなかにも毛利家に属するものもでてきたといわれる（『安西軍策』）。

「山田覚書」によれば、永禄三年南条《なんじょう》豊後《ぶんご》入道宗勝《むねかつ》・行松《ゆきまつ》入道・小森和泉守・山田重直らは、因幡鳥取城主武田高信《たかのぶ》を頼り毛利元就の許を得て、それぞれの本城に帰還したという。このとき伯耆では、南条が「伯耆の守護」とされ、久米郡北条の堤《つつみ》城主山田重直は、武田・山名の手を離れて伯耆の南

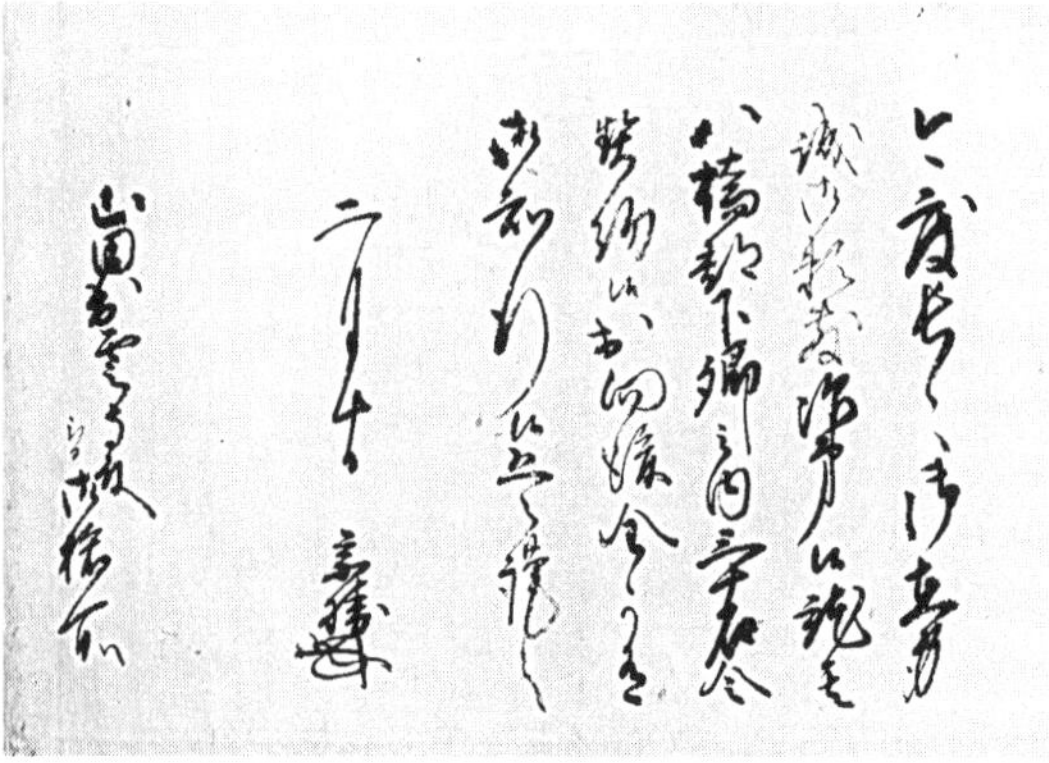
南条宗勝書状（「山田文書」〈年未詳〉２月10日付）

❖コラム

新鳥取県史の編さんと「山田文書」

因伯両国は、伝来している中世文書が他国に比べて少ない。平成十八年から始まった新鳥取県史は、史料編を充実することとし、県内文書、県外文書の調査にあたった。鳥取県に関わる中世文書としては、『新鳥取県史 資料編 古代中世1 古文書編』を刊行。本文に写真掲載した南条宗勝書状(前頁〈一〇一四号文書参照〉)、毛利元就感状なども収めている。

「山田文書」は「山田家古文書」(岩国徴古館蔵本二冊)として知られる。この写本をみると、山田家に伝来した文書は、もと七巻に仕立てられていたように思われる。中世の因伯にあった家の文書を、まとまったかたちで伝えている例は少ないから、写本ではあるが得がたい史料である。

ほかに吉川家の「藩中諸家古文書纂」のなかにも「山田文書」がおさめられている。この文書は「御当家御書写」の表題のとおり、主家の吉川家より発給された文書を中心にまとめられている。

「山田文書」の永禄九(一五六六)年正月二十五日付の毛利元就の官途受領書出によれば、元就は山田重直に「出雲守」を名乗らせている。この文書は武家のあいだにあって主従関係を儀礼上示す重要なものである。とりわけ、毛利家の官途状のやりとりはきわめて個人的な関係よりなりたっている。山田氏の当主重直は、毛利元就という特定の個人から官途受領書をさずかったと意識しており、羽衣石南条氏が織田方に応じても、毛利方の吉川氏にしたがって軍役をつとめている。後年、吉川家に臣従し周防《すおう》国岩国に移った山田氏は、吉川家中にあって「御家人帳」によれば大組筆頭の地位を占めている。

条の手に属したと記されている。毛利氏は、伯耆に進出するにあたって、羽衣石《うえし》南条氏を援助し、南条宗勝に東伯耆支配を認め、東伯耆の諸家の統制をゆだねたのであろう。

八橋城は、西伯耆から東伯耆方面および因幡の動静を知る重要な地であり、そのうえ近くの港は、物資を積み出したり兵員を補充したりする交通の要衝であった。永禄八年、毛利元就は八橋城（大江城）にあった尼子の部将吉田左京亮の嫡子吉田源四郎と家臣二〇〇余人の討伐を三村家親《みむらいえちか》に命じ、検使として香川光景《みつかげ》を派遣した。三村家親は将兵二〇〇〇余を率いて大江城を攻撃、これをおとしいれた。三村家親の後に、毛利元就の命をうけた南条宗勝は、その部将山田越中守・一条市助・正寿院利庵《りあん》以下、六〇〇人を入城させ、八橋城を厳重に守備した。

一方、永禄七年の西伯耆日野郡の状況は、日野郡江尾《えび》城主蜂塚右衛門尉《はちつかうえもんのじょう》は尼子党として江尾にあり、日野郡は伯耆から出雲・備中《びっちゅう》・美作《みまさか》への交通路も開けているところから、毛利氏としてもその鎮定が急がれた。永禄七年九月十六日、毛利氏は尾高《おだか》城番の杉原盛重《もりしげ》をはじめ、検使として吉川元春の部将二宮杢助《もくすけ》・森脇《もりわき》市郎右衛門尉らとともに大兵を派遣し、江尾城を攻撃している（「三吉鼓文書」）。さらに同年に、毛利氏は因幡方面にも部下の将士を派遣している。永禄七年八月二日付の毛利元就感状によれば、因幡鹿野表《しかのおもて》に進出、伯耆衆の南条宗勝も毛利方の小寺佐渡守とともに働いている（「小寺家文書」）。

「山名家譜」によれば、山名豊定《とよさだ》は邑美《おうみ》郡鳥取に砦《とりで》を築き、家老衆をおいたが、のちに武田氏が鳥取在城となったと記す。豊定の没後、鳥取城の武田高信は、布施《ふせ》山名氏から独立をはかって活動を開始、これを攻撃した布施の山名豊数《とよかず》方の部将中村伊豆守は永禄六年四月三日、鳥取城に近い湯所《ゆところ》合戦で戦死した。同年十二月になると、ついに山名豊数は布施天神山城を退いている。この後の因幡では、鳥取城主武田高信の優位がほぼ確定された。織田信長《おだのぶなが》は、諸国の大名に上洛をうながし、将軍家のために奔走するよう触《ふれ》状をまわしており、因幡国では「因州武田名代」が上洛するようよばれているところからも（『二条宴乗日記』元亀元〈一五七〇〉年正月十五日条）、因幡における武田氏の実力がわかる。この武田氏を応援したのは毛利勢力であった。

永禄十二年尼子遺臣山中鹿介幸盛《やまなかしかのすけゆきもり》は、旧主の一族尼子勝久《かつひさ》を擁立して挙兵し、出雲への進入をはかったが、これを援助したのは但馬の山名祐豊《すけとよ》・垣屋播磨守らである。山中幸盛らの旧尼子党は、桐山《きりやま》城を本拠として因幡の各地に進出、甑山《こしきやま》城（鳥取市国府《こくふ》町）にこもって威を四方に張った。この事態を重視した武田高信は、天正元（一五七三）年八月朔日、幸盛のこもった甑山城を攻撃したが敗走、鳥取城に立てこもった。こののち鳥取城を開いて高草《たかくさ》郡鵯尾《ひよどりお》城に移ったが（『因幡民談記』）、因幡での覇権を失墜する。尼子勢が因幡で優勢になると、毛利氏としてもこれを放置するわけにいかず、尼子氏の活躍を封じるために、その後方の基地となっていた但馬の経略が急がれた。このとき、毛利側の代表として一族の部将吉川元春は、但馬の諸氏と交渉をはじめ、天正

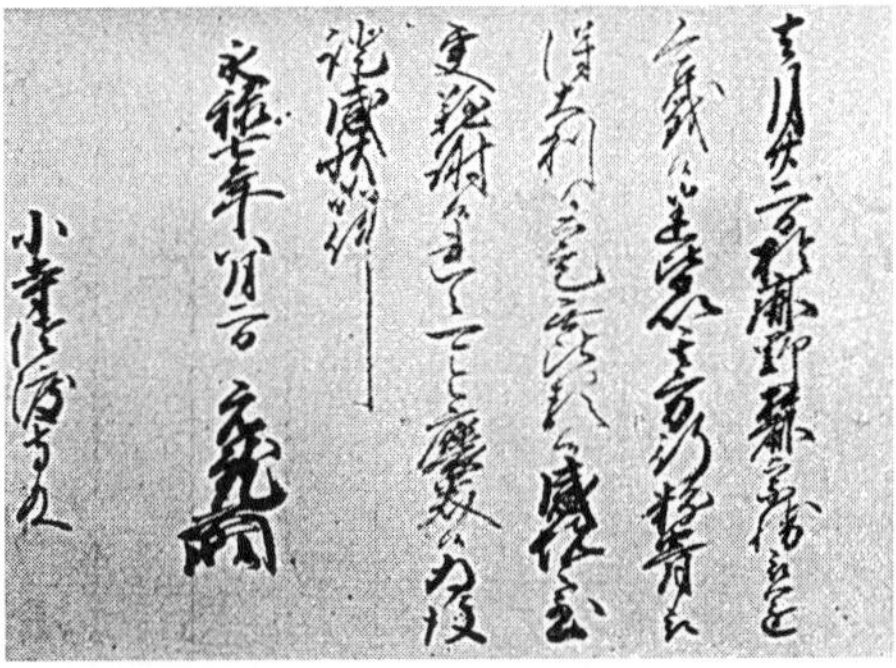

毛利元就感状（「小寺家文書」永禄7年8月2日付）

三年五月二十八日、山名韶熙父子は元春に起請文《きしょうもん》をしたため、因幡に進入した尼子勢を討伐するにあたり、但馬山名氏も毛利方に協力するとのべている。

毛利勢の因幡進撃を予想した尼子勝久・山中幸盛らは、亀井新十郎を私部城にいれ、勝久自身、若桜《わかさ》鬼ヶ城に立てこもった。天正四年二月、毛利元康・杉原盛重らの毛利勢は、因幡に入って田公《たきみ》新右衛門尉父子の立てこもる尼子の属城宮吉《みやよし》城を攻め落としている。尼子勝久のこもる鬼ヶ城の攻撃には諸寄《もろよせ》城の草刈重継《くさかりしげつぐ》らが加わって攻めたので、五月の初めごろ勝久・幸盛らは夜陰に乗じて城を脱け出し、京都に逃れた。このようにして因幡における尼子氏の勢力は掃討され、毛利氏の因幡支配は確定したのである。

毛利氏による山陰道支配の実情は、「八ヶ国分限帳」やその原本と思われる「八ヶ国御配絵図」に示されている。天正末年に成立したと思われる分限帳に、日野・会見・汗入三郡の蔵入地三万六六六〇石

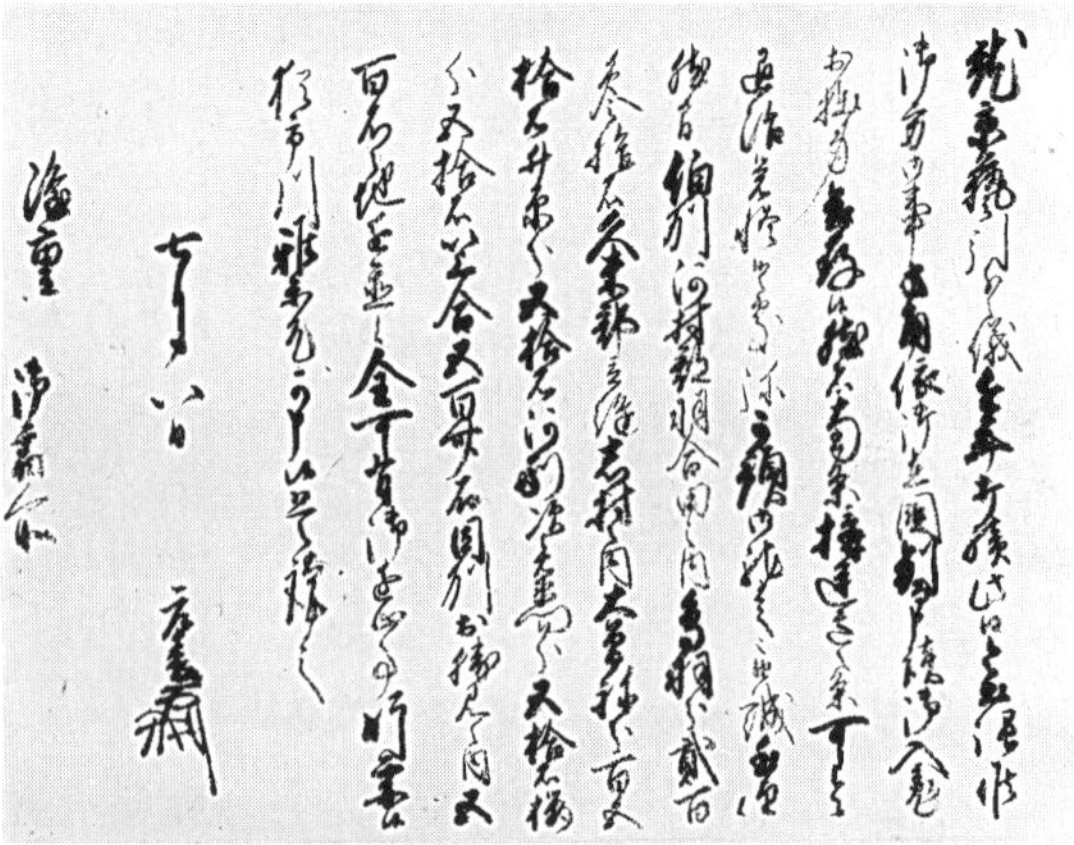

吉川元春書状(「早稲田大学所蔵文書」天正８年７月８日付)　吉川元春は天正８年，南条氏攻撃のため天野隆重を招いている。文中に，伯州河村郡鳥羽分230石などの給地を約束している。

と記載されている。伯耆における所領宛行《あてがい》は、天正八年以降に吉川元春・元長《もとなが》父子の連署状が注目される。これは上方《かみがた》勢の因幡進出という非常事態のなかで、毛利氏のとった緊急の処置と思われる。吉川元春の所領宛行状をあげると、湯原春綱に伯州東北条のうち西分二〇〇石を約束し、福頼左衛門尉に「伯州……久米郡之内下津和三〇〇石」、久米郡小原三〇〇石、関二五〇石、やくり一五〇石を約束している。天野隆重には、伯州河村郡羽合田のうち、「鳥羽分二三〇石」のほか久米郡立縫《たてぬい》村などあわせて五三〇石、ほかに因州勝見のうち五〇〇石を約束している（「早稲田大学所蔵文書」）。

天正九年、吉川元春・元長連署状で、粟屋《あわや》彦右衛門尉に所領の約束をなしたが、「明所」がないので、河村郡竹田谷の南条九郎左衛門尉給五〇石、小鴨弾正給五〇石のあわせて一〇〇石の地を付与するとみえる。この時期になると、所領給付のために毛利方では伯耆の基本台帳を把握していたように思われる。

南条氏と因伯の郷村●

因伯両国では、家の記録や文書を伝えている例がかぎられているので、国人《こくじん》（国衆《くにしゅう》）領主の所領支配についてもくわしいことは不明である。因幡一国についてみると、『因幡民談記』の「山名時代の諸城図」では、八東《はっとう》郡に矢部・私部《きさいち》の毛利、八上《やがみ》郡に伊田《いだ》、法美《ほうみ》郡に山崎の毛利、高草郡に武田と、諸氏の居城を図示している。諸家にかかわるまとまった記録はないが、これらの諸氏は因幡の有力国人であろう。伯耆国人は「伯州《はくしゅう》衆」ともいわれ、小鴨《おがも》・越振・塩冶《えんや》・遠藤・長《ちょう》・山口・広瀬・野津の諸氏が知られている（「大館常興書札抄」）。小鴨氏は久米郡小鴨荘の岩倉を本拠とし、広瀬氏は南条氏の同族で、小鴨荘広瀬を本領とし、南条氏の家老家と伝えられる。

東伯耆の河村郡羽衣石《うえし》（東伯《とうはく》郡湯梨浜《ゆりはま》町）を拠点にした南条氏は、東伯耆の居付大名として知られている。

「南条氏系図」によれば、塩冶高貞次男の尼子南条伯耆守貞宗《さだむね》を、羽衣石南条氏の祖と伝える。別に、『伯耆民談記』所収の大日寺《だいにちじ》の棟札などでは、加茂氏南条ともみえる。「小鴨氏系図」のなかには、小鴨・南条両家の類縁をうかがわせる記載もあるが、傍証史料を欠く。

羽衣石の城跡は、十四世紀の中葉に創建されたといわれ、本丸跡の字《あざ》を「古城」といい、峻険《しゅんけん》な羽衣石山の山頂にあった。城跡の発掘調査によれば、帯曲輪《おびくるわ》の端に柵穴がみられ、土器として土師質《はじ》のもの、備前焼、磁器（青磁・白磁・青花など）があり、地鎮具《じちんぐ》とみられる壺《つぼ》も、主郭のほぼ東北から出土している。本丸を中心に山中の曲輪群・支城で防御をかためたことが推定される（「羽衣石城址」東郷町文化財報告書9）。

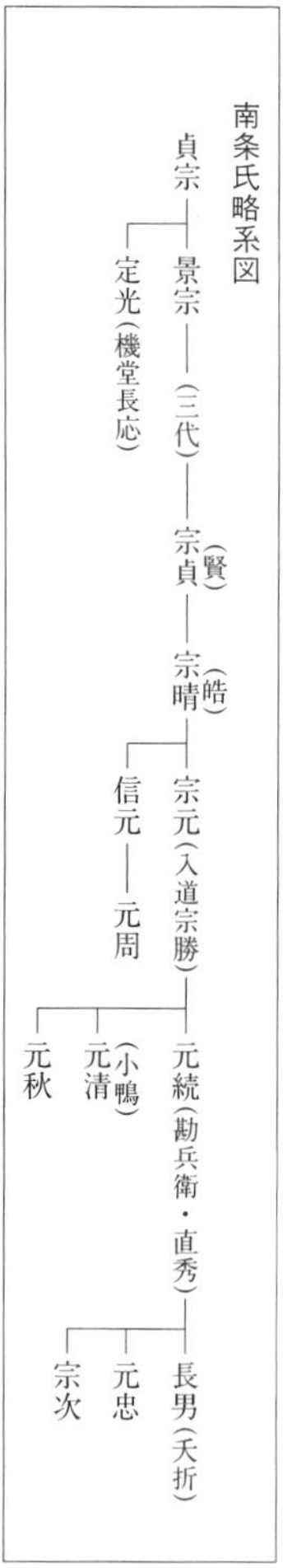

南条氏略系図

報告書によれば、永禄～天正（一五五八～九二）初年の羽衣石は、山頂の城郭を含む山麓の広域をさしており、政治・軍事の拠点となっていた。「年代記羽衣篋裳」（「佐々木文書」）は、羽衣石に村が開かれた時期を寛永十一（一六三四）年と記す。この年、長和田村からわかれて御水帳がたてられ、作州（岡山県）から次右衛門が移り住み、羽衣石の「馬場」に家をたてたのが、近世の羽衣石村の始まりである（前掲書）。中世の南条支配下の羽衣石は、政治・軍事の拠点であって、羽衣石山麓に南条居館、菩提寺《ぼだいじ》、重臣の邸宅も集まっており、近世村の機能はなかったものと思われる。

南条氏の所領は伯耆三郡のうちにあったと思われるが、くわしくはわからない。その拠点と伝えているのは、河村郡埴《はな》見《み》郷・日下《くさか》郷（日下荘）であり、このうち埴見郷は、長郷田《なごうた》（長和田）、羽衣石、門田《かどた》、土海《はなみ》の地域である。天正年間（一五七三〜九二）の史料によれば河村郡羽合《はわい》郷の長江も埴見郷に編入されていたようである。

日下郷の地域は、天神《てんじん》川下流東部一帯の地で、鎌倉時代の正嘉二（一二五八）年作成の東郷荘下地中分《したじちゅうぶん》絵図にみえる西《さい》郷《ごう》の地であろう。近世では上西郷・下西郷とみえ、『伯耆民談記』では下西郷の地を日下荘と記す。日下荘の村々には、清谷《せいだに》、福庭《ふくば》、海田《かいた》、上井《あげい》、山根《やまね》、伊木《いぎ》、八屋《やつや》、下余戸《しもよど》、上余戸、栗尾《くりお》、大原《おはら》が知られている（『鳥取藩史』民政志）。南条氏が発給した文書のうち、家臣に給付した久米郡内の所領をみると、灘《なだ》ノ郷《ごう》守護分、「倉吉県」打吹《うつぶき》山麓、越殿前、「桜ノ郷」の服部邑《はっとりむら》、小鴨荘の石塚などがある。

久米郡倉吉地方における南条勢力の発展をみると、永禄年

平成２年３月に完成した羽衣石城の模擬天守閣（東伯郡湯梨浜町羽衣石古城）

間（一五五八〜七〇）南条氏が「倉吉城」によったと伝えている（「覚書草刈将監《くさかりしょうげん》」）。この地域は、伯耆守護家山名氏の直轄領のおかれたところであろう。山名氏の菩提所として知られる伯耆光孝寺は、室町時代に臨済宗で十刹《じっさつ》の寺格を有し、山名氏が数代にわたって伯耆を領有していたときには、伽藍荘厳《がらんそうごん》をきわめていたといわれる。永禄六年、南条宗勝は名刹《めいさつ》光孝寺正受院で父の法要をいとなんでいるが、この光孝寺の位置は、いまの倉吉市巌城《いわき》の曹洞宗山名寺《やまなじ》の地と推定されている（小坂博之「花庵行実録抄」県博会報一三）。この西方二キロに位置する和田の金地福山定光寺は、南条家菩提所としての由緒《ゆいしょ》を伝えており、開山第一祖は南条一門の機堂長応《きどうちょうおう》といわれる。

永禄期にもなると、羽衣石南条氏は久米郡の中央の地に進出して東伯耆を支配した。永禄末年、将軍足利義昭《あしかがよしあき》は、京都相国寺光源院《しょうこくじこうげんいん》領であった伯耆保国寺を含めて、伯耆の所領返還を求めているが、南条宗勝にも御内書をもって協力を依頼している。文中に、京都相国寺光源院が前の将軍義輝《よしてる》の菩提所であることを記している（「光源院文書」）。この光源院領は、いまの倉吉市域の大谷《おおたに》国分寺、四王寺《しおうじ》であり、これに近接して光源院末の伯耆保国寺は伯耆久米郡大谷の地にあった。この地域は、永禄〜天正期には南条領内であったから、室町幕府としても南条氏に相国寺光源院の所領回復を指示してきたのであろう。

天正期の南条領は、天正三（一五七五）年南条宗勝が病死、その子元続《もとつぐ》が相続し、伯耆の東三郡、河村・久米・八橋を領有した。豊臣政権下の大名南条氏は、知行目録が伝来していないので詳細はわからないが、引き続き東三郡を支配した。「慶長四（一五九九）年諸侯分限帳」には「六万石　伯州羽衣石南条中務光明」とみえており、光明は南条元続の後継者であろう。

天正初年の南条氏の重臣に、鳥羽久友・南条信正・泉養軒長清・津村基信・山田重直がある（「小寺家文書」、「三朝《みささ》町中津区有文書」)。山田重直は、伯耆の国衆と相談して、吉川河内守の息女を吉川元春の養女としたうえ、南条元続の妻にしている。東伯耆の国人領主は、たがいに盟約を結んで南条氏惣領の元続を中心にして地域の政治的安定をはかろうとしたのであろう。

山田氏の拠点は、久米郡北条郷の地にあり、「伯州久米郡津々見《つつみ》城主」(堤城)と伝え、本姓は紀《き》氏という(「御家中系図」)。伝えによれば、山田氏の一統は平安時代末には伯耆久米郡北条郷にあり、鎌倉期の文書にもみえ、以来当地に勢力を伸張していった。天正八年の吉川元春の花押もすえられた坪付注文によれば、戦国末期の山田氏の本領地は久米郡北条郷の八幡領であった。ほかに河村郡・八橋郡にあり、「越振遠江守給三七〇石、越振九郎左衛門給」などとみえている。このうち、越振遠江守給の内訳は、田尻《たじり》(田後)分・浅津・由木分から構成されている。田尻分・浅津は近世の田後村・浅津村のことであろう。この時期の山田氏の所領は、本領地を含めて伯耆東三郡の久米・河村・八橋に分散しており、あわせて二〇〇〇石であった。山田氏にみられるように東伯耆の南条重臣は、郡を越えて分散している所領経営のためにも、南条家中で協力しながら在地支配につとめたのであろう。

天正七年の南条元続裁許状は、三朝郷の中津・小鹿《おじか》の山ざかいの「あひの谷」について、これを中津分としたおりの文書である。同日付の南条重臣連署副状によれば、川より東の地を中津分と定めている。山田重直は重臣の一人として花押をすえている。当代の南条領のようすをうかがう史料として、「南条様御裁許状写」があり、これによれば、裁縫郷(倉吉市・高城灘手《たかしろなだて》の一部)の惣山利用について紛争がおこり、志村衆と下惣宮衆が羽衣石で対決した。このとき郷内各村々の有力者がよびだされている。彼らは名主《みょうしゅ》、地侍《じざむらい》出身の人びとであり、地域ごとに「衆」として団結して行動していたこともわかる(『倉吉市史』)。

因幡高草郡古海郷《ふるみ》は千代川《せんだい》左岸の地で、中世には古海・菖蒲《しょうぶ》(鳥取市古海・菖蒲)を中心に、一部は有《あり》富《とみ》川下流を含む地域と思われる。延元二(建武四=一三三七)年、足利尊氏《あしかがたかうじ》は古海郷を京都東福寺に造営料所として寄進、ついで正平七(観応三=一三五二)年八月二日付の足利義詮《よしあきら》御教書にも「因幡国古海郷半分事」とみえる。のちの永享二(一四三〇)年七月四日付の古海郷年貢注文は、永享元年の未進年貢を翌二年二月以来催促した結果を記したものである。この注進状によると、東福寺の古海郷支配は名田《みょうでん》・寺田《じでん》の二つの部分からなりたっており、名田のうち礒長名《みょう》・有久名・久光経蓮名など、あわせて一三人と公文《くもん》名、ほかに寺田五町であった。

文書にみえる住人のうち、名主《みょうしゅ》として五郎兵衛・六郎太郎があり、寺田分にみえる有富北河主計方・有富井上三郎右衛門方のように、「方」という敬称をもつ人たちもある。「有富」とは古海郷の南方で千代川に注ぐ有富川の上流にあり、古海郷の西南約八キロの地域である。北河氏・井上氏らはこの地に居住する地侍であろう。また、有久名の徳尾右衛門は古海郷の西に接する「徳尾」に出自をもち、地侍的名主と考えられる。

寺田五町のうち、一反半を「皆未進」としたのは、「有富北河主計方」、一反は「有富井上三郎右衛門方」で、東福寺直接支配下と思われる寺田分に皆未進がでているところに、東福寺にとって深刻なものがあった。東福寺では、幕府の権力に依存しながら有力な武士に年貢を請け負わす方法をとったが、年貢注文を作成した伊東肥前守頼忠《よりただ》は、その担当者であろう。

中世名《みょう》とみられる「楽々賀半名《さ さ か はんみょう》」は、因幡国巨濃《この》郡小田谷の奥、池谷、延興寺《えんごうじ》(円江寺、岩美町池谷・延興寺)に散在していたと思われる。寛正三(一四六二)年八月四日付の政家宛行状は、吉見《よしみ》政家が田中

❖コラム

里見忠義と山田八幡

安房《あわ》国の太守里見忠義《さとみただよし》（一〇代）は慶長十九（一六一四）年安房一国を収公され、伯耆国久米郡倉吉の地に移された。事情については、同年正月十九日、小田原城主大久保相模守忠隣《ただちか》の改易事件がある。これは時の幕府内部の権力争いの結果で、本多正信《まさのぶ》・正純《まさずみ》父子の陰謀にかかり大久保忠隣をはじめ一族が失脚、類は里見氏にも及んだのである。九月に将軍家から使節がきて、国替えを申し伝えた。幕府の命によると、安房国を召し上げ、鹿島郡三万石の替地は、伯耆国倉吉に与えるというのである。幕府の伯耆代官山田五郎兵衛から引き渡されたのは、久米・河村両郡四〇〇〇石であった。

伯耆における忠義の事績として、『伯耆民談記』に倉吉の北野神社、北条郷の山田八幡と称された八幡宮の社殿を修造したことが記されている。このうち、唯一伝来している山田八幡修造の棟札は重要で、現在の北条八幡宮に残されている。清和《せいわ》源氏を名乗る里見氏は、安房国総社である鶴谷八幡神社を厚く崇敬、保護している。八幡宮の社殿造営は武将の八幡神社崇敬をあらわしたものであろう。棟札は長さ一四八センチ、幅二五センチ、厚さ一センチである。このなかに、西国の伯耆倉吉の地にあって、神社・仏閣を建立するのは天下に名を高めるといい、「山陰道伯州路久米郡北条郷の八幡薩埵《さった》の社、……社殿万柱・大梁小椽の建立を無事に終えた」と記されている。

元和三（一六一七）年姫路から池田光政《みつまさ》が因伯に入部、忠義は倉吉郊外田中村に移り、のち、堀村（倉吉市関金《せきがね》町堀）に居を移す。この地で病死、倉吉市内の大岳院に葬られた。

氏に楽々賀名を与えたもので、この名は田中家に代々伝領された。文明六（一四七四）年二月二十八日付の文書によれば、守護の意志をうけた満貞・満了の奉行人が田中氏に楽々賀半名の知行を保証している。名田の知行を保証する安堵《あんど》状によって、因幡守護は在地の有力名主をつかんでいたのであろう。

文明十二年二月十五日付の文書に、木原善棟は重代相伝の木原名を息子のおき法師に譲り、弟の若法（師）に千土師東分として福武名と木原名内の屋敷を譲っている。享禄二（一五二九）年の譲り状によれば、智頭《ちず》郡千土師郷分木原名職は、近世の木原村域（八頭《やず》郡智頭町木原）にほぼ一致しているようにみえる。譲状によれば、これらの名は、田を含むだけでなく屋敷や田畠山林全体をさしていた。この名が領主から承認されるためには、年貢・公事《くじ》・夫役《ぶやく》を滞りなく納入することと記し、これらの義務をはたすことを条件に名主職が譲り渡されているのである。

因幡国法美郡大萓《おおかや》郷は、中世末期には一つの行政区画をなしていたと思われる。永禄十二（一五六九）年十二月二十一日付の大萓郷米方算用状によれば、大萓郷は下村・野津・長谷・荒舟（鳥取市）・山崎・岸本・長見などの名田によって構成されており、酒賀社領神護別符（鳥取市）も存在していた。

地名からみると、これらの名田は袋《ふくろ》川の上流に点在している。この算用状を作成したのは姫地玄蕃允で、八東郡私部《きさいち》郷の姫路（八頭郡八頭町）を本貫とする地侍で、私部城にあった毛利氏の家臣と思われる。文中にみえる荒舟助右衛門、鴨居、河崎、鳥尾など「殿」という敬称でよばれる人びとは、因幡私部毛利氏の有力被官であろう。文中の「横山すみ名」「長谷名」などの名田は毛利氏の徴税単位として把握されていた。毛利氏の被官人姫地玄蕃允の所領は、天正五年十二月二十一日付の毛利豊元《とよもと》所領安堵状によれば、姫地村、石田名、下村名があり、これが姫地氏の本領地と思われる（『鳥取県史』２）。

守護所と町の成立●

因伯における中世城郭は、十三世紀〜十六世紀に至る時代の在地領主や国人の手になるもので、これらの城郭跡の調査は地域理解のためには重要である。近年、県内でも市町村単位で一部の緊急発掘調査が実施され、これらの調査報告書を通して遺構の一端が知られるようになってきた。『日本城郭全集』に収められている因幡・伯耆の城郭の数は三一七であり、因幡には伯耆の二倍の数値が示されている。県内の郡市（二〇の行政区となっている）別にみると、城郭の数は因幡の八頭郡にもっとも多く、伯耆の各郡の約四倍である。県内の城郭のすべてを調査した数値ではなく、単純な数のうえでの比較であるが、地域の特色はみえてくる。中世の城郭は城砦《じょうさい》と館《やかた》からなっている。城砦は戦闘や防御のために設けられたもので山頂に多く、領主館は支配の拠点におかれ、つぎの時代の城下町に発展していく。

中世伯耆地方の中心は、国衙《こくが》の地にあった東伯耆久米《くめ》郡であった。南北朝の動乱を機に伯耆に進出し、伯耆守護職を獲得した山名氏は、この地の経営につとめ発展の基礎をかためた。『伯耆民談記』によれば、山名氏の一拠点を田内《たうち》城（倉吉市巌《いわき》城）と伝え、現在の田内は侍町・寺院のあったところという。田内城の南西約二キロの地にある打吹《うつぶき》城も山名氏の築城（時氏《ときうじ》の子師義《もろよし》とする）と伝えられるが、これらの記述はすべて江戸時代の記録であり、傍証する史料はなく、確定するのはむずかしい。

室町時代中期、守護体制が安定したころの伯耆守護は山名氏之《うじゆき》・教之《のりゆき》で、この時代の守護家は一族が在京して室町幕府に出仕し、領国は守護代の支配にまかせていた。したがって、地方の守護館は近世の城下町のようには発展しなかったと思われる。応仁・文明の乱とそれに続く戦国争乱により、伯耆でも守護家の一国統制は衰え、教之の子豊之《とよゆき》が八橋郡由良嶋《ゆらしま》で自害したように、内乱が続いた（「伯州山名代々次第」）。

大永～天文年間（一五二一～五五）の久米郡（倉吉市と周辺）は出雲の戦国大名尼子氏の勢力下にあった。

永禄（一五五八～七〇）初年毛利氏の勢力が東伯耆におよぶと、久米郡の地は毛利氏にしたがった羽衣石《うえし》城主南条氏の支配下におかれた。天正七（一五七九）年織田氏の中国進出によって南条氏が毛利から離反すると、吉川元春は南条（小鴨）元清の岩倉城の向い城（敵の城に対して築城）として、宇《う》津吹《つぶき》（倉吉市打吹山）に二宮杢助らの毛利方の諸将を配した（『陰徳太平記』六「宇津吹城合戦」）。天正八年十二月八日付の桂春房他連署状に、肥塚《こえづか》与四郎が宇津吹在番を命じられたとみえ、この時期、吉川氏の勢力は久米郡倉吉の地におよんでいる。

『伯耆民談記』には、南条領内となった打吹城について、本丸は東西三七間（一間＝約一・八一メートル）、南北一七間、北東隅に天守があったと記す。二の丸を備前丸ともいい、豊臣政権下の東伯耆の大名南条元続《もとつぐ》の伯父の備前守元信《もとのぶ》が居住したと伝える。二の丸は本丸から西一二〇間の地にある。三の丸は越中丸ともいわれ、南条重臣の山田越中守が居住した

打吹山（前方正面）と田内城址（右）　打吹山の麓に倉吉市街が広がる。

と伝えられる。本丸から北へ一二間下った小鴨丸は、南条元続の子元忠《もとただ》の後見役でもあった小鴨元清が居住したといわれる。

近世の寛延年間（一七四八～五一）ころの倉吉絵図（鳥取県立博物館蔵）では、倉吉陣屋の背後の主峰を本丸、陣屋西側の勝入寺《しょうにゅうじ》の南背後の峰を備前丸と記入し、勝入寺とその西方にある満正寺《まんしょうじ》のあいだの峰を越中丸と記しており、南条支配下の倉吉の構えを伝えている。

倉吉は、この打吹山と小鴨川とのあいだの狭長な平野に東西に細長く町場が形成されている。弘治～永禄（一五五五～七〇）ころは、人家三〇〇余の里邑《さとむら》と伝えられるが、天正十（一五八二）年ころから近郷諸城の町場から商工民が倉吉に移住して町並を連ね、西の岩倉町もこのころ開かれたと思われる。

因幡山名家の拠点の一つ布施《ふせ》天神山城と城下町は、『因幡民談記』に「布施城図」として記述されている。城図では、湖山《こやま》池の水を引き入れて天神山・布施卯山《うやま》を取り囲む惣堀、そのうちの天神山を囲む長方形の内堀、さらに標高二五メー

天神山城址（鳥取市湖山）　鳥取緑風高校よりみる天神山（正面）。

トルの天神山の山上に三重の天守が描かれている。

昭和四十七（一九七二）年、天神山の南麓で緊急の発掘調査が行われ、布施天神山城に伴う遺構が確認された。調査によれば、「布施城図」にみられる天神山を取り囲む長方形の内堀は、西側に堀をもつ土塁であり、土塁の上、またはその付近に建物が構築され、焼け落ちているという。近年の報告書によれば、天神山では館（城）を築くにあたって、天神山周辺を砂で埋め立て、真砂土を敷き詰め、城の体裁をととのえていったことも知られる。天神山城址には削平地・堀切が認められる。

天神山や布施卯山を内包する惣堀の規模は、総延長二・八キロといわれ、その一部は現在の川幅約一・五メートルの農業用水として残り、水入・上蓮原などの地名も検出される。

布施城の図の一つとして、「大幅絵図」（鳥取県立博物館蔵）が注目される。大幅絵図では、作成当時存在しなかった建物については「……跡」と記しており、『因幡民談記』の城図で描かれている建物は想像図ではないか、と指摘する説もある（『新修鳥取市史』1）から、資料の調査も必要である。

『因幡民談記』所収の「布施城図」では、城下町は標高約四〇メートルの丘陵である卯山の山麓の一帯である。出張《でばり》や構《かまえ》は卯山の南東と北東の尾根の先端にある。一般の侍屋敷は湖山池をのぞむ卯山西麓、北麓の小字「大段」から天神山を取り囲む土塁のうち、寺町は卯山の南麓であった。同図には三寺を図示し、別に布施城下に仙林寺があった。町屋は卯山の東麓の小字「仁王堂」「村土居」などで、近江国の近藤三郎衛門は「イナバノフセノニウワウ堂」のあたりに住んでいたが（『本福寺門徒記』）、この地域は湖山池から水を引き入れた惣堀から、舟入と称する水路を掘り、舟運の便がはかられている。ただ、これらの町は近世城下町のような町割は考えられず、侍町・町屋が混在していたと思われる（『鳥取県史』2）。

『因幡志』によると、布施城は守護山名勝豊が文正元（一四六六）年に築城したというが、典拠は不明である。因幡守護として、寛正二（一四六一）年ごろから文正元年まで在職したとみられる山名七郎は、「豊之の舎弟」で伯耆守護山名教之の子といわれる（「斎藤親元日記」）。平凡社の『鳥取県の地名』ではこのころの築城とみるが、松山宏『中世城下町の研究』は、豊時のときの延徳三（一四九一）年の説をあげている。しかし、天神山城は永正十（一五一三）年を初見としているので、ある時期に守護所が移転したのであろうが、その期については慎重な考察が必要であり（高橋正弘『山陰の城』）、将来の課題となっている。

鳥取城の成立期にかかわる史料は伝えられていないが、布施天神山城に拠点をもつ因幡山名誠通と、因幡に進出しつつあった但馬山名氏の対立状況のなかで、天文年間（一五三二〜五五）に鳥取城が築かれたことは考えられる。

鳥取城主武田高信は、その居館を「松の丸」とよばれた地に構築していた。岡島正義の『鳥府志』には、「大井津の出鼻の項」に、その位置は現鳥取県立博物館の背後、標高一五〇メートルの地域であると考証している。

『鳥府志』によれば、武田時代には久松《きゅうしょう》山西麓では袋川の旧河道を堀に利用し、北麓の湯所《ゆところ》側ではその延長の一部に堀が掘られていたのであろうという。また中世の鳥取久松山麓には「沢市場」集落があり、「昔の村のあとは今の宮内也」と推定している。この位置は、現在の長田《ながた》神社、鳥取県庁背後の山の尾根先端（千騎ヶ崎）で、沢市場を武田時代の城下町とみることはむずかしい。『因幡民談記』によれば、山名豊国《とよくに》は天正元（一五七三）年の冬、鳥取久松城に移ったといわれる。豊国は山上の丸、山下の丸など郭内の整備につとめ、「布施城下の……売買諸道具の細工人まで皆鳥取へ移った」というから、このころから鳥取城下町の形がととのえられたと思われる。

尾高《おだか》城（米子市尾高）は、大山《だいせん》西麓の標高四〇メートルの段丘上にあり、泉山《いずみやま》城ともよばれた。築城の時期は不明であるが、戦国時代には行松氏の居城であったといわれる。四つの郭で構築され、二の丸・本丸（九一×四一メートル）・中の丸と、県道をへだてて天神丸が並んでいる。西伯耆では有数の規模をもつ城郭である。尾高は要害とはいえないが、大山の入口にあたり、山陰道から山陽へ抜ける日野道の分岐点であり、流通の要衝であった。

米子城下の経営は、天正十九年、東出雲・隠岐《おき》・西伯耆一一万石の領主となった吉川広家《ひろいえ》によってはじめられた。広家は最初、出雲富田城にいたが、領国経営のため不便であることから、最終的に米子飯山《いいやま》に隣接する湊山《みなとやま》に築城することにした。しかし広家は朝鮮出兵もあって留守がちになり、工事は古曳吉種・山県《やまがた》九左衛門ら家臣の手によって進められた。

米子の城下町には、戦国期の各地の城下町からの住民の移住や寺院の移転も行われた。町筋も一四町ほどでき、慶長五（一六〇〇）年ごろには七分通り完成していたといわれる。関ヶ原役後、中村一氏《かずうじ》の子忠《ただ》一《かず》が伯耆国一七万五〇〇〇石に封ぜられ、翌六年に伯耆に入国したが、米子城はまだ完成していなかったので、一時尾高城に在城した。米子城の修築や城下町の整備は、中村氏の重臣横田内膳《ないぜん》らの手によって進められた。

2　因伯大名の朝鮮出兵

秀吉の鳥取城攻略●

羽柴秀吉《はしばひでよし》は、天正八（一五八〇）年六月因幡に進出、毛利方の因幡支配の一拠点であった鹿野城《しかの》を攻略、亀井茲矩《かめいこれのり》に鹿野城の守備を命じた。鹿野城に入った亀井は、上方勢の先鋒《せんぽう》として因幡方面の情勢をくわしく秀吉に報告した。一方、鳥取城にあった山名豊国《やまなとよくに》は、家宰《かさい》の中村春続《はるつぐ》・森下道誉との意見の不一致から、十数人の手廻り小姓とともに、城をでて播磨姫路にあった秀吉の本営に赴いたといわれている（『因幡民談記』）。山名豊国の退城後、中村春続・森下道誉らは、吉川《きっかわ》氏に鳥取城に城将の派遣を懇請、牛尾元貞《うしおもとさだ》、市川雅楽允、朝枝春元がつぎつぎに在番した。これに対して毛利方の因幡の諸将は、吉川氏と同姓で城兵を統率する力量のある武将の派遣をのぞみ、この要請をうけて天正九年正月、鳥取城主として石見国《いわみ》福光《ふくみつ》城主吉川経安《つねやす》の嫡子経家《つねいえ》が赴任することになった。鳥取城に入った経家は、籠城中の被官・仲間《ちゅうげん》・人足が病気で役にたたない旨を伝え、兵員のほうは「御加番衆、国方衆」があわせて一〇〇〇余、そのうち八〇〇人が装備された兵で、城内の兵糧は不足しており、補充が急がれると報じている。

鳥取城の防御陣をみると、久松山から五〇〇〜六〇〇メートルへだてた山続きに雁金山《かりがね》がそびえ、塩冶《えんや》高清《たかきよ》がこれを守備した。さらにこの山から七〇〇〜八〇〇メートル離れたところに峻険《しゅんけん》な丸山城があり、但馬の奈佐《なさ》日本之助をはじめ、山県左京進、佐々木三郎左衛門・境与右衛門ら五〇〇余人を屯営させた。日本海方面から千代川・袋川《ふくろ》を経由して丸山城に達し、さらに雁金山を伝って本城に至る通路があるので、籠城兵は日夜厳重にこれを守備し、兵糧と軍兵の輸送路の確保につとめた。

天正九年六月二十五日に姫路を出発した秀吉の総勢は二万余といわれ、蜂須賀《はちすか》正勝《まさかつ》・木下重賢《しげかた》らは秀吉の先鋒隊として因幡私部《きさいち》に進出、羽柴秀長《ひでなが》の率いる一隊は、但馬海岸から七月五日、丸山城の東方の東吹上浜に到着した。七月十二日、秀吉は鳥取城の東方約一五〇〇メートルの地点にある太閤《たいこう》ヶ平《なる》に本営を設けて、これを中心として左右両翼軍が編成された。

太閤ヶ平は西方に鳥取城をのぞみ、それより左方に芳心寺《ほうしんじ》に至る一帯の山々をひかえ、右方には、はるかに円護寺《えんごじ》・覚寺《かくじ》・浜坂・賀露《かろ》に至る一帯の地方をみおろし、丸山などは眼下にみえ、総本陣としてはもっとも適した場所である。

右翼軍の羽柴秀長は、鳥取城にもっとも近い大平《おおなる》に、桑山修《くわやましゅ》理《り》は摺鉢《すりばち》山に、垣屋《かきや》播磨守は五反田《ごたんだ》の上手の城山に、高野駿河守は覚寺の裏山の最高峰昼食山に、青木勘兵衛は浜坂の道場山（代々山）に布陣した。ここは千代川に出入りする船舶を監視するには格好な地点であった。松井猪之助《いのすけ》はもっぱら海上の警戒に従事していた。

鳥取城の遠景　正面に久松山（鳥取城山）と山続きに雁金山（左）がある。手前は千代川。

❖コラム

吉川元春と倉吉

永禄年中（一五五八～七〇）、倉吉の地は羽衣石城主南条氏の支配下にあり、打吹山麓に砦が設けられていた。南条氏が羽柴秀吉に応ずると、これに対抗して吉川元春は倉吉進出をはかった。

六月二十一日付の吉川元春書状（天正八年と推定される）によれば、吉川元春は毛利方の部将益田元祥に対して「伯州久米郡内倉吉五百石」の地を付与することを約束している。さらに、天正八（一五八〇）年十月八日付の書状で伯州五〇〇石の地のほかに、重ねて三〇〇石の地を給付すると確約している（「益田家文書」）。また天正十一（一五八三）年には吉川元春・元長父子は連署状をもって益田氏に「西倉吉」の地も給付すると約束している。

六月二十一日の元春の奉行人山県春次・森脇長宣の連署状に、益田元祥方の小原豊前守に、倉吉での所領を給付するに差し支えが生じたので、かわりに守護分を進じおくように指示されている。守護分は「倉吉守護分」ともみえ倉吉と同じ久米郡灘ノ郷一一カ村の内の一つである。近世の倉吉は、元禄郷帳に三六三石余とあり、益田氏に給付を約束した倉吉が五〇〇石であれば、打吹山麓の城郭を中心に倉吉の町方から守護分などの周辺の村々をふくむ広域の地と思われる。永禄・天正期における打吹城の城付きの所領は史料のうえで得られないが、その一端は推定できる。

東伯耆の要地倉吉の地に所領を約束された益田氏は石州益田城主で、南条氏に対抗しうる軍事力を保持していた。文書にみえる倉吉の初出は、「益田家文書」にみられ重要である（一二一頁参照）。

左翼軍は、本陣山から芳心寺に至る一帯の山々に布陣、この両翼の前方を連絡するために平地軍が編成された。これらの諸隊は現在の鳥取市街にあたるところに並んで布陣し、三軍の連結する包囲線は延長約三里（約一一・七二キロ）にもおよんだ。

鳥取城中では、秀吉諸隊の陣営に夜討ちをかける計画を実行し、吉川・森下の郎党《ろうとう》のうち秋里新左衛門・徳丸美濃・岡垣・丸山ら一〇〇余人で攻撃を加えている（『鳥取県史』2所収文書）。また、要害の地である防己尾《つづらお》城によった吉岡安芸守らは、夜討ちをしかけて上方勢を悩ませた。秀吉の派遣した攻撃軍は吉岡方の反撃にあい、秀吉側近の多賀《たが》文蔵は「瓢簞《ひょうたん》の馬幟《うまのぼり》」の一つをあずかって出陣し戦死した。

これを聞き伝えた秀吉は、改めて部将羽柴七郎左衛門・亀井能登守に命じて吉岡の拠点を攻めさせたが、吉岡方は小人数の兵で諸隊の攻撃をよく防いだ。この吉岡一統の武勇は後代まで語り伝えられたのである（「善岡系図」、『因幡民談記』）。

鳥取城攻略にあたって、秀吉の部将宮部《みやべ》継潤《けいじゅん》は道祖屶《さいのたわ》（現在の天徳寺の上のたわみ）を占拠し、経家の設けた雁金山・丸山のつなぎの出城のあいだを切り取って、各砦《とりで》の連絡を遮断、鳥取本城はまったく孤立してしまった。

八月二十日付の織田信長の秀吉あての黒印状によれば、鳥取方面のことは桑名に指示しているが、攻囲軍がかたい決心で任務にあたること、「彼の（鳥取）城中下々、日々餓死に及び候旨、実儀たるべく候」とみえ、餓死者もでて城中苦難のありさまがわかる。このころ早くも鳥取城中の食料は底をついていたのである。

一方、上方勢の水軍は、伯耆方面にも出動している。丹後長岡氏の船手（水軍）は、鳥取城の攻撃軍を海上から支援した。天正九年九月十六日付の信長書状に、長岡藤孝《ふじたか》の臣松井康之《やすゆき》は、毛利方の水軍と因幡湊川《みなとがわ》口でたたかいこれを撃破し、泊《とまり》城（東伯《とうはく》郡湯梨浜町）で六五艘の船を破壊、大崎城（鳥取市）から出撃してきた毛利勢を追い、その城下を焼き払ったとみえる。

孤立した鳥取城では餓死する者も増えたため、城将吉川経家はこの悲惨な状況をみるにしのびず、鳥取城をあずかった主将として全責任を負って自刃し、将兵を救うことを秀吉側に申し送っている。これを許した秀吉は酒肴《しゅこう》を送って経家に永訣《えいけつ》の宴を張らせ、十月二十五日ついに鳥取城をおさめた。

吉川元春は、九月二十日ごろまでに茶臼山（東伯郡北栄町国坂茶臼《ちゃうす》山）に着陣、十月二十五日に進んで馬山《うまのやま》（湯梨浜町）に陣替えし、因幡に進出しようと準備していた。この陣中で鳥取城を守備していた経家の訃報《ふほう》に接したと思われる。

一方、鳥取を出発した秀吉は二十六日鹿野に入り、翌二十七日伯耆の国境に近い高山（御冠《みかんむり》山、約一八六メートル）に到着、はるかに元春の陣地をみおろし気勢を示した。これに対抗した吉川元春の布陣した馬山は、標高一〇七メートルほどの平山で、

茶臼山（北栄町国坂）　左の建物は北栄みらい伝承館。

なんらの要害もなく、南に広大な東郷池《とうごう》をひかえ、北は日本海に面し、後方は橋津川が流れ、橋一本が往復の道であった。戦略的に不利な地を拠点としながら、元春は橋津川の橋板をとりのけ、数百の警固船をすべて陸上に引き揚げ背水の陣をしいた。全軍に厳重な防備を命じここにとどまる決断をくだした元春の決意は、二十七日付の元春書状にくわしくのべられている（「石見吉川家文書」）。この陣容をみた秀吉は、主力軍の決戦を回避するよう諸将に指示し、南条氏のこもる羽衣石へ兵糧・弾薬などの補給をすると、全軍因幡方面にむけて引き揚げを開始した。元春も追撃をやめて開陣、東西の激突はさけられた。

天正九年十月鳥取城が開城すると、秀吉は宮部継潤を鳥取城主とし、因幡国高草《たかくさ》・八上《やがみ》・邑美《おうみ》・法美《ほうみ》（鳥取市と八頭《やず》郡の一部）四郡と、但馬国二方《ふたかた》郡の地を与え、亀井茲矩には気多《けた》一円の地一万三五〇〇石を与え（「亀井文書」）、これまでどおり鹿野城を守備させた。また、若桜《わかさ》に木下重賢、用瀬《もちがせ》に磯部兵部大輔をおき、垣屋播磨守光成を巨濃《この》郡浦富の桐山城に封じた。

伯耆では、秀吉と毛利方のあいだで国境が確定された。この交渉にあたったのは毛利方では安国寺恵瓊《あんこくじえけい》で、秀吉は伯州西半国を吉川領として認めたのである。したがって羽衣石にあった南条元続《もとつぐ》は河村・久米《くめ》両郡と八橋《やばせ》郡、このうちの八橋領をのぞく東三郡の領有が認められ、毛利方には八橋領と伯耆西三郡の地が残された。

吉川元春の三男広家《ひろいえ》は、天正十九年三月十三日付で隠岐・出雲東半（意宇《いう》・能義《のぎ》・島根の三郡）・伯耆西半・安芸の一部、総高一一万石の地を毛利輝元《てるもと》から分与され、六月十八日出雲国富田城に移った（「毛利家文書」）。富田城は要害無比の堅城であったが、山城で僻地《へきち》にあり不便なため、米子が選ばれ、こののち広家は米子湊山城の完成につとめている。

伯耆一国の御前帳

秀吉の統一事業の一環として知られる検地は、従来の郷や荘園内の村を区分し、納税単位としての村を設けたものである。太閤《たいこう》検地では、全国一律の基準で村ごとに検地帳を作成し、これに土地の耕作者を登録した。

秀吉の実施した伯耆の太閤検地は、天正十九（一五九一）年といわれる。この年、秀吉の指令により側近の奉行の一人増田長盛《ましたながもり》は、南条方に「伯耆一国の御前帳」をとりそろえて差し出すように命じている。この伯耆国御前帳は検地帳とみられる。伯耆では、吉川（伯耆西三郡支配）と南条（東三郡支配）という、一国を二分する複数の領主の支配下であっても、一国御前帳としてあつかわれた。増田長盛は、一国御前帳であるから指示された形式・規格にしたがって、調整を経て作成するよう求めている。御前帳は絵図（郡図）を伴っており、郡図のなかに天正末年の村名が記載されていたのである。伯耆検地の実情は、天正十九年の検地帳が伝来していないのでくわしいことはわからない。

天正十九年五月、伯耆に先立って豊臣家奉行連署状で因幡検地が通達される。因伯の惣物頭、鳥取城主宮部継潤は組下の諸大名に厳命を下したと思われる（「織豊期研究」第9号、三重大）。豊臣大名として因幡国八東郡を支配したのは木下備中守重賢で、八東郡の石高は一万二八〇〇石である。その後、木下私検（木下氏の実施した検地）により一万三八八五石となっているから（「亀井文書」）、天正十九年の太閤検地による八東郡は、一万二八〇〇石を基礎にして定められたと思われる。

検地についてよくわからない理由として、天正年間（一五七三〜九二）に因幡・伯耆を領有していた大名は、改易、転封によって一時期支配していた因伯の地を離れ、その後元和〜寛永期（一六一五〜四四）

に因伯両国を領有した池田家が、前代の土地支配関係史料を後代に伝えなかったことがある。鳥取池田家では、領内各村に伝えられた検地帳を藩側に集め、仕置衆・郡奉行が改めたうえ、村ごとに新しい帳を交付した。

天正の検地に近い史料についてみると、因幡では「慶長十（一六〇五）年因幡国気多郡高草郡帳」があり、その伝は不詳であるが、慶長期（一五九六〜一六一五）の因幡の村の一端を伝えている。この因幡国気多・高草郡帳では、両郡のうちの村高、村名、田畑面積、物成高が村ごとに列挙されている。気多郡では日置《ひおき》中郷・日置下郷・勝部《かつべ》中郷・勝部下郷・勝部奥郷など一八村、高草郡では二〇村をあげている。鳥取池田家の村名を書き上げている「元禄郷帳」では、気多郡八〇村、高草郡七八村である。

この地域の中世村落は、近世村落四村ほどの範囲をもっていたと想定され、村名のうち日置中郷・下郷、勝部中郷・下郷・奥郷のように、国郡郷制の名残りをとどめるものと、小畑河原のように近世村に連続する村名とが記載されている（坂本敬司「慶長十年因幡国気多郡・高草郡帳」『郷土と博物館』）。この慶長十年の郡帳にみえる村数は、鳥取藩の元禄郷帳では四倍に増えているからもとの郷村から新村が分出したのであろう。慶長検地にかかる史料としては、「慶長拾三年九月二日八上郡稲常村御検地帳」（鳥取市河原町西尾圭介氏蔵）は、畠方および田方の一部の断簡であるが、その記載様式はつぎのとおりである。

（中河原）中畑　弐十六間・七間　六畝二歩　四斗弐升五合　弥五郎
（中河原）上畠　弐十五間・拾間　八畝九歩　五斗九升二合　弥三郎
（略）

小字、田畑の品など、面積、分米、名請人《なうけにん》を表示する記載方法はこの時代どおりで、惣高の記載をみると、

「物高六拾弐石七斗四升九合、内田方三拾四石八合、麻高壱石五斗六升、畠方弐拾五石六斗弐升五合、荒四斗八升八合」と、簡単な書式をとっていることに特色がある。また、筆数の多くが、弥三郎、弥五郎の二人に集中する傾向がみられる（『鳥取県史』3）。

伯耆では、慶長十八年五月十一日付の「亀井政矩《まさのり》領分高辻《たかつじ》帳」があり、ごく一部ではあるが、河村・久米両郡の村名と村高がわかる（「亀井文書」）。このうちの久米郡田中・耳の両村の石高を、近世の拝領高（鳥取藩の村高）と比較してみると、それぞれ約二〜一・五倍となっている。伯耆でも慶長検地が実施されて、慶長期の村が分割されることにより、近世村（江戸時代の行政単位としての村）に近づいたのであろう。

十五・十六世紀の因伯の交通●

『本福寺跡書』には、近江国（滋賀県）の堅田《かたた》について、堅田の集落は琵琶《びわ》湖岸に沿って細長くのび、「宮《みや》切《きり》・東切・西切」の堅田三方があり、琵琶湖岸の交通の要地であったと記す。堅田衆のうち、因幡・伯耆にかかわった人びとについては、つぎのように記している。

法住の孫女（法円の子）の一族左衛門六郎は、因幡の「シマ」に止住しており、その弟近藤三郎衛門は「イナバ（因幡）ノフセ（布施）ノニウワウ堂」のあたりに、その兄の五郎左衛門は「イナバノミゾノクチ」に住していたが、「ハウキ（伯耆）ノウノ（宇野）トイフサトヲ、仏法ヲヒラキ、人数五・六十人同行ヲコシラヘテ、道場一ツコンリウ（建立）」した。このほかに渡那部八郎左衛門は堅田西切の人で、「ハウキノ国ハシツ（橋津）ノ八郎左衛門」と記されている。伯耆では宇野・橋津といった河村郡の港津の地名がみえる。堅田衆は商業・手工業に従事して琵琶湖岸の浦々で活躍したばかりでなく、日本海の海運業に乗り出していた。因幡の布施・溝《みぞ》ノ口《くち》や伯耆宇野および橋津・泊などの港には、近江国堅田をはじめ諸国からの移住者がみられ、にぎわいをみせていたのであろう。

「日御碕《ひのみさき》神社文書」の永禄六（一五六三）年五月二十三日付の尼子家奉行人連署副状によれば、北国船（北前船《きたまえぶね》、中世末から近世前期の日本海海運の主役として活躍した廻船）が直接出雲の宇竜《うりゅう》港に来航しているが、このほかに、因州・但州船も着津した。このころの西日本海地域の特産の一つが伯耆や出雲の鉄で、石見の銀・銅、さらに隠岐の海産物があった。史料のうえでは確認されていないが、伯州船も活躍したと思われる。

戦国末期における因伯の交通の一端を伝える記録のうち、天正三（一五七五）年二月の島津家久《いえひさ》（義久の弟）の道中日記は注目される。家久の上京の目的は、伊勢《いせ》・愛宕《あたご》山ほかの諸仏・諸神に参詣《さんけい》することにあったが、京都・伊勢・奈良に滞在し、帰路では山陰路に入っている。但馬から氷上《ひかみ》を越えて因幡春米《つくよね》に泊り、若桜《わかさ》を通過する。因幡のあをや（青谷）を通り水無瀬《みなせ》から船で伯耆の「大つか」に着岸、やなせ（八橋）を通り、六月二十一日に大仙（山）へ参り、緒（尾）高の町を通って「よなご」という町に着いて一宿する。米子より出船した一行は、出雲白潟《しらかた》に、ついで同国平田の町に着く（「中書家久公御上京日記」）。この記録には伯州の港としての橋津・泊の記事を欠いているが、旅の目的は西伯耆の大山参詣が主であれば、立ち寄らなかったことも考えられる。

軍事力と商業活動の結び付きは、中世海賊衆として知られ、奈佐日本之助は、永禄十二年尼子勝久を援助して因幡で活躍、尼子滅亡の後は毛利方の水軍となり、天正九年の鳥取役では鳥取城の支援のために支城の丸山砦《とりで》を守備した。このため、鳥取城の開城後羽柴秀吉から死を命じられた。この時期には奈佐日本之助らのように、日本海とこれに注ぐ大河川の沿岸の領主は各地に海関を設けて流通経済に統制を加えたり、海上活動に積極的に乗り出したものと思われる。

因伯大名の朝鮮出兵

豊臣秀吉は、国内統一とともに明《みん》国遠征を企て、朝鮮国王に入貢と明への先導を求めた。朝鮮がこれを拒否すると大兵を朝鮮に派遣した。二度にわたる出兵について、日本では「文禄の役」「慶長の役」、朝鮮側では「壬辰倭乱」「丁酉再乱」とよんでいる。

秀吉は、天正十九（一五九一）年九月十六日に諸大名の朝鮮出兵の期日を定め、その準備を命じた。『太閤記』（一三）「朝鮮国御進発之人数帳」につぎのように記す。

因幡国から宮部兵部少輔一〇〇〇人、木下備中守八五〇人、垣屋新五郎四〇〇人、亀井武蔵守一〇〇〇人、伯耆国では東三郡を支配する南条元忠は、幼少のために叔父の南条左衛門督（小鴨左衛門督元清）が一五〇〇人を率いて出兵し、後方守備にあたった。

伯耆と出雲・隠岐の三国で高一一万石余に封ぜられた吉川広家は、五〇〇〇人の軍兵を率いて第七軍の毛利輝元とともに朝鮮に出陣した。文禄元（一五九二）年四月十二日には第一軍の小西行長・宗《そう》義智・松浦鎮信《しげのぶ》ら諸隊は釜山《プサン》に入り進出、ついで第二軍の加藤清正・鍋島直茂らの諸隊も相前後して漢城（現ソウル）に入り、第三軍黒田長政・大友吉統らの諸氏も漢城に着いたので、これより諸軍は各地に展開した。

因幡国鹿野城主亀井武蔵守茲矩は、本能寺の変にかけつけ、秀吉に味方したが、そのとき秀吉から所望する領地をたずねられたという。茲矩は、琉球《りゅうきゅう》国をもらいたいとこたえたので、秀吉から「亀井琉求守」と書いた金扇を与えられた。朝鮮に出兵した亀井茲矩は、兵船五隻を率いて五月下旬に泗川《サチョン》に上陸、泗川城から、昆陽《コンヤン》、河東《ハトン》の城へと転戦した。

当初の日本水軍は、慶尚道近海では成果をあげていたが、全羅左道水使李舜臣《イスンシン》が亀甲船《コブクソン》を率いて戦陣に加わると、日本側は亀甲船によって多数の軍船を失うようになった。亀甲船は亀型の軍船で、厚板でつくった甲板に薄鉄板を葺《ふ》き、日本水軍の火矢の攻撃にも燃えあがらないくふうがなされていた。六月一日、兹矩は唐浦に兵を上陸させていたが、李舜臣は亀甲船でこれに攻撃をしかけた。この戦いで、日本の水軍は船を焼かれ全員陸上に退避した。倭将の船で拾得したという兹矩の金扇が李舜臣側に届けられたのは、この海戦であった。

『李忠武全書』の「乱中日記」に唐浦《トンポ》の海戦の状況はくわしく記されているが、このときの倭船の数は、大きいもの九隻、中小船が一二隻で、合計二一隻の編成、このなかのいちばん大きい船を亀甲船で集中攻撃したという。亀井方は、この唐浦の海戦で艦船をすべて失うことになり、以後陸戦に転じ、東古都城、機張城でたたかった。十一月二十一日には、亀井兹矩は大虎《とら》を撃ち殺して秀吉に贈ったので、秀吉から感状として朱印状をうけている。一方、『陰徳太平記』によれば、吉川広家の兵が生捕りにした大虎を秀吉に献上したことがみえる。

慶長二(一五九七)年九月、明国との講和が破れると、秀吉は朝鮮の再征を命じた(慶長の役)。今度は初戦から日本軍は苦戦をしいられ、慶長三年の末から年始初めの二週間にわたる蔚山《ウルサン》攻防戦は、慶長の出兵では最大の激戦となった。吉川広家も救援軍として参加している(『陰徳太平記』)。吉川家中にあった伯耆の諸家もこの戦いに加わったのであろう(内藤正中『山陰の日朝関係史』)。

宮部の銀山経営と「伯州銀山」●

石見《いわみ》大森銀山で最初に試みられたといわれる灰吹法は、天文二(一五三三)年、博多《はかた》の商人神谷寿禎《かみやじゅてい》が招来した慶寿と宗丹という唐人（朝鮮人ともいう）のもたらした舶来の冶金《やきん》術であり、銀精錬に成功してから急速に生産力が増加し、各地に普及していった。

鳥取城主宮部《みやべ》氏は、巨濃《この》郡蒲生《がもう》郷銀山村（岩美郡岩美町）の後ろの三日月山に、文禄二（一五九三）年、はじめて間歩《まぶ》（坑道）を開いて多量の銀を産出したという。『因幡志』によれば、銀山から蒲生村に至る二里（約七・八四キロ）の谷々に道を開き、各種商工の人びとが軒を並べ、七〇〇〜八〇〇軒におよんだと伝えている。慶長三（一五九八）年八月、宮部法印（継潤）の名で因幡国銀山から九二八二枚三六匁《もんめ》三分の銀がおさめられたが、これは但馬銀山（生野《いくの》）につぐ量であった（『大日本租税史』）。しかし、この銀山の経営はわずか六、七年で終わった（『因幡志』）。宮部継潤の後継者で鳥取城主宮部兵部少輔（長煕《ながひろ》）は、朝鮮人を強制連行して帰国、使役していたが、彼らのうちで、鳥取城下に定住して商人となった者もあった。『因幡民談記』に、因幡国巨濃郡蒲生の近辺で銀山が採掘されていたとき、許可を得た「高麗人」のなかに銀山に米を運んで有徳《うとく》人となった者もあったと伝えている。

伯耆では文禄四年三月、鹿野城主亀井茲矩が日野郡で銀山を開いて経営にあたったが、秀吉は、西伯耆の日野山で銀を発見したことを賞し、その運上を求めている（文禄四年卯《う》月三日秀吉朱印状「亀井文書」）。『伯耆志』の日野郡「銀山村」に、「因幡鹿ノ城主亀井氏銀山を開かれ」と記しているのは、日野山を銀山村域と推定しているのであろう。この銀山村はいまの日野郡日南《にちなん》町銀山である。

文禄五年の安国寺恵瓊《えけい》書状によれば（「吉川家文書」）、伯州銀山の経営権を認めるという秀吉の朱印状が、吉川広家に与えられるよう恵瓊が周旋、秀吉側近の増田《ました》長盛も、伯州銀山の朱印状がくだされるように斡旋している。このようにして、伯州日野銀山は、この地を領内にもつ広家に経営権が与えられたのであり、秀吉は銀ができしだいに運上せよと命じている（同前）。

5章

幕藩制下の因伯

鳥取城跡の石垣と内堀

1　鳥取藩の成立

因伯の大名配置●

慶長五（一六〇〇）年関ヶ原の戦後処理で、因幡《いなば》国鳥取城主五万石の宮部長煕《みやべながひろ》、若桜《わかさ》城主二万石の木下重賢《しげかた》、浦富《うらどめ》城主一万石の垣屋恒総《かきやつねふさ》が、伯耆《ほうき》国では羽衣石《うえし》城主四万石の南条忠成《なんじょうただなり》、汗入《あせり》・会見《あいみ》・日野《ひの》三郡をもっていた出雲《いずも》国（島根県）富田《とだ》城主吉川広家《きっかわひろいえ》が、それぞれ領地を没収された。

かわったのは、因伯で唯一東軍に参加して鳥取城を攻略した鹿野《しかの》城主亀井茲矩《これのり》で、気多《けた》郡に加えて高草《たかくさ》郡二万四五〇〇石を加増されて三万八〇〇〇石となった。そのほか、鳥取城には邑美《おうみ》・法美《ほうみ》・巨濃《この》・八上《やかみ》四郡六万石で池田長吉《ながよし》が、若桜城には智頭《ちず》・八東《はっとう》両郡三万石の山崎家盛《いえもり》が入部する。伯耆一国六郡一七万五〇〇〇石には中村忠一《ただかず》が封ぜられ、米子《よなご》城に入った。しかし中村氏は御家騒動で断絶、慶長十五年伯耆国は三つにわけられ、米子に会見・汗入両郡六万石の加藤貞泰《さだやす》、八橋《やばせ》に八橋郡二万一三〇〇石の市橋長勝《ながかつ》、黒坂に日野郡五万石の関一政《かずまさ》が封ぜられた。

亀井茲矩の鹿野城は、毛利《もうり》氏の因幡進出の拠点であり、茲矩は羽柴秀吉《はしばひでよし》の鳥取城攻略の後、城主に任ぜられて気多郡日光池の干拓、湖山《こやま》池周辺の開発、大井手用水の開削、朱印船貿易などの治績をあげた。

池田長吉が入った鳥取城は激しい攻防戦で荒廃しており、城内と城下の再建に総力をあげた。かつては三重八棟《はっとう》造の天守閣を堅固な二重に改め、二の丸の居城も新築した。普請を督励するため釣鐘を山上にすえて玄能《げんのう》でついたことから、いまも鳥取本願寺に残る平安期の鐘も割れ目が入ってしまったといわれている。焼討ちされた城下の惣構《そうがまえ》には、堤を築き堀をめぐらして袋川《ふくろ》の水を通し、堤には柳を植えて柳堤と称した。

山崎家盛の若桜は、木下氏の時代に基礎がつくられ、山崎氏のときに城下町として整備されたという。関一政の黒坂は、地形をみて築城したもので、当初は生山《しょうやま》にいて鏡山《かがみやま》城完成とともに黒坂に移って城下町をつくった。市橋長勝の八橋城は、毛利氏の伯耆支配の拠点として重要視され、因幡進出の補給基地として町が整備されていたものと考えられている。

米子城は、出雲国広瀬にいた吉川広家が、中海《なかうみ》をのぞむ湊山《みなとやま》に本丸をおき、自然の丘陵を利用して山下に二の丸・三の丸を設けたものであるが、朝鮮出兵で完成が遅れ、慶長六年中村忠一が入国したあとに完成させた。城下町の町割などがととのえられたのは、中村氏の時代であったとされている。

因伯三二万石の鳥取藩●

豊臣氏滅亡の二年後の元和三（一六一七）年、播磨国《はりま》

鳥取城天守閣（岡島正義『鳥府志』文政12年）

（兵庫県）姫路城主であった池田光政《みつまさ》が、因伯両国三二万石を支配する鳥取城主に転封され、翌四年に入部する。鳥取の池田長幸《ながゆき》は備中《びっちゅう》国（岡山県）高松に、鹿野の亀井茲矩は石見《いわみ》国（島根県）津和野《つわの》に、若桜の山崎家治《いえはる》は備中国成羽《なりわ》に、米子の加藤貞安は伊予《いよ》国（愛媛県）大洲《おおず》に、八橋の市橋長勝は越後《えちご》国（新潟県）三條にそれぞれ移され、黒坂の関一政は所領没収となった。池田光政は父利隆《としたか》の後をうけて九歳で家を継いだが、「播磨は中国の要地なれば領主幼少にては叶《かな》ふべからず、依って因幡・伯耆両国に転ぜられしとなり」という事情からの移封であった（『池田家履歴略記』）。ただし伯耆の一八カ村は大山寺《だいせんじ》領である。

藩主はわずか一〇歳である。このため藩政は重臣の合議で運営されることになり、米子には三万二〇〇〇石の池田出羽守《でわのかみ》、倉吉《くらよし》は三万三〇〇〇石の伊木長門《いぎながと》守、鹿野は一万四〇〇〇石の日置豊前《ひおきぶぜん》守をそれぞれ配置し、藩政の要務は日置と一万石の土倉市正《とくらいちまさ》の二人が担当することとした。

ところが寛永九（一六三二）年、因幡鳥取の池田光政と備前岡山の池田光仲《みつなか》の国替えが突如として発表される。光仲は三歳で襲封したが、幕府は「備前は手先の国なれば、幼少にては叶ふべからず、国替命ぜらるべし」、として実行されたものである（『池田家履歴略記』）。藩主光政は江戸から船で岡山に行き、家臣団は鳥取から岡山へ移った。岡山から鳥取へは家臣団三七三七人とその家族が移転したほか、菩提寺《ぼだいじ》などの寺院、問屋などの町人の一部も藩主とともに移動した。

幼少の藩主光仲は江戸の藩邸にあり、藩政は家老の荒尾但馬《あらおたじま》守・荒尾志摩《しま》守・乾 兵部大輔《いぬいひょうぶだゆう》らによって行われた。家中と在方《ざいかた》に対する施政は、原則として「前々の如くたるべし」と、利隆そして光政の施政を受け継ぐことを明らかにするとともに「何にても御為然るべき儀承り候は申聞かるべき事」「百姓迷惑仕らざる様に心配り専一の事」などと、入国にあたって注意をはらっている（「在方御法度《ごはっと》」）。そして移封の翌年の寛永十年に両国の検地を実施するが、本格的なものではなく、『因府年表』が記すように、「御両国在々へ地面御図下る」と、差し出しによる地詰でつくられた絵図が各村に交付された。表高は三二万石であったが、地詰の結果は三四万八八一〇石であり（「在方御定」）、鳥取藩ではこれを「今高《いまだか》」とよぶ。

この時期はまだ徳川幕藩体制が確立していたわけではない。家光《いえみつ》が三代将軍になって一カ年、参勤交代制も鎖国令も寛永十二年からであり、島原《しまばら》・天草《あまくさ》のキリシタンの反乱は同十四年である。そうした時期であったから、鳥取藩としても領内重要拠点の守備をかためておく必要があり、幕府から米子城預かりを命ぜられた荒尾但馬守をそのまま米子に常駐させ、倉吉には荒尾志摩守を配置して支配をまかせた。両町におけるいわゆる「自分手政治《じぶんてせいじ》」で、その詳細については後述する（一六〇頁参照）。

藩政と家臣団●

藩政は家老（着座《ちゃくざ》一〇家のうち三、四人が就任）が奉行《ぶぎょう》を指揮して月番で担当、藩主には直接の補佐役である用人と目付《めつけ》役が側近としてついた。役所は二ノ丸の御櫓で、用人・目付役・勘定《かんじょうがしら》頭・裏判吟味《うらはんぎんみやく》役などがつめ、郡代《ぐんだい》・町奉行・普請《ふしん》奉行・寺社奉行らに指示を与えた。家老は一座にはかって決裁をし、藩主の上裁が必要なものについては上申をする。用人は御用部屋に藩主の内用をつとめる諸役人とともにひかえ、目付役は御目付詰所で諸役人の監察や訴訟、刑罰をつかさどった。城外には在御用場・町御用場・勘定所・裏判所・御作事場《おさくじば》などがおかれていた。このほか藩札発行の銀札場《ぎんさつば》、国産役所、産物会所なども設けられ、海岸の主要な港に設置した藩の米倉にはそれぞれ御蔵奉行を任命した。

こうした藩政の役職は、身分・格式で就職が決まっており、用人・目付役・郡代などには物頭《ものがしら》から、勘定頭・町奉行などは諸奉行からと決められていた。鳥取藩の家臣団は、寛永九（一六三二）年は二八一

鳥取藩家臣団の推移

年代	士	徒・苗字付	無苗	その他	計
寛永9	674	380	1,765	―	2,819
元禄7	789	599	1,400	* 200	2,988
慶応2	1,316	1,206	1,900	** 1,000	5,422

*　京・大坂・江戸・米子・倉吉詰の人数概算。
**　東館・西館の家臣，家老などの陪臣の概算。
山中寿夫『鳥取県の歴史』による。

九人で、うち士は六七四人、徒《かち》・苗字付《みょうじつき》が三八〇人、無苗《むびょう》が一七六五人であった。それが慶応二（一八六六）年になると総員五四二二人にふくれあがり、士一三一六人、徒・苗字付一二〇六人、無苗一九〇〇人、その他として京、大坂、江戸や米子、倉吉詰に支藩の陪臣《ばいしん》が約一〇〇〇人いた（鳥取県編『鳥取市史』）。

士分は着座・大寄合《おおよりあい》・番頭《ばんがしら》（組頭）・物頭・羽織幌・諸奉行・馬《うま》廻《まわり》の七つの格式にわかれ、士分以下は徒・弓徒・苗字付・無苗にわかれていた。無苗とは苗字を名乗れない家臣で、足軽《あしがる》・水主《かこ》・中間《ちゅうげん》三役である。もともと家臣団は軍団組織であり、士分が騎馬で、徒・足軽は歩兵であった。そして有事にさいしては、軍役定にしたがって手勢を率いて参陣することが義務づけられていた。しかし平和な時代になってしまうと、軍団組織を前提にした家臣団の身分秩序も修正を余儀なくされ、民政や殖産に能力を発揮した人材の登用が必要となる。中期以降で実施される藩政改革がそれである。

大山寺領の成立●

鳥取藩が因伯両国を支配したとはいうものの、大山寺領三〇〇〇石は鳥取藩の支配外であった。大山寺領がいつ成立したかは不詳であるが、慶長十五（一六一〇）年四月二十八日付で将軍秀忠《ひでただ》が与えた安堵《あんど》状で、

「伯耆国大山寺領三千石之事、並山林境内諸役等、近代有り来りの如く相違あるべからざる者也」と、西《さい》楽院《らくいん》にあてでだされている。西楽院は大山の本坊で政庁的存在であったといわれている（『鳥取県史』3）。

大山寺領は汗入郡で五カ村、会見郡で七カ村、日野郡で六カ村の計一八カ村である。寺領三〇〇〇石のほか、新田の開発によってその実収は四〇〇〇石を超えていたといわれ、加えて松・杉・栗・雑木などの山林が一二町歩もあって木材収入も大きく、祠堂《しどう》銭とよばれる収入もあった（『江戸時代の因伯』上）。

寺領の行政権は政庁である西楽院がもち、責任者は学頭《がくとう》で、豪円僧正《ごうえんそうじょう》の名が知られている。ただ歴代学頭はいずれも大山には常住しておらず、それぞれ本寺をもって当山兼帯であったから、大山には留守居代官をおいた。そしてこれを補佐していたのが学頭代で、大山の三院といわれた中門《ちゅうもん》院・南光《なんこう》院・西明《さいみょう》院から一人ずつでていたので、三学頭代とよばれた。

寺領内は山手組（日野郡）、中組（会見郡）、汗入組（汗入郡）にわけられ、各組に大庄屋、各村に庄屋をおいた。また各村には大山侍《ざむらい》とも御家人《ごけにん》ともよばれた侍がおり、村役人に任命されるなどして領内の農民支配にあたった。

このように大山寺領は藩領とは別個のものであったから、藩領で犯罪をおかした者が寺領に逃げ込んだり、寺領の農民が藩領で狼藉《ろうぜき》を働きそのまま寺領にひそむという例も少なくなかった。宝永元（一七〇四）年に請免《うけめん》法に反対陳情を繰り返した会見郡大庄屋与一兵衛は、藩から国外追放処分をうけるが、国外に行かず大山寺の戒光《かいこう》院に潜伏していた。藩はその引渡しを要求したが、政庁は「相渡し候ては山の外聞《がいぶん》如何候」と拒否し、召捕りにきた藩の米村所平《よねむらしょへい》らは「大山に対し不調法《ぶちょうほう》の作廻《さくまい》」があったとして閉門処分をうけている。

このことからみても、大山寺は鳥取藩よりも優位にあったと思われる。池田光仲入国にさいしても、藩は大山の僧侶を城中に招いて祈禱《きとう》を行わせ、米五〇俵を与えてねぎらったといわれ、以来毎年正月・五月・九月に大山寺に祈禱を命じた。とりわけて鳥取に東照宮《とうしょうぐう》をまつってからは、藩主の大山寺尊崇《そんすう》はいっそう厚いものになる。

2 町方と在方

城下町の建設●

元和三（一六一七）年池田光政が鳥取に入部したとき、鳥取の城下はすでに池田長吉によって復興整備が着手されていたが、六万石規模の城下町は三二万石で封じられた新藩主にとってはせますぎた。このため因伯のほかの場所に適地を求めて検討はしてみたが、結局は鳥取を城地に決定する。城下の拡張は翌四年からはじめ、新川を掘って国府《こう》川の水を通して新袋川とし、五つの橋をかけ街道を通じた。そしてこれまで惣門《そうもん》内にあった寺院や商家を移して、すべて侍屋敷とし、柳堤の外、新川内を町屋として端々に侍屋敷をおいた。

池田光仲が入部した直後の寛永十一（一六三四）年の町数は四〇で、智頭《ちず》街道を境に南北に二分され、南側上構《かみがまえ》の二〇町は、元大工町、上魚町、片原一・二丁目、本町一・二丁目、若桜町、鍛冶町、桶屋《おけや》町、職人町、二階町一・二丁目、元魚町一丁目、新町、川端一・二丁目、河崎町、川外大工町、瓦《かわら》町、品治《ほんじ》町で、家数は五六七軒、うち外大工町以下の三町は袋川西岸にあった。北側下構の二〇町は、片原三丁目、豆腐《とうふ》町、下魚町、下片原町、本町三・四丁目、材木町、丹後《たんご》町片原、元鋳物師《もといもじ》町、新鋳物師町、大森町、玄忠寺横《げんちゅうじよこ》町などで、家数は五〇七軒であった。うち丹後町片原以下五町は袋川西岸となっていた。その後、元禄年間（一六八八〜一七〇四）までに、東南部に立川一・二・三丁目、上町が、袋川西岸に薬師《やくし》町、川下町、今町一・二丁目が新しくつくられ、さらに享保八（一七二三）年には伯耆街道筋に新品治町ができて、合計四九町になった（『江戸時代人づくり風土記　鳥取』）。家数は寛永十一年が一〇七四軒であったのが、安永七（一七七八）年には三四一九

延宝８年の鳥取城下町（山中寿夫『鳥取県の歴史』による）

軒に増加する。また町方人口は寛延二（一七四九）年で一万三一二五人であった（『鳥取藩史』民政志）。

米子の町も吉川広家の時代に湊山の築城とともに城下町として建設された。そして城主の交替はあったが、池田光仲の家老荒尾但馬守の城預りの時期までに城下町はほぼ完成をみた。湊山城は西と南は海で、前面の東と北側に城下町が位置づけられ、東西に通ずる山陰街道沿いと、これに直交する町割を主体にしている。内堀と外堀のあいだが家臣団の居住区で、町人の居住区（町区）は外堀の外側におかれた。

米子の城下町形成の過程は、伯耆国内各地にあった城が整理されたので、城下にいた町人が米子に移住して集住した。尾高《おだか》町は尾高城下、東倉吉町・西倉吉町は倉吉城下、四日市《よっかいち》町は戸上山《とがみやま》城下、岩倉町は岩倉城下、法勝寺《ほうしょうじ》町は法勝寺城下、日野町は黒坂城下からの移住者によってつくられたという。町区の米子十八町と称されたのは、街道に沿って博労《ばくろう》町・糀《こうじ》町・道《ど》笑《しょう》町・日野町・茶町・塩町・大工町と続き、道笑町

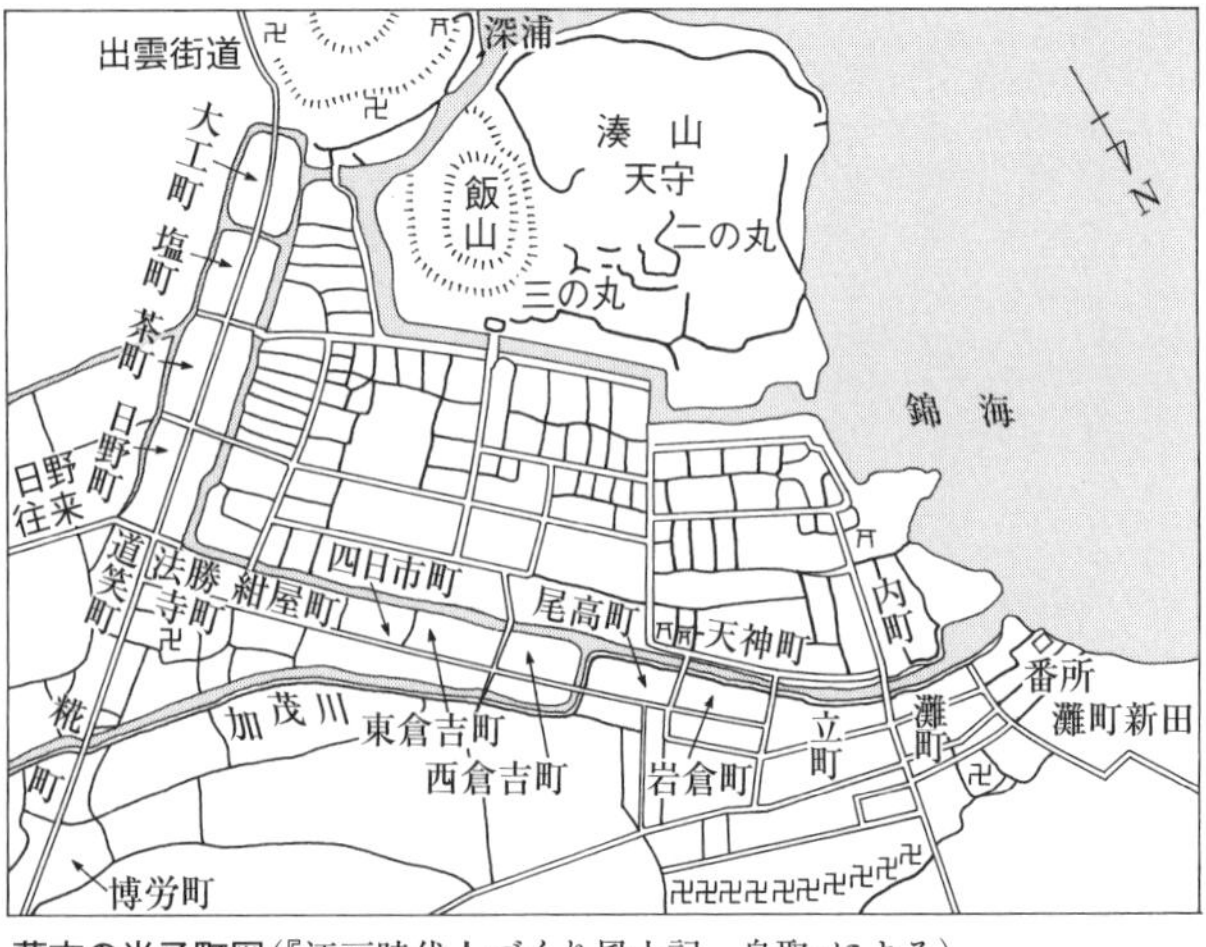

幕末の米子町図（『江戸時代人づくり風土記　鳥取』による）

から西へ丁字型にわかれて、法勝寺町・紺屋《こんや》町・四日市町・東倉吉町・西倉吉町・尾高町・岩倉町・天神町・立《たて》町・灘《なだ》町が並び、立町の北側には寺町がおかれた。

寛延二年では侍屋敷八五軒（うち一九軒空屋《あき》）、町屋敷一二三八軒、人口五六七七人であったが、安政六（一八五九）年には家数二三三三軒、人口八二三一人に増加し、商人の町として発展する姿をみせていくことになる。

倉吉の打吹《うつぶき》城は、山名《やまな》氏が十四世紀に築城したといわれるが、城下町の形成は天正年間（一五七三～九二）の南条氏の時代とされる。元和元（一六一五）年の一国一城令で廃城となり、石塁は崩され大半の堀は埋められた。同三年池田光政のとき、家老の伊木長門守を倉吉に配置し、陣屋を中心に町づくりを進めた。「長門土手」という字名《あざ》が伝えられているが、長門守は堤防を築いて治水につとめて町域を拡張した。続く池田光仲の家老の荒尾志摩守によって「自分手政治」がはじまる。

町場の構成は、打吹山北麓の陣屋を中心に、その北側前面に仲ノ町・葵《あおい》町・瀬崎《せざき》町・東町・荒神《こうじん》町・湊《みなと》町の侍屋敷が広がる。町人町はその北側、小鴨《おがも》川寄りに東西二筋の町として形成された。魚町・東仲町・西仲町・西町の商人町と、研屋《とぎや》町・下新町・中新町・上新町の職人町である。それに続いて東岩倉町・西岩倉町・越中《えっちゅう》町・広瀬町が、瀬崎町の西には鍛冶《かじ》町・小屋町・河原町がある。なかでも鍛冶町は稲扱千歯《いねこきせんば》を生産して全国に倉吉の名を知らせていった。

寛延二年、侍屋敷は七九軒（うち四軒空屋）、町屋敷九〇三、人口二九二八人であったが、文化七（一八一〇）年には人口三六九九人、弘化三（一八四六）年には四四二四人となる（『江戸時代人づくり風土記　鳥取』）。

自分手政治●

鳥取藩では、最高格式の着座家のうち、数家に対して町政を委任し、「自分手政治」と称した。すなわち前述した荒尾但馬守の米子、荒尾志摩守の倉吉がそうであり、和田氏の松崎、津田氏の八橋《やばせ》、鵜殿《うどの》氏の浦留《うらどめ》も含まれていた。さらに福田氏の黒坂、乾《いぬい》氏の船岡も準ずる取り扱いであった。

米子と倉吉をそれぞれ家老の荒尾氏にまかせるにあたって、藩は組士《くみし》（藩士）五〇人前後を常駐させていたが、町奉行は組士からではなく荒尾氏の家臣から任命していた。しかも組士も実質的な指揮を荒尾氏からうけることを通じて、荒尾氏の家臣のようなかたちになってゆき、藩主と藩士の関係がしだいに薄いものにかわっていった。こうして町方と寺社については自分手で行うということになった。寛延二（一七四九）年に幕府巡見使に対して「米子諸士の仕置は私より申し付け候、其内重き儀は勝五郎（藩主）へ申し聞け候上にて取計らひ申す事に御座候」と回答しているのは、自分手政治の姿を表明しているといえる。

米子荒尾氏の家臣団は約二〇〇人で、うち七〇〜八〇人が米子につめており、このほかに足軽五〇人がいた。役職としては、老役二人、大目付、代官、町奉行二人、小蔵《こくら》目付、小蔵奉行二人、徒士《かち》目付二人などがあり、このほか鳥取に老役二人、裏判御用達《ごようたし》二人、目付三人などがいて、自分手政治の事務をとっていた（『米子市史』）。とりわけ自分手政治では、委任された町政に伴う町方からの収入をもっていたことは重要で、安永五（一七七六）年の史料では、従来は運上銀《うんじょうぎん》として藩が徴収していたものを、荒尾氏の手で徴収するよう変更したことを記している。倉吉の場合も米子と同様であったものと考えられるが、松崎・八橋・浦留は、組士はおかないで足軽二〇人だけを常駐させていた。

もともと自分手政治というのは、藩内の要地を家老に分担させて、有事に備えて組士や足軽を常駐させたことにはじまる。しかし時代の推移のなかで軍事的意味はほとんどなくなり、自分手で町方支配をまかされていたことから、運上銀その他の独自収入を徴収する特権にかわってゆき、着座家としての権威と実力を保持する背景になったといわれている（『鳥取県史』3）。ただし米子などの自分手政治で徴収していた独自収入の種類や金額などの実態については、県史その他でも明らかにされていない。当然ながら藩の財政収入との対立もあったはずで、これらの諸問題を解明してゆく必要がある。

在町の発展●

自分手政治が行われていた米子・倉吉・松崎・八橋は、鳥取藩では町方とされていた。そして浦留は町方に準ずるものとされており、船岡と黒坂については、家老支配地であったが自分手政治はみられず、町方ではなく在方《ざいかた》とされていた。

在方、すなわち郡村のなかで町場をつくったのが「在町」である。町方である都市を農村から明確に分離し、農村では農業にだけ従事させるというのが封建社会の原則であった。しかし鳥取藩でも享保四（一七一九）年「在方御法度《ごはっと》」にみられるように、「其村相応の商仕り候儀勝手次第」というようになる。農村における商品経済発展の流れを無視できなくなったわけである。しかし原則はまもらなければならず、寛政八（一七九六）年の「在方御法度」では、「在中往還宿場の外、店作り御制禁之処、近来猥《みだ》りに相成候様相聞候、急ぎ相改め申すべく候」とし、天保十四（一八四三）年には三四カ村にかぎって「格別之場所柄」ということで、そこでの商売を許容することになる。

岩井郡―湯村、八上《やかみ》郡―船岡、八東郡―若桜宿、気多郡―鹿野・母木新《ほうぎしん》町・湯村（浜村）・青谷《あおや》、高草郡―湯村・加露《かろ》、智頭郡―用瀬《もちがせ》宿・智頭宿・駒帰《こまがえり》、河村郡―泊《とまり》・湊（橋津）・長瀬・湯村（松崎）、久米《くめ》郡

—湯関《ゆぜき》、八橋郡—由良《ゆら》・大塚・赤崎《あかさき》、汗入郡—下市・御来《みくり》屋《や》・淀江《よどえ》、会見郡—境・尾高・法勝寺、日野郡—溝口《みぞぐち》宿・二《に》部《ぶ》宿・根雨《ねう》宿・板井原宿・黒坂・江尾《えび》・多里《たり》宿・大宮

これら三四カ村は、いずれも街道に沿った宿場町としての性格をもっており、当然、それぞれの地域における商品流通の結節点にもなっていたといってよい。加えて藩によって陣屋《じんや》町として、また制札場《せいさつば》として、あるいは年貢米集荷の灘倉《なだぐら》としての機能が与えられたことから、その町場的性格はいっそう顕著なものになっていった。そのいくつかの例についてみてゆきたい。

岩井郡湯村は温泉のある町で、御茶屋・制札場・牢獄がおかれ宿駅でもあった。湯治場として藩主の入湯もあり、宝暦七（一七五七）年の記録には宿屋一二軒とある。八上郡船岡町は家老であった乾氏の陣屋町で「谷奥より出る所の竹木等この村にて筏《いかだ》となし、或は炭薪挽板の船に積て鳥取へまわして交易す……当所昔より一年両度の市を立つ、船岡市とて遠里近郷の人来りて諸物を売買す」と『因幡志』にはみえる。八東郡若桜宿は、城下町の伝統をもつ宿場町で「殊に産物多く諸職人ありて諸品を仕出して国中に交易す」とされ、智頭郡用瀬宿について

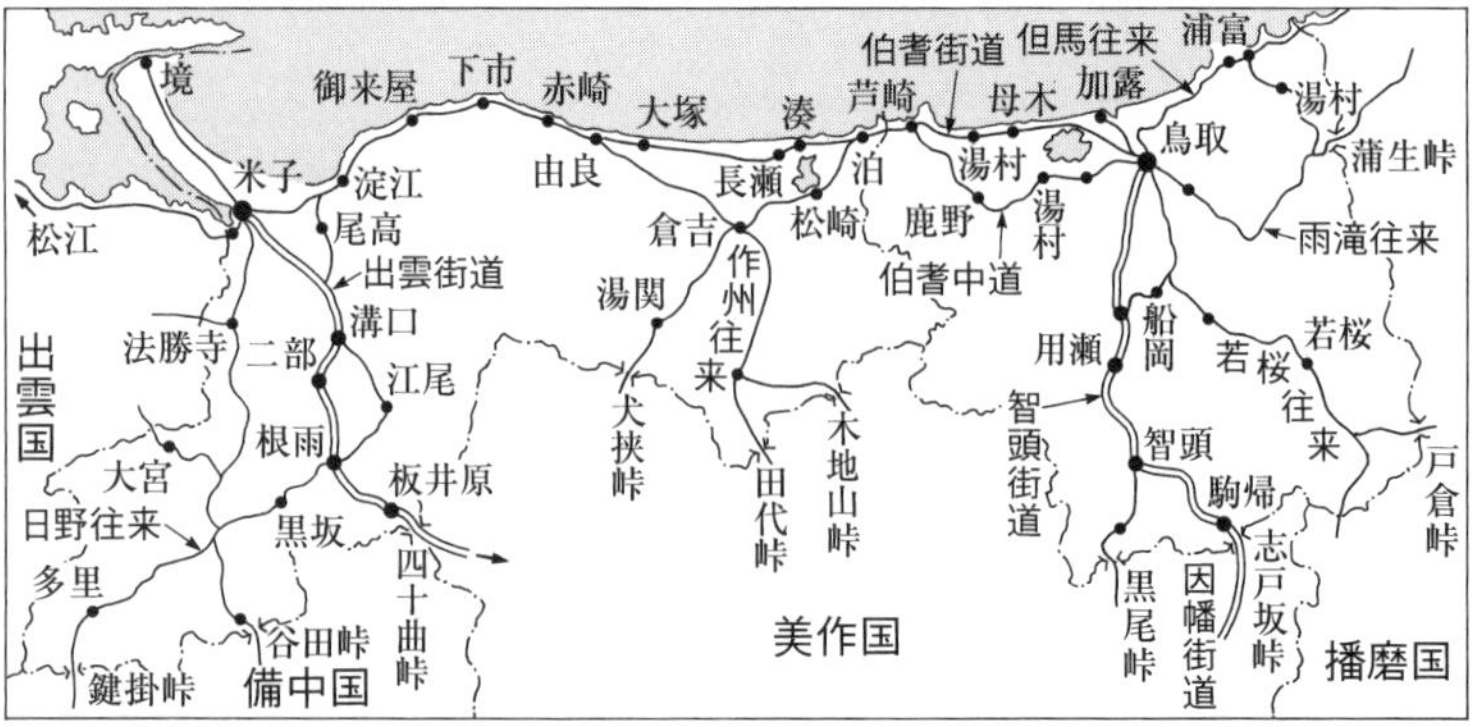

鳥取藩領内の主要街道と宿駅（正徳・享保期）

は「月六度用瀬市とて郡中の人集りて交易す、繁昌の地也」とあり、智頭宿とともに若桜・用瀬両宿は、在方郡《ぐん》奉行の支配ではなく、常置の目付が行政と司法の権限をもっていた。

河村郡の湊は橋津《はしづ》村であり、制札場・宿駅・藩倉の所在地で、藩倉には河村郡と久米郡の年貢米二万石をおさめていた。八橋郡由良村にも藩倉が設けられ、宿駅や港をもつことによってこの地域一帯の中心になった。同郡赤崎村には制札場・船手番所・藩倉・牢獄が設けられ、地域の綿・葉藍《はあい》・紅花《べにばな》などの集散地として発展し、文久元（一八六一）年には一五軒の宿屋があった。汗入郡淀江村にも宿駅・制札場・藩倉がおかれ、幕末には産物売捌座《うりさばきざ》が設けられ、船手番所も米子深浦《ふかうら》から当地に移された。「淀江村之儀は、伯州分にても売人多く御座候処、一大廻り荷物にて太物《ふともの》始め品々取寄せ候もこれあるやに相聞ゆ」といわれていた（「在方諸事控」）。

会見郡境村は、池田光仲入部のさいの領内制札場には、その名をみることができなかったが、正徳五（一七一五）年に制札場に加えられた。江戸時代中期以降に米《よね》川が開削され、弓浜《ゆみがはま》半島の綿作が発展するとともに港が注目されるに至り、天保六（一八三五）年には鉄山融通《てつざんゆうづう》会所が設けられて、伯耆を代表する港になってゆく。安政六（一八五九）年では諸国問屋三〇軒をもち、米子の七軒をはるかに超えており、廻船数も米子の二五に対して境は四〇をもつ（「御国日記」）。同郡法勝寺村は、米子や出雲から日野郡を通って上方に至る脇往還《わきおうかん》筋の宿駅・制札場・御茶屋がおかれ、幕末には郡役所や番所も設置された。また日野郡からの鉄の出荷ルートでもあり、関係する問屋があった。

日野郡溝口村は出雲街道に沿った宿駅で、渡船場・制札場・御茶屋がおかれていたが、幕末には会見郡天万《てんま》村に新駅が開設され、参勤交代路が変更になって打撃をうけた。そのため不用になった御茶屋は郷校に転用される。同郡根雨村は宿場町で、渡船場・御茶屋のほか番所が設けられ、年二回の市もたった。黒坂村は旧城下町で、宿駅・渡船場・制札場・牢獄もおかれていた。

在方支配と農民生活●

『鳥取藩史』民政志によれば、池田光仲が入部した寛永九（一六三二）年の村数は、因幡国で岩井郡四五、法美郡五五、八東郡八二、八上郡五五、智頭郡九三、邑美郡三一、高草郡七四、気多郡八〇、伯耆国では河村郡一〇一、久米郡一一〇、八橋郡一〇三、汗入郡六九、会見郡一四八、日野郡一七三、合計一二一九カ村であった。

幕藩支配体制は、藩主が農民の耕作権を保障するかわりに、米納年貢を徴収して藩の財源にしたのが財政基盤になっていた。このため「農は国の宝」といわれ、農業に従事する農民は士農工商の身分では侍につぐものとされていたが、年貢米確保を考える藩としては、きびしい統制下に農民をおき、農民からの収奪を強化していた。年貢米というかたちで貢租を徴収するには、土地に耕作者である農民が結びつけられていなければならない。農民が耕作をやめて逃亡することは、耕地の荒廃であり、貢租米の減少を招くことになる。このため五人組の連帯責任として「走百姓《はしり》」の防止につとめた。他国への奉公人として出村することも禁止し、藩内へ奉公にでる場合は、残る田畑の耕作者がいるときだけ認められた。「ざるふり」、すなわち天秤棒《てんびんぼう》の両端にザルをつるして行商する者が増加すると、その村が衰微するといって抑制もした。藩が繰り返し公布した「在方御法度」のおもな内容は、農民を農村にとどめて耕作させ、年貢米を確保するためのものであった。

農民生活もこまかく規制されていた。衣食住の法度は幕府のものを触書《ふれがき》で伝達する場合が多かったが、

❖コラム

在方役人と在役人

鳥取藩の在方支配は、「在方御法度」や「在方御定」にしたがって行われたが、藩庁に在方行政を担当する役所として在御用場を設け、郡代・郡奉行・代官・在吟味役・在普請奉行・山奉行の在方役人が配置されていた。在御用場の記録が「在方諸事控」で、正徳五（一七一五）年から明治四（一八七一）年までの期間についての、在役人の任免、諸物価の変動、農村の動向などをはじめ、藩内各地の在方役人からの報告、在御用場からの達《たっし》なども日記スタイルで記してある。

これに対して郡部農村にあるものが在役人で、郡奉行の支配下に大庄屋・宗旨《しゅうし》庄屋・村庄屋がいた。村には村庄屋のほか、年寄が一人から三人おかれ、五人組には組頭が、それぞれ村内から選ばれることになっていた。

大庄屋にはその地の名望家が選任されることが多く、郡内の民政全般を担当し、村々から藩に提出される願書はすべて大庄屋を通じて差し出された。大庄屋の下におかれた宗旨庄屋は、寛文十（一六七〇）年以来、宗門改《あらため》のために各部におかれるようになったものであるが、宗門改にかぎらず、大庄屋と並ぶ郡中の重役としての権限も与えられていたようである。

庄屋には、庄屋頭・筆頭庄屋・取立《とりたて》庄屋・中《なか》庄屋などがあったが、改廃があり固定はしていない。筆頭庄屋というのは一〇村程度の庄屋を代表するもので、中庄屋は大庄屋を補助する役であった。取立庄屋は延滞した年貢の取立てを任務としておかれた。

延宝九（一六八一）年の「在方御法度」には、「百姓共、朝夕之食物・妻子之衣類以下に付て、少しにても奢《おご》り間敷《まじき》者これ有るか、或は耕作之儀精に入れ、能《よ》く仕《つかまつ》るもの又は無沙汰《ぶさた》仕るもの見及ばゝ、御奉行之申届けらるべき事」とし、貞享三（一六八六）年の達では、「百姓町人之衣類、絹・紬《つむぎ》・木綿《もめん》・麻布《あさぬの》、此内を以て分限に応じ妻子共に着用すべき事」となっている。「分限に応じ」というのは、幕府法度が指示した庄屋は絹・紬・布木綿、脇百姓は布木綿だけを着用すべしといっていたのをうけている。

住居については、一町歩以上をもつ上層の農民は二間×五間（一間＝約一・八メートル）、七反〜一町歩の中層は一・五間×二間、下層は一間×二間と検地帳に記載がある。『百姓伝記』には「土民は身をぬらさず、諸道具のぬれ、くさらざることなくば、木柱もけづらず、縄ゆいにして、すのこもなく、五穀のからをしくべし」とあるように、それは掘立て小屋にも似た住居であったといえる。もっとも、時代を経過するにしたがって住居も整備されるが、それでも農家では床や長押《なげし》をもつことは禁じられ、屋根は茅《かや》か藁《わら》葺《ぶき》であった。また広さも村役人層では梁間《はりま》四間×桁行《けたゆき》八間、一般農民は三間×六間までとされていた。

また明暦三（一六五七）年の「在方御定」では、日用品についての数量や種類を制限してつぎのようにのべている。

売物塩・茶・のふぐ・おはたの道具・なべ・かま、此外は調へ申す間敷《まじく》候、然《しか》る上は諸商人荷物持ち候て、在々売り歩き候は、吟味仕りもどし申すべく候、並に右塩・茶・のふぐ以下の代米一斗迄は商人在郷より持参仕り通り候分は苦しからざる事。（『鳥取県史』3）

農民についてこの六品以外は所持する必要はなく、それ以外の品は商人に戻すこと、商人は販売した代米として一斗しか持ち出せないという規制である。

3　北の海の道

亀井茲矩の朱印船貿易●

鹿野《しかの》城主亀井茲矩《これのり》は、文禄元（一五九二）年、豊臣秀吉《とよとみひでよし》の命をうけ兵一〇〇〇人を率いて因伯の諸大名とともに朝鮮に出兵する。出兵にあたり、肥前名護屋《ひぜんなごや》で茲矩は、秀吉に「琉球《りゅうきゅう》征伐使」の朱印を求め、琉球国への出兵を申し出たという（川島元次郎『朱印船貿易史』）。天正十（一五八二）年本能寺の変にかけつけたとき、秀吉から所望の領地をきかれた茲矩は、琉球国が欲しいとこたえ、秀吉に「亀井琉求守」と記した金扇を与えられている（一四五・一四六頁参照）。いま秀吉が朝鮮そして明《みん》への侵略戦争をはじめるのに呼応して、茲矩は琉球国へ兵を進めて侵略する意向を明らかにしたのである。さすがの秀吉も、兵力を二分することを恐れて許さなかった。

朝鮮に出兵した茲矩は、五月二十九日に李舜臣《イスンシン》の亀甲船《コブクソン》と泗川《サチョン》船倉《ふなぐら》でたたかって敗れ、さらに六月二日の唐浦《トンポ》海戦でも敗北して陸上に逃れた。この海戦については李舜臣の『乱中日記』に詳細が記されているが、拾得した金扇について「秀吉署名、右辺に羽柴筑前守五字を記し、左辺に亀井琉求守殿六字」が記してあったとしている。

このように茲矩は、朝鮮出兵に水軍として参加した経験からか、琉球国侵略に未練を残したためか、「海外雄飛の夢」すてがたく、徳川幕府から慶長十二（一六〇七）年、十四年、十五年の三度にわたってシャム（現タイ国）へ渡航許可の朱印状を得て南蛮《なんばん》貿易を行った。貿易実務は長崎に派遣した家臣の塩五《しおご》郎太夫《ろうだゆう》に担当させ、黒船のような大船をつくる計画をたてたり、大船購入をしたことなどが鹿野町に現存する「塩文書」でわかる。千葉県の国立歴史民俗博物館にある「亀井家文書」そのほかを通じて貿易の実情を知ることができるが、『因幡民談記』が記す「亀井武蔵守《むさしのかみ》殿商売廻船異国渡海之事」のなかで、つぎのようにまとめている。輸出品は刀、脇指《わきざし》、金銀細工物、京染小袖《こそで》、奈良晒布《さらしぬの》、蒔絵《まきえ》諸道具、絵屏風《えびょうぶ》などを、輸入品には羅紗《らしゃ》、綾曇子《あやどんす》、天鵞絨《びろうど》織物、猩々《しょうじょう》皮、豹虎《ひょうとら》皮、鹿皮、南京《ナンキン》の焼物、北京《ペキン》の織物、玻璃《はり》、珊瑚樹《さんごじゅ》、瑪瑙《めのう》玉、象牙《ぞうげ》、犀角《さいつの》、麝香《じゃこう》、伽羅《きゃら》、沈香《ちんこう》、丁子《ちょうじ》、白檀《びゃくだん》、黒檀《こくたん》、唐木《とうぼく》がある。

しかし、慶長十四年に幕府は諸大名が大船を所有することを禁止し、貿易活動を制約する政策をとったため、同十六年ですべての朱印船貿易は廃止となった。

米子商人の竹島渡海●

幕府が朱印船貿易を廃止したのに続いて、中国船以外の来航地を長崎と平戸《ひらど》に限定するなど貿易統制を強化したのは元和二（一六一六）年であった。その直後に米子の廻船問屋大谷甚吉《おおやじんきち》と、浪人でしかない村川市兵衛《いちべえ》に対して、幕府は朝鮮国領である竹島への渡海免許を鳥取藩主を通じて与えた。すなわち、

従伯耆国米子、竹島江先年船相渡之由、然者《しかれば》、如其《そのごときは》、今度致渡海度之段《このたびとかいいたしたきのだん》、米子町人村川市兵衛、大谷甚吉申上付て、達上聞候之処、不可有異議之旨、被仰出候間、被得其意、渡海之儀、可被仰付候、

恐々謹言。

この文書は年号はなく、幕府老中の永井信濃守《しなののかみ》・井上主計頭《かずえのかみ》・土井大炊頭《おおいのかみ》・酒井雅楽頭《うたのかみ》の四人が署名しているが、交付年は寛永二（一六二五）年とされている。

しかし幕府として貿易規制を強化していたこの時期に、朝鮮国領である鬱陵島《ウルルンド》（竹島）への渡海許可状

をどうして米子町人に交付したのかが問われなければならないはずであるが、なぜかこれまでは問題にもされることがなかった。それだけではなく、竹島渡海については鳥取県が明治四十（一九〇七）年に刊行した『因伯記要』のなかで「米子は其の天恵の地勢に於て実に商業発達の運命を荷《にな》へり、地気の感化は自ら人を進取活動せしむ、大谷・村川両家の朝鮮鬱陵島占領事業の如《ごと》きは、蓋《けだ》し米子あって以来、最も快活にして趣意ある実歴史なり」とのべている評価が、基本的には現在に至るまで踏襲されているといってよい。

大谷甚吉の「竹島渡海由来記抜書控《ぬきがきひかえ》」では「越後国ヨリ帰帆之砌《みぎり》、与風竹島へ漂流」と記し、いつ竹島に漂着したかは明らかにしていない。幕府の渡海免許状では「先年」と記すだけであるが、『鳥取県史』4などでは元和三年の漂着とする。竹島は朝鮮王朝が十五世紀以来居住を禁止する空島《くうとう》政策をとっていたから人家はなく、しかし産物が豊富であったから、甚吉は渡海事業を企図することにして米子へ帰った。たまたま米子城明渡しのため幕府から阿部正之《あべまさゆき》が派遣されていたが、村川市兵衛が正之と旧知の間柄であったことから、甚吉は市兵衛に竹島渡海事業の計画を相談、市兵衛と連名で阿部正之に斡旋《あっせん》を依頼した。免許状に署名している井上主計頭は正之の親類であり、村川市兵衛―阿部正之―井上主計頭の人脈が特別の配慮で渡海免許状を交付させたものと思われる。

しかし竹島については、その直前に領土帰属をめぐる問題が生じていた。渡海免許状交付の十八年前になる慶長十二（一六〇七）年、対馬《つしま》藩主宗義智《そうよしとも》が朝鮮国の東萊府《トンネふ》史に竹島は日本の属島であると書を送ったのに対して、「いはゆる磯竹島《いそたけしま》は是我国の鬱陵島なり」と回答してきている（『通航一覧』巻之百三十七）。したがって幕府は、竹島が朝鮮国領であることは承知していたはずであるのに、あえて無人島であるからといって米子町人に渡海を許可したのである。人が住んでいない空家であるなら、だれでもが自由に勝手に使ってよいというものでないことは明らかである。竹島が日本領であると主張する対馬藩と一緒になって、幕府もまた竹島渡海の既成事実をつくろうとしたとしか考えられない。後述する元禄九（一六九六）年の渡海禁止令に至るまで、幕府は対馬藩を通じて竹島の領土権をめぐり、三年越しの交渉を朝鮮王朝とするのである。その背景には、竹島が対馬藩領であることを朝鮮王朝に認めさせようと画策したことがあったと指摘されており（田保橋潔「鬱陵島――その発見と領有」『青丘学叢』三号）、そこから鬱陵島を日本領竹島とする伏線として、米子町人に渡海免許を与えたものと考えることができよう。

竹島渡海禁止令●

竹島は「宝の島」であった（『鳥取県史』4）。鮑《あわび》をとって串鮑にするのがおもな漁で、海鱸《みち》（アシカ）を打って魚油にする海鱸油のほか、栴檀《せんだん》や大竹も採取した。村川・大谷両人は一年交代で出漁、「竹島の海産物を幕府に献上し、……いわば幕府に独占貿易を保障され富を得た」という（『鳥取県史』3）。竹島について倉吉の松岡布政《まつおかふせい》はつぎのように記している。その当時の巷間《こうかん》伝聞情報である。

この竹島といふは、日本を離るゝ事遠くして、朝鮮へは近し、渡航の者、三四月頃、先つ隠岐《おき》国へ渡り、強き南風を待て、舳綱《ともづな》を解き、押渡るなり、島は隠岐国より乾《いぬい》にあたりて、海路百里ばかり、朝鮮へは無下に程近し、彼国の釜山浦《ふざんほ》へは、其間十八里、夜に至り彼島に火を灯《と》もせば、其光慥《たしか》に見ゆるとかや、夏の間は彼島にあって海猟し、秋に至ってけはしき北風を待て帰帆す、渡島の者行齢を限り、三十を越ゆる者は海上の風波を凌《しの》くこと成り難しとなり。（『伯耆民談記』）

竹島渡海は、二月下旬に米子を出発して、風待ちをしながら四月中旬にやっと到着するという航海であり、三〇歳以下の若者でなければ従事できなかったほどに危険な航海であった。

ところが、元禄五（一六九二）年に竹島に行くと朝鮮人が出漁しており、漁ができなかったので、「朝鮮人拵置《こしらえおき》候串鮑《くしあわび》少、網頭巾《あみづきん》壱ツ《ひとつ》、味噌かうじ壱ツ」を持ち帰り、藩を通じて幕府に訴えでた。幕府はこれに対して朝鮮人はいずれ竹島からでてゆくから、当面しては「何の御構《おかまい》も無之」と回答してきた（『鳥取藩史』6）。しかし翌年に行ってみると、すでに朝鮮人四〇余人が家をつくって出漁しており、漁をしないで朝鮮人二人をとらえて帰り鳥取へ送った。朝鮮人は一カ月後に幕府の命で鳥取藩から長崎に送られ、釜山に送還されるが、このとき幕府は、朝鮮人の竹島渡海を禁止するようにと対馬藩から朝鮮王朝に申し入れさせている。

これに対して朝鮮王朝は、元禄七年九月に礼曹参判《れいそうさんぱん》が回答して幕府に抗議してくる。

弊邦江原道蔚珍県《カンウオンドウルチンケン》に属島有、是を蔚陵島と名つく、本県東海の中に在て、其風濤《ふうとう》険悪、舟路通し難きを以て、中年以来、其民を移し其地を空くし。

と空島政策をとっていること、「我輿《よ》地勝覧《ちしょうらん》の書に載す、歴代相伝へて其事跡昭然たり」ということを前提にして、「蔚陵島」は竹を産するので竹島ともいい、「是一島にして二名也」とする。そのうえで、

今来書中竹島を以て貴国の地方とし、我国をして其漁船を禁止せしめんと欲して、貴国人我境《わがきょう》を侵し、反《かえ》って我民を拘執《こうしゅう》するの失をいはす、誠信道に欠くことあらさらんや。

と抗議するのであった。以来三年にわたる外交折衝の結果、ここでも老中阿部豊後守が登場して、

今其《その》地理を計るに、因幡を去るもの百六十里許《ばかり》、朝鮮を距《へだ》る四十里許なり、これ曽《かつ》て彼が地界たる其疑なきに似たり、国家若し兵威を以てこれに臨まば、何を求むとしてか得べからざらむ、但無用小

島の故を以て、好みを隣国に失する、計の得たるに非ず。

として、元禄九年一月二十八日付で渡海禁止を申し渡して、いわゆる「竹島一件」が落着する。

ところで元禄九年六月、赤崎（東伯郡琴浦町）に「朝鬱両島監税将臣安同知騎」の旗をたてた一一人乗組みの朝鮮船が着岸する。鳥取藩はこれを青屋（鳥取市青谷町）に迎え、儒者との筆談で来意をただしたが仔細《しさい》がわからず、加露に回航させ城下の町会所に収容した。「朝鮮の使船」ということで馳走係までつけて対応したが、幕府から異客は上陸させず船内にとどめるようにいわれて、あわてて湖山池の青島に移したという。さらに七月になって、対馬藩以外では朝鮮国との外交は行わないのが御大法であり、鳥取では取り扱わないので、対馬に行くか帰国することを説得するよう指示してきたことから、朝鮮船は八月六日に加露を出帆して帰国する。

安同知は、三年前に竹島から連れてこられたアンピンシャであり、帰国後は安龍福《アンロンブック》といっている。鬱陵島への米子商人の越境侵犯に抗議するために来藩したことはたしかであるが、抗議文を鳥取藩に提出したかどうかは不詳である。しかし帰国後の取調べ結果を収録している『朝鮮王朝実録』では、侵犯に抗議して鬱陵島と于山島（松島、現竹島）とが朝鮮領であると認めさせたことになっており、安龍福も「呈書

鳥取県と韓国江原道《カンウォンド》―友好交流の記念碑

記念碑は、国道九号線沿いの道の駅「ポート赤碕」の中の高台にあり、松ヶ谷海岸と港を望み日本海をみはらす丘に日韓友好公園「風の丘」も完成している。近くに鳥取県と朝鮮半島との交流を

❖コラム

紹介する日韓友好資料館もある。

公園内に建てられた記念碑のミカゲ石は、韓国から運ばれ、六基の石碑が並び立っている。林立させて韓国江原道の雪岳山《ソラクサン》を表わしたといわれる。そのうち二基に漂着した一二人の人物像が描かれた図、いま一つに安義基船長が鳥取藩の岡金右衛門に宛てた礼状を刻んだブロンズがはめ込まれている。

文政二（一八一九）年一月十一日、伯耆国八橋郡松ヶ谷（東伯郡琴浦町松谷）の沖合に異国船が漂流しており、鳥取藩の赤碕番所でこれを見出し、翌日、八橋（琴浦町八橋）の海岸に乗組員一二人は上陸、鳥取藩に保護される。一二人は鳥取に移るが、ここでも手厚くもてなされ、長崎を経由して一行は無事に帰国した。帰国にあたって漂流船の船長安義基は、長崎まで送り届けてくれた鳥取藩の岡金右衛門にお礼の書を渡したのである。この礼状と漂流した一二人の肖像画を掛軸にした一幅は、今日も鳥取県立図書館に保存されているのである（口絵写真参照）。

鳥取と朝鮮の友好を表わす貴重な資料として、鳥取県では平成六（一九九四）年以降漂着した一二人の子孫を訪ね、そのことは日韓両国で話題となった（『環日本海交流圏の形成』三一二頁参照）。平成二十六年十一月、鳥取県、韓国江原道は友好提携を結んで二〇周年を迎える。両県・道の交流はさらに米子市、束草《ソクチョ》市など市・町の間でも親交が進み、ホームステイのほか、スポーツや文化交流も進んできている。

『環日本海―日韓交流のルーツ調査事業報告書』財団法人鳥取県国際交流財団、平成七年。新鳥取県史ブックレット第5巻『江戸時代の鳥取と朝鮮』二〇一〇年。

の事に至ては誠にその妄作の罪あり」として処罰されている。

ともあれこの事件は、安龍福が「鬱陵于山両島監税将」と名乗って、鬱陵島とともに于山島も朝鮮領であると主張したということから、韓国では中学・高校の国史教科書で特筆されているものである。

因伯の港と海運●

北を海に面する因伯の海岸は、地形的な条件から良港に恵まれず、冬季の悪天候も加わって、海運の発達は制約されていた。

元禄十一（一六九八）年作成の鳥取藩絵図には、「当座の船着」などと港湾機能をかぎりながらも、つぎの一〇カ所を港にあげている。すなわち東からいえば、浦富（当座の船着）、加露（賀露）、青屋（夏は川口に船懸《ふながか》り）、泊（船二、三艘《そう》懸り在）、湊（橋津、夏は川口船懸り在）、大塚（当座の船着）、赤崎（当座の船着）、御来屋《みくりや》（当座の船着）、境村、米子である。このなかでおもな港といえば、因幡で加露、伯耆で湊、米子、そして境村となる。

加露は、鳥取の藩倉から上登《かみのぼ》せ米を積み出す港で、城下から二里（約七・八キロ）ばかり離れた千代川《せんだい》の河口に位置する。城下とは千代川支流の袋川で川船の便があり、鳥取藩の海の玄関であった。このため藩の番所をはじめ、問屋、船宿、船持や水主《かこ》、漁師などが居住していた。地形的には良港というわけにはゆかず、いくどとなく改修や修築が試みられてはきたが、必ずしも港湾機能の強化にはつながらなかったようである。

橋津の湊は、東郷《とうごう》池から流れる川を利用した港で、領内最大の藩倉がおかれて、上登せ米の積出港として知られる。船の出入りの便をはかるため、寛文元（一六六一）年藩によって川の流路をかえる新川の掘削工事を行ったり、安永六（一七七七）年にも川筋普請を行っている。また享保十三（一七二八）年には飛砂防止のため七万九二〇〇本の「橋津船川筋砂除ケ松」を隣接する村に植えさせた。宝暦年間（一七五一～六四）作成の「在方諸事控」によると、問屋四軒、廻船三〇艘、大獵《たいりょう》船一二艘、梶《かじ》船七艘、川船六六艘があったが、廻米輸送の大船は停泊できなかったので、川船を使って沖合の大船に積み込む方法をとっていた。湊村が橋津村と改称されるのは嘉永七（一八五四）年からである。

米子の深浦がもっとも港らしい港であった。寛保二（一七四二）年の『伯耆民談記』には「深浦は湊山の横、飯の山と感応寺山との間なり、諸州の廻船共此の所に入浦す」とある。竹島渡海の大谷・村川両人も米子港を基地にしていたし、後藤家も廻船問屋として財をなした。

境村は対岸の美保関《みほのせき》が古くから港として栄え

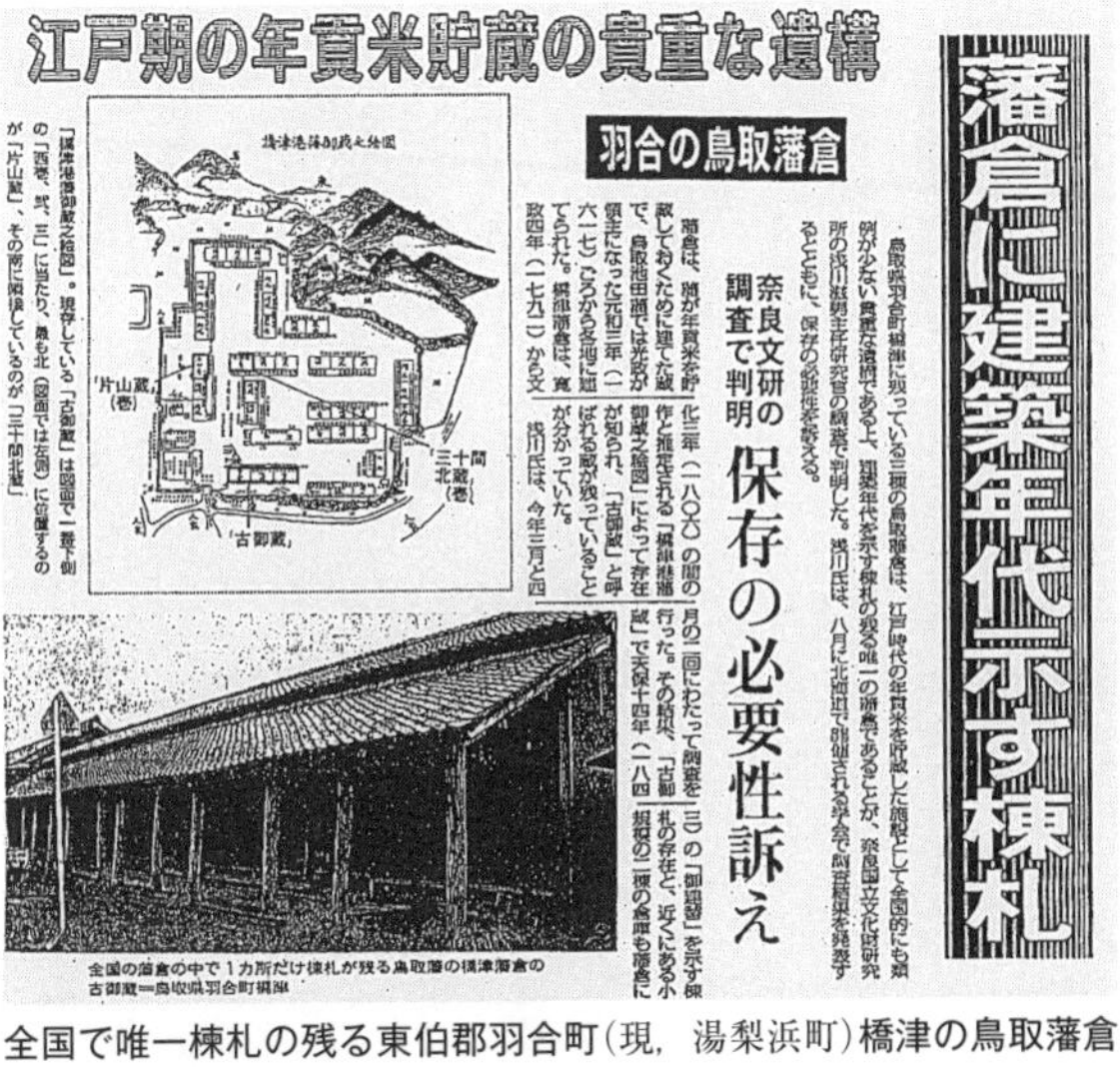
藩倉に建築年代示す棟札

江戸期の年貢米貯蔵の貴重な遺構

羽合の鳥取藩倉

奈良文研の調査で判明

保存の必要性訴え

鳥取県羽合町橋津に残っている三棟の鳥取藩倉は、江戸時代の年貢米を貯蔵した施設として全国的にも類例が少ない貴重な遺構である上、建築年代を示す棟札の残る唯一の藩倉であることが、奈良国立文化財研究所の浅川滋男主任研究官の調査で判明した。浅川氏は、八月に北海道で開催される学会で調査結果を発表するとともに、保存の必要性を訴える。

藩倉は、藩が年貢米を貯蔵しておくために建てた蔵で、鳥取池田藩では光政が領主になった元和三年（一六一七）ごろから各地に建てられた。橋津藩倉は、寛政四年（一七九二）から文化三年（一八〇六）の間の作と推定される「橋津港藩御蔵之絵図」によって存在が知られ、「古御蔵」と呼ばれる蔵が残っていることが分かっていた。

浅川氏は、今年三月と四月の二回にわたって調査を行った。その結果、「古御蔵」で天保十四年（一八四三）の「御造営」を示す棟札の存在と、近くにある小規模の二棟の倉庫も藩倉に

「橋津港藩御蔵之絵図」。現存している「古御蔵」は図面で一番下側の「西壱、弐、三」に当たり、最も北（図面では左側）に位置するのが「片山蔵」、その南に隣接しているのが「三十間北蔵」

全国の藩倉の中で1カ所だけ棟札が残る鳥取藩の橋津藩倉の古御蔵＝鳥取県羽合町橋津

全国で唯一棟札の残る東伯郡羽合町（現，湯梨浜町）橋津の鳥取藩倉を報じる新聞記事（『山陰中央新報』平成７年５月11日）

たために、江戸時代前期はそれほど利用されていなかった。それが米川《よね》開削で弓浜半島が開発され、藩としても御手船による廻米輸送に着手して以来、境村は御手船の港となる。御手船制度は、藩の御船手で新造された千石船《せんごくぶね》（角に丸輪の紋章をつけたので角輪《かくわ》船とよばれた）による廻米輸送を担当させるため、寛政十一（一七九九）年から開始されたもので、廻船問屋にゆだねた廻米輸送の非能率を是正して迅速かつ正確に輸送することが意図されていた。さらに天保六（一八三五）年には、日野郡鉄山融通会所が境村に設置され、米子にかわる地位を確立する（『鳥取県史』4）。

幕府が河村瑞軒《ずいけん》に命じて開いた西廻《にしまわり》海運では、因伯の各港は寄港地には指定されなかった。しかし沖合を通過する北前船にとって、悪天候になれば避難のため、また風待ちのために因伯の港を利用することは当然で、鳥取藩としても西廻航路をとる他国船を使って廻米輸送や鉄の輸送をするようになる。また領内の船持に対して、大型船を所持して廻米その他に従事することを藩としても奨励し、帰りの戻り船に他国の物資を運送することを認めるなどもしている（安永十年「御船手御法度」）。

6章

動揺する藩政と農民

花田植(『農村生活図絵』)

1　百姓一揆と藩政

窮迫する藩財政●

江戸時代の各藩ともそうであるが、鳥取藩でも藩祖池田光仲《みつなか》の晩年になる天和三（一六八三）年には、早くも古借として京・大坂商人からの借銀が一四〇〇貫目余、新借が六六〇〇貫目もあり、合計して八〇〇〇貫目の借銀があったという。さらにそれから八年目の元禄四（一六九一）年には、新旧あわせて約三万貫の借銀、金に換算して五〇万両にもなる大借金となる（『江戸時代の因伯』上）。

封建領主の収入の基本になるものは、封建貢租《こうそ》である。鳥取藩の表高は三二万石であるが、光仲入部の寛永九（一六三二）年には三四万八八〇〇石と、実収入の今高《いまだか》が増加し、さらに明治二（一八六九）年には四一万七一二四石にまで増加する。表高にくらべて約一〇万石の増である。そのためには、貢租増収のための対策が講じられてゆく。すなわち、寛文十二（一六七二）年には検地用の竿《さお》の長さを六尺五寸（一尺＝約三〇センチ）から六尺三寸に改めた。租率は四〇％から五〇％までのあいだを上下し、寛文十四年には五〇％を超えている。貢租対象地である農地の造成、すなわち新田開発も弓ケ浜をはじめ各地で盛んに行われた。小物成《こものなり》・運上銀《うんじょうぎん》とよばれた各種雑税が新しく賦課《ふか》され増徴されていった。

これに対する藩の収支では、四〇〜五〇％の租率で物成は一七万石余となっており、小物成などを加えて一九万石余が総収入であったとみられている。支出は分知している両家（二軒の分家）と家臣団への給所米、大庄屋・庄屋などの役料がおもなものになる。これに参勤交代でもすればたいへんな出費であるし、

鳥取藩今高の推移

	今　高	資　料
寛永 9 (1632)年	348,800石	「在方御定」
元禄13(1700)年	366,257	「控帳」
享保 4 (1719)年	382,332	「控帳」
明和 3 (1766)年	393,325	「御在国日記」
嘉永 6 (1853)年	413,459	「備忘録」
明治 2 (1869)年	417,124	「因伯受免由来」

『鳥取県史』3による。

借金の年賦払や利子も大きい。そのうえに幕府から命じられる各種普請《ふしん》の負担金が加わるのであるから、藩財政の赤字計上、借金の累積は当然である。

しかし藩政にとっては、貢租などの増徴による収入増加と経費節減の支出減しか方法はない。いずれの方法をとるとしても限界は明らかである。鳥取藩では、二代綱清《つなきよ》の襲封翌年の貞享二（一六八五）年から、御簡略令を発して江戸での大名相互間の交際を制限するとともに、家中にきびしい倹約を申し付ける。すでに家臣団に対しては知行の半額しか給付しない半知を実施している。延宝四（一六七六）年には銀札を発行したが、価値の下落で期待した成果をあげることができなかった。

農村の疲弊はその極みにあった。町医の真島幸庵《まじまこうあん》が元禄四年勘定方に提出した意見書では、かつては稲一束に米三升五合（一升＝約一・五キロ）がとれていたのに、いまでは一升五合しかとれなくなっている現状は、租率アップの高免《たかめん》のためであるという。そのため「大分草臥《くたび》れ、絶《たえ》人《にん》多く出来仕り候、荒地惣作、不作仕り、御損参り申し候様」とのべて、定免《じょうめん》制の実施を提案した（『報国焚章《ふんしょう》』）。しかし藩は中途半端な地平《じならし》段免の方法をとって、「其実益少くして損害を償ふに足らず、百姓の益々困窮」という予想された結果しかもたらさなかった。

請免制と享保一揆●

惣請免《そううけめん》というかたちで請免制を実施したのは元禄十一（一六九八）年からで、在方諸事吟味役《ざいかたしょじぎんみやく》に任じられた米村広治《よねむらひろはる》が、藩政改革の一環として実施したものである。藩政改革はまず藩行政の機構を改革し、役人の更迭《こうてつ》からはじめられた。

八人の郡奉行は四人とし、全代官を廃止し大庄屋の総入替え、郡奉行は米村とともに各村にでかけて請免の諸事を取り決め、勘定所《かんじょうしょ》で在方費用を相談しながら実施してゆく体制をつくった。請免制は貢租を定額化することであるから、藩にとっては財政収入の安定を意味し、農民には生産意欲をもたせることになる。ただし豊作のときはそれでよいが、凶作に直面すると破免をめぐって藩と農民は対立する。現に災害の多かった元禄十五年には年貢が納入できないで郡追放の処分をうけた者は会見《あいみ》郡で二五五人、久米《くめ》郡で九四人にのぼっている（『鳥取藩史』事変志）。

いま一つ、各郡鉄山を藩営にして稼行を奨励していたものを改めた。すなわち「川次第に埋り御用地に水入り」と洪水の被害をのがれるために、元禄十一年から藩営をやめて民営にすることとし、鉄山稼行を抑制して勧農を優先する方針を藩政改革のなかでとっていった。

米村広治の請免制を中心にした改革政治は、藩財政を好転させたという意味では成功である。「御郡方年々作廻《さくまい》宜しく、其上当年は大分の損毛候へとも、御免相も別条なく、御機嫌に思召候」ということで（「米村広英家譜」）、軽輩の徒士《かち》出身の米村は三〇〇石の侍士《じし》に栄進する。平和な時代の立身出世は地方《じかた》巧者でしかないことは、いずれの藩においても共通している。さらに米村は宝永六（一七〇九）年には八〇〇石どりの郡代《ぐんだい》となり、正徳四（一七一四）年七二歳の高齢をもってようやく辞職が認められた。

しかし請免制は、年とともに農民との矛盾対立を激化させ、享保二（一七一七）年には日野《ひの》郡で百姓一揆《いっき》がおこる。藩では役人を派遣し、一揆農民の要求を受け入れ救米支給を約束して鎮静させ、同時に他郡に対しても、庄屋を通じて願い出れば救助する旨を申し渡した。しかし藩当局は救米支給は請免制にそむくとして、この措置を認めなかったため、翌年ふたたび一揆がおこり、日野郡から四〇〇〇人が鳥取城下に押し出し、家老屋敷を包囲して強訴《ごうそ》した。このため藩も救米支給を約束せざるをえなくなる。続いて伯耆《ほうき》五郡の一揆が、さらに因幡《いなば》の気多《けた》・高草《たかくさ》両郡の一揆も強訴し、日野郡と同様の救米を獲得した。藩としては請免制をまもるためには、農民経営が成り立ってゆくように、救米支給もやむをえないとする立場からの対処であった。

さらに享保十七年は、ウンカ大発生の凶作飢饉《ききん》の年で、四二二人が年貢未進で入牢させられたが、会見郡では年貢取立ての在吟味役に妨害する事件がおこり、翌十八年には日野郡の一揆勢三〇〇人がふたたび城下に押しかけて強訴する。このときの入牢者は二一七人におよび、一一五人が妻子もろとも「一国追放」の刑に処せられた。請免制を堅持するために強硬策をとったわけである。

元文四年大一揆●

元文三（一七三八）年は大凶作で、年貢米未納で入牢を命じられたものが年末には四七三人にもなった。農民は食を求めて城下にあふれたが、藩はなんらの対策もとらなかっただけでなく、かえって徴税を強化、年貢取立てに成果をあげた大庄屋には褒美《ほうび》を与え、「御取立の仕方不作廻」であった伯耆三郡の大庄屋八人を免職処分にした。

こうした状況のなかで、因伯両国にわたる大規模な百姓一揆が勃発する。二月二十日八上《やかみ》郡西御門《にしみかど》村

（八頭《やず》郡八頭町）から発した一揆は、八東《はっとう》郡若桜《わかさ》宿（八頭郡若桜町）大庄屋宅を打ちこわしたのをはじめ、各地で年貢取立てに加勢した大庄屋や手代を打ちこわしてまわった。二十四日には伯耆諸郡から集まった一揆勢と合流、千代《せんだい》川河原には数万人が集結した。藩側は城下入口に役人を派遣して一揆農民の要求をきくとともに、郡代や在方吟味役全員を免職、一揆勃発の責任をとらせた。そして二十五日につぎの一二条の回答書を手渡す。

一　享保十六年、元文二年に五歩通り差し上げた米の返付は享保十六年分のみを認め、この秋の年貢納入のときに計算して返す。

二　土木普請の村限り請役については、在吟味役や郡奉行が見分して認めることもある。

三　未済の地利米《ちりまい》（小作米）のうち前年分は棄捐《きえん》し、講米は百姓相互のものであり、支払いが延引することがあっても支払わせる。

四　借銀米のうち一〇年を経過していない新借分を一〇年賦にしてほしいとの願は、評議のうえ追って申しつける。

五　前年の追放人所返《ところがえ》しのことは、大庄屋でよく吟味させ願い出によって許可することもある。

六　麦年貢は願の通り一反に付一升とすることを認める。

七　前年の籾敷《もみしき》として三歩通り、そのほか三歩御借米、牛銀を貸すことは認める。

八　御蔵納米に欠米があった場合は、願の通り別俵で納めることを許す。

九　伯耆の新役大庄屋は、願の通り古役の者に替えて元に戻す。

十　大豆は米納と同様にすることを許す。

十一　村蔵に納入することをやめてほしいという願は、
　追って評議のうえ返答する。
十二　別取立米の廃止は行わない。
（「御在国日記」『鳥取県史』3）

　こうした藩の回答を機に、一揆勢のなかには村に引き揚げるものもでる。一方では、回答を不満としてあらたな願書を藩に提出するが、二十七日には藩役人の説諭で一揆は解散してゆく。全藩をゆるがした一揆の農民エネルギーも、ここに雲散霧消してしまったのであった。藩はこの機をとらえてただちに弾圧をはじめ、まず首謀者である八東郡東村（八頭郡八頭町）勘右衛門《かんえもん》、弟の源治《げんじ》らをとらえ、続いて三月上旬には、八上郡釜口《かまぐち》村（河原町）平太夫《へいだゆう》、六日市村（鳥取市）治《じ》右衛門《えもん》、久米郡中田村（倉吉市）勘兵衛《かんべえ》らをとらえて入牢させた。

　ところが三月上旬に藩からだされた布達《ふたつ》は、改めて農民要求との差異を明らかにした。とりわけ「借米、借銀、五年賦に仰付けられ候」の項目に農民は反発を強め、米子や在方で大庄屋村役人や問屋商人を打ちこわすとの風聞が伝えられる。

東村勘右衛門の碑（八頭郡八頭町）

そして三月下旬には八橋《やばせ》郡で剣ケ野《けんがの》の御立山《おたて》に集まった一揆が近在の大庄屋など四軒を打ちこわして借銀一〇年賦の手形を奪取する。この動きは久米郡にも波及し、倉吉近辺でも村役人宅が打ちこわされ、四月下旬になって鎮静する。

以来一年余にわたって一揆関係者の追及・逮捕・取調べが行われ、元文五年十一月二十一日に勘右衛門以下六人が死罪梟首《きょうしゅ》の刑に処せられたのをはじめ、合計二〇人の死罪梟首、四一人の追放刑が行われた。なお、首謀者とされた勘右衛門に関係があったということで、数人の藩士の処分も行われたが、そのなかの上野小平太は六〇〇石取りの上士で、その著書『木鼠翁随筆《もくそおう》』で藩の勝手方や在方役人の無能無策をきびしく批判し、「上ニヨキ御役人ナシ、人ノ御沢《おんたく》ウスキ故カ、多キ御家人ナレハ人ニ乏シキ筈《はず》ナシ」と藩政当局が人材登用を誤ったことを指摘している（『鳥取県史』3）。

元文一揆は享保一揆におけるような救米支給などの請免制の根幹に影響をおよぼすことは実現できなかった。わずかに「当秋五歩米御返弁」とその年の年貢に限って一定の成果をあげたし、村懸《むらが》り費用についても「小百姓どもも合点《がてん》参らず、不埒《ふらち》の村懸りと存じ候はば、其品御吟味役え申出づるべく候」と、村々での民主的運営が達せられることになった。それは「小百姓」の増加を背景にして、村役負担への参加、発言権拡充による負担軽減の可能性をはらむものとして注目すべきであり、藩の在方支配においても無視できない農村の現実というべきであろう。

2　請免制確立の藩政改革

宝暦改革の実施●

宝暦二（一七五二）年にはじまる藩政改革も、請免制実施の米村広治と同じく、徒士から二〇〇石の侍士に昇格した安田七左衛門成信《やすだしちざえもんしげのぶ》によって実施される。安田は勘定頭《かんじょうがしら》に任じられて改革を推進し、同三年の勝手方・在方長役《ながやく》を経て同七年には郡代となり、同十一年に辞職する。安田は米村が活用したとされる真島幸庵の遺稿を探求して、これを一冊にまとめ、『報国焚章《ほうこくふんしょう》』と名づけて改革政治の指針としたという。

宝暦三年に勝手方・在方長役となった安田は、同年十月の「在中法度《はっと》」の最後に「地方《じかた》請免は年の豊凶の中を以て相立て候事にて、唐土禹《う》王の定め給へる最上の良法にて候、日本にては当時立て行へる国もこれなき処に、因伯御両国は五十余年此法を行はせ給ふにより、御百姓ども飢渇の患少なき事、御上には莫《ばく》大《だい》の御為に罷《まか》り成り候」と記し、請免制の堅持を基本方針とすることを明らかにした。

藩政改革に先だつ宝暦四年二月、安田は「御両国の御百姓は、我等壱人に御預け成され候事に候えば、もし飢渇に及び申す年柄も来り候時は、心を痛め候事この上もこれなく候」といって、凶作に備えて藩政がなにかを対策するのではなく、在中の一〇歳以上の男女一人につき毎月三銭ずつの拠出を命じて相互扶助で凶作に対処する体制をつくる。一方、藩政の人事刷新を断行、綱紀粛正を実施したうえで改革に着手していった。

第一は、郡が大きすぎて支配に問題があり、百姓一揆がしばしばおこった会見郡《あいみ》を、日野川《ひの》を境にして東西に二分し、大庄屋の下に添役を新設して年貢徴収に万全を期することにする。農民の支配管理の徹底ということでは、宝暦八年に一〇カ村前後をまとめて頭《かしら》庄屋を村庄屋のなかから選任して大庄屋を補佐させるとともに、宗旨庄屋に帯刀を、銀札を扱う銀札小座《しょうざ》には脇差《わきざし》を許すなどして、村役人を権威づけて藩政末端に組み込んだのである。

第二には、正金銀の使用を禁止して銀札を通用させるため、新しく六種の銀札を発行した。それは「御家中、在、町とも年々困窮に及び候に付、世上金融通用の潤ひとも相成るべき哉《かな》」という名目による。銀札裏面には安田の言葉といわれていた「時宜の宜しき、利用潤潤たり、惟信惟体《いしんいたい》、厚沢彊《こうたくきわま》りなし」の銘が印刷されていた。

第三には、藩庁の改革であり、船手《ふなて》奉行・普請《ふしん》奉行を更迭《こうてつ》、普請手の諸役人一七人の免職を行い、藩庁用紙を黄色に定めて民間での黄色紙の使用を禁止した。また徒士《かち》について二二カ条の条目を定め、一代抱を本則とした徒士の身分に保障を与え、一五年勤続者には子息に振替えができるようにした。徒士は藩庁事務官僚の中核であり、実務面での協力体制の確立を意図した措置といってよい。

第四には、宝暦五年の大凶作を機とする農民の動揺を押さえ込み、「御年貢少しの未進なく、飢民犯罪人等絶て無かりしとなり」と『因府《いんぷ》年表』が記す実績にたって、同六年から八年にかけての在方政治の改革を実施したことである。六年の八カ条にわたる条目に続き、八年二月の八カ条、一三カ条、六カ条の条目がそれである。

八年の八カ条の条目の第一条は「地方請免の儀、六拾年に及び候に付」という文言を冒頭に記し、米村広治が実施した請免制を維持し定着させることを最大目標にしていることを明示する。したがって請免制

による年貢徴収を確保するために、村役人に藩の末端役人として自覚をもたせるなど、地方支配の管理体制を整備し、あわせて村遣いなど村方経費の節減をはかり、農民の質素倹約もきびしく達したのである。

一三カ条の条目は、各村で当作高帳、収納割帳、地利米《ちりまい》帳、田畑御図帳などの作成を命じ、年貢の徴収や牛銀貸付、相対貸借などの取扱いに役立てることにした。それは地域の実態に即した年貢米の査定を通じて、請免制を確かなものとして確立させることを意図した重要な事業であった。

六カ条の条目は、請免制で年貢を負担する農民に対して、制度遵守《じゅんしゅ》の精神を涵養《かんよう》する教育的内容をもつものであり、安田の在方改革における最大の特徴をつくっている。すなわち第一条は、百姓は国の宝であり、藩主から撫育《ぶいく》されているにもかかわらず、「請免の御仁政を覚えず知らず」でいるのが現状であり、御制法の趣旨を十分にわきまえることが大切であるという。第二条では、父母に孝、老人には敬愛を、五人組には親睦《しんぼく》を説き、第三条では「郊に出ては田地を父と思ひ、糞灰《ふんばい》を母と思ひて、いかにも大切にすべし」と農業の重要性をのべ、第四条では「星を戴《いただ》きて起き」と農作業に精励することを求める。そして第五条において「諸国の地方通法は、公六民四として六歩四歩のものに候、御両国の如く永代請免といふは諸国にこれなく、本免請けあり候地は弐《に》割の入候畝《うね》を遣はされ候故、則《すなわち》上代の五公五民と云ふ寛仁の法にて、五歩々々に当り候」と請免制が最上の貢租納入制度であることをのべるのであった。なお第六条には、七〇歳以上は男女とも宗門血判は代判ですますこととし、八〇歳・九〇歳・九六歳の者には、年賀に米一斗ずつを与えることを定め、第二条でいっていた老人への敬愛を具体的なかたちで表現することとした。

以上の内容をもつ宝暦改革について『鳥取県史』4は「米村広治が始めた請免法の露骨な収奪主義に、

安田成信《しげのぶ》は倫理的な粉飾を加え、農民の納得・協力を得てそれを推進しようとしたことが、宝暦改革下の農政の本質であったといえよう」との評価をしている。

天保の大飢饉●

天保七（一八三六）年の飢饉《ききん》は、江戸時代の四大飢饉のなかでも、最大の被害をもたらした全国的なもので、四年から九年におよぶ連年災害を背景にしていた。大飢饉の七年は申年《さる》であったことから、これを「申年がしん」とよんでいる。

天保七年は春から天候不順で雨が降り続いた。『因府年表』七年八月二十日の条には「当年凶作に付、百姓どもより申し訴ふ旨これあるにより、暫《しばら》く作方の鎌《かま》掛け申さざる様御下知あり、是時《このとき》受作の百姓ども、御年貢覚束《おぼつか》なく存ずる者共は、唯今《ただいま》田主へ差返し申すべき御下知あり」と記して、年貢納入の見込みがたたない小作人が、収穫を放棄して小作地を地主に返す状態にあった。また、秋から冬にかけて米価は上昇、農民たちは食料を求めて「在中此程は蕨《わらび》の根、葛《くず》の根を掘り、或はどん栗《ぐり》を拾ひ、冬春の食物に貯《ため》る」状態であった。

藩としては、九月に幕府へ囲米《かこいまい》の使用許可を申請、幕府勘定奉行は「囲ひ有高手当に相用ひ、翌年より三ケ年割合詰戻しの積り相心得」と、三年で補充することを条件にして許可してきた。十月二十七日に郡代から在中救助の伺いがだされ、藩としてはできるだけ村方《むらかた》の相互扶助で救助するも、それもかなわず飢扶持《うえぶち》を申し出たときには、調査のうえ御救米《おすくいまい》を支出することにした。また後家《ごけ》・やもめ・病人などには一〇〇日分の飢扶持を支給すること、極難渋人《ごくなんじゅう》には飯米《はんまい》の貸付を行うとした。このときの見積りでは、因伯両国の在方人口二八万六一八〇人のうち、約五万人を難渋人としていたが、この数字については過少とされ、「惣人高三歩一位にも及ぶべくと見込候方にも有るべく、左候得ば拾万人位」と、朱で追記している（「御国日記」『鳥取県史』3）。

難渋人への飯米貸付は、男子は二合、老人・女子そして一三歳以下の子は一合としていたが、米で渡すと多く消費するから粥《かゆ》にして渡すべしと指示、そのうえ「粥のたき方米壱《いち》に水六升の割に心得」とこまかなことまで申し渡している。また会見郡の『凶年心覚帳』によると、食物には、いのこ・ゆりの根・樫《かし》の実・どん栗・そばがら・わら餅《もち》・粟《あわ》ぬか・麦ぬか・米ぬかなどをあげており、村庄屋の食事が「朝夕かゆ、昼焼餅、もっとも芋《いも》有みぎり、いもの葉飯どもいたし、冬中其通り、菜大根は毎日のかゆに入候」ということであったと記す（『江戸時代の因伯』下）。

飢饉であった中年の年貢は、五歩の減免であった。藩は三歩を救米に、二歩を収穫皆無の村方救済にあてる方針であった。しかし現実には貢納は進まず、検見《けみ》を求める村があいついだ。この年に郡代がまとめ

二宮有信『凶歳聞見録』さし絵（天保年間）

た報告によると、損害高は因幡《いなば》で一三万八五六三石余、伯耆《ほうき》で一二万九七二四石余で、合計すると二六万八二八七石余にもなった。平年ならば両国で四二万石の収穫であるから、六〇%以上の損害ということになる。

翌天保八年正月から、城下には多数が食を求めて集まるようになる。米価はさらに騰貴し、城下の生活も苦しさを増した。加えて四月になると疫《えき》病が大流行し、病死者が続出、『因府年表』には餓死者とあわせて二万人と記してある。城下には間口一三間(一間=約一・八メートル)・奥行三間の病人小屋をたてて収容し、粥を与えるなどしたが「近辺臭気鼻を穿《うが》つ」といわれる状態で、不衛生のためかえって病気になると世間でいっていたというくらいで、さしたる効果もあげず、半年後の八年九月に閉鎖した(『鳥取県史』4)。

ところで、収穫皆無の大凶作に対する藩からの救米の配分をめぐって、各郡で相違があり、大庄屋からの申請に問題があることが判明する。すでに天保七年十月には、久米郡大庄屋宅などを打ちこわす予告の立札がだされたこともあり、それには「久米郡筆頭大庄屋牧田重左衛門儀、何事も他郡と違い、兎角《とかく》村々難儀に相成りに候様之取計ばかり致し」という理由をあげている。翌八年五月には、会見郡大庄屋が凶作飢饉のなかで新宅普請をしたことに反発した農民が、新宅の垣に訴状をはりつけたこともあった。

そして天保九年十一月には、八東郡安井村(八頭郡八頭町)で四七人の百姓が庄屋宅を打ちこわすが、「先に御上より賜りたる御救米、村役の面々私に取掠《とりかす》め、不正これある事を憤《いきどお》り、かくの如く計ひを成しける也」とその理由を記している。これは『因府年表』の記事であるが、「在方諸事控」のなかでは「八東郡村々」の騒動として、安井村だけのことではなかったように記し、さらに「此類諸郡中に少なからず」とものべている。凶作飢饉への救米をめぐる郡役や村役の不正を糾弾《きゅうだん》するこうした動きは、在方支配機構が機能せず、むしろ矛盾を内在していることを示すものであった。

天保大地改めの実施●

請免制を維持してゆくためには、田畑の荒廃や新開を調査する「地改め《じあらため》」が必要であり、六〜七年ごとに行われることになっていた。しかし実際には明和四（一七六七）年、寛政四（一七九二）年に地改めが指示されたにもかかわらず、「両度共御役人見分無し、上納仰せ付けられ候故、改人《あらためにん》心得違、種々地所《じしょ》混しこれあり、懸合《かけあい》等多く相成候」という姿であった（「御国日記」『鳥取県史』4）。その結果は増井清蔵《ますいせいぞう》の『因伯受免由来』がいうように、「地所と帳面とおの〳〵その所を失ひ、互に相離れ、就《つい》ては田畑の争論村々に少なからず、仮令《たとえ》訴え出るとも斯《か》く混乱したれば容易《たやす》くは裁断もなりがたく」になっていたようである。

このため文政三（一八二〇）年に地所大改めを実施する方針が藩から示され、一五項目にわたる条目が発表された。しかし時あたかも藩内流通の銀札交換がとどこおって経済混乱がおこったため、翌年に中断を余儀なくされた。それから二〇年近く経過した天保十（一八三九）年になって、郡代の野間鹿蔵《のましかぞう》からの提案で実施を決定する。当然ながら必要経費をどうするかが問題になるが、野間の見積りでは、以前から改人役料のほかは支給しないことになっているので、文政のときには一カ年分として八二〇石を支給している。大庄屋一構《ひとかまえ》につき改人《あらためにん》を一〇人として因伯両国で三七〇人、一人に三石支給するとすれば一〇〇〇石余の支出となり、そのほかの必要経費はださないとしていた。藩としては経費増大のおりから「成丈御入用相減り候様」とだけ要望して、大事業がスタートする。

こうして大庄屋を招集し、新田奉行から「此度の御用筋は地方《じかた》の根本」であることを強調したうえで、土地の所有耕作関係の正確な実情を把握することによって「入組を解き、永々土地相定るの基を開く」ものと事業の意義を説明した。そのためには「村々の風俗をも宜敷《よろしく》致し候程の心得」をもって取り組まなければならないとさとし、とくに調査を担当する改人の人選には十分配慮するようにと指示した。

天保大地改めは、文政三年に企図し中断していた事業の再開と位置づけられ、まず初めに「御図帳《おずちょう》始め古開改別帳、其外年々開帳等の元帳と下札、夫々《それぞれ》の高に合不合を取糺《とりただ》」すことから着手された。御図帳は村方で土地関係の基本として使われてきたものであるが、実態にあっているかどうかは別であり、その正否の確認からということである。調査はまる三年をかけて弘化元（一八四四）年に完了、因伯両国全村の絵図・諸帳面が在御用場に提出される。

郡代が家老に報告した結果では、因伯両国で一万五七六一石の高増であった。これに対する物成は五七六二石余であるが、上納御免の特別措置をとった分を差し引いて、四八〇〇石余が増収になったのである。その限りでは、天保大地改めは成果をあげたといわなければならず、両国の全村にわたる絵図・諸帳面の完備もまた藩政にとっては大きな収穫であった。

しかしながら元禄十（一六九七）年に発足した請免制運用で最大の問題とされた加損米の割替えは、手つかずのままであった。悪田畑の年貢を軽減する方法として藩が割付けるのが、加損米であったが、長年にわたって割替えをしないままでいることは、実態とかけはなれてゆき、救助米支出が藩財政を圧迫するだけでなく、請免制の根幹にかかわることになる。残された課題である加損米割替えは、安政改革までもちこされてゆく。

3　発展する商品経済

商品生産と在郷商人●

自給自足の自然経済を基本にした封建農村において、販売をめざす商品作物の生産が盛んになるのは、十八世紀に入ってからである。農業における生産力の発展が、貢租である米以外の作物栽培に農民をかりたてていった。当初は本田畑での米作に差障りがあるといって抑制していた藩も、他国からの移入を防止するためにも殖産興業の奨励策をとることになる。

承応二（一六五三）年の「御船手御法度《おふなてごはっと》」では、加露《かろ》港への移入品について「他国より参り候商売物、何によらず入れ申すべく候、但し米は入れ申すまじく候」と、米以外は何品でも移入を認めていた。これに対して移出では、米・酒・木地道具を除いては禁止されていた。陸路の駒帰《こまがえり》番所でも同様の定めがあった。しかし明暦二（一六五六）年の「在方御法度《ざいかた》」では、三品のほかに、紙・油・肴《さかな》が禁止品目になる。それが元禄七（一六九四）年になると、米・大豆・小豆・粟・ひえ・そば・真綿・大麦・小麦・ごま・たね・木わた・うるし・茶・紙品々・熊の皮 幷 胆《ならびにきも》・味噌《みそ》・あらそ・にごき・肴・牛馬・蠟《ろう》・かわ・塩・ふるて・油・酒・ぜに・ぬけ女が列挙されるようになる。これら品目は、ぜに・ぬけ女は別にして日常生活必需品がほとんどで、藩内で生産されてはいるものの、絶対量が不足しているため移出禁止にしたものと思われるが、米麦以外の商品生産が行われていることを教えてくれる。

安永七（一七七八）年十二月の「町方御定」のなかに、鳥取城下にある問屋について記してある。すなわち、米問屋・塩問屋・相物（塩干物）問屋・生物問屋など、城下町の消費人口への物資供給をあつかうものと、繰綿《くりわた》木綿問屋・油粕《あぶらかす》問屋・藍玉《あいだま》問屋・綿実《わたざね》問屋・干鰯《ほしか》改問屋・木地問屋・南京弦《づる》問屋など農村における農民的商品生産、とりわけて木綿関係の問屋が存在していることがわかるのである。

木綿は「伯州綿」として全国市場でも知られる重要物産であるが、詳細は後述することにして、元禄二（一六八九）年に米子《よなご》港から積み出す繰綿と藍玉に運上銀を賦課しているところをみると、元禄年間（一六八八～一七〇〇）にはすでに綿作が行われていたとしなければならない（『境港市史』上）。

木綿に関係する染料の藍については、『鳥取藩史』殖産商工志に元文五（一七四〇）年に輸入商人を指定、ついで明和三（一七六六）年に問屋を定めて以来生産が盛んになり、文化年間（一八〇四～一八一八）には米子に国産方の藍製座をおくほどになり、ほぼこのころには国内需要をまかなうことができるようになったといわれている。

紅花は八橋《やばせ》郡赤崎《あかさき》（東伯《とうはく》郡琴浦町）、汗入《あせり》郡御厨《みくりや》（西伯《さいはく》郡大山町）のあたりが主産地で、寛延三（一七五〇）年七〇〇〇斤《きん》余を生産、米子・松江から京都にむけても出荷していた。藩でも京都の商人を紅花買請人に命じ、久米・八橋・汗入三郡の生産者に仕立方改良を指示している。

油絞《しぼ》りは菜種と綿実が原料である。天明四（一七八四）年に法美《ほうみ》郡大杙《おおくり》村（鳥取市）弥七が因伯以外の他国懸組《かけぐみ》はしないということで、水車による綿実油の製造を許可されている。綿実の購入と油の販売を領内にかぎってのことである。文政四（一八二一）年会見《あいみ》郡では、綿実が多量に他国へ出荷されて、郡内の油絞り業者が営業困難になっているとの訴えがだされているところをみると、原料確保が重要であったこと、したがって綿実の領外移出を規制する必要などがうかがえる。なお、安政四（一八五七）年からは会

幕末期の郡別産物

郡名	産物代銀高	主要産物と代銀高					
	貫目						
岩井	278,800	海漁類	203,000	薪	45,400	櫨実	40,000
		楮	12,000	扱苧	4,900		
邑美	41,400	葉藍	22,000	切石	11,000	櫨実	3,300
		薪	2,000	牛ノ子	1,800		
法美	72,730	薪	33,500	楮	15,700	扱苧	14,000
		炭	7,040	薬種	1,000		
八上	110,050	紙類	15,000	薪	15,000	実種	12,000
		楮	10,500	久能寺焼	10,500		
八東	583,940	煙草	112,000	針金	100,000	木綿	60,000
		牛ノ子	60,000	材木杉板	59,000		
智頭	638,920	材木杉皮	226,700	木楮	150,000	扱苧	100,150
		干蕨	66,300	楮	27,020		
高草	491,980	並階田	138,000	木綿	135,000	実種	88,850
		葉藍	41,100	池川漁類	22,950		
気多	1,191,640	木綿	735,000	紙	138,290	海魚類	59,600
		楮	44,400	伊平貝	28,400		
因幡国	3,409,460						
河村	560,990	鉄類	183,820	木綿	144,000	海肴類	42,600
		薪	25,000	実種	15,200		
久米	575,300	木綿	353,000	鉄	84,000	鋳物類	45,000
		実種	20,000	大鳥居柿	16,800		
八橋	652,190	木綿	352,000	鉄	90,000	紅花	53,000
		海漁類	49,800	砂鉄	14,470		
汗入	595,000	木綿	374,000	紅花	104,000	馬ノ子	39,300
		割木	37,600	砂鉄	12,000		
会見	4,677,730	綿	2,598,400	木綿	1,060,200	鉄	526,300
		薩摩芋	226,400	葉藍	124,090		
日野	3,312,050	鉄類	3,198,100	苧	113,950	菅笠	(3,090)
		中折紙	(1,746)	木綿	(1,259)		
	(銭 12,570貫文)						
伯耆国	10,373,260 (銭 12,570貫文)						
総計	13,782,720 (12,570)						

「因州分伯州分産物之品年中出来凡積帳」(『鳥取藩史』殖産商工志)により作成。

産物の代銀高の表示で(　)内の数字は，銭の貫数である。

『鳥取県史』4による。

見郡の油屋二〇人に国産方が免札を交付して御手懸りに任命している。

以上は、商品化作物の流通について、藩との関連でみてきたが、商品経済の発展は社会的分業を進め、農村内部に農業以外の商工業従事者を生みだしてゆく。藩の「在方諸法度」は繰り返し在郷商人の抑制ないしは禁止を申し渡すのであった。とりわけ寛政四（一七九二）年の法度では、近年は在中に商人が増加し、無高の者が請作や奉公を嫌って商売をするようになり、このままでは「地方《ぢかた》の営み勝手次第に相成候ては、村々に人少に相成、自《おのずか》ら村方衰微」となってゆくといって禁止を命じている。そして同八年には町場にいる者を調べて農村に呼び返すことを指示したのである。しかしそれでも農村内部での商品経済の発展をとめることはできなかった。

このため文政六年には、在郷商人を既成事実として容認し、在中で商売する者は出願して免札を交付、相応の運上銀を納入させることにする。ただしそれも五年間をかぎり、同十二年には在中すべての免札を取り上げて在郷商人を規制する措置をとるが、どれだけ実効をあげたかは疑問として残る。たとえば安政三年に各

農村の振売商人（『農村生活図絵』）

郡で実施した余業人調査を岩井郡（岩美郡）の場合でみても、「農業の透《すき》、余業相営み居申す」と「無作人、余業相営み居申す」を合計すると、三分の一が余業に従事していることが明らかになっている。在郷商人は「余業」というかたちで発展を続けているのである（「岩井郡村々余業人取調惣奥合」『鳥取県史』4）。

発展する伯州綿●

綿の栽培には、排水のよい砂質の土壌が適している。海岸沿いの砂丘や河川の下流の沖積平野をもつ伯耆で盛んに行われ、「伯州綿」と大坂市場でよばれるほどの産地になっていった。

主産地の一つである弓浜半島は、米《よね》川開削によって綿作地として発展していく。元禄十四（一七〇一）年在方吟味役であった米村広治《よねむらひろはる》の主導で米川開削が着手され、六〇年近い歳月をかけて一九キロにおよぶ用水路が宝暦九（一七五九）年に完成する。米川開削により水利に恵まれなかったこの地域に用水を確保し、多くの農地が造成されたのである。弓浜半島に綿作を導入したのは、延宝年間（一六七三〜八一）とされている。

境村小空の新兵衛なる人、綿実を備中《びっちゅう》玉島にて求め来り、此地方に栽培して地味に適し以て今日に至れりと、時代は延宝の昔し辰の年にてありしと云う、一説には当村朝鮮屋作蔵なる人、河内《かわち》国より綿実を求め帰り栽培せしに始ると云ふ。（『境港沿革史』）

本格的に作付され、急速に普及したのは、明和〜安永期（一七六四〜八一）になってからであると『鳥取県史』5では記している。元文元（一七三六）年「諸品登高並銀高表」（『大阪市史』）によると、繰綿・木綿を伯耆から大坂に出荷はしているものの、まだ産地というほどの量ではない。さらに天明六（一七八六）年に木綿五万反以上を大坂に送ったのは一四カ国であるが、そのなかに因伯両国は入っていない。し

幕末期の郡別木綿生産高・売上高

国名	郡名	生産高 (比率)	売上高
因幡	岩井	(30束位)	
	八東	7,500反 (1.6)%	
	高草	13,890反 (3.0)	
	気多	70,000反 (14.8)	
	小計	91,390反 (19.4)	
伯耆	河村	60,330反 (12.8)	53,730反
	久米	46,120反 (9.8)	29,420反
	八橋	42,260反 (9.0)	29,320反
	汗入	52,340反 (11.1)	30,180反
	会見	176,570反 (37.5)	117,800反
	日野	1,350反 (0.4)	
	小計	378,970反 (80.6)	260,450反
	総計	470,360反 (100.0)	

『鳥取県史』5による。

たがって、伯州綿の産地化はこの時期以降ということになる。

綿作には多量の肥料と労働力を必要とする。当時一般に使われた肥料は鯡粕《にしんかす》であったが伯耆では隠岐《おき》の藻葉《もば》を使っていた。藻葉は鯡粕にくらべると肥料効果は劣るが、価格は一五分の一という安さであったから、経営的には有利で収益も大きかった。

収穫した実綿《みわた》は、綿繰車によって綿実《わたざね》と繰綿にわけられる。実綿も繰綿も、仲買商人が在中をまわって買い集め、問屋に送り、問屋が売買値段をつけ運上銀を納入する仕組みになっていたが、生産額の増加につれて在郷商人による相対売買が増え、問屋への集荷が減少したことから、宝暦八年に藩では売買にあたっては必ず問屋を通すようにと命じ、問屋から仲買人に免札を交付して抜荷《ぬけに》を防止しようとした。ただし長続きはしなかったといわれている。そして万延元(一八六〇)年には、実綿のままで他国へ移出することを禁止するとともに、繰綿流通に対して

❖コラム

砂丘の開発利用

砂丘は、主として花崗岩《かこう》や安山岩《あんざん》からできている山地が削られ、その砂が川によって押し流されて日本海に流れでたところで、強い季節風に吹き上げられ、たまってできたもの。そうした海岸砂丘は各地でみられるが、とくに鳥取砂丘は巨大なうねりの大きい起伏と、多様な風紋の美しさで知られている。

しかし、ときたま訪れる人にとっての砂丘は観光地であるが、そこに常住している人にとっての砂丘は、飛砂との苦闘の歴史になっていた。城下鳥取と西の米子を結ぶ海岸沿いの街道（現国道九号）は、海から吹きつける強い風で飛ばされる砂で道が埋まり、旅する人はたいへんに難儀をしたといわれているし、村落のなかには飛砂に追われて村ぐるみ移転したところもあったという。

このため鳥取藩は、飛砂を防止する植林をはじめる。享保十三（一七二八）年、千代《せんだい》川下流の加露《かろ》、湖山《こやま》（鳥取市）の砂丘に一万八〇〇〇本の松を植えたのをはじめ、天神《てんじん》川下流地域の橋津（東伯郡湯梨浜町）には、七万九〇〇〇本を坪（約三・三平方メートル）当り六本の松で密植させた。植林で飛砂をとめて砂丘を安定させたところでは、浜井戸を掘ったり用水路を開いて水利を確保するなどして農業利用を進めた。

水利に恵まれた弓ケ浜では綿作が行われ、伯州綿の主産地を形成したし、明治以降は桑畑になっていった。桑は飛砂に強く、干魃《かんばつ》にも耐え、しかも手間がかからない特徴があった。現在はスイカ、長芋《ながいも》、ラッキョウなどが栽培され、全国屈指の産地になっている。

国産役所による統制を行うことになる。これまで伯州綿は実綿のままで出荷されるものが多かったのに対して、藩の国産奨励で綿繰りが普及、繰綿にして領外に出荷するようにしたのである。

しかし繰綿は半製品でしかない。繰綿を綿打ちしてやわらかくしたうえで紡車にかけて木綿糸にし、織機で織物にする。河村郡（東伯郡）各村では農間余業として「女は木綿第一に仕り候」とあるように（「河村郡農事諸誌」『鳥取県史』5）、問屋から繰綿をうけとって帰り、夜なべ仕事で糸を紡いで綛糸《かせ》をつくり、それを織機にかけて長さ二丈八尺（一〇・六メートル）・幅一尺（三八センチ）の木綿一反を織り上げた。繰綿二〇〇目で一反の織物がつくられたという。織り上げられた白木綿は、五〜一〇反にまとめて問屋に持参し、問屋では秤《はかり》にかけて重さをはかり、織賃を支払い繰綿を渡すという、原料前貸の問屋制家内工業であった。

文政元（一八一八）年藩は国益方《こくえき》を設け、米子の問屋を両国木綿支配に任じ、在中に買座《かいざ》を新設しすべての木綿を買い上げる統制をはじめ、他国売りを禁止した。しかし早くも同五年にはこの制度が廃止され、免札交付で運上銀を納入さえすれば相対取引を認め、他国出しも自由とした。美作《みまさか》の津山や備中勝山など、山越えに販売ルートを拡充したのもこのころである。ついで嘉永五（一八五二）年、藩政改革に先がけて国産方が設けられ、鳥取から大坂へ出荷する木綿の統制がはじめられ、安政元（一八五四）年には米子・倉吉にも木綿融通会所を設け、元治元（一八六四）年には産物会所が新設されて、流通統制が強化されていった。この当時、繰綿の他国移出は口銭を支払っても採算がとれ、移出高も増加しており、藩財政の収入源として大きな意味をもつことになっていた。したがって統制強化は、問屋口銭を倍増するとか、運上を請銀制から改め制にするなど、もっぱら運上収入の増加が意図されていたといってよい。

因州の蠟と紙●

伯耆の木綿に対して、因幡を代表する特産は蠟《ろう》と紙である。蠟は櫨《はぜ》の実をしぼって生蠟をとり、蠟燭《ろうそく》や伽《きゃ》羅《ら》油・びんつけ油を製造した。とりわけ蠟燭は菜種《なたね》とともに、灯火用の生活必需品であった。

幕末の産額は気多郡一万七七八〇貫、高草郡一万二二六六貫で、この二郡だけで因伯両国四万貫の八割近くになっている。明和二（一七六五）年藩に蠟座が設けられて専売制度が実施されるが、そのときの通達をみると、それまでは京・大坂などでつくられた蠟燭が他国商人によってもちこまれており、これを「蠟座御定」を制定することによって、他国産蠟の禁止、生蠟・晒《さらし》蠟の移入禁止、伽羅油屋や蠟燭屋は蠟座から原料を買って使うことなどを定めた。こうして藩の蠟座は、原料の買付けから製品の販売に至る全過程を統制する藩営専売となる。当初は特定の業者二軒に委託して製造させていたが、天明七（一七八七）年からは国産方の直営となり、「御領内は勿論《もちろん》、他邦より漕逾《そうゆ》せる櫨の実もみな御買入に相成り、生蠟に製して御定直段を以て町方へ賜はること也、莫大《ばくだい》の御利益なり」といわれるような収益をあげた（『鳥府志』）。

蠟座が「莫大の御利益」をあげるとなると、藩としても積極的な奨励策をとり、寛政十（一七九八）年には櫨をはじめとして、楮《こうぞ》や楮などの種子を無償で配付し、植付手間賃の貸付けまでして、原料になる櫨の実の増産につとめる。そして文化六（一八〇九）年には米子にも蠟座が開設される。それまでは鳥取の蠟座でだけ生産していたものを、西の米子でもはじめるのであるから、伯耆地方でも櫨の実が増加したことを反映している。また文久二（一八六二）年には法美《ほうみ》郡宮下村（鳥取市国府《こくふ》町）に蠟座による水車利用の新工場が建設されて稼動することになる。

現在でも紙漉《す》きをしているのは、鳥取市の青谷《あおや》町と佐治《さじ》町である。ともに古くからの紙の産地で、『因幡民談記』には、それぞれつぎのように記してある。

気多郡――鹿野に杉原・美濃紙・色紙・奉書階田《ほうしょかいた》紙・桑紙・鳥子紙《とりのこがみ》・薄様紙。日置谷村々楮。階田紙・上中下諸種の鼻紙。勝部谷村々楮。階田紙・上中下諸種の鼻紙・釜敷紙色々あり。

智頭郡――佐治谷・別府・古用瀬《もちがせ》・国木原《くにきばら》・河中・家奥《いえのおく》・畑・苅地《かりち》・津無《つなし》等の村、大小奉書紙・幅広御判紙・大小杉原紙を漉出す。其他郡中諸村、各種紙類を多く産出す。

両郡以外の各郡内紙の産地についても、同書は記してあるが、ここでは省略する。紙の産額で多かったのは、気多・高草・智頭の三郡のほか、伯耆の日野郡である。もともと紙漉きは、「清水懸りの御田地にて、冷やり強く、里御田地並の立毛」があがらない谷あいの山村の仕事であった。紙の原料になる楮は、もとより紙漉きが盛んな各郡の産額が多いが、紙漉きをしていない郡でも栽培されており、紙漉きをしている村々に問屋商人を通じて売られていた。

藩では貞享年間(一六八四〜八八)に紙座を設けて統制を行ったが、紙漉きの反対で同三年にはやめてしまい、かわって元禄六(一六九三)年に紙運上を改めて紙船運上にした。これは紙漉きの槽《おけ》(紙船)に運上をかけるもので、船一艘《そう》につき銀七匁《もんめ》を賦課した。ただ紙船運上は生産高には関係がなかったので、紙漉きをする農家にとっては、多く紙漉きをすればそれだけ収入も増加する有利な仕組みであった。

伯耆の鉄山●

正徳二(一七一二)年大坂の医者寺島良安《てらしまりょうあん》が著した『和漢三才図会』の熟鉄の項には「熟鉄は雲州《うんしゅう》・播州《ばんしゅう》に出すは上たり、備後《びんご》・備中《びっちゅう》及び奥州《おうしゅう》仙台・芸州《げいしゅう》広島之《これ》に次ぎ、伯《はく》州・作《さく》州・石《せき》州及び日向《ひゅうが》鉄亦《また》之に次ぎ、但馬《たじま》鉄を最下となす」と記している。また天明四（一七八四）年、鉄師であった日野郡宮市村の下原重仲《しもはらしげなか》がまとめた『鉄山秘書』のなかで、「諸国鉄の出る所」として「播磨・但馬・美作・因幡・伯耆・備中・備後・出雲《いずも》・石見《いわみ》・安芸《あき》・薩州《さっしゅう》也」と記されている。伯耆とともに因幡も鉄の産地であった。

砂鉄が花崗岩や安山岩を母岩にしている以上、日本列島のどこでもとれるが、とりわけ中国山地は花崗岩の風化が進んでいる地域であるため、砂鉄の産出も多く、質のよいものがとれた。『鉄山秘書』は「凡《およ》そ鉄山は粉鉄が第一の物なり、如何なる場所にても、粉鉄さへ沢山に有りて、性能ければ鉄山は成安し」とあり、出雲や伯耆が鉄の産地として著名になったのは、良質の砂鉄がとれたからである。

もっとも、質のよい砂鉄があれば、それだけで製鉄業が成り立つというものではない。製鉄用の溶鉱炉である鑪《たたら》を築造するためには、原料の砂鉄のほかに、燃料の木炭を確保するための山林や、砂鉄や製品を輸送する便も重要な条件となる。『鉄山秘書』では、鑪の立地条件として「極上の場所といふは深山《みやま》にて、夏も涼しく、蚊《か》も居らず、木山も近く、松、くり、槙《まき》の類木多き下り坂にて、扨又《さてまた》里よりの入口に坂もなく諸駄賃下直《しもね》にて、粉鉄取庭《ば》に近く、近郷の村里へ近く、米沢山にありて、牛馬も多く、荷物の運送滞《とどこお》り無き事、かかる所を最上の帳場と申す也」とのべている。

鉄山経営の鑪を中心にする地区を山内《さんない》といって、地下《じげ》の村とは明確な区別があった。山内は徳川家康《とくがわいえやす》の山令五三カ条で「一山は一国たるべし、他の指揮に及ばず」であったから、鉄山師には宗門改めをはじめ、犯罪人に対する処罰などもまかされていた。山内周辺の地下では、鉄山経営によって砂鉄採取、炭焼き、製品の運搬など、鉄山関連の賃仕事が生まれる。砂鉄採取の鉄穴《かんな》流しは、農閑期にあたる秋の彼岸《ひがん》から春の彼岸までと定められており、山村にとって鉄山業はなによりの余業を提供して農家生活をうるおした。

日野郡には享和元（一八〇一）年、鑪二一カ所、鍛冶屋三三軒があったと『日野郡史』は記している。もともと郡内の鉄山は、願い出によって個々に稼行が許可されていたが、元禄七（一六九四）年に全鉄山が藩の直営となる。しかし同十一年には旧に復し、以後それぞれの鉄山師に経営をまかせ、藩としては流通面で統制していくことになる。寛政十二（一八〇〇）年藩は為替《かわせ》廻漕の法を定めて、日野郡産出の鉄をすべて米子の鉄問屋に集め、時期をみはからって鉄買い船に売り渡すことにした。鉄は大坂をはじめ北陸に送られたが、文化年間（一八〇四〜一八）には江戸へ直送することも試みられた。天保六（一八三五）年からは境港に鉄山融通会所を設立し、鉄山師たちも参加して藩と協力して移出にあたった。これは米子の鉄問屋の取り扱いに対する不満から、産鉄の一部が出雲の安来《やすぎ》港から積み出されるようになったことへの対策であり、藩が為替融通資金をだして境港の融通会所に鉄を集めようとしたものであった。

倉吉の稲扱千歯

江戸時代中期以降での農業の発展には、農具の発達が大きく貢献している。とりわけ耕耘《こううん》や脱穀の能率をあげる農具が使用されるようになって、農業の生産性が向上した。耕耘では備中鍬《くわ》の使用が普及し、脱穀では千歯扱《せんばこき》が登場する。これまでの脱穀用具といえば扱箸《こきばし》であったが、千歯扱はその一〇倍以上の能率をあげることになり、「後家《ごけ》倒し」の異名をとるほどであった。

倉吉で製造していた稲扱《いねこき》千歯が、いつごろつくられるようになったかは不詳であるが、これまでの研究では、享保年間（一七一六〜三六）というのがもっとも有力である（山中寿夫『鳥取県の歴史』）。はじめから完成されたかたちでできたわけではない。原料の鉄材は日野郡産の印賀鋼《いんがはがね》であり、弾性に富んでいたことが倉吉千歯の名声をつくることになる。倉吉は原料を入手しやすい位置にあるとともに、刀鍛冶の技術が伝えられていたので、歯のかたちや何本の歯をたてればよいか、台木への接合などにも工夫をこらし改良を重ねながら製造を続けた。幕末には二五軒の鍛冶屋が倉吉で営業し、二〇〇人の職人が従事していたといわれている。明治十(一八七七)年の第一回内国博覧会に出品したときの報告書では、四四軒の業者がいたと記されている(『鳥取県史』4)。

安政四(一八五七)年に藩は国産奨励の一環として統制にのりだした。このときは製造業者が久米・河村・八橋三郡にわたっていたようで「右三郡の内にて中買致し、専《もっぱ》ら他所へ出商ひ致し候処、間には不正の品取扱ひ、売崩し候者も有之趣」といって、良質の千歯の生産と販売を進めるために、稲扱

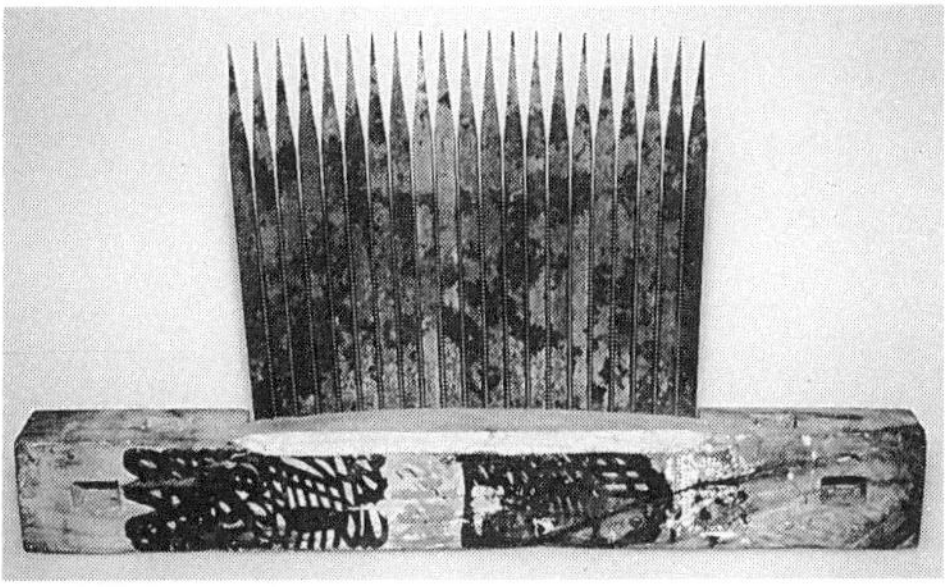

倉吉千歯

鍛冶を登録制とし、仲買人に御国産役所の手形を交付し、鍛冶職から一挺《ちょう》につき銀六厘《りん》あての冥加銀《みょうがぎん》を納入させるというものであった（「稲扱之記」）。

倉吉千歯の発展を支えたものは、行商による販路の拡大で、万延元（一六八〇）年「在方諸事控」にある久米郡下神村の惣三郎の願書をみると、岡山を経て淡路《あわじ》まででかけていることがわかる。また、倉吉の船木甚兵衛に対しては、慶応元（一八六五）年に稲扱一手根取《ねとり》に任命するとともに、淡路の玉藍《たまあい》や近江の蚊帳《かや》と千歯との交換を認めている。さらに船木は領内での販路拡大のために、村々に対して「郡役より懸《かけ》合《あ》」ってほしいと産物会所に要請するとともに、大坂蔵屋敷に千歯を送り、藩の蔵物としての形式をとることによって、他国産との区別を明確にして、倉吉千歯の品質保証の効果をあげていったという。そして大坂の出店を足がかりにして、江戸をはじめとする関東諸国への販路拡大もはかったが、幕末の激動のなかでは製品輸送も代金回収も思うにまかせず、製造・販売業者は資金的にゆきづまる。このとき船木は一万両余の資金を融通して関係業者の危機をのりきり、維新後の倉吉千歯の全国的展開につないでいったのであった。

7章

新しい時代への胎動

市川岳山筆『芝蘭堂新元会図』(寛政6年，重要文化財)

1 近世文化の展開

藩校尚徳館の教育●

鳥取藩の藩校尚徳館《しょうとくかん》は、宝暦七（一七五七）年二月一日に開講した。藩校で学ぶことができるのは、家中の士列以上の者の子弟で一三歳以上ならだれでもよかったが、徒士《かち》以下や農工商の者の入学は許されなかった。藩校内では長幼の序は尊重するにしても、家格の上下は無関係であるとした。尚徳館の学風は、天明七（一七八七）年の定《さだめ》によればつぎのとおりであった。

一 学問の風、篤実を本とすべし、流派を立て是非を争ふまじき事

一 講釈古来の注説に依るべし、自家の意見を主張すまじき事

一 素読の書、孝経・論語・詩書・礼記《らいき》其他は、宜《ぎ》に従てこれを授くべき事

このように、学問の目的を「篤実」の士風におき『孝経』『論語』『詩経』『書経』『礼記』をテキストとし、その講釈は「古来の注説」によるものとして、とくに異説をたてて是非を争うことがないようにという指示であるから、幕府にしたがって朱子学を祖述することを基本にしていた。学館奉行は箕浦文蔵《みのうらぶんぞう》で、学館建設を指揮し、開講式では講義を行い、以来三五年にわたって子弟の教育にあたった。

藩校創設直後の宝暦七年九月には、家老が日を定めて出席するので、諸役人も月一回は藩校に出仕すべしと命じ、藩政運営のうえでも藩校の講義が重要な役割をはたすようにした。また同十二年四月からは、士分以下で職務についている者にかぎって毎月三の日には藩校にでて聴講するようにと指示している。授

業は午前八時からで、講義の中心になる『孝経』講釈は毎月三の日に学館奉行が担当、『書経』と『詩経』の会読は五の日と十の日に、読み方を教える授読は三の日と八の日に月六回ずつ行った。もちろんそれは固定的なものではなく、藩校の整備や教授の交代でかわっていくわけで、明和五（一七六八）年のときには、奇数月の四の日の計一八回が講義日とされ、『小学』『論語』『孟子《もうし》』『尚書《しょうしょ》（書経）』『孝経』『詩経』がテキストに使われている。

幕末の嘉永五（一八五二）年、新しく藩主になった第十二代池田慶徳《よしのり》による学制改革で、藩校は施設・内容ともに抜本的に改められる。従来からの素読所のほかに、総溜《そうだまり》の間・小学の間・大学の間を増設、孔子《こうし》像をまつる聖廟《せいびょう》も新設され、武芸修練の武場も新しく設けられた。士分以下の家臣のために小文場も開設、国学や兵学も正式にとりあげられ、安政四（一八五七）年にはじまる第二次拡張では、小武場や弓術稽古《けいこ》場が開設される。

ここでの藩校の拡充強化は、幕末の非常事態に対処して家臣団の士風高揚が意図されていた。新しく掲げられた制札には

遠藤董筆「尚徳館」

「兼々仰出され候御法度《ごはっと》の趣、相守り申すべき事」「忠孝をはげまし礼儀を正し、文道武道を心懸《こころがけ》、義理を専《もっぱら》にし、風俗を乱すべからざる事」とあり、士分としての教養のためではなく、藩士として御法度をまもり、文武両道に精励することを求めたのである。したがって出席が奨励され、寄合《よりあい》以上は月に六回、御《お》馬廻《うままわり》は月に三回、職務についている者は毎月四日が藩校出仕日とされ、この日には藩主も出席することが例になっていた。

国学・兵学の開講は嘉永六年からであった。万延元（一八六〇）年国学方に任命された飯田七郎は、はじめ『古事記』を、ついで『皇朝史略』を毎月七の日に講じた。文久元（一八六一）年からは国学局が創設される。兵学は講義と御合図でそれぞれ月三回行われたが、嘉永六年には「兵学御条目」が示されている。そして安政二年からは毎月三日間の野外訓練も実施されることになった。

徒士以下が藩校の教育対象とされるのは、嘉永六年からであり、学制改革の重要な内容としなければならない。この時期の鳥取藩の家臣団総数は五四二四人、うち士分は四分の一の一三一六人にすぎず、四分の三の者がこれまで藩校の教育から除外されていたわけである。ただし士分以下に入学を許したといっても、学習の場は明確に区別し、小文場と小武場を別に設け、出入りは裏門からとした。また授業では算術と筆学が加えられ、実務能力の向上が期待されていたのである。

因伯の国学和歌●

藩校尚徳館で国学が講じられたのは嘉永六（一八五三）年のことで、和学として開講されたが、教授が病没したため一〇カ月で中断を余儀なくされ、万延元（一八六〇）年に再開、文久元（一八六一）年に国学局が藩校内に設けられた。それ以来、領内の歴史や地誌の研究を進め、『伯耆志《ほうきし》』編集にあたるとともに、多くの歌人を輩出して和歌の道を発展させた。

和歌ということでは、元禄十五（一七〇二）年に米子《よなご》の商人の竹内自安《じあん》による『清地草《せいちぐさ》』が刊行された。これは全国の歌人から集めた一〇〇〇首余を四季恋雑にわけて編集し、出雲大社《いずもたいしゃ》に献詠したもので、そのなかには四〇人を超える米子の歌人の歌がある。伯耆全体では七〇人もいるのに、因幡《いなば》はわずかに四人だけというのも、自安を中心に米子で活発な文芸活動が行われていたことがわかる。

因幡では明和三（一七六六）年に『稲葉《いなば》和歌集』が五〇〇首を集めて発行された。作者は男九五人、女二五人で、さすがに和歌であるだけに女性の歌もおさめてある。続いて寛政二（一七九〇）年には『続稲葉和歌集』がだされる。六四三首の作者は一二一人で、うち男は九〇人、女は三一人であった。この和歌集には、奥村純徳《じゅんとく》の名で香川景樹《かげき》の和歌一一首がおさめられている。景樹は明和五年藩士荒井小三次の次男に生まれ、馬廻四人扶持二〇俵の奥村定賢《さだかた》の養子となり、二六歳のときに上洛《じょうらく》し、天下に知られる歌人として大成する。

景樹とほぼ時期を同じくして、本居宣長《もとおりのりなが》の国学が全国的に開花する。伯耆の米子では、出雲大社の千家《せんげ》清主《きよぬし》に国学を学んでいた田代恒親《つねちか》・後藤直満《なおみつ》・間宮正彦《まみやまさひこ》が宣長の鈴屋《すずのや》門人録に名を連ねている。寛政十二年、宣長門下の衣川長秋《きぬかわながあき》がはじめて鳥取にきて国学を広め、享和三（一八〇三）年には鳥取藩から銀一五枚を与えられ、門下生をつのって国学を講義することを認められた。長秋は文政六（一八二三）年まで二〇年余を鳥取にいて国学振興につとめ、倉吉《くらよし》や米子《よなご》にもでかけ、その門下は三〇〇人ともいわれた。

蘭方医稲村三伯●

寛政八（一七九六）年日本で最初の蘭和《らんわ》辞書を編纂した稲村三伯《いなむらさんぱく》は、宝暦八（一七五八）年鳥取の町医者の子として生まれ、一三歳のときに藩医稲村三杏《さんきょう》の養子となった。九州福岡、そして長崎で医術を学び、天明元（一七八一）年養父の跡を継いで藩医となったが、同三年と五年に二度にわたって京都にでて学び、さらに大槻玄沢《おおつきげんたく》の『蘭学階梯《かいてい》』を読んで新しい学問である蘭学にめざめ、藩に三年間の江戸遊学を願い出て許され、寛政四年に大槻玄沢の門に入った。三伯は芝蘭堂《しらんどう》の四天王の一人とされ、同十年に玄沢の家で太陽暦の正月を祝った蘭学者たちのオランダ正月で、余興につくられた江戸の蘭学者番付において、東の関脇にあげられている。なお、この番付には東の前頭一八枚目に因州《いんしゅう》松芝如仙《まつしばじょせん》、西の前頭二四枚目に因州岸本雲丈《きしもとうんじょう》の名がみられる。

三伯は三年というかぎられた期間に蘭学を学ぶためには、オランダ語の辞書が必要であると考え、師の

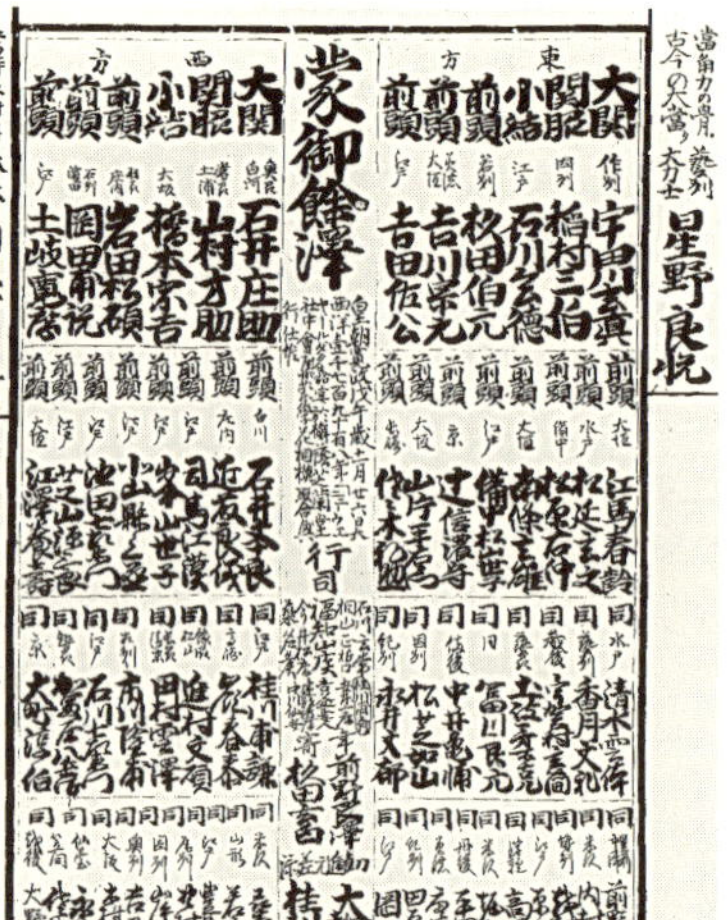

寛政10年の蘭学者の「相撲見立番付」　宇田川玄真が東方大関，稲村三伯が東方関脇のほか，因州からは松芝如仙，岸本雲丈の名がみえる。

玄沢がもっているオランダ語とフランス語対訳のピートル・マリン、フランソワ・ハルマの辞書を借用して和訳をつけることにし、長崎で通詞《つうじ》をしていた石井恒右衛門や蘭学者仲間の宇田川玄真《うだがわげんしん》らの協力も得て『ハルマ和解《わげ》』を完成し、三〇部を印刷して配布した。一部一三冊からなる蘭和辞書で、八万の単語がおさめてあり（森銑三『おらんだ正月』）、その後の蘭学の発展に大きな役割をはたした。

享和二（一八〇二）年、三伯は弟の借金のことから江戸で鳥取藩を去り、名も海上随鷗《うながみずいおう》と改めて下総国《しもうさ》稲毛《いなげ》村に隠退した。その後文化三（一八〇六）年には京都に移って蘭学塾を開き『日本医学史』のなかで「京畿ノ間ニ蘭学ノ盛ニ行ハルルニ至リシハ実ニ随鷗ヨリ始マル」といわれているように、蘭学塾を通じて関西のすぐれた蘭学者を養成していった。鳥取藩からも藩医の田中松瑞《しょうずい》・吉岡洞鑑《どうかん》ら一二人が入門して社盟録に名をとどめている。

種痘《しゅとう》も蘭方医術の発展のなかで普及していった。因伯両国では、原田帯霞《たいか》や景山大輔《かげやまだいすけ》らにより痘苗《とうびょう》がもたらされて、種痘が行われるようになり、藩でも安政元（一八五四）年に「両国在町に至る迄、右種痘致し遣し申すべく」と達して種痘廻村をはじめ、同五年には景山と田中春桃《しゅんとう》の二人を種痘医として藩で召し抱え、文久元（一八六一）年には二三人の種痘医師団を編成し、藩内を五地区にわけて廻村させるなどして普及につとめた。

ただし鳥取藩の場合、幕末期に蘭方医として藩に召し抱えられた者は一人だけで、蘭学を学んだ医師が登用されるのは、探索方とか周旋方としての任用であった。藩校尚徳館でも蘭学はとりあげられなかったことからも、新しい学問に対する鳥取藩の消極性をみることができる。石見《いわみ》の津和野《つわの》藩が藩校養老館《ようろうかん》に蘭医科を開設したのは嘉永二（一八四九）年であり、出雲の松江《まつえ》藩では文久三年藩校修道館《しゅうどうかん》に西洋学校が開設されていることとくらべるとよくわかる（内藤正中『島根県の教育史』）。

百姓町人の教育

延宝九（一六八一）年の夏、弓浜半島の新屋《にいや》村（境港《さかいみなと》市）に幕府の官船が漂着し、村民が漂流物を拾得したとして取り調べられる事件がおきた。これに対して地元村民は「口上の覚」をまとめて提出したが、文字を解する者がいなくて困ったことが記されている。すなわち「竹之内村へ百姓共皆々集り談合仕り候へども書付る者御座なく」ということで、翌日「渡《わたり》村へ集り候へども書き申す者御座なく候て、外江《とのえ》村の彦右衛門弟安右衛門と申す仁、少し宛書き申し候間」ということで、ぜひにと頼んだところ、「我等一人しては罷《まか》り成らず候間、外江村の神主河内殿も少し宛物書かれ候故、旦那中としてやとい、両人してならば書き申すべし」というしだいで、やっとまとめることができたというのである。近郷をあわせても文字が少々書ける者がわずか三人というのが、当時の農村の実態であった（『鳥取県史』5）。

日野《ひの》郡山上村（日野郡日南《にちなん》町）の青砥《あおと》清三郎は「先祖親代々子供に物語に申し聞せ置かれ候事」という四一カ条の家訓《かくん》を残しているが、農民にとっていかなる学問が必要であるかをつぎのように記している。

一　頭百姓の我は算用物語第一これあるべし、其外之上芸無用に候、農業心得候事第一との先祖物語に候。

一　中百姓は少々の日記に算用等も用いこれあるべし、其外は万事無用に候……。

一　小百姓の家は上段の事はすべて無用に候。

一　遊芸其外学問の望これ有る人は必ず農業に無精に相成るべき由、これに依り家相続無用との先祖物語に候。（『先祖物語』）

これでいえば文字を知っていなければならないのは中百姓以上のかぎられた農民であり、多くの者には「すべて無用に候」とされていた。むしろ農業をするうえで文字や学問は有害無益と考えていたことがわかる。

自他ともに百姓には無用とされていた学問ではあったが、十九世紀に入ると農村でも読み・書き・そろばんの寺子屋がみられるようになる。さきの青砥家の『先祖物語』でいえば、中百姓以上の階層には「算用物語」「少々の日記」が必要とされた以上、彼らのニーズにこたえて村に寺子屋が開設されていったということができる。

『日本教育史資料』に収録された因伯両国の寺子屋数は三一二である。うち六四は創立時期が不詳であるが、二四八の寺子屋についてみると、文化年間（一八〇四〜一八）から普及しはじめ、天保年間（一八三〇〜四四）に急増、以降は増加の傾向をたどっていることがわかる。また、地域的には因幡が七〇であるのに、伯耆は三・五倍の二四二もあり、とくに会見《あいみ》郡と日野郡の数は伯耆全体の各二倍である。日野郡の黒坂宿（日野町）には、女師匠による女子だけの寺子屋もあったし、会見郡

農村の娯楽(『農村生活図絵』)

青木村（米子市）の修徳舎は男子二人と並んで一人の女教師がいた（『鳥取県史』５）。

寺子屋が初歩的教育機関であるとするならば、やや高度なものとして私塾があった。因伯では五カ所がわかっている。八上郡《やかみ》袋河原村《ふくろがわら》（鳥取市河原町《かわはら》）の毅塾《き》は慶応二（一八六六）年に林良造《りょうぞう》によって開かれた。良造の父も学者で、兄は緒《お》方洪庵《がたこうあん》の適塾《てき》に学んでいる。気多郡《けた》鹿野《しかの》（鳥取市鹿野町）には文化年間から熊谷道伸《くまがいどうしん》による修道館が父の時代から引き続いて活動していた。汗入郡《あせり》御来屋宿《みくりや》（西伯郡《さいはく》大山町）の思精《しせい》堂は、医師の岡本尚斎《しょうさい》によって安政五（一八五八）年に開かれたもので、女子二人が在学していた。会見郡中野村（境港市）でも医師の景山立碩《りっせき》により弘化元（一八四四）年より国学を取り入れた和学漢学筆道の塾が開かれていた。このほか、会見郡東福原（米子市）に漢学と数学を教えた高橋庄《しょう》平《へい》の私塾もあった。これは明治維新後まで三代にわたって続いたという（『鳥取県史』５）。

日野郡溝口宿《みぞくち》（伯耆町）には伊藤宜堂《ぎどう》の郷校があった。郷校とよばれるのは溝口の一校だけで、藩主が生徒一人当り二

幕末の偉大な教育者

伊藤宜堂の記念碑建立

江府

生家前 関係者ら除幕

日野郡江府町出身で、幕末から明治初期にかけて活躍した偉大な教育者、故伊藤宜堂の「誕生終焉（えん）の地」の記念碑が同町江尾の生家前に建てられ、三十一日、関係者が除幕して郷土の賢人を後世まで伝えて行くことにした。

宜堂は寛政四年（一七九二）生まれ。二十二歳で江戸に上り、江戸後期を代表する儒学者。三十四歳で帰郷するが、文を軽んじる鳥取藩に失望し、現出雲市に「有隣塾」を開設し、多くの弟子を育てた。後に、同郡溝口町溝口に開設された郷校でも教べんをとった。

同町では、宜堂の遺徳と業績をたたえようと、昨年、町制四十周年と生誕二百年

除幕された伊藤宜堂の生誕記念碑

伊藤宜堂記念碑建立の除幕式を報じる新聞記事（『日本海新聞』平成７年６月１日）

❖コラム

大山まいりと牛馬市

大山寺《だいせんじ》は天台宗比叡山延暦寺《ひえいざんえんりゃくじ》の末寺で、本尊は大智明権現《だいちみょうごんげん》とよばれる地蔵菩薩《じぞうぼさつ》をまつっており、地蔵の縁日にあたる二十四日にちなんで、四月二十四日が春の祭礼日であった。この日には大山寺にまつられている七社の神輿《みこし》の行列があり、これをおがむために近隣からの参詣《さんけい》人が集まった。これを大山まいりという。この日には、鳥取藩でも隣国からの参詣にさしつかえがないように、国境の番所も特別あつかいをしたほどである。また米子や弓ケ浜地方の綿作地では、播種《はしゅ》期であったことから、大山まいりまでには仕事が終わるようにと農作業の目標にもしていたのであった。

大山まいりの賑《にぎ》わいは、博労座《ばくろうざ》で開かれた牛馬市の盛況によっても知られていた。大山寺の本尊である地蔵菩薩は、農業神として、また牛馬の守護神としても信仰されており、牛馬を連れて参詣する風習が広がっていった。応永五（一三九八）年に描かれた著名な『大山寺縁起』にも、法隆寺《ほうりゅうじ》の明蓮《みょうれん》法師が法華経第八巻が覚えられないことについて、美作国から牛を連れて大山まいりにきた人が、出発にあたって、大山寺の本尊から法華経を聞かないできたことが原因であると、因縁をきかされる物語が記されている。博労座の牛馬市は、各地から集まってきた博労たちが行っていた牛馬売買を統制するため、享保年間（一七一六〜三六）に大山寺領の山奉行であった吉川右平太《きっかわうへいた》が、牛馬市を設けることを願い出て許可されたことにはじまる。以来、博労座では春の祭礼の四月二十三・二十四日と、八月十五・十六日に牛馬市が開かれるようになり、中国地方の三大牛馬市の一つにあげられるようになった。

合の扶持米を支給する特別の支援が行われた。文久三（一八六三）年の開校で、宜堂は『周易包蒙約解《しゅうえきほうもうやくかい》』の著書で知られる儒学者であった。

商人家訓の教え●

米子市立《たて》町でいまも茶商をいとなむ鹿島《かしま》家には、寛政十一（一七九九）年に四代目の三郎左衛門がつくった「両家起請文《きしょうもん》」が残っている（『鳥取県史』4）。両家というのは鹿島屋の本家と分家に共通するとの意味である。鹿島家は備前《びぜん》岡山から米子に小間物《こまもの》行商できたのを機にそのまま米子に住みついて米屋や醸造、さらには金融業もいとなみ、米子を代表する商人になった。田畑も四反余を買い求めて手作りしていたが、商人が田畑をもつことについて「たとえ子供数多くこれ有り候とも、右畑をもって作り出し申候へば、五人七人営み送ること心安きことなり、依て如何様《いかよう》なる義出来《しゅったい》仕り候とも、売払申こと堅く相成り申さず候、右田畑の儀はなき物と心得」といましめるのであった。

四代目のときに「殊《こと》の外難渋《なんじゅう》」するにいたる。田畑をたがやして夜業に豆腐《とうふ》やコンニャクをつくって売り歩き、しのいでいたが、宝暦九（一七五九）年の銀札下落で米商人が米を売らなくなり、町人が困窮していたのをみて、米屋をはじめることにして許可を得た。米一俵を元手に弟と協力した米屋は繁盛し、儲《もう》けをたくわえることができたので、弟を分家して下鹿島屋とする。このとき兄弟相談の結果、収益金だけでなく財産も毎年の決算で折半にすることとし、月々の算用には毎月二日の夜に両家が立ち会うことなどを定めたうえで、二二カ条にわたる家訓を起請文とした。

同家は心学道話に熱心で、主静舎《しゅせいのや》という家塾をおこしていることもあって、「仁義礼智信、此の五常相守り申すべきこと」とする。一方で、子供の手習いについては、三年位で商売に間《ま》にあえばよいのであって、文字が上手である必要はない。風雅・書画・道具類の道楽はよくない。碁《ご》・将棋《しょうぎ》はおたがいの交際程度はよいが、金銭をかけるようなことはすべきでない。子孫のうち身持のよくない者がでたときは、商売はさせないで隠居にし、小遣などそれ相応に与えることにする。ようすのわからない他国で一挙に大儲けをするような商売や相《そう》場《ば》取引は、どのような甘言があっても、御先祖の時代から大嫌いで決して手をだしてはいけない。質商売が思わしくないようになったら、四、五年くらい休んで時節をみはからってまたはじめるとよい。他人からの借金、とりわけ保証人の受判は厳禁する。金の貸借は両家のうちで十分で、それも手一杯でなく六、七割にとどめておく。いよいよ商売がゆきづまったときには、親類が寄り合って評議し、第一番に諸道具や貸家などを処分し、それでも不十分ならば田畑を売り払うことにする。貸家や田畑を抵当にしての借金はしてはいけない。ただし本家御先祖様が開いた畑だけは、たとえ貧乏しても売り払ってはならない。麦飯や粥《かゆ》を食べ小百姓になり、生活をきりつめて働けば、そのうちに出世できることを御先祖様は教えてくれている。盗みをすることは恥ずべきであるが、身分を下げて仕事に精励することは御先祖様への忠義であり、子孫のためにもよい心得になる。元来商売が順調であったときのことにこだわって、決断に時間を空費し、あとになって後悔している商家が多くなっている。そのためもあって苦言を呈することにした。

とのべている（『江戸時代人づくり風土記　鳥取』）。

2　異国人とのふれあい

米子商船の朝鮮国漂着●

徳川幕府の外交文書をまとめた『通航一覧』巻之百三十五は朝鮮国への漂流であるが、その冒頭に「元和四戊午（一六一八）年、竹島の漁民等朝鮮国に漂流す、寛永十四丁丑（一六三七）年九月、伯耆米子の漁船、また同島より漂流す、ともに彼より宗《そう》氏に渡す」と記してある。

竹島については、同書割注で「この島は我邦域と朝鮮国との中間にあり、もと彼国属国のごとしといへども、さらに土着の人民なし、故に本朝また我有なりとして、この頃その近傍海国の漁民等、往々渡海して業をなすもの不断なり」と記す。したがって「竹島の漁民」とは日本人のことである。米子の商人大谷《おおや》甚吉《じんきち》がいつ竹島に漂着したのかはわからないが、元和四年にはでかけ、幕府の渡海免許をうけている。この記事はその年のことである。朝鮮国側の史料では「馬多伊等七名漁于鬱陵《ウルン》島《ド》、遂漂到於朝鮮、順付帰船」とあり、鬱陵島で漁をしていた馬多伊ら七人が対馬《つしま》藩経由で日本に送り帰されたということである。馬多伊らは日本人ということで日本に送還されているが、米子の大谷船に関係していたかどうかはわからない。

続く寛永十四年の場合は「伯耆州米子村市兵衛」とある。市兵衛船は船頭弥三右衛門以下三〇人をのせて竹島に渡り、六月に帰国の途中、逆風にあって朝鮮国慶尚道《キョンサンド》蔚山舫魚津《ウルサンソンソンへ》に漂着して救助された。「彼国のもの令馳走」とあるように、手厚い待遇をうけて九月十日に対馬藩に引き渡され、竹島で収穫した海鹿《みち》油《あぶら》、鮑《あわび》、塩鰒《しおあわび》、水牛皮をもって帰国した。鎖国令の四年前のことである。救助送還のお礼として、対馬藩主は朝鮮国礼曹参議《れいそうさんぎ》に対して金小屏風《びょうぶ》二張、撒画懸硯《さんがかけすずり》二箇、大鑞鉢《おおろうばち》二箇、旅程饌器《りょていせんき》一担、桐紋紙《きりもんし》一〇〇〇斤、東萊府使《トンネふし》に対して撒画瓶一箇、文画一箇、桐紋紙五〇〇斤、釜山僉使《プサンけんし》に対して文画一箇、桐紋紙五〇〇斤、重画一座を贈っているが、鳥取藩は対馬藩や朝鮮王朝にどのような謝礼をしたのであろうか。

いま一つ、村川市兵衛と共同で竹島渡海事業にあたっていた大谷九右衛門の船も、寛文六（一六六六）年に一三端帆二隻、五〇人が乗り組んで竹島に渡り、七月三日に帰航の途についた。竹島の材木で一五端帆の船を新造、新造船には船頭太郎右衛門以下二一人が乗り組み、旧船二隻には二九人が分乗して出帆したところ、風にあって旧船二隻は沈没、新船だけが二昼夜の漂流ののち五日夜に朝鮮国慶尚道長鬐《チャンサ》に漂着した。六日の朝に全員が救助され、十月四日までの三カ月間にわたって朝鮮国政府によって手厚い処遇をうけ、「護送館中……矧又獲沐衣粮之龍錫、寔用感悦」（収容されているあいだは衣食など与えられ感激している）ということで（『通航一覧』巻之百三十五）、十月七日に対馬に送られ、長崎を経て寛文七年二月二十二日に米子に帰ってきた。帰国にあたっては、船頭に白米二斗・白紙二巻が、他の者には白米各一斗・白紙各一巻が朝鮮国政府から贈られ、対馬藩主からは寛永のときと同じように、朝鮮国の政府関係者に御礼状と贈物が届けられた。

朝鮮国船の因伯漂着●

これに対して因伯海岸に漂着し救助された異国船は、すべて朝鮮国船で三回が記録されている。このことについては池内敏「鳥取藩領に漂着した朝鮮人」（鳥取大学編『論叢歴史と社会』第二巻）で詳細が明らかにされているので、参照しながら以下にのべることにする。

第一回は明和四（一七六七）年閏《うるう》九月八日、汗入郡上万村《じょうまん》（西伯《さいはく》郡大山《だいせん》町）に男四人があらわれた。言葉は通じなかったが、「朝鮮」「長崎」だけはわかったようで、役所に届け出て指示があるまで四〇日間も上万村で面倒をみる。藩庁では江戸藩邸と大坂蔵屋敷に通訳派遣を要請するが、大坂では対馬藩に相談して送還の手続きや漂流民の取り扱いについて教えてもらい、鳥取に連絡してきた。こうしてはじめて本格的な取調べに着手し、朝鮮国慶尚道長鬐の漁民四人であること、八月二十一日に出港して以来四〇日も漂流していたことなどがわかった。幕府に届出をしたのち、十月三十一日美作《みまさか》・備前《びぜん》経由で陸路長崎に送ることができた。

それより前の十月十九日になって、ようやく上万村から鳥取に連行するよう命じられ、馬と駕籠《かご》を使って三泊四日で送った。城下では「今度異人伯州より鳥取江参候節　幷《ならびに》　発足之砌《みぎり》、家来末々見物　罷出《まかりいで》候とも猥《みだり》にこれ無きよう堅く申付けらるべく候、もっとも婦人見物之儀ハ無用候間、その意を得られ、末々まで申付らるべく候」と、二十日付で見物についての注意が示される。二十五日に朝鮮人は城下に入った。その状況については、『鳥府厳秘録』に、「朝鮮人今日参着に付、往来筋見物の人あたかも堵牆《としょう》のごとし。異客等みな駅馬に乗て来る。先つ荒尾近江第に到り、いずれも庭上に跪《ひざまず》き流涕《りゅうてい》合掌して君御憐恤《れんじゅつ》の厚き事に謝しける、と云々。かねて町会所を旅館に定め置かれ、その道筋富商の家々は店先を飾り、その粧《よそお》ひ壮麗なり。異客等驚嘆なのめならずと云ふ」とある。

第二回は文政二（一八一九）年一月十二日に、八橋《やばせ》郡八橋（東伯《とうはく》郡湯梨浜町）に漂着した朝鮮国江原道平海の一二人である（『通航一覧』や『因府年表』にもとづいて『鳥取県史』では赤崎とするが、「在方諸事控」や『因府歴年大雑集』では八橋漂着とする）。今回は言葉が通じなくても筆談ができ、一〇日後の二十二日には

鳥取藩領と漂流・漂着

寛永9(1632)年閏8月5日	加露へ福建省の商船漂着。乗組員41人。[因]
万治2(1659)年　8月27日	汗入郡西坪村の海辺へ異形の破船漂着。[因]
元禄6(1693)年　6月4日	米子詰めの加藤郷右衛門らが，朝鮮人アンピンシャ，トラへの2人を鳥取へ連れくる。[因]
9(1696)年　6月4日	伯州赤崎灘へ朝鮮の船着岸。乗組員11人。加露の東禅寺を旅宿とす。[因]
享保4(1719)年　5月17日	出雲国三保関辺へ度々唐船漂着に関する公義の触（享保3年6月付）を大庄屋などに廻達。[在]
明和元(1764)年　1月25日	二つ山灘へ異形の船漂着。[鳥]
4(1767)年閏9月8日	汗入郡上万村百姓定次郎方へ異国人4人くる。[鳥]
安永3(1774)年　5月2日	当春，雲州へ唐船漂着に際し，伯州での警備を行った会見郡境村・外江村・上道村へ褒美。[在]
寛政3(1791)年　8月10日	石見国海上の異国船について米子から鳥取へ連絡。[鳥]
9(1797)年　11月6日	隠岐国海上の異国船について米子から鳥取へ連絡。[在][鳥]
10(1798)年　9月17日	夏泊の灘辺へ異形の空船漂着。[鳥]
享和元(1801)年　2月28日	大谷の海辺で異形の太鼓を拾った人がいる。[鳥]
文化2(1805)年　2月16日	おろしあ船取計方について触れ。[在]
6(1809)年　4月24日	去年11月，但州美方郡に朝鮮人漂着。破船を浦継で長崎まで送る件について触れ。[在]
6月18日	隠州浦之郷へ琉球人10人乗りの異国船漂着。境村より連絡。[在]
10(1813)年　3月14日	伏野灘に異形の船漂着。[化]
文政2(1819)年　1月12日	伯州赤崎灘へ異国船漂着。[化][在]
13(1830)年　11月8日	沖合3里ほどのところを300石積ほどの船が西から東へ漂流し，のち但馬国に漂着。清国の船。[化]
天保9(1838)年　10月13日	朝鮮人7人，因幡網代に漂着。[天][在]
嘉永6(1853)年　3月14日	隠岐国沖合の異国船について会見郡境村村役人より注進。[在]
安政3(1856)年　3月19日	出雲宇龍浦沖合の異国船について会見郡境村村役人より注進。[在]
6(1859)年　8月6日	加露・伏野灘の沖合に異船1艘。実は異船造りの日本船。[在]
文久元(1861)年　8月	八橋郡御崎村・下甲村沖合へ異形の船。[在]
10月2日	口会見郡竹内・福定・富益3カ村灘へ，9月10〜16日に異船様の船および見馴れざる品々漂着。[在]
2(1862)年　3月24日	河村郡宇野村沖合に異船漂流。[在]
3(1863)年　4月23日	隠州嶋後目貫灘辺へ異船様の船。口会見郡境村より連絡。[在]
7月10日	八橋郡大塚村灘沖合へ異国船様の船が煙をだして西の方へ通過。[在]
元治元(1864)年　6月6日	河村郡泊村沖合へ異国船らしい船が停泊。[在]
2(1865)年　5月17日	久米郡江北村沖合へ異船とみえる船3艘。[在]

〔凡例〕［因］…『因府年表』［鳥］…『鳥府厳秘録』［化］…『化政厳秘録』
［天］…『天保厳秘録』［在］…「在方諸事控」
池内敏「鳥取藩領に漂着した朝鮮人」(鳥取大学編『論叢歴史と社会』第2巻)による。

駕籠にのせて八橋を出発、鳥取にむかった。異国人一人につき一人ずつの付添いもつけられ、医師二人のほか藩役人ら一〇〇人を超える行列は二泊三日の旅で、二十四日に城下に入る。行列をみる人たちは道筋にあふれ『化政厳秘録』には「朝鮮の漂客今日鳥府に来り、町会所旅館と相成る。……その間の道筋富商の店へは各種々の餝《かざ》り物を出せり。見る人皆眼を驚せり。異客等是を見て賞する毎に、ちょうたと云ふ」と記している。朝鮮人たちが発した「ちょうた」とは、「いいなあ」「いい眺めだなあ」という意味ではないかと池内敏はのべている。また沿道の店の飾りものについては、「柱を毛氈《もうせん》にて巻、金屏風、銀屏風其外珎器《ちんき》相応の餝物《かざりもの》等致し」とほかの史料にはみえる（「朝鮮人漂着覚書」）。

幕府から長崎への護送が命じられるのは、一月二十六日であった。鳥取出発が閏四月八日であるから、どうして三カ月半も鳥取にとどまることになったのであろうか気にかかる。城下の会所に収容中の閏四月、大火にあって法泉寺に避難したさいの一二人の姿を描いた絵が残っている。長崎でわかれるにあたって、船長の安義基は世話になったお礼にと世話をした役人にあてた謝辞をハングルで記すが、それは絵とともにいまも鳥取県立図書館に保存されている。

鳥取から境村までは陸路で、境村からは蜘勇丸《ちゆう》（七五〇石）・幸要丸（六〇〇石）に分乗して長崎に送られた。船室は広さ四畳半、三方は三寸角材で檻《おり》のようにつくられてあり、一方は板壁で、そこに六人が押し込められて一カ月半の船旅をした。不浄所もそのなかであったためか、「船中蚊豣《かおびただしく》敷出《いで》、異国人共始《はじめ》いつれも終夜寝不申」ということになり、五月二十三日の長崎着まで一カ月半に及ぶ航海で、安義基は「惣身かゆミ有之難義」となるし、一人は食欲をなくし、三人が病気になった（「異国人拾弐人長崎江船送一件記」）。

第三回は天保九（一八三八）年十月十三日、岩井郡網代《あじろ》村（鳥取市岩美町）への漂着である。彼らは朝鮮国慶尚道蔚山の五人で、ほかに二人は溺死したという。「此度致揚陸候唐人共、至て麁人《そにん》と相見え着用向も見苦しく、朝鮮人とは相見候得共、漸《よう》く壱《いち》人文字をかき候得共、一向不相分、素《もと》より言葉も不相分」であった（「岩井郡網代村江異国人揚陸一件」）。五人のうち一人の者が文字は書けるが言葉は通じないため、文政二年に赤崎に漂着した朝鮮人の書をみせたところ「ほりた」といって笑い出し、そして自分たちの出身地と姓名・年齢を書いて差し出したという。こうして二十日には鳥取城下に送られ、翌十一月十五日に出発、陸路をとって十二月五日に長崎に着いた。

朝鮮人への対応●

竹島渡海で朝鮮国に漂着した米子商船は、寛永年間（一六二四〜四四）が三〇人、寛文年間（一六六一〜七三）が二〇人であり、漂着救助後対馬に送還されるまで、それぞれ四カ月も滞在して朝鮮国政府に手厚い待遇をしてもらっている。接触があったのは役人だけにかぎられていたにしても、役人を通じて異文化についての見聞を得たと思われるし、帰国後にはその話が周囲の人に伝えられたはずである。しかし漂流とはいえ異国帰りであるからには、鎖国体制下ではきびしい口止めが命じられていたのかもしれない。ただし大谷・村川両家共同の竹島渡海事業については『伯耆志』や『鳥府志』に記してあるのに、朝鮮国へ漂流し救助されて帰国したことについてはなんら言及していない。もっとも漂流記や帰国後の取調書の類は一般に書き写されて流布される場合が多く、享保二十（一七三五）年の「隠州島後布施《いんしゅうどうごふせ》村権右衛門船四人乗朝鮮国江漂流一巻口上書」や、出雲国七浦の「権市難船演舌聞書」、さらには後述する河村郡長瀬村（東伯郡湯梨浜町）利七の漂流談にしても、いくつもが流布されている。

ともあれ、話にはきいていたとしても、実際に異国船なり異国人にであった場合には、とまどうばかりであった。因伯海岸へ漂着した前述の三件についてみてみよう。

明和四（一七六七）年上万村定次郎の家にあらわれた男たちは「非人体」「何国之者とも不相知」「着類綿服ニ而候へ共不見馴着類」という外見と、「言語一向分り不申」と言葉が通じなかった。「長崎」「朝鮮」という言葉だけは通じたそうで、江戸藩邸への報告には「朝鮮国の猟師にても可有之哉」と記している。しかし因伯にやってきた朝鮮人はこれがはじめてではない。七〇年前の元禄九（一六九六）年には赤崎に「鬱陵于山両島監税将」を名乗る安龍福《アンロンブック》ら一一人が船で乗りつけ、関白に上訴《じょうそ》したいとのべたことから（一七二頁参照）、鳥取藩は加露《かろ》に回航させて、はじめ城下の町会所に、ついで湖山《こやま》池の青島に唐人船屋をつくって滞在させたことがある。このときも通訳が必要で、あわてふためいた経験があったので、藩庁はさしあたって江戸藩邸と大坂蔵屋敷に通訳の派遣を要請する。しかしそれ以外については、七〇年前の経験がいかされたとは思われない。

上万村漂着朝鮮人の場合、漂着の九月八日から一カ月近くたった十月五日になって、江戸藩邸は幕府老中に漂流民のことを届け出る。幕府は即日長崎移送を命ずるが、江戸藩邸から国元に指示が届くのは十八日で、翌十九日に漂着した四人の鳥取城下への移送を達する。したがって漂流民は九月八日から四〇日も上万村にいたことになる。鳥取へは十月二十五日に入り、町会所に滞在して藩の取調べをうけ、三十一日に長崎にむかって出発する。鳥取滞在は七日間である。

文政二（一八一九）年八橋に漂着した一二人の場合、五〇年前の明和四年上万村の例にならって藩庁は対応した。一月十二日に漂着、ただちに八橋の空屋《あき》に収容し、二十二日には鳥取に出発しているから、八橋滞在は一一日間である。二十四日に城下着、町会所が宿舎となり、以来閏四月八日に長崎出発まで三カ月半も鳥取に滞在させられる。幕府とのあいだで長崎への護送手続きについてのやりとりに、思わぬ日時を要したためであった。そのうえ境村から長崎までは船であったから、一カ月半もかかる長旅になる。陸路をとった明和のときは、二五日間で長崎に送られている。

天保九（一八三八）年十月十三日網代に漂着した七人（うち二人は溺死）については、「朝鮮人とは相見候得共」と、初めから朝鮮人だとみられていた。しかし言葉も通じず筆談もできなかったので、文政二年の漂流民が残した文書をみせたところ、理解して自分たちの姓名・年齢・出身地を書いてだしたという。身元確認もできたので、藩では旧例にならって手続きを簡略化する方針で処理することとし、網代には七日間滞在ののち、十月二十日には城下に移し、十一月十五日には長崎にむけて出立させている。鳥取滞在は二五日間で、長崎へも陸路二〇日間で送り届けた。

滞在中の取り扱いについては、文政の場合は「異国人江朝夕日本料理給させ、其上木綿着物、蒲団《ふとん》、手拭、紙煙草入《かみたばこいれ》、きせる、櫛《くし》、扇子《せんす》等を遣し申候」とのべている。また「上陸の日飢渇《きかつ》甚《はなはだ》し、依之其当座粥を煮て撫恤《ぶじゅつ》せられけるに、一日に一人の食む処《は》一升三合（一升＝〇・六リットル）也と云」ともみえる。天保のときも「唐人一人米一升ずつ幷《ならびに》料理向は一汁二菜位にて可然と申聞候事」と藩庁は指示している。すでに明和の上万村漂着朝鮮人の食事についての取調べ記録は、「いずれも大食で一度に五、六膳《ぜん》も食べるし、病人も二、三椀ずつ一日三度食べた」「いずれも酒好きだが差控えていると荒れるので、一日一度だけ汁椀に一杯ずつ飲ませた」とある。ともあれ一人一日一升とか一升三合の米を漂流民は食べていたことはたしかである。

因伯にくらべて漂着船が多かった石見天領大森代官所での例をみると、文政五年一月大森代官から幕府勘定所への伺のなかで、食事については一人白米三合ずつ三度、その外賄方《まかないかた》品々先格のとおりとのべている。米の量だけでいえば、鳥取藩は多かった。長崎移送時の食事は、朝夕とも皿・汁・香物・飯・酒の一汁一菜である。これに対して護送の役人は同じ料理でも酒はない。一汁三菜で酒がついているのは引率責任者だけである（大庭良美『唐人おくり』）。漂流者には朝夕とも酒をだすことになっていたようである。

朝鮮国に漂着救助された日本人の場合、寛文の米子大谷九右衛門船二一人に対して、一人当り白米五斗、清酒一瓶、東瓜一塊、生鮮一束、甘醬三升が与えられている。滞在中ということで何日分であったかはわからない（『鳥取県郷土史』）。享保二十年の隠岐布施村権右衛門船四人の漂着では、五日ごとに白米一斗一升ずつ、塩・味噌《みそ》・薪《まき》・干鱈《ひだら》・和布《わふ》などが届けられ、毎日朝夕に大根・南瓜《かぼちゃ》・茄子《なす》などの野菜とカレイ・イシモチの魚も与えられたという。また時には端折紙《はしょりがみ》・縁取《ふちとり》・多葉粉《たばこ》・剃刀《かみそり》・砥石《といし》・綿入《わたいれ》木綿着物、さらには朝鮮国王よりの下し物さえもらって帰国している（内藤正中『山陰の日朝関係史』）。

長瀬村利七漂流談

嘉永三（一八五〇）年十月二十九日に摂津《せっつ》国の酒造業松屋八三郎所有の一六〇〇石積永力《えいりき》丸が、江戸からの帰途、志摩《しま》半島の沖で暴風にあって漂流、五五日目にアメリカの貨物船オークランド号に救助された。一七人の乗組員のなかに、伯耆国河村郡長瀬村（東伯郡湯梨浜町）出身の利七《りしち》がいた。利七は橋津《はしづ》村（同町）の船持に雇われ、鳥取藩御用船の水主《かこ》になったが、その後摂津国で永力丸に乗り組むことになる。

救助されたものの、はじめてみる異国人は衣服や食事、所作のすべてが違うし、言葉はまったく通じなかった。船員が病気になったことから、永力丸乗組員のなかから選ばれて利七が手伝うことになり、船長にも重宝がられたという。翌四年二月三日にサンフランシスコに入港、荷揚げを手伝ったのち税関庁に引き渡され港の監視船に収容、以後はアメリカ政府から衣類や食料などを支給され、一週間に一回は上陸して街をみてまわった。

当時アメリカ政府は、太平洋での捕鯨船の補給基地を日本に設け、あわせて通商もしたいと考えていたので、日本人漂流民を送還することによって交渉を有利に運ぼうとしていた。こうして同五年二月十二日にサンフランシスコを出航、途中ハワイに立ち寄って四月五日に香港《ホンコン》に到着した。ここで日本人漂流民は、アメリカ東インド艦隊の旗艦サスクェハンナ号に移乗させられるが、時あたかも太平天国の乱のさなかで、洪秀全の率いる反乱軍が南京《ナンキン》を攻略しようとしていた。このためアメリカ艦隊は上海《シャンハイ》にいるアメリカ居留民保護のため、上海にむかった。上海で停泊中、尾張《おわり》国出身でイギリスの貿易商社員の音吉《おときち》がたずねてきて、永力丸一行の日本への帰国援助を約束する。漂流民の音吉は、かつてモリソン号で日本に近づいたところ、浦賀《うらが》沖と鹿児島湾で砲撃をうけ帰国できなかった経験をもっていた。アメリカ艦隊と一緒では帰国できないと考えた永力丸の一二人は、船から脱出して長崎行の中国船がでる杭州《こうしゅう》湾にある乍浦《さほ》港に移り、一年余の滞在ののち、嘉永七年七月二十七日に長崎に帰国することができた。

長崎では奉行所の取調べがあり、「疑しき筋も相聞ざるに付構なく、国元へ差帰し候条」ということで、鳥取藩の在方目付《ざいかためつけ》に引き渡され、十二月六日に鳥取に帰る。藩では藩校尚徳館《しょうとくかん》の使丁に命じ苗字帯刀を許し禄も与えた。四年間にわたる異国での生活を体験した利七は、藩校で藩主をはじめ儒者や役人に話をしたので、学館奉行の堀敦斎《とんさい》が筆記した尚徳館本、奥多東伯《おくだとうはく》による奥多本などの漂流記を残している。貴重な異文化体験が、攘夷《じょうい》実行にはやる鳥取藩にどれほどの影響を与えたかは疑問である。

8章

幕末維新期の鳥取藩

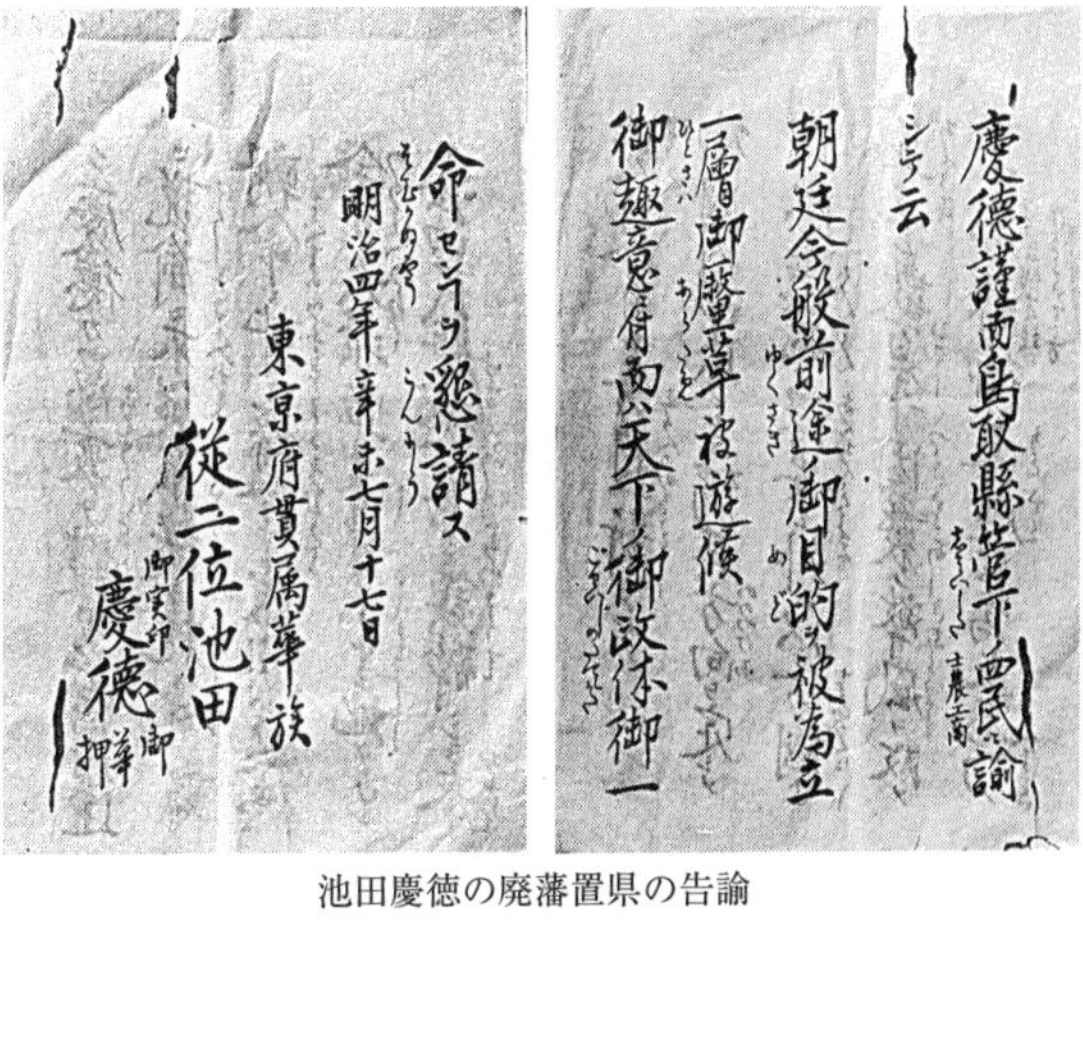
慶徳謹而鳥取縣管下四民ニ諭
シテ云
朝廷今般前途ノ御目的ヲ被為立
一層御釐革被遊候
御趣意ハ天下ノ御政体御一
命セシヲ懇請ス
明治四年辛未七月十七日
東京府貫属華族
従二位池田
慶徳

池田慶徳の廃藩置県の告諭

1　鳥取藩の尊攘運動

幕末の藩政改革●

嘉永三（一八五〇）年八月、鳥取藩は水戸《みと》の徳川斉昭《なりあき》の五男慶徳《よしのり》一四歳を藩主に迎える。慶徳が同五年から実施する藩政改革は、「公が藩政の改革には中納言（徳川斉昭）の意見に出づるもの頗《すこぶ》る多し」と『池田慶徳公御伝記』がのべているように、斉昭による天保期（一八三〇～四四）水戸藩の藩政改革がモデルになり、斉昭の教えをこいつつ実施されていった。

改革政治は藩主慶徳にしたがって帰国した御用人田村貞彦《さだひこ》（六〇〇石）が中軸になり、安達辰三郎《あだちたつさぶろう》（二〇〇石）、津田伝兵衛《でんべえ》（二〇〇石）、中野良助《りょうすけ》（一八〇石）、堀庄次郎《しょうじろう》（五人扶持四〇俵）の「五人連」によって推進されていった。安達と中野は財政を、津田は軍制を、そして儒者の堀は教学をそれぞれ担当し、田村が御用人《ごようにん》として御勝手懸《おかってかかり》と郡代《ぐんだい》をかね、のちには中老に就任して藩政の実権を掌握していく。

第一に着手したのは、藩校尚徳館《しょうとくかん》の拡張で、教授に堀庄次郎らを任命して教学改革を行いつつ、改革政治の思想的基盤をつくった。

第二には財政改革である。慶徳襲封以来の藩債は二〇万両にも達し、これに以前からの古借分が加わる。経常収支を嘉永六年分でみても三万三〇〇両の赤字計上である。藩債整理を担当して、御勝手懸兼務を命じられた田村貞彦を、安達辰三郎が補佐した。両人は江戸の金主と交渉して藩債の一部は無利子で年賦償還とするが、残余は全額を棄捐《きえん》することに成功する。家臣団に対しては、知行物成《ものなり》を半減した反面で、拝借金の年賦上納を猶予し、相対貸借の利下げを措置した。

第三は国産役所による国産奨励で、中野良助が担当した。国産役所は直属の職方で生産するとともに、民間で生産したものも「御手懸品」、すなわち国産品として保護奨励し、指定問屋を通じて売りにだした。国産品に指定されると、他国品の輸入が禁止されて保護されるうえ、必要資金の融資も行われた。安政元（一八五四）年に指定をうけたのは、墨、筆、紡車、鎌《かま》、足袋《たび》、膳椀《ぜんわん》、砥石《といし》、瓦《かわら》、紙類であり、同六年まででには、煎茶《せんちゃ》、人参《にんじん》、陶器、算盤《そろばん》、銅、綿実繰《わたざねく》り、素麵《そうめん》、綿打弦《わたうちつる》、白粉《おしろい》、白煙硝《はくえんしょう》、三月雛《さんがつびな》が加えられた。鳥取藩を代表する鉄と木綿は、境の鉄山融通会所と鳥取の木綿方融通所で早い時代から統制されていた。

第四は在方《ざいかた》改正である。安政元年に田村貞彦は郡代兼務を命じられ、在方御改正御用懸の機構を整備し、大庄屋たちの協力を得ながら、郡村経費の節減、在中金融の整理、悪田の収公と配分、加損米の割替などを実施した。ここで基礎になったのは宛口米《あてくちまい》（小作米）調査で、三年余を費やして田畑一筆ごとにその良否を判別し、その結果にもとづいて加損米の割替を行った。加損米は、もともと劣悪な田畑に対して与えて貢租の軽減をする仕法《しほう》で、六年ごとに割り替えられるべきにもかかわらず放置されたままで、実情にあわなくなっていたものである。そのうえで農民が耕作に苦労する悪田を「御上作廻地《おかみさくまいち》」として収公し、零細農家の次・三男や出奉公人を入植させて営農を支援した。入植農家は安政五年秋までに二八五戸を数えた。また各郡の大庄屋のもとに郡役所をおき、郡村役人は毎月会同するなど在中支配組織も改革した。

第五には軍制改革で、アメリカ軍艦の浦賀《うらが》（神奈川県）来航を機に津田伝兵衛によって行われた。まず足軽《あしがる》を藩の直接支配とし、身分を譜代《ふだい》にして銃隊を編成していった。また水戸藩で斉昭が創設した藩主親衛隊にならって、家中の庶士《しょし》のなかから三〇人を選抜して御床几廻《おんしょうぎまわり》とし、藩主の身辺警護にあたらせた。

砲術も水戸に藩士を派遣して修業させ、神発流《しんぱつ》を導入した。安政五年に発表させた軍式改正では、旗本詰《はたもとづめ》番頭《ばんがしら》以上にそれぞれ士隊・足軽銃隊・砲隊を配するという、大砲重視の軍式をつくることになった。

そして第六は藩政組織の改革で、安政六年五月に実施された。従来の家老月番制を改め、文事と武事の二大奉行《ぶぎょう》制のもと、官職・学校・作事《さくじ》・郡方《ぐんがた》・刑獄・軍事の六御用懸を設け、家老と同格の中老がおかれ、中老には実力者の側用人《そばようにん》が任命されて藩主側近勢力の強化がはかられた。藩政改革を中心になって推進してきた田村貞彦は中老となるが、万延元（一八六〇）年二月に辞任を余儀なくされ、改革政治は挫折《ざせつ》する。国産振興奨励が経費倒れで成果が少なかったこともあるが、軍制や職制の改革で伝統的な家臣団の秩序を変更しようとしたことが決定的で、改革派と守旧派の対立が激化したのである。

鳥取藩の攘夷実行●

国元で藩政改革が行われていた期間は、嘉永六（一八五三）年のペリー来航から大老井伊直弼《いいなおすけ》が桜田門外で刺殺される万延元年に至る激動の時期であった。安政元（一八五四）年、幕府が日米和親条約を締結したことに対して、一八歳の藩主慶徳は、攘夷《じょうい》の立場から遺憾《いかん》の意を表明する意見書を提出して以来、水戸藩主であった父斉昭の意向にしたがいつつ、攘夷論者として中央政界に参画する。当然ながら藩内にも攘夷派が形成され、藩政改革を推進していた田村貞彦ら「五人連」が中核になった。

ペリー来航に対処して、鳥取藩は武蔵《むさし》国本牧《ほんもく》（神奈川県）の警備を命じられ、一九三九人の藩兵が出動したのをはじめ、安政元年からは品川御台場《しながわおだいば》に、同五年からは大坂天保山《てんぽうざん》の警備を担当する。しかし「只今夷人《いまいじん》が来り候とも、早速に出陣致し候者は十人に一人も六《む》つケ敷《かしく》」（荒賀俊『主客談』）といわれるほど家臣団が窮迫であったから、異国船御用の出陣にあたっては、城下鳥取の町人六五人に各正銀一〇貫目、金一〇〇両の献金を命じ、米子《よなご》の商人鹿島《かしま》家からは金一〇〇〇両を献金させたほか、翌年には一万両を借り入れ、八橋《やばせ》郡瀬戸《せと》村の武信《たけのぶ》家からは五〇〇〇両を借り入れるなどして出兵経費を調達した。

その一方で、安政二年には御武器御製造御用懸をつくって藩営で銃砲製造を行うこととし、翌三年に水戸藩で反射炉が完成するや、藩士を派遣してみならわせるとともに、瀬戸村の武信潤太郎《じゅんたろう》が鋳造技術をもっていることを聞いて反射竈《がま》御用懸に任命、武信佐五右衛門《さごえもん》の資金で六尾《むつお》村に二基の反射炉を建設した。早くも同四年には砲二門を鋳造したのをはじめ、文久三（一八六三）年までに四〇挺《ちょう》余の御筒と玉を鋳造した。五寸径五挺の御筒を鳥取藩が警備している大坂天保山に送ったほか、藩内の浦富《うらどめ》・浜坂《はまさか》・加露・橋《はし》津《づ》・赤崎《あかさき》・由良《ゆら》・淀江《よどえ》・上道（境《さかい》）に築造した御台場にも配置したのであった。

文久三年三月、幕府は攘夷実行期日を五月十日と定めた。藩内では臨戦体制をとるため、五月一日に民兵一五〇〇人の取立てを決定し、浜坂・鹿野・境の三カ所に五〇〇人ずつの民兵を配置することを企図する。このことは御台場築造が地元大庄屋の負担で行われたことから、その運営のための農民武装化も大庄屋の指揮下で実施され、第二次長州《ちょうしゅう》戦争で組織する農兵隊につながってゆくことになる。

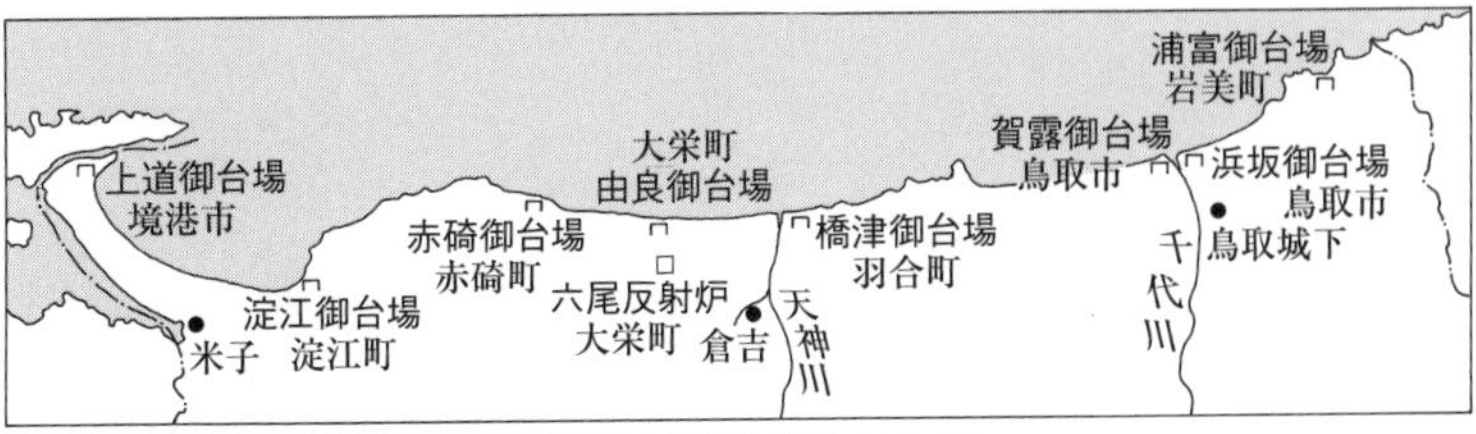

鳥取藩の御台場（鳥取県立博物館編『明治維新と鳥取』による）

文久三年五月十日の攘夷期日に、長州藩は下関《しものせき》海峡通過のアメリカ商船を砲撃、続いてフランス、オランダの軍艦にも砲撃を加えた。これに対して六月十日にはイギリスを加えた四カ国代表が長州藩攻撃を決議する。鳥取藩は六月十四日に大坂天保山に入港しようとしたイギリス船にむけて五発の砲撃を行った。大砲の射程距離が短くて弾丸は届かなかったが、鳥取藩にとっての攘夷実行であった。これに対して幕府としては大坂城代を通じて「攘夷の儀未だ横浜に於て談判中に付、……彼より襲来申さざる内は麁忽《そこつ》の所業致さざる様……通航の外国船無謂《いわれなく》打払ひ候儀御見合せ成さるべく候」と伝えてきたが、朝廷からは「勅意を奉じ打払ひ候趣神妙《しんみょう》の至りに候」と賛辞がよせられた（『池田慶徳公御伝記』）。大坂天保山で藩兵が攘夷を実行した報告をうけた藩主慶徳は大いに喜び、他藩に先がけて長州藩へ見舞使者を派遣した。

しかし徳川一門である藩主慶徳の立場は微妙であった。当時、尊攘派志士は三条実美《さねとみ》ら急進派公家を通じて孝明天皇による攘夷親征を画策していた。京都の御所守衛のため上洛《じょうらく》した藩主慶徳であったが、尊攘派からも公武合体派からも国事周旋を期待され、攘夷親征の可否をめぐる対立の渦中に引き込まれてゆく。文久三年七月七日に参内した慶徳は、攘夷親征布告について意見をきかれるが、「臣子に於ても奉命仕らず候得ば忽《たちま》ち違勅の名を蒙《こうむ》り、去りとて御家門の末を汚し御地へ弓を引き候儀は実に忍びざる次第、進退困窮仕り候」と苦しい立場を水戸に送った書状でのべている。慶徳としては、攘夷親征の布告前に幕府の攘夷実行を期待する公武合体路線にたつものであり、『池田慶徳公御伝記』は、「尊王敬幕攘夷」とのべている。したがって攘夷親征の決行を求める急進尊攘派とはしだいに対立し、親征阻止のため「死を以て論判を尽し候」の態度をとるに至る。

同年八月十六日、京都で鳥取藩主を「今般の御盛挙を妨げ奉り、只管《ひたすら》幕威挽回《ばんかい》を相謀り、段々奸計《かんけい》相働き候条、神人共に大罪を許さず」と、きびしく非難する張り紙がでる。これをきっかけにして、翌十七日の本圀寺《ほんこくじ》事件がおこる。藩主が尊攘派抑圧に加担しているという汚名をうけるに至ったのは、君側の侍臣の責任であるとして、河田左久馬《かわださくま》以下二二人の藩内尊攘過激派が本圀寺の宿所を襲撃、三人を斬殺、一人を自害させた事件である。「君側清掃」に名を借りて藩論を尊攘にまとめあげることをねらったものといえる。

本圀寺事件の翌十八日が、公武合体派の八・一八クーデタである。長州藩の堺町《さかいまち》御門警備が免ぜられ、三条実美ら七人の公卿《くぎょう》の都落ちが行われた。「尊王敬幕攘夷」の立場を堅持する藩主慶徳は、公武合体には同意できても薩摩《さつま》藩の開国論には反対であった。幕府に対決して攘夷実行を急ぐ長州藩とも異なることは明らかであったが、攘夷ということでは長州藩に近かった。このため鳥取藩としては長州藩の処分に寛大な措置をとることを期待して、攘夷策の樹立と長州寛典の儀を建白するなど、周旋に尽力する。しかし藩主慶徳の周旋はなにひとつ実現せず、失意のなかで帰国することになる。そのこともあってか、文久三年十月に帰国して以来、明治元（一八六八）年秋に至るまで、慶徳は一度も上洛することはなかった。それは病気という理由もあったが、最大の原因は公武合体による攘夷実行という周旋策が通用しなくなったことへの自信喪失であったといってよい。

長州戦争と鳥取藩●

長州藩は鳥取藩に期待をかけ、いくどとなく使者を送ってきたし、藩内攘夷派も長州藩士とつながることを通じてしだいに勢力を強めていった。文久三（一八六三）年六月には長州藩兵が上洛、鳥取藩は京都御所守衛のためという名目で出兵する。長州藩としては鳥取藩の支援を要請するが、藩主慶徳は七月十四日に同意できない旨を正式に伝える。しかし京都にいる周旋方の河田佐久馬・松田正人らは長州藩士桂小《かつらこ》五郎《ごろう》らと謀議を重ねていた。そして七月十九日の禁門《きんもん》の変である。幸いにも上賀茂《かみがも》警備を担当していた鳥取藩は、長州藩兵と戦火をまじえることなく終わった。

八月二日、幕府は長州藩征討を諸藩に命じた。鳥取藩は九月に尊攘派を藩政要路から退役させたうえで、藩主自身が兵を率いて出陣する。しかし長州藩が伏罪というかたちで幕府に屈伏したため、十二月末に藩兵は帰陣した。

慶応元（一八六五）年五月、幕府は長州再征を決定する。薩摩藩は正面からこれに反対し、多くの藩が名義なき再征に賛同しなかった。備前《びぜん》藩主は再征中止を建言したいと慶徳に書状でたずねてきたが、慶徳は「此上建白に及び候とも徒《いたずら》に災難を招くばかり……幕兵へ御随従より外御座あるまじ」という返事をしている。幕府は九月二十一日に長州再征の勅許をとりつけ、十一月七日に大坂城から諸藩に出陣を命じた。鳥取藩には石州《せきしゅう》口討手応援が指示され、同二年六月八日、藩は「今日の台命は勅命に候」と出陣の方針を明らかにして、石州口に参戦した。緒戦に敗れた幕府軍は、石州口討手指揮に鳥取藩主を任命して戦線の再編強化をはかろうとしたが、鳥取藩は藩主の病気を理由に辞退、七月二十日には浜田城も落城して幕府軍は総崩れとなる。同日将軍家茂《いえもち》も死去、そして八月二十一日の休戦撤兵で長州戦争は終わる。

長州軍の勝利は、洋式編成と近代装備にあった。これに対して鳥取藩兵の装備はあまりにも旧式であったことは、石州口からの撤退にさいして殿《しんがり》軍を担当したのが正規の藩兵ではなく、淀江御台場で松波徹《まつなみてつ》翁《おう》が私費で編成した、洋式旋条銃《せんじょうじゅう》装備の農兵隊であったことをみてもわかる。旧式装備のままで攘夷実行をいっているだけではどうにもならないことがわかった鳥取藩では、十一月から農兵隊の編成に着手するとともに、軍制も弓とか長柄を廃止して銃隊奉行に改めた。しかし洋式編成ができたのは足軽と農兵だけで、十分以上は旧のままであった。

続いて三年二月には、横浜でアームストロング砲二挺とミニエール銃五〇〇挺の購入が計画される。一年後の鳥羽伏見《とばふしみ》の戦闘に参加した鳥取藩兵は、京都到着とともに提撃銃《ていげきじゅう》をミニエール銃に交換させられたという。『戊辰役戦史』では、鳥取藩兵参戦の意義について、「因州歩兵は当時洋式装備が不完全でまだ第一戦に出られなかったが、因州砲隊の参戦は政略および戦略的に意義深い」とのべているが、期待にそむいて因州砲は開戦まもなく砲身破裂で役にたたなかったといわれている。大坂天保山での攘夷実行のときも、五発を発射しながらすべてイギリス船には届かなかったのである。急ぎアームストロング砲にかえていかなければならなかった。

それなら、鳥取藩が固執した攘夷とはなにかということになる。北栄町由良宿の海辺に築造された由良台場（昭和六十三年七月国史跡に指定）は、ほぼ原型のまま保存されており、御台場公園として親しまれている。海防に尽力した瀬戸の大庄屋武信家をしたう郷土の人たちも少なくない（『史料にみる鳥取』）。

2 維新変革と鳥取藩

尊王討幕と鳥取藩●

慶応四（一八六八）年一月三日の夕方、参内しようとする将軍の先発隊として京都にむかう幕府軍と、これを阻止《そし》しようとする薩長軍とのあいだで戦端が開かれた。鳥羽伏見の戦いである。すでに年末の二十七日に京詰家老の荒尾駿河《あらおするが》から、戦闘開始の場合には勤王第一の立場をとることを藩士に明らかにしていたので、三日夜に伏見出兵の要請をうけた京都の鳥取藩邸では、荒尾駿河の決断で二八〇人余の藩兵を出動させた。薩長両藩以外では、鳥取藩兵がはじめての参戦であった。

鳥取藩に正式に徳川慶喜《よしのぶ》追討令が示されたのは九日であり、京都藩邸は請書にかわるものとして藩主慶徳の待罪書《たいざいしょ》を提出した。慶徳が将軍慶喜と兄弟であるため、「朝廷に対し奉り謝罪の道御座なく深く恐れ入り候」と謹慎の意を表明したのである。しかし国元の鳥取藩では、緊急の事態に対処する藩主の態度決定が遅れ、十四日になって「要路を更迭《こうてつ》し一藩勤王に決せらる」と藩論をまとめる。藩主慶徳が弟の備前藩主池田茂政《しげまさ》に送った二十日付書状には、「年来の周旋も一朝水泡に相帰し候次第にて遺憾《いかん》千万」と、年来の「尊王敬幕攘夷」の悲願が実現できなくなったくやしさをのべている。

藩主慶徳の名儀で提出した待罪書に対する回答は、十九日に御沙汰《さた》におよばず早々上京奉公すべしといってきた。しかし京都では有栖川宮《ありすがわのみや》の内旨《ないし》として隠退がすすめられ、家老の荒尾駿河らも朝敵徳川慶喜と兄弟であることや、病気がちで朝廷から出頭を命じられても上洛ができないことなどから、「宮の御沙汰もあること故《ゆえ》、断然御進退を決せらるる方、後日の御勤王にもよかるべし」と判断していた。国元の藩主もこれに同意し、嫡子三知麿《みちまろ》に譲って慶徳は退隠申請書を提出することとした。

藩主退隠が発表されるや、藩内では意見対立が顕在化する。退隠の是非が、世子相続か分家相続かで対立した。太政官《だじょうかん》では、嫡子の相続は当然のことではあるが、現情勢をのりきるにはあまりにも幼若にすぎるので、分家の池田相模守に相続させるがよいという達書を送ってきた。しかし、この通知はさらに「議論侃々《かくかく》震動一藩」の事態を生み、「家中瓦解《がかい》」といわれる状況さえつくりだしたのである。これほど家中が混乱してくると、藩主慶徳としても早急に退隠を結論づけられなくなり、山陰道鎮撫使《ちんぶし》西園寺《さいおんじ》公望《きんもち》の斡旋も得て、慶徳の藩主復職が決定する。

　その一方、鳥羽伏見戦後の鳥取藩兵は、大津《おおつ》から桑名《くわな》に出陣、四日市《よっかいち》で東山道先鋒総督《とうさんどうせんぽうそうとく》のもとに付属して転戦する。鳥取を出発した増援の大砲隊一隊、銃隊八小隊の藩兵八〇〇人も合流したが、銃隊のうち二小隊は農兵隊、一小隊は丹波《たんば》国山《やま》国庄《ぐにのしょう》の農兵による山国隊であった。さらに二月になると農兵取立てによる新国隊が編成され、鳥取藩の常備兵とする方針がたてられた。越後口に参戦した足軽銃隊一一〇人、出羽《でわ》方面軍の四五〇人にしても、足軽と農兵が中心になっていた。このように戊辰戦争で官軍として活躍した藩兵の主力は、足軽と農兵による銃隊であって、士隊の役割はかぎられていたのである。

　そのためもあってか、派遣藩兵に対する国元からの支援はきわめて不十分で、明治二（一八六

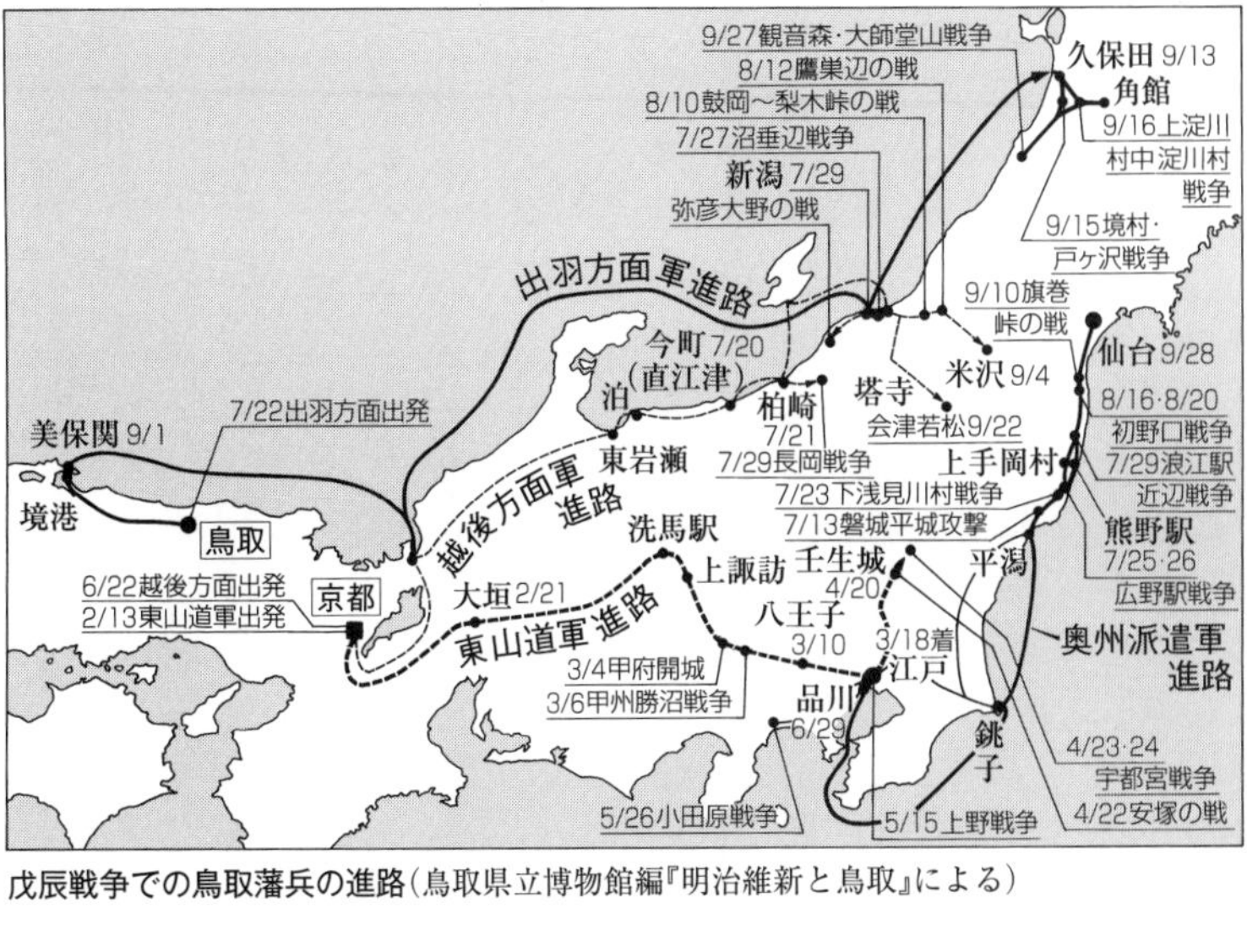

戊辰戦争での鳥取藩兵の進路（鳥取県立博物館編『明治維新と鳥取』による）

九）年二月に総指揮をとる家老から国家老にあて「御国表より励精御廻金これなく候ては、一千の御人数進退これ谷《きわま》り詰り、潰兵の姿に陥り収拾為すべからざるに立至る」と窮状を訴えている。そして六月の奥《おう》州《しゅう》出兵にさいしても、軍資金がなく政府官金を借用してようやく参加できたわけで、「是迄御廻達等下されざるは如何様の義に御座候哉、無情兵隊御見捨て成され候事にこれあるべき哉」と、国元の対応に強い不満をのべているのであった。

それだけではない。農兵取立てにあたって藩は苗字帯刀を許したにもかかわらず、従軍が終わって帰村して以後は、「居宅門口へ苗字名前懸札仕《つかまつ》るまじき事」と命じ、あくまでも百姓身分の枠内にとどめて、士族に編入することはしなかった。御一新を実現するためには農民のエネルギーを利用しながら、用済みとともに農民の期待を裏切った措置であるといわなければならない。

御一新と農民●

慶応四（一八六八）年七月、鳥取藩は東京行幸供奉《ぐぶ》を命じられ、それを機にその秋に藩主慶徳は上洛して新政府と直接連絡をとるようになり、明治二（一八六九）年二月には新政府の議定に任ぜられる。それより前の一月二十三日、薩長土肥《とひ》の四藩主が版籍《はんせき》を奉還するや、その翌日に慶徳も続いて奉還し、二月一日には国元の家中に対してその旨を申し渡した。六月に慶徳は改めて鳥取藩知事に任ぜられるが、家禄《かろく》は現石の一〇分の一とされた。明治元年までの鳥取藩の五年間の平均収入額は一五万七八三〇石であったから、藩主の家禄は一万五七八三石に定められたわけである。

これに対応して、藩士家禄の削減が求められた。なにしろ財政窮迫で、廃藩直前の現収高は五九万四〇〇〇円であったが、借金である内国債は九七万四〇〇〇円、藩札は六八万四〇〇〇円で、両者の合計は現収高の二・八倍にもなるのである。こうした財政状況から、藩士の禄制改革は九〇〇石以上の上級士族は禄高の四割をさらに一〇分の一に削減した。一七五石以上は一律に三五石、一七五石以下は旧禄の二割を新家禄に改定した。藩内で抵抗があるのは当然である。加えて各藩に先行して実施する禄制改革であるから、「列藩の標的」になるものとして注目されていた。藩知事慶徳は「私より言上仕り仰せ下され候様にては貫徹仕り兼ね候間、全て官の思召にて仰せ下され候様」と有栖川宮に頼み込んで、「今般御改正の御趣意は一藩々々改正に非ず、皇国一体の御政度に出、……大に冗官《じょうかん》を省き贅禄《ぜいろく》を減じ、其外御改正の義、万々滞《とどこお》りなく徹行致し候様」と書状を藩士に示して、九月二十三日に禄制改革実施を発表した。

家禄を削減されたといっても、藩知事以下藩士には家禄が支給される。それを担保するものは藩内農民から徴収する貢租であったから、御一新といっても、農民にとっては封建支配の強化でしかなかった。版籍奉還の新しい状況下で、鳥取藩民政司は八月に「受免御定法《うけめんごじょうほう》」「五人組仕法書《しほうしょ》」「庄屋組頭小頭勤向《しょうやくみがしらこがしらつとめむき》」を布達して役人を出張廻村させて趣旨の徹底をはかった。

「受免御定法」は「年月を経るに従ひ自然相弛《ゆる》み」という現状に対して、貢租徴収の基本になる請免体制の強化を意図していた。あわせて各地でおこっている村役人の不正に端を発する村方騒動に対処して、高懸改役《たかがかりあらためやく》を新設して廻村させ、未然に防止しようとした。庄屋など村役人層の村落支配体制の点検整備を通じて、貢租徴収を確実なものにしようとしたといってよい。

「五人組仕法書」は、村役人である庄屋―組頭の下に小頭を設置して、藩の布告伝達や村落運営の便宜に資することを意図して公布されたものであるが、「庄屋組頭小頭勤向」のなかではつぎの一条がある。

「公私の用談、只今迄村中惣寄合致し来り候向も間にはこれある由に候得共《そうらえども》、大勢集り談合《だんごう》候ては衆評区々に相成り決着致さず……自今惣寄合相止め、組合の儀は其組限り小頭宅へ寄合申し談じ」と、原則として村惣寄合を禁止した。この布達とともに、安永六（一七七七）年布告の強訴《ごうそ》徒党《ととう》逃散《ちょうさん》を禁止した法度《はっと》を同時に申し渡すようにしていることからも、御一新にあたって藩は農民支配の強化をはかろうとしたことは明らかである。その背景には、真の意味での御一新を期待する農民の動向があった。明治二年十二月の「新田部屋諸事控」には、鳥取藩民政局より各郡大庄屋にあてた文書として、「村々田畑残らず御取立て、人別平等に御割付耕作仰せ付けられ候様の風聞流布に及び」と記して、世直しを期待する民間の風聞を打ち消すように大庄屋に指示しているのである。

鳥取県の成立●

明治四（一八七一）年七月十四日に廃藩置県が断行された。鳥取藩が支配する因幡国八郡と伯耆国六郡、それに播磨国の神東《じんとう》・神西《じんざい》・印南《いんなみ》の三郡のうち二四カ村（兵庫県神崎《かんざき》郡神崎町・大河内町《おおかわちちょう》〈ともに現神河町〉の大部分）が、鳥取県になった。ついで同年十一月十五日に飛地であった播磨国三郡が姫路県に編入され、因伯両国だけの鳥取県が成立、これに旧松江藩である島根県管轄を忌避《きひ》した隠岐《おき》国四郡を十二月二十七日編入する。このとき人口は三八万五五三一人であった。

藩知事にかわって、同四年十一月二十七日公布の「県治条例」にもとづき県令がおかれる。政府任命の初代県令は、尊攘派として維新期に活躍した鳥取県士族の河田景与《かげよ》で、権令《ごんれい》として赴任してきた。翌年一月には関義臣《せきよしおみ》が権参事《ごんさんじ》として着任し、権令を補佐する。関は福井県士族で、旧藩時代には横井小楠《よこいしょうなん》の薫《くん》陶《とう》をうけた能吏で、同五年七月に河田が権令をやめてからは、参事になって権令の職務を代行した。

同五年四月に「鳥取県職制」が定められ、その前文には、「県庁ハ国民ニ代リ事ヲ議スル所、既チ億兆ノ公会所。県吏ハ国民ニ代リ事ヲ行フ者、既チ億兆ノ名代人ナル者ナリ」と、藩にかわった新しい県庁と県吏の役割を記している。この四月から十二月までに任用された県庁官員四六人は、それまで関以外に他県出身者は一人もいなかったのが、他県士族一九人、他県平民五人となり、鳥取県士族二二人よりも多くなったことが特徴的で、県庁官員の構成も変化しはじめたことがわかる。新しい鳥取県を古い鳥取藩から脱皮させようとする関の意図は、鳥取・島根両県を合併して米子《よなご》に県庁をおく建議の提出、さらには、合併ができなければ県名を県庁所在地の郡名をとって邑美《おうみ》県にしたい、という建議にもみられる。「新古改正ノ折柄、部内人民ノ耳目一洗」こそが急務であるというのが、関の鳥取県政にのぞむ姿勢であった。

明治六年四月、正院に提出した「地方裁判之儀ニ付建言」（租税資料叢書第六巻『関義臣文書・地租改正方法草案』）には「辺邦下州山陰地方ノ如キハ、戸長里正ヲ始トシテ固陋頑愚《ころうがんぐ》殆ト野蕃《やばん》ノ如ク」と県民性を評した文言がみられる。そうした県民に対して県政を施行していくにあたり、県民の意向を知る必要から、同五年四月に「議事大体条例」を公布、鳥取最勝院《さいしょういん》町の慶安寺《けいあんじ》に議事所を開設した。第一回は五月十六日朝八時から邑美・法美《ほうみ》・岩井・八東《はっとう》の四郡、二十六日には高草《たかくさ》・気多《けた》・八上《やかみ》・智頭《ちず》の四郡、六月六日には河村・久米《くめ》・八橋《やばせ》の三郡、十六日には日野・汗入《あせり》・会見《あいみ》の三郡が参集した。議員は郡長・戸長のほか県内の志がある者はだれでもよいとされ、県政各般にわたって意見を交換した。

同七年三月、三吉周亮《みよししゅうすけ》県令により「議事条例」が公布され、正副議長には県令・参事が就任、議員は県庁官員の内《ない》議員、大区小区長と代議員による外議員とで構成されるものとし、代議員は県下一六の大区から「公撰入札規則」によって選出するとした。こうしたかたちでの議事所を地方民会とよび、地方議会の先駆として位置づけている。それは万機公論に決する理念にもとづくものではあるが、他県出身の地方官にとっては、政策を実施していくうえで民意を掌握し、地方行政事務の円滑な運営や民費徴収をスムーズにすることに役立てるなどの役割が期待されていた。

民費とは官費に対するもので、府県財源の中心になっていた。府県は官治行政組織である以上、その経費は政府から支出される官費でまかなわれるべきものであったが、実際には県庁官員の給料、警察関係にかぎられていた。このため、鳥取県では明治六年八月に「民費章程」を公布して、民費の賦課や使途を定めた。同六年から十年までの民費の使途は、地租改正費をはじめとして、区戸長以下の給料、学校費が大きな割合を占め、年とともに土木費と警察費が増加している。いずれにしても国政委任事務を、地方人民が負担していたわけである。このほか八年十一月には、県財政の補助的財源としての県税について「県税規則」が制定され、質屋・古着商・古道具商・料理屋・宿屋・劇場などに営業税が賦課された。

国家財政の中核になる地租については、明治六年七月に「地租改正条例」が公布され、鳥取県では七年八月から地価の調査決定の事業が着手されて、一部を除いて九年四月には終了する。のちになって鳥取県再置の事情視察で来県した内務省書記官が、「地租改正ノ節、地価査定ノ不公平ナルヲ以テ、地方税ノ地価ニ依テ課出スルモノハ因州ニ於テ甚タ不利ヲ受ルト云フ」と復命書に記したように（『公文録』）、地価の査定は割高であった。このため八年末から九年九月にかけて、久米・八橋両郡一一二カ村にわたる不服運動が展開され、県に改定させる事件もおこった。地租改正で旧藩時代よりも負担が軽減されると思っていた農民にとって、請免法《うけめんほう》による旧貢租額とかわらない地租額を押しつけられたことになり、維新政府に対する期待は裏切られたといわざるをえない。

❖コラム

血税一揆

明治六（一八七三）年六月十九日、会見郡古市村《ふるいち》（米子市）を巡回していた巡査二人をみた農婦が、「怪敷体《あやしきてい》ノ者」と思って大声で叫び立てたことから「村民一同駈集り、隣村相伝テ早鐘ヲ撞《つ》キ、諸村一時ニ蜂起《ほうき》」という、全郡あげて三万人以上が参加する一揆《いっき》に発展する。それは徴兵告諭にあった「西人之ヲ称シテ血税《けつぜい》ト云フ、其生血ヲ以テ国ニ報ズルノ謂《いい》ナリ」の言葉に対する誤解から、洋服をきた男が生血をとりにきたと、竹槍《たけやり》で反対の意思を示した農民一揆である。

しかし問題は、血税という言葉を誤解したという単純なものではない。県の米子支庁に提出した嘆願書一〇カ条には、(1)米価引下げ、(2)外国人県内通行反対、(3)徴兵廃止、(4)騒動発頭人無し (5)端米廃止、(6)地券調査費官費負担、(7)小学校廃止、(8)布告印刷費負担廃止、(9)新暦廃止、(10)士族地頭従前通り、が列挙してあった。これらはいずれもが明治維新政府の基本政策にかかわるものであり、新政策が農民の経費負担で進められていることに対する不満が、その年の凶作による飯米不足の心配から加速して爆発したといってよい。一揆農民は、戸長《こちょう》・副戸長・地主・豪商、そして小学教師宅も破壊し放火した。彼らは地方における新政策実施担当者たちであり、農民の新政策への反発が強かったことがわかる。

鳥取県は巡査と士族隊を編成して鎮撫《ちんぶ》させ、北条《ほうじょう》県（岡山県）に滞在していた鎮台兵二個小隊にも応援を求めた。翌七年九月、一揆参加者に対しては二五四人に懲役刑が、一万一三七四人に罰金刑が課せられた。

9章

鳥取県の近代化

鳥取県庁(明治30年代)

1　県政と県民

鳥取県の再置

因幡《いなば》・伯耆《ほうき》に隠岐《おき》の三カ国を管轄していた鳥取県は、明治九（一八七六）年八月三十一日で廃止され、島根県に併合された。鳥取県庁がなくなったことは、鳥取のみならず因幡国には打撃が大きかった。三二万石で尊王攘夷につとめた雄藩が、一八万石の佐幕朝敵藩であった松江藩の島根県の軍門に降ったかたちになったわけである。秩禄《ちつろく》処分で窮迫していたときであっただけに、鳥取の旧藩士族の不満は高まり、翌十年の西南戦争で頂点に達する。『西南記伝』は「因州鳥取に於て薩軍に党して将《まさ》に為《な》す所あらん」と記しているし、陸軍卿山県有朋《やまがたありとも》も「南隅一たび動かば……山陽山陰にては因備」とみていた。それだけに四月には一カ月にわたって島根県令が鳥取支庁に滞在して警備を強化、前権令《ごんれい》の河田景与《かげよ》は京都に旧藩士族による共立社のリーダーを集めて西郷《さいごう》討伐を説得、四月には政府の命をうけて募兵に着手、十一月までに二五二九人の応募をみた。

さらに共立社は明治十一年九月の愛国社再興大会にもかかわる。高知立志社の植木枝盛《えもり》らの遊説にこたえて愛国社に加入した共立社は、第二〜四回大会に代表を送り、国会開設請願には「因幡国邑美《おうみ》郡他七郡二百二十名総代石原常節《じょうせつ》」が参加する。愛国社への分担金は、立志社の六円五〇銭につぐ四円三〇銭の高額であったが、政府探偵報告には「立志社ノ申所ニテハ鳥取ノ今井鉄太郎ハ内務大書記官北垣《きたがき》某ニ時々密会スル故大ニ怪シ」と報告しており（「密偵報告書二篇」『歴史評論』八〇号）、それを裏づけるように、同十二年の郡長任命では「十の八九は旧共立社の徒にして」と新聞でも報じられている（『東京曙《あけぼの》新聞』明治十二年八月二十一日）。そして十三年十一月の国会期成同盟第二回大会に共立社代表として上京した坪《つぼ》内元暁《うちもとあき》は、今井が鳥取から連れてきた数十人の士族と一緒に福島県安積《あさか》開拓地に入植してしまう。

また、十三年には、かつて鳥取県東征参謀であった足立長郷《あだちながさと》が津山《つやま》（岡山県）警察署警部をやめて帰郷、鳥取で窮迫士族を集めて貧窮隊、ついで改悔社《かいかいしゃ》を設立する。旧藩士族の不満を過激な政府攻撃に集約するのは、当時の民権政社の通例であったが、足立らは島根県政批判から鳥取県再置に照準を定め、八月二十三日付の『鳥取新聞』に「鳥取県再置願望書」を発表する。

鳥取県ノ廃セラレシヨリ五州ノ治権ハ松江ニ集マリ、病院ノコトキ、学校ノコトキ、ソノ他社会ヲ奨励スヘキモノハ皆コレ松江ニ在リテ、鳥取ノ人智ハ日ニソノ萎靡《いび》ヲウナカスニ至レリ。三州ノ機軸ハ鳥取ニシテ、鳥取人ノ進歩ハ三州人ノ進歩ニオヨホシ、鳥取人ノ萎靡ハ三州人ノ萎靡ニ関ス。

三州というのは因幡・伯耆に加えて隠岐が旧鳥取県であったことによる。ともあれ、改悔社は九月に共《きょう》斃社《へいしゃ》と改称、士族授産の官林払下げや富豪からの資金借入れに加えて、秋以降には、米価引下げを目的に、米の津出し禁止を強要して県下を回る。「社員ヲ各地ニ派遣シ金穀ヲ強請シ、或ハ農商ノ営業上ニ干渉シテ無智ノ細民ヲ教唆《きょうさ》シ、名ヲ貧民救助ニ托《たく》シテ米穀ノ輸出ヲ妨ケ一切之ヲ他邦ヘ輸出セシメス」と、島根県の政府への報告書にはその活動が記されている。したがって、共斃社が説く自由民権も鳥取県再置も、県民の支持が得られるものではなかった。

これに対して同十三年冬に設立された愛護会は、旧藩の上級士族が中心になっており、十四年二月に内務・大蔵両省に上申書を提出、五月には上京して陳情するなど、中央政府の人脈を利用して働きかけていった。五月の島根県令の副申では、再置を必要とする理由に反論しつつも、鳥取県の再置は必要であり、因幡は但馬《たじま》と合併するのが良策であるとする意見をのべている。政府は七月に山県有朋参議を派遣して実情を調査し、山県の報告にもとづいて再置のことを決定、九月十二日付で、島根県からわかれて鳥取県をおくことが太政官布告第四二号で布告される。初代県令は元大審院判事の山田信道《のぶみち》で、十月二十四日に鳥取県の土地人民をうけとって県庁事務を開始した。県令の鳥取着任は十一月十八日であった。

道路開設事業の着手●

山県参議の復命書は、鳥取士族を開化し「自立力食ノ道」につかせるためには、「鳥取ヨリ姫路ニ達スル路線ニ着手シ、車道ヲ開築シ直ニ因幡ノ物産ヲ興スノ基礎ヲナシ、其ノ人民ヲ作新鼓舞」すべきであるとして、道路の開設整備が鳥取県にとって緊急の課題であることを強調していた（『鳥取県史』2）。それだけに再置された鳥取県としては、道路整備はなにをおいても取り組まねばならず、山田県令は九路線を選定して、明治十六（一八八三）年度から三カ年継続事業で着工することとし、鳥取・戸倉間、鳥取・米子《よなご》間を最優先で整備する計画をつくった。総事業費三一万四〇〇〇円は、二五万円前後であった鳥取県の年間予算額を大きく上まわる金額で、同十五年八月に山田県令は内務・大蔵両卿にあて「道路改築費御補助ノ儀ニ付稟請《りんせい》」を提出し、特別の配慮で国庫補助を得たいと申請する。同じ時期に島根県会でも第二号諮《し》問《もん》案道路改修目的が提案されるが、議員の質問にこたえて境《さかい》県令は、「道路ニ付テモ確乎トシテ補助アルヤハ予知スヘカラサレトモ……他県ニ於テモ既ニ補助ヲ得タル例モアリ」とのべている（『島根県議会史』）。

鳥取県は三一万円余の総事業費に対して、五万一〇〇〇円の国庫補助を得ることができた。それは総額の一六・二％を占めるにすぎないが、鳥取県の歳入決算では、十五年度で二二・七％、十八年度で二六・

三％の比率をもつ（『鳥取県史』２）。県費負担は三年間で三万三〇〇〇円、町村協議費は二三万円余の負担であり、道路改修計画が提案された十五年十一月の臨時県会では「人民ノ希望ニ基キシモノ」として、異議なく原案が可決された。

工事は十六年から十八年にかけて施行され、路線のなかには二十一年までかかったものもある。着工初年度の十六年は県下全体が干害で不作となり、協議費滞納が続出して工事費の不足が心配されたが、県は政府から五万円を借り入れて工事を継続、さらに十八年七月の大水害に直面しては、五万円の借入金の返済の目処がつかないことから、政府に要望して借入金を補助金に変更して県民の負担を軽減した。

加えて水害復旧工事に、県として一〇万余円、町村で六万円を必要としたことから、県事業費の半額を国庫補助とすることを要請し、政府も「地方経済上ノ困難他府県ト同論シ難キ現況」にあるとして、十八年度に四万円の補助を決定した。ところが鳥取県は七月末の臨時県会で、政府決定に先立って補助金が要望通りの五万円余が認められるものとして追加予算を議決していた。政府決定で一万余円の差額が生じたことから、県令は県会を招集しな

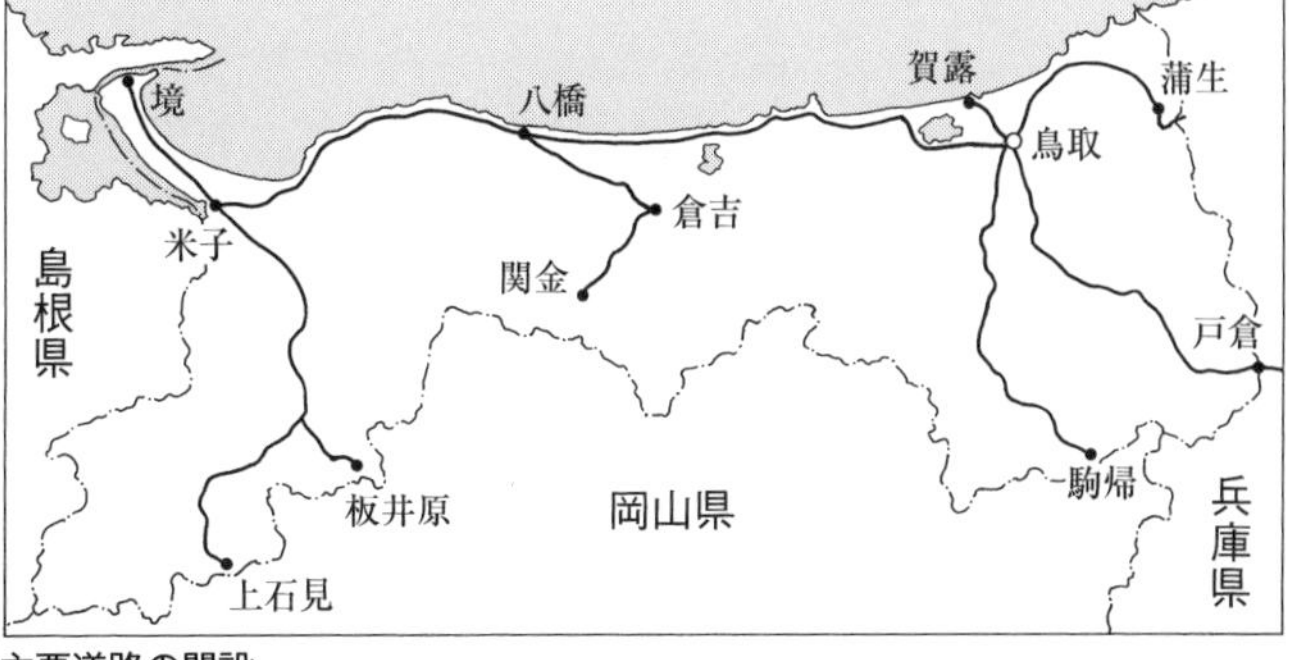

主要道路の開設

いで常置委員会に付議するだけで追加更正予算を決定させ、七月県会決定予算に比して地租割で八〇〇〇余円、戸数割で二八〇〇余円が増額されることになる。十一月通常県会でこのことが明らかになり、県会は、県令の措置は違法なもので、県会の予算議定権をおかすものとして、参事院に訴え出ることで対抗した。参事院裁定は県令側の敗北であったが、この問題を機に県会は山田県令への批判を強めていく。

県知事と県会の対立

鳥取県再置の明治十四（一八八一）年以来、昭和二十二（一九四七）年までの六六年間に、政府任命の官選知事は三六人である。一人当りの平均在任期間は一年一〇カ月で、短いのは二カ月だけという者が一人、三カ月が二人もいるが、長かったのは初代山田県令の七年一カ月、十一代寺田祐之《すけゆき》知事の五年三カ月などであった。このように二年未満という短期在任者が多かったなかで、山田県令の場合は異例の長さであるが、長ければ長いだけに行政運営に功罪がみられ、その県会軽視の姿勢に対しては、明治十九年になると罷免《ひめん》要求の上申書が県会から提出されるに至る。こうした知事と県会の対立は、山田県令にとどまらず、同二十五年には西村亮吉知事、二十六年には調所《ずしょ》広丈知事、二十八年には野村政明知事、そして三十二年には久保田貫一知事と続くのであった。

山田知事（明治十九年七月十八日に県令は知事に改称）と県会の対立は、前述の水害復旧工事にはじまる。十八年に続いて十九年も日野《ひの》川水系を中心に県西部は大水害で、米子の市街地が大半浸水したほどであった。堤防決壊で被害が大きくなったことについて、道路開設工事に原因があるといわれ、県会では「開修工事ノ疎悪ニシテ、一朝河水漲溢《ちょういつ》セハ、忽《たちま》チ道壊レ堤潰ヘ、臨時水災費ノ課出ハ毎年殆ント十万円乃至《ないし》二十万円ノ巨額ヲ要スルニ至ル」と批判されたのである。水害復旧事業費は県税負担が原則であったから、明治十九年度には地租割・戸数割負担が十七年度の一・六倍にも増加し、「民力休養」が県会の課題となる。こうして十九年十一月石原常節ら三人の県会議員によって「内務大臣親シク視察アリテ県政ノ挙否ヲ判別セラルル事」と、山田知事の県政運営を批判して罷免を要求するつぎのような上申書が内務大臣に提出されるに至る。

一　施政ノ方向相定ラサル事
一　官民ノ間、疎隔スル事
一　休養生息ノ旨《むね》ニヨラス、民力ノ衰耗《すいもう》ヲ顧ミサル事
一　名ヲ士族授産ニ藉《か》リテ濫《みだり》ニ資金ヲ賦課シテ其事業ヲ緩《ゆるやか》ニスル事
一　巨額ノ金ヲ濫費《らんぴ》シテ疎悪ノ道路ヲ開修シ、其間言フヘカラサル弊風生シ、風雨毎ニ破壊スル事
一　教育ヲ拡張スルノ意ナク、施設ノ順序相立タサル事
一　県会ニ対シ危計ヲ以テ議員ヲ欺瞞《ぎまん》スル事
一　勧業励奨ノ方ヲ怠ル事
一　心ヲ県政ニ用ユルコト薄クシテ、県下人民ニ対シ不親切ナル事
一　日々鳥魚ノミ猟獲シ、遊興ニ耽《ふけ》ル事
一　県下有志者ノ施政ノ利害ヲ論議スルモノアルモ、之ヲ容《い》レサルノミナラス、之ヲ軽侮《けいぶ》スル事
一　妄《みだり》ニ同県人ヲ採用シテ警察官吏ヲ組成シ、陰ニ己ノ衛護ヲナササシムル如キ姿勢アル事

（「大隈文書」『鳥取県史』２）

県会議員三人による上申書が内務省でどのように処理されたかはわからないが、明治二十一年十月に山

田知事は福島県知事に転出した。続いて二十五年十月には、県会の田中政春ら七議員が西村知事に選挙干渉の責任をとることを求めて辞職を勧告した。同年の総選挙では品川弥二郎《やじろう》内相が全国の知事と警部長に命じて選挙に干渉し、吏《り》党の勝利をはかった。西村知事は二十六年七月に免官となるが、八月には貴族院議員に勅選されている。二十六年の調所知事は、県税徴収の法解釈をめぐって県会と対立し、双方が法制局に提訴して、知事の裁定が「其当ヲ得サルモノトス」とする判決が下ったものである。

明治二十八年の野村知事と県会の対立は、県会の内部対立に端を発する。二十八年三月の臨時県会は、常置委員選挙四回、議長選挙二回、副議長選挙三回を行ったにもかかわらず、決定することができず紛糾を続け、繰上げ当選した常置委員の不信任決議を県会がしたことから、野村知事は県会の職権外であるとして会議の中止を命令した。ところがこの命令書の説明に対して、県会が「議事ノ進行ヲ停メテ議セス」との動議を可決したため、知事は府県会規則違反として再び会議の中止を命じた。こうして県会は全議案を審議未了で閉会したので、県は常置委員会を招集してこれに付議しようとしたが、常置委員の不信任・議事中止を求める動議が可決されて、野村知事は「県治ノ円滑ヲ保ツヲ得サルモノ」として、五月五日に県会の解散を命じた。

明治三十二年の久保田知事の場合は、西郷従道《さいごうつぐみち》内相の意向にそって帝国党を支援する立場をとり、帝国党と憲政党が同数の県会対策として、鳥取市選出の憲政党議員の資格に疑問があるとして当選を無効とした。十月臨時県会では、帝国党議員だけの出席で議長以下の役員を独占、これに対抗して憲政党議員からは政府に提訴して抗議した。そして十二月県会では憲政党議員から「本県知事久保田貫一ハ県下ノ帝国党員ト結托《けったく》シ、選挙ニ干渉シ、法律ヲ曲解シ、県治ヲ擾乱《じょうらん》ス、是レ本会ノ信任セサル所ナリ」と知事不信任決議を提出したが、会期末の時間切れで審議未了で終わる。

ともあれ、こうした県会との対立の繰り返しなどから、鳥取県について「難治県」という言葉がよくいわれているようであるが、問題は県民の側にあったというよりも、県政を担当する知事の姿勢に求めるべきではないだろうか。

因伯の地域対立

因幡国八郡の明治十三（一八八〇）年の人口は一六万九七二二人、伯耆国六郡は二〇万三四〇七人であった（『鳥取県一覧概表』）。因伯両国をあわせて鳥取県が成立し、県の東部に位置する鳥取に県庁がおかれて県政が運営されることになるが、交通不便なときであったから、県庁に遠い伯耆の人たちは、県政に対する疎外感を強くもった。しかも県庁といっても、鳥取よりも松江の島根県庁のほうが距離的にも近く、交通の便もよかったことから「伯耆国開明ノ運輸・物産ノ進潮ハ西ヨリ東ニ漸スル、是レ地況自然ノ理ニシテ人心亦《また》東ニ背キ西ニ向フ所以《ゆえん》ナリ」ということになる（久米《くめ》郡岩本廉蔵の鳥取県再置反対建白書『鳥取県史』2）。そのうえ伯耆は因幡より人口も多く、田畑の石高も多かったから、県税負担は当然に多く、伯耆では、伯耆と因幡が合併することは「巨額ノ金員ヲ以《もっ》テ一大不幸ヲ買取ルカ如キ」結果にもなると憂慮された（汗入《あせり》郡淀江《よどえ》宿谷尾甚三の建白書）。

こうした再置反対は、元老院への建白書提出など伯耆の各地で行われ、現在も島根県立図書館や内閣文庫に建白書などが保存されている。まず山県参議視察直後の明治十四年八月二日、久米郡の小山光正・山瀬幸人・五藤源太郎が、同七日には倉吉《くらよし》の進藤与八郎ほか二九人が、建白書を元老院に提出する。再置後にも反対運動は続けられ、久米郡下北条《ほうじょう》村岩本廉蔵、汗入郡淀江宿谷尾甚三らの建白、八橋《やばせ》郡赤崎《あかさき》の六四人は出雲《いずも》・隠岐二国も併轄してほしいと請願、翌十五年五月には久米郡土下《はした》村堀田覚蔵ほか九八人が周辺三一カ村をまとめて三条実美《さねとみ》太政大臣にあてた請願もある。また同十四年十月の会見《あいみ》郡米子と境《さかい》など全域にわたる山田竹四郎ほか三九五人の建白書には、坂口平兵衛・杉本寛敬・遠藤春彦ら、この地域の有力者が署名しているのをみることができる。したがって十四年九月の鳥取県再置は、因伯のあいだに根強い地域対立を残すことになり、早くも二十三年に会見県設置運動として再燃する。

明治二十三年五月の府県制公布を機に、伯耆西部の汗入・会見・日野の三郡を島根県に復帰させ、米子に県庁をおく会見県を設置する運動が、鳥取藩の家老で米子城主であった荒尾成勲《あらおせいくん》を代表にして進められる。同じころ島根県では石見《いわみ》国の広島県帰属の運動があり、石見出身の衆議院議員も同調して帝国議会に働きかけたという。背景には、鳥取県再置以来、地租割で八銭、戸数割では四八銭の差が島根県に対比してあり、年間三～四万円は増加している状態に対する反発があった。

当然ながら、因伯の地域対立は県会運営にも反映する。県会三二議席の半数ずつが因伯にわけられていたことが対立を激化させたわけで、県会運営に主導権をとろうとする因幡議員は、伯耆議員のなかから因幡に近い河村《かわむら》・久米両郡選出議員に働きかけて因幡に同調させようとする。しかしそれでは伯耆東部地区の利益に結びつかないことがわかると、伯耆全体でまとまるということになり、結果として明治二十年代には、倉吉農学校廃止問題や米子病院建設問題が県会で同意を得ることができず、長らく因伯対立の争点になるのであった。

大正三（一九一四）年十二月一日、鳥取県会は鳥取・島根両県の合併を決議し、島根県会もまた三日に決議、それぞれ内務大臣あてに意見書を提出した。

それより前の明治四十四年十二月の島根県会でも、鳥取県西伯郡を分離して島根県管轄に編入することが決議されようとした。県会に提案された意見書案には、「鳥取県ノ意嚮《いこう》ハ果シテ如何ナルヤ未タ関知スル能ハス」と記しているが、協議連絡はそれなりに行われていたものと思われる。県の境界変更を必要とする理由は、西伯郡境港《さかいみなと》の修築整備が焦眉《しょうび》の急務であるにもかかわらず、鳥取県が放置したままでいる現状をあげている。境港は島根県東部にとっては「百貨運輸の門戸」であり、山陰鉄道の開通で懸案になっている対岸「北鮮」に対する航路開設のためにも、港湾修築を急がなければならず、そのためには西伯郡を島根県に編入しようというものである。ただしこの意見書案は、趣旨に賛成の議員は多かったが、いましばらく調査研究をしたうえで県会の態度を決定すべしということになり、先送りされた（『島根県議会史』第三巻）。

この西伯郡だけを島根県に編入する案が発展させられ、大正三年には両県合併案として両県会ともに可決される。その理由として、交通運輸の便ができた現在では、「尚狭

鳥取県会議事堂（明治30年代）

小ノ地域ニ両県ヲ存立セシムルカ如キハ、地方行政上及経済上ヨリ観ルモ、将《は》タ産業興隆上ヨリ察スルモ、其ノ不便不利ナルコトヲ挙《あ》ケテ数フヘカラサルモノアリ」という（『県会議事録』）。こうした県会の決議に対して、鳥取市では十二月十三日に反対市民大会を開き、「右併合に関する鳥取県会の決議は、県民の利害と与論とを無視せる失当の措置なり」として、反対運動を進めることとする（『山陰新聞』大正三年十二月十七日）。

両県会からの意見書をうけた内務省は、両県知事の報告も聞いたうえで、時期尚早ということで許可できない旨を内報することとし、両県会に対してはとくに指令を発しないことにしたと伝えられている（『因伯時報』大正四年二月十四日）。

鳥取市制と市民要求●

明治二十一（一八八八）年四月に市制と町村制が公布され、二十二年四月から府県知事の具申により内務大臣が指定する地で施行するとされていた。二十一年の十月県会で県知事は「市町村制度ノ実施ニ就テハ、重大ナル改革ナルヲ以テ容易ニ施行出来サルナリ」と答弁し、二十二年四月からではなく十月一日から市制・町村制を施行した。鳥取に市制、米子・倉吉・境・淀江で町制を施行し、一市四町二三三村が成立する。

ところで鳥取県当局は、鳥取に市制を施行するつもりはなかった。山田知事は事務引継書のなかで、町村制施行方法をつぎのようにのべている。

本県管内に於テハ鳥取・米子・倉吉ノ三市街アリト雖《いえど》モ、孰《いず》レモ資力寡少《かしょう》ノ市街ニシテ、市制ヲ適用スル事能《あた》ハス、若《も》シ市制ヲ施行スルモ、鳥取ヲ除ク外未《いま》タ市トナスノ標準タル戸数人口ニ適合スルモノニアラス、而シテ鳥取市街ヲシテ郡ノ区域ヲ脱セシメ市トナストキハ、郡亦資力ヲ減少シ遂ニ郡ノ独立ヲ計ル事能ハサルニ至ラン、故ニ本県下ニ於テハ総テ市制ハ之ヲ施行セサルノ見込ナリ、

（「明治二十一年事務引継目録演説書」）

市制施行の要件は人口二万五〇〇〇人以上をもっていることで、二十年十二月末の鳥取の人口は二万六九九六人であったから、人口は要件をみたしていたが、「資力寡少」が問題であるとして、鳥取県当局は市制にしないで町制を鳥取に施行することにしていた。このとき島根県の松江では、人口三万五八〇四人で四月一日から市制を施行するのである。当然ながら県当局の消極的姿勢は市民から批判されることになる。鳥取で発行されていた『山陰之公論』は明治二十二年一月八日の第二号に、「市制施行ヲ請願スルハ鳥取地方有志者ノ責任ナリ急務ナリ」を掲げて市民によびかけた。

タレカ鳥取ヲ衰弱ナリトイフ、物産興業ノ振作、以ツテコノ衰弱ヲ救フヘキナリ、タレカ鳥取ヲ僻遠《へきえん》ナリトイフ、海陸運路ノ開墾、以ツテコノ僻遠ヲ通スヘキナリ、コノ衰弱ト僻遠トヲ理由トシテ、タタチニ我カ鳥取ハ将来ニ市制ヲ施行スルノ目途《めど》ナシト断言スル人アレハ、吾人《ごじん》ハコレヲ評シテ大早計ノ議論トイワサルヲ得サルナリ（須崎俊雄『鳥取の市民運動』）

明治二十一年十月に山田知事は武井守正知事にかわるが、新知事は事務引継書にあるとおりの町制に固執し、これを士族が支持していた。対する市制推進派は商工業者を中心とする平民であり、鳥取商工倶楽《クラ》部《ブ》は市制促進を決議し、知事に建白書を提出するとともに、各地で演説会を開いて運動を盛りあげていく。そのため当初は有力であった町村制論が後退し、六月二十一日に郡長が主催した諮問《しもん》会では、ほとんどの者が市制実施を主張し、七月十日の戸長協議会でも三九対一九で市制を希望する者が優位にたつ。このた

め知事も市制実施を決断し、内務大臣に意見具申して十月一日の鳥取市の誕生となる。初代市長には町制派の士族岡崎平内が選任されたが、助役は滝七蔵、収入役は河崎鉄蔵が選ばれた。

大正デモクラシーと市民運動●

大正元（一九一二）年十二月の桂《かつら》太郎内閣成立を機とする閥族打破の憲政擁護運動は、県内の若い世代による「大正維新」の意気込みで取り組まれていく。

大正維新とは、大正二年五月結成の山陰青年団の檄文《げきぶん》によると、「今や世は大正の御代となり、国際的関係に於て列強と対等の地位に立ち、政治・経済・教育に一代刷新を劃《かく》し、汎《あまね》く世界に其範を示すべき時代に属す。即ち第二の維新なり」であり、「山陰の青年たるもの此際大いに奮起し、大正維新に処する覚悟無からずんばあらず」というものであった。

鳥取市では同二年二月に連合青年会が結成され、五月には米子市を中心に山陰青年団が発足する。その綱領には、堅実な思想の養成、知能の啓発修養とともに、「堕落腐敗せる現今政界の革新」「地方自治の完備……之を害するの弊風を一掃」するという中央・地方を通ずる当面の政治課題を掲げていた（『山陰日日新聞』『鳥取県史』2）。

桂内閣にかわった山本権兵衛《ごんべえ》内閣になると、山陰青年団による憲政擁護運動はさらなる広がりをみせる。同三年二月九日の米子での政談演説会では織物消費税・営業税・通行税の三悪税撤廃を訴え、内閣不信任を決議し、山本内閣と妥協した政友会を攻撃した。六月には中央で運動の先頭にたっている尾崎行雄《ゆきお》を招いて米子・溝口・赤碕・境・倉吉の各地で演説会を開催、犬養毅《いぬかいつよし》も県下を遊説してまわり、十月十四日には犬養毅一行を迎え、鳥取から松江にかけての両県青年代表を集めて山陰青年団の結団式を開催する。

❖コラム

鳥取孤児院と因伯保児院

明治三十九（一九〇六）年、県下に二つの児童福祉施設が設立された。キリスト教の精神にもとづく鳥取孤児院と、仏教の立場にたつ因伯保児院である。

日露戦争による戦没兵士の遺児救済が、キリスト教徒の尾崎信太郎の心をとらえ、岡山の石井十次《じゅうじ》や松江の福田平治による孤児救済事業に学びつつ、尾崎は鳥取市東町に孤児院を開設した。七〇人にのぼる孤児を収容すれば、その経費は大きな金額になる。尾崎は市民によびかけて賛助会員をつのり、篤志家に寄付を仰いだ。院児で楽隊を編成し、映画の巡業で資金集めをしたが、大正八（一九一九）年には鳥取市内に常設映画館を新築して財源確保の道を講じた。京都の同志社に学んだ尾崎には「愛なくば益なし」との聖書の言葉がすべてであり、多くの苦難をのりこえて現在の社会福祉法人鳥取こども学園をつくってきた。

倉吉の因伯保児院は、浄土真宗妙寂寺《みょうじゃくじ》住職の八雲龍震《やくもりゅうしん》によって同寺境内に設立され、常時二、三十人の孤児を収容していた。八雲は仏教の報恩感謝の立場から「天下無告窮乏の孤児・貧民・棄児等を救済し、父母に代り之を教養保有する」ことを保児院の目的に掲げ、家族的雰囲気のなかで保育につとめた。それだけに坊守の数枝《かずえ》がはたした役割は大きく、数枝の献身的な奉仕は、院児たちだけでなく檀家《だんか》の人たちの心もとらえた。創立初期の大正期には、院児たちで楽隊をつくり、幻灯や活動写真をもって巡回し、各地で慈善会を開催し、浄財を集めて経費の一助にしてきた。現在、保児院は社会福祉法人因伯子供学園となっている。

山陰青年団綱領には「吾人は地方自治の完備を計り、苟《いやし》くも之を害するの弊風を一掃せん事を期す」とあり、身近な市町村行政の問題をとりあげたことが、県下での憲政擁護運動の広がりと高まりをつくった。二年十一月の県税家屋税新設反対運動がそれである。従来の戸数制を廃止して鳥取と米子に家屋税をあらたに設ける案が発表されると、負担過重に加えてその賦課が富豪に有利で、中層以下に不利であったことから、鳥取と米子では反対運動がおこり、十二月県会は否決を余儀なくされる。前述した三年の鳥取、島根両県合併論においても、鳥取県の県税負担が島根県にくらべて大きいことがあげられており、負担軽減が県会での合併論の中心になっていた。

なかでも米子では、明治四十五(一九一二)年の山陰線開通記念全国物産品博覧会などにかかる不正支出事件で、町助役が辞職、町政刷新を求める声が町民のあいだに強まっていた。そのうえに大正五年一月には米子町会のあり方が問われることになる。議員に欠員があるにもかかわらず補欠選挙を行わなかったことや、議会開会中も欠席議員が多いことなどから、米子町民会は町と町会の非立憲的態度をきびしく批判した。

鳥取では大正六年四月の衆議院選挙に、連合青年会の君野順三《きみのじゅんぞう》が理想選挙を標榜《ひょうぼう》して立候補するが惜敗した。続く九月の市会選挙には公会堂で市民大会を開いて、「従来の情弊に鑑《かんが》み、選挙の公正と適材推挙の実を挙げんことを期す」と決議し、市議候補のなかから市民大会の名で公認候補を推し、一四人を当選させ、市会内に刷新をめざす大正クラブを結成する。これは智頭《ちず》の三滝《みたき》ダム拡張問題で賛否がたたかわされていたときでもあり、市会に市営事業調査部を発足させ、電気事業市営の方針を確立して実現化に尽力した。しかし八月の米騒動、九月の大洪水で運動は中断を余儀なくされ、市長の退陣などもあって市営は実現できなかった。

電気事業市営問題がおこったとき、政友会の政党勢力を批判して、さきの理想選挙の流れをふまえて鳥取青年愛市団が結成され、鳥取立憲青年会に発展していく。愛市団は大正七年八月まで続く米価暴騰にさいして、輸出業者に県外輸出の中止をよびかけ、小売業者には一升三〇銭の小売値段をまもることを要求する決議をするなどして、騒動の防止につとめた。『因伯時報』が伝える八月十九日の米価は、境四〇銭、八橋《やばせ》三七銭、米子・溝口も三七銭、倉吉三五銭であるのに、鳥取は三〇銭であったから（『鳥取県史』2）、鳥取市での米価抑制に愛市団の活動は一定の役割をはたしたものといってよい。なお、愛市団を母胎とした鳥取立憲青年会は、同九年の総選挙では理想選挙・普通選挙実施・市民の大同団結を訴えて由谷義治《ゆたによしはる》を立候補させてたたかった。大正デモクラシーは、鳥取市に青年たちの理想を掲げた市民運動を生みだしたのである。

2　伝統産業の近代化

「裏日本」をつくったもの●

日本海沿岸地域を、かつては「裏日本」といった。日本列島の裏側にされた山陰や北陸の人たちがいいだした名称ではなく、「表日本」だと思っている地域に住む人たちが、日本海沿岸の後進的地域に使った言葉である。「裏日本」だといわれて喜ぶ人はいない。しかし政府も昭和三十六（一九六一）年の国民所得倍増計画のなかで「裏日本」と使ったことがあり、その後地域差別だと批判されて、同五十二年の第三次全国総合開発計画では、「日本海沿岸地域」と新しい地域区分を使っている。

明治期になって資本主義経済が本来的にもっている不均等発展の法則によって、日本列島に表と裏をつくり、先進的な表日本に対して後進的なところとして裏日本の名称がつくりだされ、明治末期以降に広く一般に使われるようになったものである。私は日本資本主義確立期にそうした認識がつくられたものと考えている（内藤正中『島根県の百年』）。

鳥取県は「裏日本」とされる地域の典型である。まず第一は停滞的な県人口である。明治元（一八六八）年三七万三〇六五人であったものが、四〇年後の資本主義確立期ともいうべき同四十一年に、六万七〇〇〇人増加して四四万五三六人になり、県人口が五〇万人を超えるのは昭和二十年である。いま明治二十一年を基点に指数をとると、鳥取県は同四十一年が一一五、大正十四（一九二五）年が一二〇であるが、東京府は一二〇、二五九、大阪府は一二〇、二三九の伸びをもち、全国平均は一二四、一四八となっている。

人口増加がこのように緩慢であったのは、就業の場である地域の産業構造の後進的性格にもとづいている。県経済の中心になった農林業の近代化が遅れ、江戸期以降の伝統的産業の近代的対応も進まず、近代的工場の稼働もかぎられていたことが大きい。そうした産業近代化を阻害していた最大の要因は、全国の都市や市場につながる交通体系の不備にあった。明治十四年に鳥取県地方を視察して県再置の必要を論じた参議山県有朋《やまがたありとも》の復命書にも、「山陰道諸国ノ若キハ依然往時ノ天険天府ト称セシ険悪ノ道路ニシテ、維新以来モ曽《かつ》テ改築ニ従事セシコト無シ、故ニ他県ニ比スレハ識見ノ狭隘《きょうあい》ナル、教育ノ後レタル、営業ノ立タサル、物産ノ興ラサル、皆モトヨリ是ニ依ルナリ」ということで、道路開築こそが最重要な課題であ

府県人口の推移(指数：明治21年＝100)

	明治21年		36年	41年	大正9年	14年	
	千人						千人
鳥取	394	100	106	115	115	120	472
島根	692	100	104	109	103	104	722
福井	596	100	104	112	101	100	598
石川	745	100	101	111	100	101	750
富山	738	100	104	112	98	102	749
新潟	1,665	100	105	117	107	111	1,849
山形	741	100	112	77	131	139	1,027
秋田	683	100	114	131	132	137	936
日本海8県計	6,254	100	106	111	111	114	7,103
東京	1,559	100	135	120	153	259	4,485
京都	875	100	114	118	147	161	2,319
大阪	1,281	100	125	120	202	239	3,059

『明治大正国勢総覧』より作成。

ることを強調していた（『鳥取県史』2）。したがって県再置後に山田知事が最初に取り組んだのが、道路建設事業であったことは前にのべたとおりである。

鉄道開通までの時期の大量輸送手段は、海上交通の船舶であった。しかし因幡の賀露《かろ》港は鳥取市の外港であったにもかかわらず、「細沙《さいさ》其内門口ヲ塡塞《てんそく》シ、小舟スラ自在ニ出入スル事能《あた》ハス」であり、境港は良港であるにもかかわらず、県の西に偏在していることから、「伯西ト出雲トニ便スル所」という認識しか鳥取県庁にはなかったようである。しかも海上輸送は危険が大きく、「秋冬ノ際ハ殊ニ風涛ノ険悪ナル忽《たちま》チ運路梗塞《こうそく》ノ憂ヲ生シ、又海上天候ノ測ラレサル平時ト雖《いえど》モ或ハ忽《たちま》チ覆没《ふくぼつ》ノ災ニカカリ、貨主船主ハ即チ破産ノ厄ニ陥リ」といわれるような状況にあった（明治十九年石原常節ら三県議の建白『鳥取県史』5）。このため境港の本格的修築は、大正十年まで待たなければならなかった。大社《たいしゃ》・京都間の山陰東線の鉄道開通は明治四十五年のことで、山陽線にくらべると二〇年以上も遅れていた。

地域を担う人材育成の学校教育にも問題があったとしなければならない。島根県との比較でみると、鳥取県での立ち遅れは明らかである。まず小学校の就学率についてみよう。明治十五年の就学率は四五・七%であり、島根県にくらべて九%も低い。全国平均よりも二・八%も低いのである。その原因について『鳥取県史』4は、「管内ノ如キ漁農一途ノ地多ク、子弟ヲシテ其業ヲ助ケシムル為メ、日々昇校スル能ハサルノ情状」と記している。同二十年には三五・三%と前年にくらべて一〇%も低下した。この年に島根県は二・三%、全国は一・三%の低下であるから、鳥取県の低下率は著しい。授業料負担と就学年齢一年延長の理由だけでは説明がつかない。就学率が五〇%を超えるのは二十四年で、この年にはじめて鳥取県の就学率が全国水準となる。三十年には六一・九%になるが、島根県は七九・九%で一八%も高い。三十五年になって九二・三%となり、九四%の島根県にようやく追いつくのであった。

中等教育でも立ち遅れていた。明治十九年の一県一中学で米子中学校が廃止され、鳥取中学校だけとな

就学率の推移

	鳥取県	島根県	全国
	%	%	%
明治15年	45.7	54.7	48.5
17年	46.5	48.3	50.8
19年	45.3	46.9	46.3
20年	35.3	44.6	45.0
24年	50.3	54.0	50.3
30年	61.9	79.9	66.6
33年	88.5	92.2	81.6
35年	92.3	94.0	91.6

鳥取県は『鳥取県史』4，島根県と全国は『島根県近代教育史』第1巻より作成。

るが、三十二年になって米子に第二中学校が復活し、鳥取市立高等女学校が県立となる。これに対して島根県では三十三年に教育八年計画を提案し、松江・浜田に続く三番目の杵築《きつき》中学のほか、浜田高女、農林学校、商業学校の新設を決定、続く三十九年の教育五年計画で、四十年に松江市立高女の県立移管、今市《いまいち》高女と浜田水産の新設、四十一年に松江市立工業と組合立隠岐商船の県立移管を実現している（内藤正中『島根県の百年』）。

鳥取県にはなぜか島根県のような教育計画は作成されず、鳥取・米子に続く倉吉中学校が開校するのは明治四十二年であり、同じ年に郡立西伯《さいはく》高女を県立米子高女とし、翌四十三年に鳥取商業を開校した。鳥取県の中等教育が島根県にくらべて一〇年の遅れがあることはたしかである。もっともすべてが後進的であったというものではなく、同十四年に久米《くめ》河村農学校として郡立で発足した倉吉農学校が、十八年には全国に先がけて県立になっているし、二十年に開校されたキリスト教徒による鳥取英和学校もあり、二十一年には婦人会による鳥取女学校が開校、三十年に鳥取市立高女となったことも忘れてはならない。

鳥取県立農学校（明治30年代）

明治末期の県産業●

明治四十（一九〇七）年に鳥取県が発行した『因伯記要』には、資本主義確立期である明治末期の産業について、「養蚕の業盛に起り、生糸及蚕種《さんしゅ》は其の名声を博す、産牛地の名亦四近に聞へ、近年優良なる種牡牛の配置に依りて愈々《いよいよ》改良の緒に就《つ》けり」として、「今日に於ては米蚕業及畜産業を以て本県の主たる産業となすに至れり」と記している。たしかに三十九年の産物をみても、圧倒的な比重をもっているのは米であり、ついで一〇〇万円以上の産額をあげている物産に麦・繭・蚕糸・酒がある。一〇万円以上の産額をもつものには、材木・薪炭材などの林産物、牛、甘藷《かんしょ》、鉄の鉱産物、漁獲物、実綿《みわた》、織物、楮《こうぞ》・三椏《みつまた》・雁皮《がんぴ》の製紙原料と和紙などで、製造業としてあげられるのは鉄・織物・和紙だけである。したがってこの『因伯記要』の工業の項目では、レース手工業・羽二重《はぶたえ》・飛白《かすり》・清酒・稲扱《いねこき》・砂鉄・紙をあげているにすぎないのである。

地域別の物産については、同じく明治四十年刊の山崎直方・佐藤伝蔵編『大日本地誌』第六巻のなかで、鳥取・倉吉・米子の三地域を記している。鳥取では「因幡各郡の物資は概《おおむ》ね市を中心として集散せられているが、もともと「因州三郡の地、海陸交通の不便夫れ此の如きを以て、山村荒磯風物粛條《しゅくじょう》、産業の発達遅々として、商業殊に振はず」といわれる地域であるために、鳥取名産としてあげられているものも、紙・葛粉《くずこ》・麻苧《あさお》、白珊瑚《しろさんご》細工・海松《みる》細工・諸鹿《もろ》硯《がすずり》・香合石《こうごう》・煉熊膽《ねりくまのい》となっており、江戸時代とかわるところがない。

これに対して伯耆の東部にある倉吉の物産は、米・生糸・木綿織をおもなものとしてあげ、「織物中殊に倉吉絣《がすり》は古来名あり」であり、「稲扱は需用殆んど全国に普《あまね》く」といい、山陰製糸会社については「精良の生糸を出すを以て夙《つと》に顕《あら》はる」と記す。また小鴨《おがも》村（倉吉市）ではイチゴを栽培してイチゴ酒を醸造していることも「醇味頗《すこぶ》る賞すべし」と特記している。

伯耆西部の米子は、当時人口一万七〇〇〇人で、「商業の活発なる却《かえ》って鳥取を凌《しの》ぐ」とされ、物産では米・綿・生糸・煙草《たばこ》・鋼鉄・酒類・麺《めん》類・甘藷・藍《あい》・人参《にんじん》をあげ、「本邦屈指の綿作地なるが故に綿及び木綿の取引盛になるを見る」と記す。このような明治末期における県物産の状況は、日本資本主義確立期での鳥取県の産業構造を反映したもので、そこには産業近代化のそれなりの姿をみることができる。

鳥取県としては、明治二十九年の郡制施行を機に、日清戦争後の戦後経営として「産業ノ独立ヲ助ケ生産力ノ増加ニ勉ムル」ために、勧業施設綱領を定め「将来ノ方針」とすることにした。ここで鳥取県の勧業政策としてあげられたのはつぎの各項である。

農業教育（県立簡易農学校、郡農事試験場、農事巡回教師）

米（稲米改良組合、小作奨励会、耕地整理、裏作）

鳥取県の物産(明治39年)

	価額	産額
米	千円 6,163	万石 53
麦	1,314	17
大豆	121	11
甘藷	308	万貫 673
実綿	166	26
繭	1,196	万石 3
和紙	202	万締 7
織物	103	万反 5
蚕糸	1,139	千貫 25
酒	1,260	千石 41
醤油	113	10
漁獲物	277	万貫 57
牛	415	千頭 9
林産物	524	
楮・三椏・雁皮	106	万貫 37
鉱産物	306	139

鳥取県『因伯記要』による。

麦（良種普及）
綿・麻・藍・煙草（同業組合）
蚕糸（養蚕、製糸、蚕糸業組合）
製茶（茶業組合、製茶伝習所）
抄紙（共同仕上所）
織物（羽二重）
水産（水産実業教師、遠洋漁業）
畜産（畜産組合、牛馬、牧場）
山林（森林小作法、林業巡回教師、植樹奨励法）
実業会（県・郡市・町村の実業会）
博覧・共進・品評会（出品奨励）
物産販売所（大阪に設置）

（『鳥取県勧業沿革』、『鳥取県史』2）

勧業施設綱領は、奨励すべき品目ごとに対策を示し、農業教育に通ずる人づくりと同業組合による組織づくりとによって、産業近代化を推進しようというもので、督励組織として県・郡市・町村の実業会を新設することにした。それは鳥取県独自のもので、三十一年四月までに県中央実業会を頂点にして、郡市と町村に設立されたが、翌三十二年に農会法が公布されて系統農会が組織化されたことにより、機能停止を余儀なくされる。また三十年以降各郡に設立された郡立農事試験場も、三十五年に県立農事試験場が新設されたことにより県補助が打ち切られたため、廃止されていった。このように、鳥取県独自の勧業施設綱領は、三十年以降あいついで公布された国の農業関係法によって修正を余儀なくされ、実質的には画餅となるのであった。

木綿織の近代化

木綿は鳥取県を代表する重要物産で、幕末最盛期の天保十（一八三九）年には、因伯で一〇〇万反の産額があったという。明治十（一八七七）年の『農産表』では、伯耆国の実綿《みわた》生産は全国の四・〇%を占めて第六位にあり、綿織物は第一五位、雲斎《うんさい》織は第九位で、絣《かすり》は愛媛・広島についで第三位である。しかしそうはいっても鳥取県の場合、原料綿産地として実綿や繰綿《くりわた》のままで大阪や北陸地方、島根県に出荷し、織物加工は少なかった。明治十七年の『興業意見』では「木綿織ナルモノハ従来伯州ニ於テハ浜ノ目、倉吉、因州ニ於テハ青谷等ノ三ケ所ニ於テ製スルモノハ、其光沢アルト久持スルトニ依テ近傍州ノ汎《ひろ》ク知ル所ナリ、然《しか》レトモ当業者ハ従来農事兼業ノモノニシテ、畢竟《ひっきょう》家族ノ内職タルニ過キス」とのべている（「鳥取県山陰道」『興業意見』巻二二）。

輸入綿糸の急増と、良質で廉価《れんか》な綿布に対して、農家の内職でつくられている手挽糸と地機《じばた》による木綿織が対抗できるはずもない。政府の洋式二千錘《すい》紡績設置計画が明らかになると、同十二年に県として会見郡に誘致を申請したが成功せず、民営で洋式紡績工場設立をよびかける。『興業意見』でも、日野川の水を利用した「綿糸紡績所ハ将来ニ尤《もっと》モ望アルモノナレハ……綿糸ヲ機械取ニセハ木綿織モ随《やが》テ隆盛ニ至ルヘシ」と提言していた。しかし民営でも実現できず、かわって鳥取県は十五年に鳥取の旧藩倉に糸挽木綿取扱所を設けて賃挽きをはじめ、十六年からは紡績糸使用の機織試験場を開設するなど、鳥取周辺での綿織物業普及のきっかけをつくった。

明治二十四年の『鳥取県農事調査書』は、郡別で「余業ノ種類」を記しているが、因幡国は高草《たかくさ》・気多《けた》両郡で木綿織・糸挽があるだけで、八東《はっとう》郡は麻織物、法美《ほうみ》・岩井両郡は苧績《おみ》である。これに対して伯耆国では六郡すべてに糸紡・木綿織をみることができる（大橋博『明治中期産業運動資料』）。糸挽・糸紡とあるように、このときはまだ地場産の木綿が原料糸であったが、三十一年の『鳥取県勧業沿革』では、綿布について「昔は手挽糸ヲ使用シタルモ今日ニ至リテハ紡績糸ヲ用ユルモノ増加セリ、縞《しま》木綿類ハ全《まった》ク紡績糸ニシテ主トシテ大阪天満《てんま》紡績会社製糸ニヨル」と記し、絣の原料も「紡績糸ヲ使ヒ大阪地方ノ輸入ヲ仰ク」としている。地域の綿作を背景に成立していた木綿織であったが、明治二十年代を画期に紡績糸を主原料に転換するわけで、綿作の衰退が決定的となる。

綿織物生産は、農家で綿作をし、繰綿にして糸挽をし、機織にかける全工程を一貫して行い、染色だけを紺《こん》屋に依頼するかたちであった。それが、幕末から問屋が手挽糸を買い集め、それを農家に地機《じばた》とともに貸与して賃織りさせる、問屋制家内工業がみられ、さらに明治十年代になって工場制手工業に発展していく。鳥取には、縞木綿をつくっていた職工五〜五〇人の綿布工場が、二十年以降一五も設立されるし、倉吉では大地主の船木や桑田らによる高機の絣工場が稼行する。三十年代には、四六軒あった紺屋があいついで工場をつくったという。ただ、倉吉絣の場合は、工場制をとる一方で農家への賃織も同時に行っており、工場で抜術を習得した娘に退職時に高機《たかばた》一台を与え、自宅や嫁ぎ先で賃織を続けさせる方法がとられていた。

倉吉絣は品質本位の立場をとり、独自の手工業的技術を大切にすることによって、力織機の量産木綿織に対抗した。統計などをみても、生産量では弓浜絣より少ないにもかかわらず、価額のうえでは倉吉絣が優位にある。三十五年の絣一反の平均価格が弓浜絣が一円であるのに、倉吉絣は久留米《くるめ》絣に匹敵する二円であった。商品検査をきびしくして証票《ちょうふ》を貼付し、織りだしに織元の屋号をいれたり、化学染料ではなく正藍染にこだわって、洗えば洗うほど藍の色は落着きをみせ、厚地の実用性と文様《もんよう》の複雑さを誇っていた（福井貞子『木綿口伝』）。

急成長の製糸業●

明治二十九（一八九六）年の鳥取県による勧業施設綱領は、養蚕業発展のために、

一　桑樹ノ増殖ヲ図リ養蚕業ヲ一般ニ普及スル事

二　蚕種ヲ共同購入シ其貯蔵ヲ一定スル事

三　少量ノ養蚕者ニ稚蚕共同飼育ヲナサシムル事

を奨励の方針とした。優良蚕種の製造と普及を重視し、鳥取・倉吉・米子に蚕種検査所を、県立農事試験場に蚕種製造所を設けるなどして、鳥取県を全国有数の養蚕地域にしていった。

養蚕農家は明治三十三年の三万一二二四戸から四十五年には一・六倍に増加し、桑園は三十二年の二五四三町歩（一町＝約一ヘクタール）から四十五年には一・九倍となり、収繭量も三十二年の八六〇トンが二六五〇トンへと三倍以上の増加を記録した（『鳥取県史』3）。

副業的な家内手工業である座繰製糸は、明治二十年代に急増し、機械製糸が登場したあとも共存を続け、四十一年には県下で二九〇〇戸を数えた。県内に一〇釜《かま》以上の工場制製糸業があらわれるのは明治十八年で、若桜《わかさ》町に設立された上原製糸場がそれである。二十一年には倉吉の斉木《さいき》製糸会社がはじめて蒸気機関を設け、二六釜の近代的な工場をつくった。十九年に設立した米子製糸は二〇人繰りで出発、ついで五〇

人繰りとなり、二十四年からは蒸気力利用の六〇人繰りの機械製糸とし、二十九年には一五〇人繰りの大工場となる。倉吉の山陰製糸は二十三年の創業で、フランス式直揚一〇〇人繰蒸気機械工場であった。

鳥取県の『因伯記要』には、三十八年に至る製糸業の発展について、つぎのような数字をあげている。生糸産額は十九年の一七五四貫（一貫＝約三・七五キロ）が二〇年間に一一倍増加の一万九三八五貫となり、器械製糸工場は二七カ所、一四九七釜、職工一四九四人で、座繰工場は一九カ所、二七〇釜、一〇人以下の座繰りは二三五六戸であったとする。ただし製糸業は日露戦争の戦後恐慌で四十一年をピークに工場数が半減していき、大正期には郡是《ぐんぜ》・片倉《かたくら》・日本製糸など、県外大製糸資本が進出してくる。

倉吉に二十三年に開業した三島《みしま》製糸工場で、女工がうたっていた労働歌につぎようにある。

今度国会開けたら　三島製糸のその規則　朝の汽笛が四時に吹く　そこで女工は目を覚し　起きると

山陰製糸合名会社（明治30年代）

帯を引きしめて　流るる川のそのへりの　流るる水を使いそめ　両手合して西東　拝む間もなく二番笛　鍵《かぎ》を持ったる福井さん　工場の雨戸を押し開き　あまたの女工がぞろぞろと　我席入ってそれぞれに　並んで先生に挨拶《あいさつ》を　そこで先生が申すには　このごろお糸というものは　つけぶし竹ぶしどろどろと　こんなお糸をひいたなら　お帰りなされよ女工さん　そこで女工が申すには　乱れ頭のその髪を　とき上げ涙を拭《ふ》くよりも　注意に注意はしたけれど……（福井貞子『木綿口伝』）

製糸も倉吉絣も同じである。小学校を四年で卒業したばかりの十二、三歳の少女が、寄宿舎に入り、結婚するまでの数年間を働く女工哀史であった。朝四時の工場の汽笛で起床、夜は暗くなるまで一二時間も一四時間も働いたのである。それで得られる収入が一カ月三円などという。明治末の玄米一石（一五〇キロ）が一二円五〇銭というから、玄米でいえば二斗四升（一斗＝約一八リットル）にあたる。『倉吉市史』は昭和四十六（一九七一）年の米価に換算して、月収五〇〇〇円ちょっとになると記して、「家に帰って農業をするよりも、機工場で働くほうがよいという者があったことは、当時の貧農の労働や生活には、女工哀史以上のものがあったことを物語るものではなかろうか」とのべるのである。

製鉄業の近代化●

すでに幕末の開港以来、安価な外国産鉄の輸入により大きな影響をうけていた伯耆日野郡の製鉄業は、明治の変革で決定的な打撃をうけることになった。それでも伯州産の鋼《はがね》は、良質のマサ砂鉄を原料としていたことから、刃物や銃砲生産にそれなりの需要をもつことができたし、道路改修で輸送に荷馬車が使えるようになり、明治十九（一八八六）年以降では運賃コストも一〇分の一に低減した。課題は旧式タタラ製鉄をどうやって近代的製鉄業に脱皮させるかであった。

根雨《ねう》の近藤喜八郎は、新技術への転換モデルを、藩営から官営にかわった広島製鉄所に求め、同二十年に二部《にぶ》村上代《かみしろ》（西伯郡伯耆町）に福岡山製鉄所を建設、一〇馬力の蒸気機関をそなえて操業を開始した。燃料の石炭は、境港から日野川沿いに二四キロ上流の二部村まで荷馬車で運んだが、コスト高になるため薪《まき》をまぜて使ったといわれる。工場はこれまでの鍛冶《かじ》場八カ所分にあたる能率をあげ、一〇〇人役以上の省力化が実現した。福岡山製鉄所の開設は、製鉄業近代化への画期的な技術革新であり、二十二年の県内鉄鋼生産額は七一〇三トンで、全国の和鉄生産の四二％を占めるに至る。

その後、洋式高炉をもつ官営釜石《かまいし》製鉄所（岩手県）の稼行に続き、官営八幡製鉄所（福岡県）の操業開始で、福岡山製鉄所は圧迫をうけるが、三十七年の日露戦争による軍需の増大で再生のきっかけをつくる。近藤は技術者を呉《くれ》海軍造兵廠《ぞうへいしょう》（広島県）に派遣、スウェーデンから輸入していた低燐銑鉄《ていりんせんてつ》に匹敵する特殊鋼をマサ砂鉄から生産することに成功、洋鉄や八幡製鉄所産の鉄に対抗

福岡山製鉄所　明治20年建設の近代工場。

できる競争力の維持につとめた。しかし日露戦争後の不況のなかで、四十一年には呉海軍造兵廠からコスト高を理由に購入を断られ、前年対比で三分の一まで減産せざるをえなくなる。

明治三十七年に米子に本工場を設立し、広島県下一五カ所に分工場をもつ米子製鋼所が、坂口平兵衛らによって発足する。この製鋼所は、三十六年に官営広島鉄山の払い下げをうけた広島鉱山合資会社にはじまり、「生産和鉄ハ品質優良ニシテ刃物鋼製造材料ニ適スルヲ認メ、更ニ坩堝《るつぼ》製造業ヲ計画」して、三十七年に米子製鋼所に改組したもので、包丁鉄・白銑鉄・玉鋼《たまはがね》そして各種刃物鋼の製造販売をした。大正五（一九一六）年の呉海軍造兵廠の調査報告書によると、洋式汽罐《きかん》二、汽機一、電動機二、蒸気鎚《つい》三、機力鎚一、洋式坩堝一三、各種工作機械などをそなえており、技術者職工一二七人をもつ近代的工場であったことがわかる。とりわけ同報告書が「技術上特筆スヘキ件」として、坩堝製造法のサーミット法によるクロム鉱精錬とマグネット鋼の製造をあげていることは、製鋼所が研究開発した独自の技術として注目されてよい（『鳥取県史』3）。

倉吉稲扱千歯の盛衰●

伯州名産稲扱千歯《いねこきせんば》は、江戸期に鳥取藩の特産として藩の国産座で取り扱われ、広く全国に普及していた。明治七（一八七四）年『府県物産表』によると、六万二五〇挺《ちょう》を生産して全国産額の四八％を占めていた。明治前期になると、他県産品との競合で生産が伸びなやんだが、山陰線の開通とともに商圏が広がり、四十三年には七万挺台、四十五年には九万挺台となり、大正二（一九一三）年に一〇万挺台のピークをつくった。そして第一次世界大戦後、足踏式回転脱穀機が登場して稲扱千歯にかわることになり、大正十一年で姿を消す。最盛期を迎えた明治四十年、鳥取県は『因伯記要』のなかでつぎのように記している。

稲扱の生産地は東伯《とうはく》郡倉吉町にして、古来其の名声甚《はなは》だ高く需用頗《すこぶ》る多くして、本県産物中屈指の物産に属す。輓近《ばんきん》農事の発達に伴ひ販路益々拡張し殆んど全国に及ひ、更に韓国に輸出するに至る。原料は洋鉄にして総て大坂より購入す。同品の生産数量は県下を通して一箇年約二万四千余挺にして其の価額は一万四千余円に達す。其の販売方法は各地方の仲買商に対し卸売を為すを通例とし、尚同製造業者は毎年一度春季に於て各地方へ巡回し、曩《さ》きに売捌《うりさば》きたる同品の修繕を行ひ、兼て競争品の有無優劣及需用の増減を調査するを例とす

この引用にみえる年間産額は明治三十八年のもので、日露戦争のため最低に落ち込んでいたことを知っておかなければならない。「需用頗る多」いということで、四十三年には三倍増の七万挺台の生産額になり、併合前の韓国をはじめ、全国各地に独特の販売網をつくっていたことがわかる。

千歯製造は、経営者自身が職人で、六人が一組になって作業をする家内工業であり、最大規模でも四二人の職工を雇用していたにすぎない。鍛冶の仕事は秋から春にかけてやり、春になると全国各地にでかけて修繕にあたる一方、新しい注文をとって帰ることにしていた。

倉吉千歯の原料鋼は、良質の伯州産を使って名声を得ていたが、明治二十年代になってコスト削減の必要から安価な輸入鉄を使用することとし、三十三年刊の『鳥取県勧業沿革』では「原料ハ総テ大阪ヨリ供給ヲ受ケ、毎年六万三千貫ノ製鉄ヲ消費ス」と、安い輸入鉄に全面的に依存していたとする。原料にしても製品にしても、重くかさばるものであるだけに、輸送コストが最大の問題であったはずで、それだけに良質で安価な製品をつくる努力が重ねられたといえる。二重の扱歯《こきば》をもち、扱ぐのに軽く、歯のあいだにゴミがはさまらないバネ稲扱や、倉吉改良稲扱会社による千歯製造の機械化への取り組みもみられたが、

足踏式回転脱穀機が登場すると敗北を余儀なくされた。

また千歯の行商は、全国から新しい情報を倉吉にもたらした。久留米絣が伝えられたのも、サツキをもち帰ったのも行商であったし、二十世紀梨《なし》にしても行商の話がもとになって導入されたものともいわれている（『倉吉市史』）。たしかに交通不便な時代であっただけに、千歯の行商で全国を歩いて得た情報は貴重であり、倉吉の近代化を進めてゆくうえで大きな役割をはたしたものと思われる。

因州紙の改良●

「紙は本県の重要物産にして気高郡及八頭郡を以て主産地とす。其の製造する所の種類は美濃《みの》紙、半紙、半切紙、厚階田《あつかいた》、薄階田、コッピー紙等にして、其の産額一箇年二十万円に達す」とは、鳥取県『因伯記要』の言葉である。同じ年の稲扱千歯の一万四〇〇〇円、倉吉絣など織物の一〇万二〇〇〇円をはるかに上まわる産額をもっていたのが因州紙である。

もともと鳥取藩の御用紙として、冬の製紙期間にだけつくられていた因州紙は、山野に自生していた楮《こうぞ》を原料にしており、原料が不足したときは石見国から楮を輸入してまかなっていた。また伯耆西部地方は紙漉《す》きが行われなかったことから、鳥取藩は例外的に石見半紙の輸入を認めていた（『鳥取県史』3）。したがって、藩政時代も鳥取県になっても、製紙原料は楮と考えられており、もっぱら楮の植付が奨励されていた。それが三椏《みつまた》にかわるのが明治十（一八七七）年以降であり、その後三椏が急増して圧倒的な地位をもつ。

同二十年に鳥取県は高知から教師を招いて巡回させ、三椏栽培と土佐《とさ》の製紙法の普及をはかり、八頭郡佐治《さじ》村と倉吉に製紙伝習所を開設し、改良製紙法が在来技術にとってかわる。すなわち従来の四枚漉きが八枚漉きとなり、苛性《かせい》ソーダを使って煮沸し、カルキで漂白し、在来紙の欠点とされていた色つき紙を白色紙にかえていく。主産地である気多郡日置村《ひおき》（鳥取市青谷町《あおや》）の場合、明治十二年にはじめて半紙をつくり、同二十年に半紙八枚漉きに、美濃紙は四枚あるいは六枚漉きに改め、二十九年に蒸気機関、三十四年にはビータを導入するなどして和紙生産の近代化をはかっていった（明治四十二年「勧業関係綴」『鳥取県史』5）。蒸気機関の導入は、雨天や雪の日にも乾燥できるように改良したことであり、ビータはこれまで三椏や楮の皮を手でほぐしていたのを、水車の力を利用して叩解《こうかい》するようにしたもので、生産性を大きく向上させることになった。

しかし、和紙の場合も需要の変化についていけなかった。和傘が洋傘に、行灯《あんどん》がランプに、木版印刷は活版にかわり、日常生活のなかで和紙が占める位置は大きく低下して、ほとんどの紙需要が機械生産による安価な洋紙にとってかわられるようになる。和紙はその特質を生かした新しい道を探さねばならなくなるのであった。

二十世紀梨の栽培普及●

鳥取県に二十世紀梨が導入されたのは、明治三十七（一九〇四）年の春であり、四十二年には地方市場に出荷され、大正期には三〇〇町歩の面積をもつまでに栽培が普及する。

県下で果樹栽培が本格化するのは、明治二十九年に県立農学校内に果樹試験地を設け、果樹見本一八〇余ほどの試作と模範栽培をはじめて以来のことである。三十六年には県立農事試験場に果樹模範園がつくられ、試験研究と栽培指導に着手、四十年には県下六カ所に果樹栽培指導園が開設されて、展示とともに身近な栽培指導奨励が行われるようになる。

二十世紀梨の品種は、二十一年に千葉県八柱村《やつばしら》（松戸市《まつど》）で偶然に松戸覚之助によって発見され、松戸の果樹園に移植されて育てられた。これが二十世紀梨の原木で、昭和十（一九三五）年に文部省から天然記念物に指定されたが、二十年の空襲で焼かれ、いまは「二十世紀梨誕生の地」の石碑がたつのみである。

鳥取県へは明治三十七年に、気高郡松保村《まつほ》（鳥取市）の北脇永治《きたわきえいじ》により、千葉の松戸覚之助錦果園から一〇本の苗木が購入栽培されたことにはじまる。北脇自身は果樹栽培の専門家であったわけではなく、耕地の少ない山間地域で、あまった労働力を活用するには、山林を開墾して果樹を栽培するのがいちばんと考えて、三十二年から果樹園を開いていた。しかし「明治三十五年になると梨も結果する様になったのでありますが、品種に関する知識がなかった為め、其鑑別も出来ずに居た処、其頃県に農事試験場が出来たので技手の鑑定を得て」と北脇自身が記しているように（北脇永治『私と梨』）、二十世紀梨は偶然に入手した苗木というべきであろう。しかし北脇はこの苗木を育成し、新聞に苗木分譲の広告をだすなどして、二十世紀梨栽培の普及につとめていった。

第一次世界大戦でドイツから農薬が輸入できなくなったことも、二十世紀梨の普及に役立った。リンゴは農薬が使えないため綿虫に悩まされ、これを機に桃やリンゴの改植が増加し、大正七（一九一八）年には二十世紀梨の栽培は三〇〇町歩にも達する。しかし同じころから黒斑病《こくはん》の被害もみられるようになり、大正末から薬剤散布、パラフィン紙袋などによる防除法を確立し、昭和初年に二十世紀梨栽培の再出発をするに至った。なお、二十世紀梨の共同販売体制をつくり、統制出荷をはじめるのは大正十四年からである。

10章

環日本海交流の歴史

境港(明治30年代)

1　日本海への進出

日本海航路の盛衰●

明治十四（一八八一）年、鳥取県再置にあたっての島根県から鳥取県への引継書に「伯耆《ほうき》国会見《あいみ》郡境港《さかいみなと》ノ儀ハ北海屈指ノ良港ニ候」とあり、同九年から十三年まで三菱《みつびし》会社の汽船が就航していたことが記してある。そこでは日本海を「北海」といっていることも注目されてよい。大韓民国と朝鮮民主主義人民共和国は、平成四（一九九二）年第六回国連地名専門家会議に、日本海の名称を改めるように異議を申し出ている。それまで朝鮮海とか東海とよんでいたのが日本海に改名されたのは、朝鮮に対する日本の植民地支配に前後した時期からであるというのが、その理由になっている。それだけに、この時点の両県知事引継書のなかで北海とよんでいたことは、それなりの意味をもつものと思われる。

それはともあれ、三菱汽船の寄港は、神戸・下関《しものせき》・境・函館《はこだて》を結ぶ月二回の北海道航路であり、境港は木綿・鉄・古手《ふるて》・鉄鋼・荒銅などを大阪と北陸・東北に輸出し、北海道からニシン〆粕《しめかす》・身欠《みがき》ニシン・昆布《こんぶ》・棒タラ・魚油などを、新潟県からは大豆・小豆・小麦・干鰯《ほしか》を輸入していた。また下関や九州へは米や鉄を輸出し、石油や砂糖などを輸入している。ただし同航路は「何分積荷寡少《かしょう》得失償フ能ハス」ということで、十三年六月に廃止となるのであった（「明治十四年島根県引継演説書」）。

明治十二年からは大阪の名越愛助《なごしあいすけ》が境・阪神《はんしん》間に西廻り航路を開き、十四年には岡山開航社も境・大阪間の定期航路をはじめた。十七年には大阪商船が岡山開航社の航路を引き受け、四日おきの安来《やすぎ》・米子《よなご》・

境・大阪間の山陰航路を開設した。地元資本による定期航路も開かれ、二十二年に松江《まつえ》・境・美保関《みほのせき》間に蒸気船が就航、二十五年には県東部に鳥取汽船会社が設立されて、境・賀露《かろ》・但馬津居山《たじまついやま》間に就航するが、乗客が少なく二十八年には解散となる（『鳥取県史』3）。

鳥取県は北が日本海に面しているといっても、港らしいものはなかった。唯一の良港といわれた境港にしても、「其港口ハ追年日野《ひの》川土砂ノ為メニ埋塞《まいそく》セラレ、巨船ノ出入便ナラサル」といわれるような状況で、県としても明治三十九年から浚渫《しゅんせつ》工事に着手する。このほかの赤碕《あかさき》・賀露の両港は「皆ナ北海ニ面シ、夏季海上ノ最モ平穏ナル季節ニ於テ若干船舶ノ寄港スルモノナキニアラスト雖《いえど》モ、地勢甚《はなは》タ非ニシテ港湾的工事ノ施スヘキモノナシ」であり、県としても両港については「別ニ将来予期ノ計画ナシ」と断言していた。東の網代《あじろ》港には旧藩時代につくった防波堤があり、同四十一年から砂防兼防波堤を新設する工事に着手したが、県ではそれを「網代港ソノモノノ将来ニ対スルヲ目的トセス、寧《むし》ロ刻下ノ急要トシテ他ニ重要ナル目的トスルモノアリ」と、浦富《うらどめ》（岩美郡岩美町）まで東進している山陰線が、余部《あまるべ》鉄橋などの難工事のために開通になお歳月を必要としていることから、網代から兵庫県城崎《きのさき》に連絡船で結べば、短時間で鉄道に接続できるというものである（明治四十三年「知事官房主管事務概要」『鳥取

柏木汽船取扱所

県史』5）。

すでに四十年から境・舞鶴《まいづる》間に鉄道院直営の阪鶴《はんかく》丸が就航していた。隔日で午後六時に境港をでて、翌朝八時に舞鶴に着き、鉄道にのりかえれば午後三時には大阪に到着するというもので、県西部や島根県の人たちには京都・大阪をぐっと近いものにした。この阪鶴丸は風波が平穏なときには賀露に寄港することになっていたとはいうものの、県東部の人にとっては関係が薄かったことは否定できない。そこで県では、三十六年以来隠岐汽船が定期航路を開いていた境・橋津《はしづ》・賀露・浜坂《はまさか》・津居山・宮津《みやづ》・舞鶴の沿岸航路に、浦富まで鉄道が開通してからは網代を加えて県東部の便をはかろうとしたのである。しかしこうした海上交通の時代は、四十五年三月一日の山陰線開通とともに終わる。

境港の鬱陵島貿易●

明治二十五（一八九二）年、境町に朝鮮貿易開港期成同盟会がつくられ、境港を朝鮮貿易港とする運動がはじめられた。二十七年に鳥取県会は「今や日本海は年を遂《おっ》て

賀露港（明治30年代）

多事、殊に朝鮮国の如きは其関係昔日に異なれり、伏て希《ねがわ》くは境港を以て速《すみやか》に朝鮮貿易港とせられ、一大利源を開かん事を」と内務大臣に建議した。境港は浜田港などとともに二十九年に開港場、三十二年には外国貿易港に指定された。

境港の位置は「殊ニ日本海ヲ隔ツル対岸ハ韓国若クハ西比利亜《シベリア》ニシテ、若シ境港ヨリ隠岐《おき》国ヲ経テ此等ノ地方ニ航行スレハ、日ヲ累《かさ》ネスシテ達スルヲ得ヘク、直航ニ最モ便宜ノ港トス」(『鳥取県勧業沿革』)といわれるものであった。それだけに密貿易も盛んであったらしく、鳥取・島根など四県選出代議士による意見書のなかでも、「該港地方に於て屢々《しばしば》朝鮮密輸出せる違犯者あり、該港を開放して税関出張所を設け、是等の弊害を防くは最も刻下の急務」と記している(「鳥取県下境港を開港し外国貿易輸出入港となすの意見」『山陰新聞』明治二十九年四月二十五日)。

明治二十九年から三十一年までの貿易をみると、輸出は米・酒・綿布などで、輸入は豆類がもっとも多

境港の外国貿易

〈輸出〉

	明治29年(1896)	30年(1897)	31年(1898)
	円	円	円
米	564	3,014	5,253
大麦	38		
酒	112	1,006	2,679
醤油	4		176
棉花	44		
綿布	71	664	680
雲斉布		3,065	2,188
生金巾			1,895
結金巾			1,483
絹布	9		
マッチ	5		
木材	10		
木器	1		
鉄器	33		
石炭			525
ワラ加工品			1,111
食塩			1,036
魚油		950	
鮭鱒	118		
昆布	21		
その他	546	7,929	8,924
合計	1,576	16,628	25,950

〈輸入〉

	明治29年(1896)	30年(1897)	31年(1898)
	円	円	円
豆類	4,437	27,138	27,609
小麦	1,908		
米		1,793	
穀物	86	1,472	1,007
干鰯			1,487
木材			1,082
その他		8,879	5,952
合計	6,431	39,282	37,137

『鳥取県勧業沿革』による。

く、米・小麦・穀物・干鰯《ほしか》などであった。なかでも酒については、「毎年清酒ヲ韓国ニ輸出シ同港輸出品中ノ主要品」で「輸出商ハ益々其販路ヲ拡張スル事ニ勉メハ、唯ニ本県酒造業ニ一大進歩ヲ来スノミナラス、依テ以テ境港ノ貿易ヲ旺盛ナラシムルニ足ラン」と、鳥取県としても大きな期待をかけていた（『鳥取県勧業沿革』）。そのため三十三年には、毎年一五〇〇円ずつ一〇年間の県費助成も得て境貿易会社が設立され、一〇〇トン前後の持船四隻を使って韓国（朝鮮国は明治三十年から大韓帝国と改称した）の仁川《インチョン》・釜山《プサン》・元山《ウォンサン》に航行して貿易を行った（『境港市史』上巻）。そして日露戦争後には、日本人の韓国進出を背景にして年間輸出額は二万八五〇円、輸入額は四万八一六円となり、木材・石材・木綿・陶器・雑貨を輸出して、穀類・肥料を輸入していた（鳥取県『因伯記要』）。

この時期の境港の外国貿易は、韓国がすべてであり、その八割までが鬱陵島《ウルルンド》にかかるものであった。したがって韓国政府が同島から日本人の退去を求めるような場合には、決定的な打撃をうけることになる。

明治十六年三月、日本政府は鬱陵島への渡航禁止令をだし、九月に同島在留日本人二五四人を汽船を派遣して引き揚げさせた。これは十四年に同島で多数の日本人が伐木漁採に従事しているのを発見した朝鮮政府が、日本政府に抗議して退去を求めてきたことから、「日本称松島一名竹島、朝鮮称蔚陵島ノ儀ハ従前彼我政府議定ノ儀モ有之、日本人民妄《みだ》リニ渡航上陸不相成《あいならず》候条」と地方長官に達したためである。日本人を鬱陵島から退去させることにした朝鮮政府は、従来からとってきた空島《くうとう》政策を改めて、十五年十二月、鬱陵島開拓令を公布して開発に着手、移住を奨励して三十三年には郡に昇格させ、中央任命の郡守が派遣されていた（内藤正中『山陰の日朝関係史』）。

ところが三十二年一月八日の『山陰新聞』は、鬱陵島の島監が伯州人を木材盗伐を理由にして松江地裁に告許したことを報じたのである。「近来朝鮮の鬱陵島へ日本人が隊を組みて来り、抜刀等にて監視人を追い払い木材を盗伐するより、同島島監裴季周氏は無法を怒り、之を追跡して境港に来り、取調の末盗伐者は伯州人と其他にあること略《ほ》ぼ分りしにつき、松江地方裁判所西郷《さいごう》支所に向って告訴に及びしと」。続いて四月には、松江地方裁判所で財物故買《こばい》の刑事裁判が行われ伯州人の被告は有罪判決をうける。

この問題について十一月には外務大臣から鳥取・島根両県知事あてに、「韓国鬱陵島ハ樹木ノ盗伐ヲ禁止シ務メテ樹林ヲ保護致居候処、近年鳥取島根両県ノ人民漁船ニ乗シ擅《ほしいままに》ニ該島ニ渡航シ、樹木ヲ伐採シテ之ヲ載セ去ルモノ有之、偶々《たまたま》目撃シテ之ヲ差止メントスル時ハ群ヲ成シテ騒擾《そうじょう》シ果テハ乱暴ノ挙動ニ及ヒ、之カ為メ島民安堵《あんど》致シ難ク大ニ治安ニ妨害有之」と照会してきた。翌三十三年九月十六日付で鳥取県知事が内務大臣に提出した報告書では、米子町吉尾万太郎ほか二人の名前をあげていたが、「該島へ渡航シタルコトアリシモ、乱暴ノ挙動ヲ為シ且ツ樹木ヲ伐採シタル等ノ事実ハ無根ニ有之候、其外本県民ニシテ該島へ密に渡航シタル者アルヤノ聞モ有之候得共、樹木伐採ノ有無ハ判然不致候」と無責任なことをのべている（『日本外交文書』第三三巻）。

こうした問題がおこっていた三十二年八月、すでに鬱陵島の材木伐採権を韓国政府から得ていたロシアは、十一月末を期限に鬱陵島からの日本人の退去を要求してきた。外務省からも八月三十日付で両県知事に対して「貴県下人民ニシテ右森林ニ対シ今后侵害等不都合ナル所為無之様一層厳重ニ御取締相成度」と達する。境港の外国貿易は、そのほとんどが鬱陵島との貿易であったから、「鬱陵島が露国に借上げられてから境港の貿易は頓《とみ》に寂寥《じゃくりょう》」といわれる事態にたち至った（『山陰新聞』明治三十三年三月二十日）。

山陰両県からの鬱陵島進出は、日露戦争前後にはさらに露骨となり、「其島に就き事実上の占領をなし、漁業者を移住せしむる計画」が、米子の小山光正の談話として語られる。小山は二〇戸を移住させる計画で募集していたという（『山陰新聞』明治三十七年九月十四日）。吉田敬市《けいいち》の『朝鮮水産開発史』には、鬱陵島について「四十二、三年頃から石見《いわみ》、境、米子の商人が専門の運搬船をもって取引し、殆んどスルメと米との物々交換であった。四十三年末移住者総数二二四戸、その大部分は隠岐島人でその属島の観を呈し、日本人対朝鮮人の在住比では全鮮第一位の日本移住者の卓越《たくえつ》地であった」と記す。隠岐汽船が境港から隠岐を経由して鬱陵島に至る朝鮮航路を開設したのは、明治四十三年韓国併合の年である。

朝鮮海への出漁●

日本漁船が朝鮮近海に出漁できるようになったのは、明治十六（一八八三）年の日本朝鮮貿易規則の締結からで、同二十二年の通漁規則でその詳細を定めた。二十三年から三年間に釜山の領事館で免許鑑札をうけて操業していたのは、一六県二〇一二隻で、島根県は一一隻が出漁しているが、鳥取県からはでかけていない（羽原《はばら》又吉『日本近代漁業経済史』下巻）。

鳥取県からの出漁は明治二十六年からのようである。二十七年の『鳥取県勧業雑報』には、「朝鮮海ノ概況ハ昨年中水産家関沢明清《せきざわあききよ》氏ノ探究、及本県下伯耆国泊《とまり》村漁夫竹田虎蔵カ対州及ヒ朝鮮海ニ出漁シ見聞シタル処」として、「朝鮮ノ出漁ハ本県漁民ニ対シ少クトモ左ノ便益アルヲ疑ハサルナリ」と、つぎのようなメリットを列挙する。(1)気候が本県と大差ない、(2)潮流のぐあいが本県とほぼ同じ、(3)漁具漁魚の種類が同じ、(4)平波の日が多い、(5)漁船が五日間で渡航できる、(6)船内で世帯ができる、(7)米価が安い、(8)漁場が広潤。したがって「県下漁民カ奮発一番シテ大ニ朝鮮海ニ漁場ヲ開キ、天与ノ利益ヲ収メ、将《ま》サニ衰退ニ傾キツツアル漁村ヲ回復センコトヲ希望スルモノナリ」とよびかけた。つまり県下沿岸漁業のゆきづまりを解決する方策として、朝鮮海への出漁が考えられたのである。

県は二十八年度に竹田虎蔵らの出漁に補助金を交付し、三十六年度には岩美《いわみ》郡大谷村（岩美町）の奥田亀蔵、徳田平市兄弟による慶尚北道浦項《キョンサンプクドポハン》での地曳《じびき》網での試験操業を助成した。また鳥取県水産試験場による流網試験の漁船を、島根県の試験場出漁船に同航させるとともに、江原道巨津《カンウォンドコジン》の移住漁業も視察すると新聞は報じている（『山陰新聞』明治三十六年八月二十九日）。奥田は、前年には江原道の高城《コソン》郡と杆城《ホソン》郡の境にある漁村で、地元漁民との共同で地曳網漁を行って成功し、四十一年には高城郡長箭《チャンジョン》の霊津《リョンジン》で大敷網漁に着手、四十三年から本格的に操業する。霊津は朝鮮第一の好漁場といわれ、サワラ・ブリを漁獲して日本内地に送ったが、奥田兄弟は資本金一五〇万円で株式会社角輪《かくわ》組をつくり、のちには汽船九隻、漁船五〇隻、従業員五〇〇〇人をもつ大企業に育て、霊津は漁港修築をはじめ製氷設備も完備して、朝鮮最

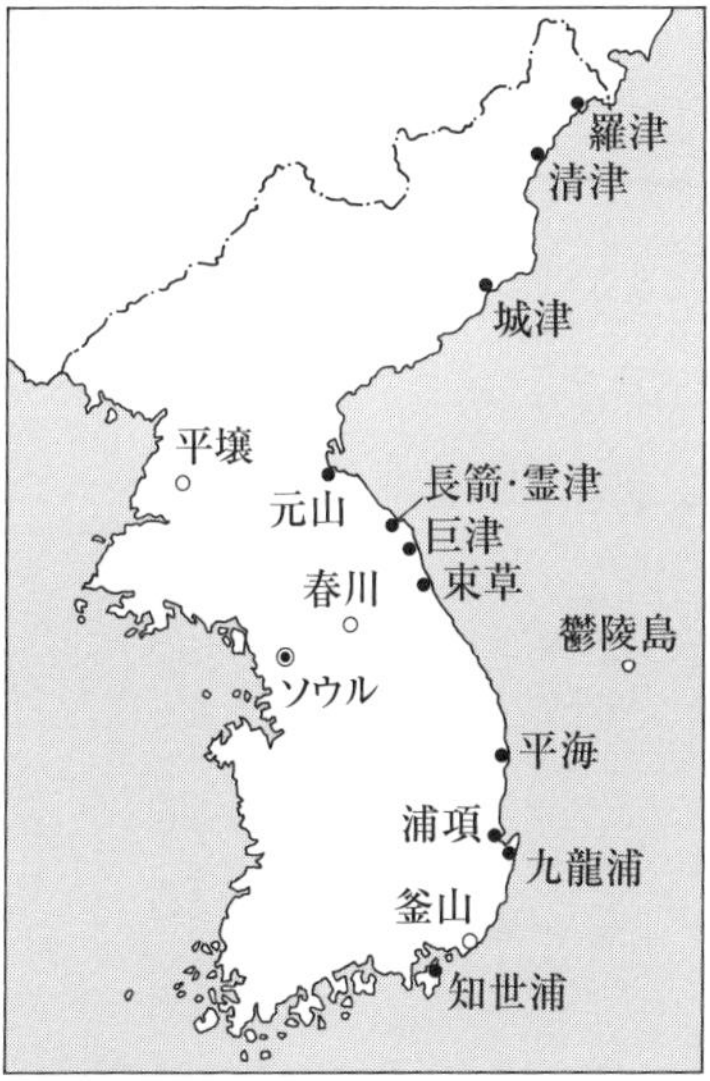

朝鮮半島図

大の定置網漁業の根拠地になる。大正五（一九一六）年からはトロール漁業によるタラ・ニシン・サバ・メンタイ漁が盛んになり、十二年以降はマイワシ漁を、大正末年にはカレイ底曳網業の根拠地にもなっていった（吉田敬市『朝鮮水産開発史』）。なお、明治末には慶尚北道の九龍浦《クリョンポ》に鳥取県漁民の移住もみられ、境や米子の商人がスルメと米の物々交換にきていたとされ、県水産組合も慶尚南道統営《トンヨン》郡知世浦《チャポ》への移住漁村の経営にあたったといわれている（同前）。

大正十二年には、県の試験船鳥取丸が、釜山から清津《チョンジン》まで東海岸一七港を視察調査するとともに、機船手繰《てぐり》網とサバ延縄《はえなわ》、手釣の試験操業を行った。報告書には「北鮮地方ハ本県ヨリ出漁スルニ便ニシテ、又好個ノ新漁場ナルヲ以テ、此方面ニ一大発展セラレン事ヲ期待シ、本県漁業界ノ一新面目ヲ拓《ひら》カン事ヲ望ム」と記している（『鳥取県史』3）。その後昭和四（一九二九）年と五年には試験船鳥取丸のほか、網代や賀露から五隻ずつ参加して咸鏡北道城津《ハンギョンブクドソンジン》を根拠地にして操業したが、漁獲が少なかったうえに魚価が下落して好結果をあげることはできなかった。

境港修築と日本海時代●

対岸諸国と結ぶ定期航路の開設は、明治三十五（一九〇二）年から大家《おおや》汽船によって行われる。それ以前は新潟・ウラジオストク間、函館・コルサコフ間だけであり、三十二年十二月に伏木《ふしき》・七尾《ななお》・敦賀《つるが》・宮津・境・浜田の六港同盟会が、新潟・ウラジオストク間に就航している定期船の寄港を政府に働きかけ、政府から毎年補助金を交付されて実現した。

甲線（凱旋《がいせん》丸一八〇〇トン）　門司―浜田―境―宮津―敦賀―ウラジオストク―敦賀―七尾―伏木―新潟―函館―小樽《おたる》―コルサコフ―小樽―ウラジオストク―元山―釜山―門司

乙線（交通丸一六〇〇トン）　小樽―函館―新潟―伏木―七尾―ウラジオストク―七尾―敦賀―宮津―境―浜田―門司―釜山―元山―ウラジオストク―小樽

念願の航路は実現することができた。境港の場合、水路に船溜《ふなだまり》の浚渫《しゅんせつ》工事が着手されるのは四十一年からであるから、それまでは船を港に着岸させることができず、沖合に停泊している船に小舟を使って乗客と荷物を運んだ。それでも運ぶ貨客があればよい。六港同盟の「日本海航路拡張顚末書《てんまつ》」には、「願《ねがわ》くは今より汲々《きゅうきゅう》として其準備を怠らず、相競ふて東洋貿易を振作し……若《も》し夫れ因循《いんじゅん》退避して進取の策を講ぜず、辛ふじて開始せられたる定期航海が唯空船を奔《はし》らすに過ぎざる如きことあらば」と警鐘をならして各港の輸出入への取り組みを求めていた（『山陰新聞』明治三十四年四月六日）。

境貿易会社に対して県が三十三年度から一〇年間毎年一五〇〇円を補助し、対韓国貿易の振興をはかったのもそのためである。境や米子でどのような取り組みをしたかはわからないが、松江では商業会議所に日韓貿易調査会を設けたり、松江税務管理局長に韓国各港の調査を委託、松江商業学校に韓国人教師を招いて韓語科を開設したりするなどが行われた。この定期航路は日露戦争で中断し、四十一年で廃止となる。大家汽船にかわったのは隠岐汽船で、四十三年から吉辰丸《きっしん》（九六四トン）が境港・隠岐・鬱陵島・元山に就航する。当時は前述したように鬱陵島のイカ漁が最盛期であり、四十三年には「移住者総数二二四戸、その大部分は隠岐島人で、その属島の観を呈し」たといわれたほどであったから、当然ながら生活物資の供給が境港外国貿易の主内容となる。同航路はイカ漁の衰退で大正六（一九一七）年に廃止された。

境港は明治四十五（一九一二）年の山陰線開通で大きな打撃をうけ、翌大正二年の貿易額は鉄道開通前の六〇％減になったという。それだけに大連《だいれん》からの大豆や石炭の輸入と、朝鮮への輸出に期待がかけられていた（『境港市史』上巻）。問題は境港の整備であるが、「多年閑却セラレテ今尚其声ヲ聞カサルハ、蓋《けだ》シ其理由ナシトセス」といって、四十四年十二月には、前述した鳥取県西伯《さいはく》郡を島根県へ合併しようという意見書が島根県会に提出され、さらに大正三年十二月には鳥取・島根両県を合併する建議が両県会で可決されるに至る。境港は島根県東部にとっては玄関であったが、鳥取県としては西部にかたよりすぎているため、その修築が忘れられてきたということが背景にあった。同六年十二月に島根県が内務者に提出した「島根・鳥取両県合併ニ関シ商工業ヨリ見タル利害」のなかには、「境港ハ本県東部輸出入貨物呑吐ノ要港ナルモ、鳥取県ハ同港修理ノ結果利便ヲ受クルモノハ主トシテ本県ナリトシテ継子《ままこ》扱ヲ為シ、之カ修理ニ努メス」と記している（『島根県議会史』第二巻）。境港修築整備には、鳥取県よりも島根県のほうが強い関心を示していたということである。

もとより鳥取県が放置していたのではない。ただあいつぐ水害に対する災害復旧と治水事業、千代《せんだい》川改修事業などで県財政が窮迫し、県債が累積していたため、境港の大修築まで手がまわらなかったのが実情である。しかし第一次世界大戦後の大正

帆船時代の境港市街（明治30年代）

八年六月には、境町に港湾修築期成会が設立され、修築促進を求める一三〇〇人の町民が参加して町民大会が開かれた。その大会決議には「内ニハ伯備《はくび》線ノ起工アリ、外ニハ吉会《きっかい》鉄道ノ進捗《しんちょく》ヲ見ル、境港ハ期年ナラスシテ北鮮・山陰ヲ連結シテ、世界通商貿易上ノ通路ヲ形成スヘキ曙光《しょこう》」という言葉で、境港がはたすべき役割を表現していた。ついで八年十二月には、県会で境港修築に関する意見書を可決、九年一月

境港の朝鮮航路

	開設年	経路と寄航地
岡田汽船	大正８年	境—元山
朝鮮郵船	９年	境—温泉津—浜田—鬱陵島—浦項
島谷汽船	13年	釜山—門司—境—舞鶴—七尾—伏木—函館—小樽
川崎汽船	13年	雄基—清津—舞鶴—境（臨時寄港）—ウラジオストク
大連汽船	昭和元年	大連—境港
島谷汽船	２年	小樽—函館—伏木—敦賀—舞鶴—境—釜山—仁川—大連
朝鮮郵船	５年	清津—城津—元山—敦賀—舞鶴—宮津—境—元山

『境港市史』上巻より作成。

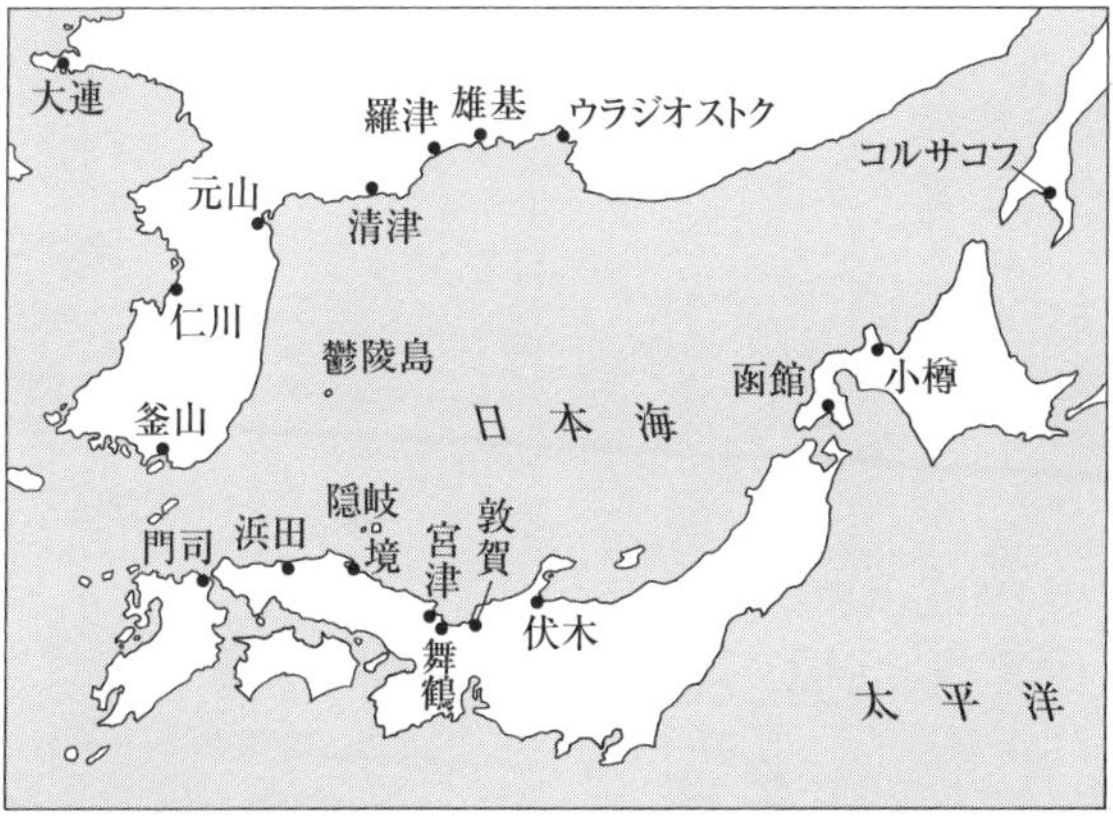

日本海に面する各国の港

に内務大臣に請願書を提出、十二月には鳥取・島根両県会で関係予算を議決した。ただし鳥取県会では政友・憲政両派の対立で一度は流会となり、議長の斡旋《あっせん》で再開してようやく可決することができた。政府は十年十一月に事業費支出を決定、総工費一八〇万円で十一年から六カ年継続で事業着工、中途で二カ年延長し一九七万円に事業費を増額して昭和五（一九三〇）年一月一日に竣《しゅんこう》工式をあげた。修築工事で二〇〇〇トン級三隻、一〇〇〇トン級一隻を同時係留できる港になったのであった（『境港市史』上巻）。そして大正中期から昭和初年にかけて、境寄港の「満鮮航路」の開設があいつぐ。

昭和六年中国東北部で柳条湖事件勃発、翌年の満州国独立により、日本と満州（中国東北地方）を結ぶ交通路として日本海がクローズアップされ、「日本海時代の到来」がいわれるようになる。同七年には「北鮮の要津たる雄基、清津、元山」と境港を結ぶ直通航路を開設する請願に着手（『島根評論』昭和七年六月号）、八年五月には境港で鳥取・島根両県による「満鮮出荷協議会」が開催され、その席上で境港を第一種重要港湾にして、港湾施設の拡充強化をはかる第二期計画を決定する（同前、昭和八年七月号）。さらに十三年には、鳥取県立修練道場で訓練していた満州移民二四人が境港から出発したことを機に、中・四国各県の移民発航地に指定する運動をはじめる（『山陰新聞』昭和十三年六月十三日）。なお、県から満州に送りだされた満蒙《まんもう》開拓青少年義勇軍は二二八七人で、東伯《とうはく》郡竹田村など経済更生計画による分村移民も行われた（『鳥取県史』4）。十四年に開拓団として入植した大山《だいせん》町香取《かとり》開拓農協の三好武男は、かつて開拓が中国人民の土地をとりあげて行われたことに対する「罪のつぐない」といって、黒竜江省《こくりゅうこう》林口県北《ほく》甸子《てんし》に、日本語学校を私費で開設、農業研修生として開拓農協にうけいれている。

明治末年からの奥田兄弟による江原道長箭を根拠地とする朝鮮海出漁は、定置網と機船トロールで効果的な漁獲をしたことで知られる。トロール漁法は、日本では沿岸漁民に反対され、明治四十五（一九一二）年以降は東経一三〇度以西に操業がかぎられていたものであるが、朝鮮は一三〇度以西に位置している。日本内地では認められなかった漁法が、植民地朝鮮では許容されていたことに問題がある。

在日朝鮮人の形成●

境港から「満鮮航路」が開設され、港がにぎわうと「日本海時代」がいわれるようになった。しかし貨客船にのる人は日本人だけで、彼らには満州・朝鮮の民衆との善隣友好は意識されることがなかった。日本から運ばれる物資は日本人向けの生活用品であり、その結果大豆と石炭の輸入はいつも大幅に超過していた。

そうしたかたちでの日本人の朝鮮進出におしだされるように、土地を失い漁場をとりあげられた朝鮮人が日本にやってくる。明治四十四年に完成した山陰線の余部鉄橋工事には、朝鮮人も雇用され、鉄道院米子出張所の技師は「日韓併合の頃で空気は不穏であったので、私達にも拳銃を持つことを許可され、巡査に依頼して神戸から拳銃を求め常に携帯していたし、各工区には請願巡査がいて毎日詰所に顔を出していた」と語っている（米建会『山陰の鉄道小史』）。鉄橋近くの八幡神社境内にある招魂碑は、四十五年十月にたてられたものであるが、工事関係死没者二七人のなかには、七人の朝鮮人の名前をみることができる。

鳥取県在住朝鮮人は、大正二（一九一三）年の四人というのがいちばん古い記録である。以後内務省警保局保安課による『朝鮮人概況』で、毎年十二月末での人員がわかる。九年の国勢調査では三三九人で、うち三二〇人が男で単身出稼型であったが、昭和五（一九三〇）年になると、男一一一〇人、女四〇二人で女性が四分の一を占め、同十五年には男一七九〇人に女一二一一人で、世帯持ちが多くなったとみることができる。その後は第二次世界大戦中の強制連行などで増加し、二十年には七〇五四人、敗戦直後には一万七九五九人にもなる。

国勢調査で職業別をみると、大正九年では有業者の九〇・二%までが土木建築業で、昭和五年でも四〇%近くを占めている。ただこの年では農林漁業関係労務者も増えているし、「業主」の地位にあるものも四九人を数えることができる。また商業従業者の増加も注目されるべきで、露天商・行商が六六人、物品販売業主が一二人となっている。県の特別高等警察は、昭和十一年度について「大部分ハ下級労働者及屑《くず》物《もの》行商等ニシテ」と朝鮮人の職業をみていた。また境港では「近海ニ於テ巾着《きんちゃく》網漁業ニ従事スル朝鮮人漁夫ハ毎年数百人ヲ算シツツアリ」と、三月から七月までは季節労働者が多数来県していたと報じている(『鳥取県史』5)。

また、国勢調査では在住市町村を知ることができる。大正九年は日野郡に一六八人(四九・五%)、東伯郡に一二二人(三五・九%)が集中している。町村別でもっとも多いのは、九二人の東伯郡旭《あさひ》村(三朝《みささ》町)で、天神《てんじん》川の上流で岡山県境の山村であることから、発電所建設の工事と思われる。日野郡内は旭村(西伯郡伯耆町)五一人、溝口村四〇人(伯耆町)、江尾村(日野郡江府《こうふ》町)三二人、神奈川村(江府町)二五人、根雨《ねう》村(日野町)一六人などであり、伯備線の鉄道工事である。昭和五年になると、西伯郡が四〇七人、日野郡三一六人、米子市八九人などと県西部に半分以上が集まる。東部も鳥取市一三四人、八頭《やず》郡三六九人で三分の一を占める。八頭郡では丹比《たんぴ》村(八頭郡八頭町)一四六人、那岐《なぎ》村(智頭《ちず》町)一二八人が多く、鳥取・津山間の因美《いんび》線が七年に開通、郡家《こおげ》・若桜《わかさ》間の若桜線が五年に開通するため、鉄道工事関係

鳥取県在住朝鮮人の職業

	大正9年(1920)	昭和5年(1930)	9年(1934)	13年(1938)
公務自由業	人	2人	1人	2人
農林業		254	53	29
水産業		6	4	1
鉱業		9		20
工業	2	65	21	9
土建業	275	399	417	421
商業	8	107	167	429
交通業	5	43	3	10
その他労働者		113	115	121
その他有業者	15		52	51
小計	305	998	833	1093
学生生徒		41	81	245
無職	31	473	508	995
小計	31	514	589	1240
合計	336	1512	1422	2333

内藤正中『日本海地域の在日朝鮮人』による。

と考えられる。西部の日野郡は伯備線開通で材木や製炭などの山仕事が活発になったためであり、西伯郡では各村一〇〜二〇人程度ずつで定住条件をつくった結果と推察される。

いわゆる強制連行は、昭和十四（一九三九）年の労務動員実施計画による集団募集、十七年からの官斡旋、十九年からの一般徴用で行われた。県下では岩井郡小田《おだ》村（岩美郡岩美町）の岩美鉱山に、十四年と十五年に三〇人ずつを認可、五八人を就労させたが、十六年六月末には二九人が残るだけとなる。同じ十四、五年には、東伯郡山守《やまもり》村（倉吉市）の西山合資会社も一〇〇人ずつの割当認可をうけているが、実際の雇用はなかったようである。十五年には西伯郡大篠津《おおしのづ》村（境港市）の美保《みほ》海軍航空隊の敷地造成工事に四〇〇人、十六年には一〇〇人が割当認可され、十六年六月までに五六三人を雇い入れたにもかかわ

朝鮮人移入者の現在員数（募集）

		昭和15年10月	15年12月	16年8月	16年12月	18年6月	18年12月
割当認可数		430人	430人	560人	610人	610人	610人
移入者数		359	359	487	516	516	516
減耗数	（逃亡者）所在不明者	101	153	229	262	266	268
	（逃亡者）発見送還者	15	19	22	25	24	24
	不良送還	25	25	31	36	4	4
	期間満了					97	97
	その他					22	82
	計	141	197	282	323	413	475
現在員数		218	162	205	287	103	41

内務省警保局編『特高月報』各月より作成。

戦時中、爆撃機を収納

掩体壕が姿現す

米子 内浜産業道路沿い

バイパス工事の進む米子市富益の県道米子境港線（通称・内浜産業道路）沿いに、旧海軍美保航空隊が飛行機を待避させた掩体壕（えんたいごう）が正面の姿を現している。戦時中県内最大の軍施設のあった弓浜部には、戦後五十年たった今でもこうした戦争の遺構が点在する。道路が開通すれば、戦争の〝落とし子〟がドライバーの目を引きそうだ。

内浜産業道路のバイパス工事で姿を現した掩体壕（右上）

掩体壕は太平洋戦争で日本の敗戦の色が濃くなった昭和十九年ごろ、米軍の本土爆撃に備えて造られた。小型の爆撃機を収納したという。コンクリート製の頑丈な造りで、幅二十㍍以上、高さ六㍍ぐらい。地面から一㍍ほど掘られ、奥行きも深く敷地面積は約五百平方㍍にもなる。全体に雑木や草が生い茂り、周囲からは小山のように見えるが、これまでは大きな道路もなく、人目につきにくかった。

戦後、地元の農家が国から農地と一緒に払い下げを受け、現在別の農家に納屋として貸している。

所有者の農業、安田貢さん(㊿)は「今は平和な時代になって、納屋に使っていますが、子どものころ飛行機が入っていたのを覚えています。予科練生や徴用の朝鮮人労働者がたたかれながら、造ったんだろうなと思います」と複雑な表情。

「以前、美保基地の滑走路の付け替えの時、壊さないかと言われたこともありますが、当時で百五十万円

旧海軍美保航空隊の掩体壕を報じる新聞記事（『日本海新聞』平成7年5月26日）

らず、現在員は一〇〇人だけと報告されている（中央協和会編「移入朝鮮人労務者状況調」『近代民衆の記録』第一〇巻）。これとは別に内務省警保局の『特高月報』は、十六年八月の調査で、県全体で五六〇人認可、四八七人が移入就労、うち二八二人が減耗《げんもう》して、現在員は二〇五人であるとしている。なお、集団募集は十六年十二月には五〇人増加の六一〇人認可となり、五一六人の移入就労となるが、十八年十二月の調査では二六八人が逃亡、期間満了その他で二〇七人が帰国、合計四七五人がいなくなり、わずかに四一人が残るだけとなる。

こうなると、任意制をタテマエにして二年に期間をかぎった募集では、労働力確保が困難となり、権力による官斡旋の労務動員にかわる。ただ鳥取県については『特高月報』に数値がないので不明であるが、突貫工事で造成していた美保の飛行場建設に、官斡旋の労務動員がなかったとは考えられない。生存者の証言では、一〇〇〇人近い朝鮮人が就労していたという（『朝鮮時報』一九八七年八月二十日）。また鳥取飛行場建設にも多数の朝鮮人が動員されていたことについては、自宅の蚕室を宿舎に提供したときの思い出が関係者により記されているし（『鳥取県婦人新聞』平成五年六月二十七日）、協和会鳥取支会の朝鮮人は十二月八日の大詔奉戴《たいしょうほうたい》日に全員が飛行場工事の勤労奉仕をしたことが『特高月報』（昭和十八年六月号）にみえる。

2　環日本海時代への展望

敗戦と戦後●

昭和二十（一九四五）年八月十日に、日本政府は国体護持を唯一の目的にしてポツダム宣言を受諾、十五日に終戦の詔書を発し、国民に「玉音放送」で連合国五五カ国に対して無条件降伏したことを伝えた。日曹米子製鋼所《にっそうよなご》に動員されていた米子高女の生徒は「八月十五日の玉音放送の後、負けたことを知らされ、なぜ負けたのかと放心状態が何日も続いた」と想起する（『鳥取県婦人新聞』平成五年八月五日）。敗戦を機に問われるべき戦争責任は、十五日付内務大臣訓令にみられるように、「事此処ニ至リシ責任ハ官民共ニアルコトニ深キ反省ヲ加ヘ」という「一億総ザンゲ」の敗戦責任にすりかえられて、戦後五〇年を経過する。

八月二十五日米子三柳《みつやなぎ》飛行場に、中国南京《ナンキン》で日本が樹立した政府の陳公博首席ら七人が、支那派遣軍総司令部将校とともに降り立ち、米子市役所で市長に亡命を求めた。県警察部は「隠密かつ丁重に」の方針で翌日浅津《あそうづ》（東伯《とうはく》郡湯梨浜町）に移したのち、九月一日に列車で京都に送ったが、中国政府の召還で十月二日に美保《みほ》飛行場から離日した。陳公博一行は中国で銃殺刑に処せられた（『鳥取県警察史』第一巻）。

八月十七日から十九日にかけて、美保航空隊から飛び立った海軍機は、松江《まつえ》上空で「終戦は天皇の真意ではない、君側の奸《かん》を除き断乎抗議する」というビラをまき、呼応するかたちで占領軍の進駐前にということで、二十四日早朝に島根県知事暗殺未遂、県庁焼討ちという皇国義勇軍の武装蜂起が行われた（内藤

❖コラム

女性の政治参加

昭和二十（一九四五）年十月、連合国総司令部は、日本政府に対していわゆる五大改革指令を発し、民主化実現を求めるが、その第一に選挙権賦与による日本婦人の解放をあげていた。そしてその具体化への第一歩になったのが、はじめて女性が参政権を行使した二十一年四月の総選挙であった。

こうして帝国議会史上はじめて三九人の「婦人代議士」が登場したが、鳥取選挙区からは田中たつが当選した。田中は米子で産婆を開業していたが、せっかく参政権を得ながら、生活に追われて権利を自覚できないでいる女性を奮起させる目的で、出馬を決意したといわれているが、選挙戦には県助産婦会会員四〇〇人だけでなく、田中が出産でとりあげた男女多数が手弁当で応援し、選挙に勝つことができた。それは、二名連記の投票方式で、女性が女性候補を一名は記したためということだけではなく、戦後解放のなかで女性の政治的関心が高まったことにもとづいている。

続いて二十二年の鳥取県議会議員選挙でも、気高郡選挙区で田中花子が県下最高の得票で当選した。選挙運動のいっさいが女性だけで行われた清新さと、長年にわたる婦人会活動の実績が支持されたものである。また同年の市議会議員選挙では、鳥取市で鳥越《とりごえ》すえが、米子市で山久《やまひさ》とうが当選している。また二十六年の県議会選挙にも、東伯郡選挙区で井口寿賀野《すがの》が当選しているし、二十七年の教育委員公選では、鳥取市で近藤寿子が当選している。

正中『島根県の百年』)。連合国軍総司令官マッカーサーの神奈川県厚木到着は三十日、県下には十月二十八日にアメリカ第一〇軍団第二四師団の先遣隊が米子に、翌日同第二一連隊オスボン少佐以下一九七人が鳥取に進駐する。総司令部指令は日本の法令に優先し、鳥取軍政部が絶対的な権能をもって県下の占領行政全般を指揮し監督した。ポツダム宣言にもとづく戦後日本の非軍事化のための民主化の実現は、総司令部の十月十一日付五大改革指令ではじまる。

総司令部は十一月一日付指令で、台湾人と朝鮮人を「解放人民として処遇すべきである」とした。すでにカイロ宣言は、日本降伏後に「朝鮮ヲ自由且《か》ツ独立ノモノタラシムルノ決意ヲ有ス」と明言しており、敗戦は朝鮮人の解放であり、朝鮮は独立国になったと思われていた。終戦時一万七九五九人いた県下の朝鮮人は争って帰国し、八月末には一万二〇一人となる。九月一日になって、ようやく日本政府は強制連行した集団移入労務者から帰国させることとして、各府県に計画輸送を指示する。しかし、輸送実務は朝鮮人団体である興生会まかせであったから、事実上の自主的帰国というべきであろう。しかし帰国にあたり、持帰り貨幣は一人一〇〇〇円に、荷物は身回り品に制限されたうえに、九月には朝鮮半島は三八度線で南北に分断され、南朝鮮にはアメリカ軍が進駐して軍政をしく。インフレによる生活難に政治不安が加わり、帰るに帰れない状況が朝鮮半島につくられ、帰国のテンポは停滞する(内藤正中「戦後期朝鮮人の母国送還と鳥取県の対応」『北東アジア文化研究』一号)。

二十一年二月、総指令部は非日本人の登録を指令した。三月十八日限りの集計では、県下三六八七人の朝鮮人の九割が帰国を希望し、残留の意思表示をした者は三七二人だけという結果がでた。しかし二十二年の県統計書では二八三五人がいることになっているから、八五二人が帰国したにすぎなかった。在留を

❖コラム

鳥取県農民総同盟

第二次世界大戦後の県知事選挙をはじめとする各種選挙や、農地改革、強権供出、所得税問題など、農政をめぐる重要事項で大きな影響力を発揮したのは、四万五〇〇〇の組織力をほこった鳥取県農民総同盟（農総）であった。農総は当面する農地改革に対処し農民政治力を総結集する目的で、因幡地方農民組合連盟・中国振農会・箕蚊屋《みのかや》農民同盟・日本農民組合鳥取県連合会・新農村建設連盟の農民五団体一万一〇〇〇人が合同し、昭和二十一（一九四六）年八月二十二日に鳥取市で結成大会を開催した。それは戦前型の農民組合イメージから脱皮して、農民要求を総結集する全村組合であり、幅広い統一戦線の形成をめざし政党支持の自由をうたっていた。

二十一年十二月に実施された市町村農地委員選挙では、さっそくその力量を発揮して自作委員・小作委員ともに各市町村とも農総幹部が独占し、地主委員も農総推薦が多かった。そして翌二十二年二月の県農地委員選挙では、農総推薦委員が圧倒的多数を占め、地主の土地回収をおさえて、県下の農地改革をスムーズに実施していった。また前年の十一月には県庁に押しかけて食糧管理委員会の公開を要求するとともに、供出米二割自主管理を主張して県と対立、軍政部の介入で譲歩を余儀なくされたとはいうものの、農総の抵抗は供出量緩和を促進することになる。重税問題では、税務署との団体交渉で必要経費を大幅に認めさせ、課税額の減額を勝ちとるなどしていった。そうした政治闘争の積み重ねのうえに、二十二年四月の県知事選挙があったわけである。農総は選挙後の四月二十五日に日農県連として新発足するが、二十三年末には衰退にむかう。

続ける朝鮮人は「第三国人」とよばれ、二十二年の外国人登録令では「当分ノ間外国人トミナス」とされ、二十七年の講和条約で日本の独立が回復されるや、政府は日本国籍を一方的に剥奪《はくだつ》し、パスポートをもたない外国人にしてしまう。以来在日韓国・朝鮮人は、民族差別の苦難の歴史を歩むことになる。

二十五年六月に朝鮮戦争が勃発したことは、朝鮮半島の分断を決定的なものにし、米ソ対立の冷戦構造の開幕となる。日本海沿岸に機雷が漂着し、美保のアメリカ空軍基地からは連日爆撃機が飛び立っただけに、朝鮮戦争は対岸の火事ではなかった。「朝鮮侵略反対・米軍撤退」のビラを配付した共産党員二十数人が占領政策違反で検挙され、うち数人が軍法会議で有罪となる。全面講和・再軍備反対・中立確保の平和三原則が労働運動で中心課題とされ、日教組は「教え子を再び戦場に送るな」の歴史的なスローガンを掲げて平和教育を推進する。

だが朝鮮戦争は特需景気をつくりだし、県下の工業生産額を九割も増やした。『鳥取県史』3は「不況にあえいでいたわが国経済界には願ってもない救いであった」と記している。朝鮮戦争が休戦となった二十七年は、サンフランシスコ講和条約で日本が独立する年であり、昭和三十年代の日本経済高度成長の出発の年ともなる。鳥取市ではこの年四月十七日に、九年前の大地震を上まわる壊滅的な打撃をうける大火災がおこるが、復興景気を追い風に、二十九年には再開発をなしとげる。

「裏日本」からの脱却を●

昭和三十五（一九六〇）年の国民所得倍増計画は、太平洋沿岸ベルト地帯に財政投融資を重点配分して日本経済を発展させる方針を明らかにした。しかし北陸や山陰は「裏日本」とよばれ、交通条件整備を通じて表日本に直結し、「太平洋沿岸ベルト地帯の周辺・近接地域化する途も開かれる」と、わずかにその可能性だけが記されたにすぎない。経済発展が地域間に不均等性をつくりだしているさなかに、さらに拠点的な開発計画を明示したのであるから、後進的な地域からの格差是正要求は当然に大きくなる。

日本海沿岸地帯振興連盟は、三十九年に日本海沿岸の一一県により結成され、「裏日本」に共通する後進性打破のために一一県が協力して政府に働きかけ、産業基盤の整備をしていくことを目的にしていた。そのため四十年には知事や議長による訪ソ視察団を派遣、四十一年にはハバロフスク市で日本海沿岸物産展を開催するなど、対岸にあるソビエト連邦シベリアとの交流を推進していこうとした。四十年一月一日の『日本海新聞』社説は「日本海時代の訪れ」と題してつぎのようにのべている。

むなしい過去をあげつらうわけではないが、大陸に直面する日本海側は、かつて疑いもなく「表日本」であった。大陸との文化交流の表玄関であった。それがみじめな裏側の未開発地として放置されているのが現状である。昨年秋、日本海側十一県によって日本海沿岸地帯振興連盟が結成されたことは、いつも開発圏外に置かれる不遇県の結集体として注目される。昨年十二月の理事会では、「日本海時代」をスローガンに数々の発展策を取り上げたが、その中の対岸貿易の振興は最も結実させたい一つである。……対岸貿易拡大の方向に政治の姿勢を転換させることは、日本海沿岸側十一県の取り組むべき課題である。

対岸のソ連は、日米安全保障条約体制のもとでは「仮想敵国」になっていた。ソ連との国交は三十一年に回復していたが、平和条約は結んでいない。そのソ連との貿易拡大を要求して、中央政府の対米一辺倒の政治姿勢を転換させていこうというのである。鳥取県は二十世紀梨《なし》をはじめ果物や野菜を輸出し、木材や化学肥料の輸入に道を開いただけであったが、新潟市は三十九年の新潟地震に、ハバロフスクとウラジオストクが救援に材木を送ってきたのをきっかけに、四十年にはハバロフスク市とのあいだで「日本海沿岸地域共栄のための努力が世界平和と繁栄の途につながる」と宣言して、姉妹都市縁組をし、四十五年には日ソ沿岸市長会を設立して自治体外交の先がけとなる。

昭和四十年代後半には「日本海時代」が具体的に語られる。四十年の日韓条約に続き、四十七年には、日ソ外相会議が五年ぶりに開かれ、日中国交の正常化が実現、超党派の国会議員団が朝鮮民主主義人民共和国を訪問して、日朝国交回復をめざす共同声明を発表するなど、米ソ対立の冷戦構造にはばまれて、戦後処理さえしないで敵対関係のままにあった対岸諸国とのあいだに、新しい外交関係がつくられはじめる。

鳥取県議会でも四十年に「日韓条約批准《ひじゅん》促進に関する決議」を可決したのにはじまり、四十六年には「日中関係正常化促進に関する決議」、四十七年には「日本と朝鮮民主主義人民共和国との国交正常化を求める意見書」を可決して、対岸諸国との国交回復に期待する県民の意向を表明した。

こうした「日本海時代」にかける熱い想いにこたえるように、五十二年の第三次全国総合開発計画では、政府の国土計画のなかで、はじめて「日本海沿岸地域」という名称を使い、「縦貫する交通体系を整備し、沿岸地域の一体化に努めるほか、地域の特性を生かし、対岸貿易の拡大を図るため、これに必要な港湾の整備を進める」ことを通じて「太平洋沿岸地域への依存から脱却して、独自の発展の経路を求める」とした。しかし、アメリカのレーガン大統領の冷戦構造を激化させる世界戦略のため、日本海は再び冷たい対立の海とならざるをえなかった。境港の貿易実績をみても、五十年には輸出入ともに対岸諸国が三分の一を占めていたのに、五十九年には五分の一近くにまで落ち込んでしまったのである（『第五次鳥取県総合計画』）。

環日本海交流圏の形成●

ソ連のペレストロイカ、中国の改革開放政策、朝鮮半島での南北首脳会談開催など、平成二（一九九〇）年を画期に、北東アジアをめぐる情勢は転換をはじめる。中国とソ連は国交正常化を確認、韓国とソ連も国交を樹立して経済協力を、また韓国は中国とも経済交流をはじめ、日本と朝鮮との国交正常化交渉も開始され、北東アジアの冷戦の枠組は解消しはじめる。対応して日本側でも、新潟や北陸三県を中心に環日本海経済圏の形成が提唱されはじめ、日ソ交流が活性化する。中央政府ではなく、地方政府である府県や市という地方自治体が中心になっており、そこに環日本海交流の特徴をみることができる。

鳥取県では、昭和六十一（一九八六）年の第五次総合計画で、はじめて国際化時代への対応をとりあげ、世界に開かれた鳥取をめざして個性的な国際交流を進めるとした。そして国際交流推進ビジョンをまとめたが、同年に友好提携した中国河北省《かほく》に続いて、アメリカか東南アジアの国とも提携を検討するとしていた。しかし平成三年の第六次総合計画では、「対岸諸国との近接性を活かし、環日本海交流を進める」と明言する。

対岸では、まずソ連沿海州政府との交流が平成三年十月からはじまる。ウラジオストクでは境港《さかいみなと》の大伸水産《だいしん》が合弁会社を設立、ゴーリキドラマ劇場の招待公演も県下で行われており、県議会日露親善議員連盟の事務所を同劇場に開設する。四年から六年にかけてはシベリア墓参団が派遣され、県水産試験場は、ロシア太平洋漁業海洋研究所と科学技術協力をしていくことになった。

中国河北省との友好提携は、洋梨《ヤーリー》の主産地と二十世紀梨が縁になっており、農業交流を中心に進めてきて、平成三年には省都石家荘《せっかそう》の農林科学院果樹研究所に友好農業試験場を建設、梨や柿《かき》の苗木を送って栽培を進めており、中国側は東伯郡湯梨浜町に中国庭園をつくった。ただし河北省は環日本海交流ということでは対象外とせざるをえない。

中国東北部の吉林省《きつりん》は、図們江《ともんこう》開発を通じて環日本海交流に期待をかけている。平成五年六月境港市長らの琿春《こんしゅん》市訪問、九月の吉林省図們江地区開発交流団の境港訪問と開発セミナーの開催を経て、十月には境港市と琿春市が友好都市提携を結ぶ。琿春市は図們江に面する港湾都市で、三〇キロ下流は日本海である。いま鳥取県のよびかけで、島根・新潟とともに三県協議会をつくり、琿春と境港・新潟を結ぶ定期航路の開設を検討している。

韓国に対しては、平成五年に江原道《カンウォンド》とのあいだで農林水産業に関する覚書を締結して以来、農業後継者の相互派遣、県道職員の派遣交流、ことぶきの船派遣などの交流を積みあげ、六年十一月に両県道の友好提携に関する協議書を締結した。このとき、江原道雪嶽山《ソラクサン》で鳥取県が交流している中国吉林省・ロシア沿海地方政府の代表も参加して、環日本海四カ国地方政府サミットを開催、二国間交流を多国間のものに発展させる端緒をつくった。なお江原道の束草《ソクチョ》市は米子市と、江原道内六郡が県内六町と交流しているし、東伯郡泊《とまり》小学校は原州《ウォンジュ》市明倫《ミョンリン》国民学校と交流している。

国交のない朝鮮の元山《ウォンサン》市と境港市は、平成四年に友好都市提携をした。朝鮮の都市と縁組をしているのは、唯一境港市だけである。鳥取県としては、国交がないことから県が先にたって進めるわけにはいかないが、市が交流を進める場合は側面的に援助するという立場を明らかにしている（『第三回日本海対岸諸国交流推進懇談会の概要』）。

なお、六年にモンゴルを県議団が訪問して、中央県とのあいだで交流がはじまった。

以上みてきたように、鳥取県の環日本海交流は平成三年から本格化したが、短期間にそれなりの成果をあげたといってよい。特徴的なことは、第一に、鳥取県が「裏日本」といわれてきたように、韓国江原道・中国吉林省・ロシア沿海地方ともに、その国の周辺部に位置し、それだけに開発が遅れている後進地域である。そうした環日本海地域の地方政府相互の交流を意義あるものにしていくためには、中央ではできない独自性の発揮が求められる。その場合、江原道で開催した地方政府サミットのような、二国間から多国間に発展した多角的交流の展開に期待がかけられてよい。さいわい都市間でも米子・束草、束草・琿春、琿春・ザルビノなどの交流がみられ、日本・韓国・中国・ロシアを結ぶ航路開設も夢ではない。また日本側でいえば、境港が鳥取・島根両県共同管理である以上、島根県の協力を求めるのは当然として、新潟県をも含む三県協議会を設置した意味は大きい。とりわけて経済交流では、関係各県の連携なくしては実を結ぶことが困難である。

第二には、短期間で推進された交流であるだけに、県による行政主導型としての特徴をもつことである。これに市町村が参画することにより、地域レベルの広がりと深まりをもつ環日本海交流として発展させていく課題がある。そのためには、経済交流もさることながら、幅広い学術・文化・芸術など、各分野にわたる交流が必要となるし、対岸諸国との関係史を通ずる「負の遺産」についてのたしかな歴史認識をもつことが求められる。

そのうえにたって第三に、従来の友好親善を主目的にした国際交流から、地域相互の連携による具体的な協力へと一歩を進める必要がある。県レベルで進めている行政職員の派遣研修や、鳥取県が得意とする農業技術の移転促進、留学生や技術研修生の積極的受け入れをはじめとして、さまざまな分野での協力が考えられる。歴史だけでなく、開発や保全についての共同研究・共同調査の実施などである。

第四は、外向きの国際化とともに、「内なる国際化」を推進する必要についてである。県は第六次総合計画のなかで、外国人にとっても住みやすく活動しやすい地域づくりを進めるというが、それはパンフレットをつくったり標識に外国語を記すことだけではない。外国人にとって住みやすい町とは、民族差別をなくし、地域住民として共生できる条件づくりをしなければならない。さいわい県下市町村では、全国に先がけて部落差別とあらゆる差別をなくす条例を、県では人権尊重の社会づくり条例を制定して、具体的な独自施策が実施されはじめている。倉吉市が平成七年四月から支給をはじめた、外国人無年金者に対する月額二万五〇〇〇円の特別給付金もその一つといえる。内なる国際化を実現してこそ、ほんとうの国際化といえると思う。

あとがき

島根大学を定年でやめて鳥取女子短期大学に勤めはじめた頃、山川出版社から「新県史」シリーズのお話を頂いた。既刊の『島根県の歴史』や『山陰の風土と歴史』は私一人で執筆したが、このたびはそうはゆかない。幸い短大で考古学の講義を非常勤で担当している真田廣幸氏に古代をお願いすることができ、中世は日置粂左ヱ門氏、近世は福井淳人氏にそれぞれ執筆の承諾をして頂いて出発することができた。ところが目次案を出して執筆準備を進めて頂きながら、福井氏が病気で執筆できなくなり、やむなく近・現代とともに近世も内藤が担当することにして、目次案も再構成して作業を進めてきた。今度の企画では、近・現代は「県民百年史」シリーズにゆだねることにしたため、最少限の記述にとどめた。詳細は近刊予定の『鳥取県の百年』を参照して頂ければ幸いである。

鳥取県の地方史研究は、昭和四十年代に刊行された『鳥取県史』に県内の総力が結集されたといってよい。しかしそれから三〇年近くを経過してみると、いろいろ問題があることが明らかになってきた。まずなによりも古代についてである。埋蔵文化財の発掘が進むなかで新しい発見があり、当然ながら古代史の見直しがせまられている。とりわけて朝鮮半島との関係が指摘されるようになったことは重要である。

問題は古代だけではない。これまでは日本のなかの鳥取県だけを考えて県史が記述されていたため、北東アジアのなかで対岸諸地域との関係は欠落したままであった。したがって、いまのように環日本海交流がとなえられても、地方史研究はなんらの役割も果すことができないのである。しかも環日本海交流が地域レベルで推進されている以上、古代からの関係史が地域に即して解明されることが求められているのが現状であるといってよい。

そうした地域課題にこたえるためにも、私たちは鳥取県の歴史を環日本海域のなかで明らかにすることを本書を通じて最大の目標とすることにした。ただそれはこれまで未開拓の分野であり、私たちの力量不足もあって、すべてについて十二分に解明したというものでないことは承知している。読者の皆さまから特に御教示を得たいところであるし、できれば関係のあった対岸諸国の研究者との間で共同研究を進めて、歴史の共有を実現したいと思っている。

本書をまとめるにあたっては、参考文献にあげた先学各位の研究にもとづくところが多く、あらためて学恩に感謝の意を表したい。

山川出版社には、殊のほかお世話になった。心からの謝意を表するものである。

一九九六年十一月

内藤正中

海
鳥取県
兵庫県
県
伊笹岬
矢城ヶ鼻
しばやま
くたに
かすみ
香住道路
駟馳山
314
いわみ
千代川
鳥取港
鳥取空港
湖山池
天神川
とまり
あおや
はまむら
東郷池
まつざき
湯梨浜町
岩美郡
岩美町
ふくべ
新温泉町
三川山
888
矢田川
蘇武岳
1074
香美町
扇ノ山
1310
とっとり
つのい
鳥取市
こおげ
八頭町
いなばふなおか
かわはら
若桜鉄道
三徳山
900
高山
1054
三朝町
もちがせ
たんぴ
わかさ
氷ノ山
(須賀ノ山)
1510
鉢伏山
1221
妙見山
養父市
若桜町
人形仙
1004
因美線
東山
1388
八頭郡
智頭町
ちず
藤無山
1139
花知ヶ仙
1247
三室山
1358
津山市
那岐山
1240
滝山
1197
あわくらおんせん
西粟倉村
みまさかかも
奈義町
日名倉山
1047
おおはら
智頭急行
宍粟市
中国自動車道
勝央町
姫新線
佐用町
かめのこう
さよ
みかづき
美咲町
こうづき
くざき
姫路市
美作市
播磨自動車道
姫新線
はりましんぐう
久米郡
ゆげ
久米南町
白旗山
440
たつの市
上郡町
備前市
かみごおり
相生市
ふくわたり
和気町
よしなが
うね
太子町
旭川
わけ
みついし
赤穂市
あいおい
赤磐市
山陽新幹線
揖保川
山陽自動車道
さんようあぼし
ひらまつ
にししかま
ばんしゅうあこう
姫路

内藤　正中　ないとうせいちゅう

1929年，岡山県に生まれる
1953年，京都大学経済学部卒業
元島根大学教授
主要著書　『日本海地域の在日朝鮮人』(多賀出版，1989年)，『山陰の日朝関係史』(報光社，1993年)，『鬱陵島(竹島)をめぐる日朝関係史』(多賀出版，2000年)，『鳥取県下在日コリアンの歴史』(鳥取短期大学北東アジア文化研究所，2004年)

真田　廣幸　さなだひろゆき

1951年，鳥取県に生まれる
1973年，立正大学文学部史学科卒業
現在　倉吉文化財協会会長，元倉吉市立倉吉博物館館長
主要著書・論文　『塼仏』(倉吉博物館，1992年)，「奈良時代の伯耆国に見られる軒瓦の様相」(『考古学雑誌』第66巻第2号，1980年)

日置　粂左ヱ門　ひおきくめざえもん

1935年，鳥取県に生まれる
1957年，早稲田大学文学部史学科卒業(早稲田大学大学院文学研究科〈内地留学〉)
現在　県史編さん審議会専門委員を経て，新鳥取県史編さん委員会委員(2016年)，北栄町文化財保護委員
主要著書・論文　『鳥取県史』(共編著，1969〜81年)，中世編の分担として『新修鳥取市史』『新編倉吉市史』『智頭町誌』『新修米子市史』『新修北条町史』(2005年)，「豊臣政権と因幡・伯耆」—宮部継潤の発給文書(『鳥取地域史研究』第8号，2006年)，『史料にみる鳥取—歴史と伝え』(今井出版，2014年)，『鳥取県謎解き散歩』(中経出版，2013年)，共編著『新鳥取県史資料編 古代・中世1 古文書編』(鳥取県，2015年)

鳥取県《とっとりけん》の歴史《れきし》　　県史 31

1997年2月20日　第1版1刷発行　　2017年11月30日　第2版2刷発行

著　者　内藤正中《ないとうせいちゅう》・真田廣幸《さなだひろゆき》・日置粂左ヱ門《ひおきくめざえもん》
発行者　野澤伸平
発行所　株式会社　山川出版社　〒101-0047　東京都千代田区内神田1-13-13
電話　03(3293)8131(営業)　03(3293)8135(編集)
https://www.yamakawa.co.jp/　振替　00120-9-43993
印刷所　明和印刷株式会社　製本所　株式会社ブロケード
装　幀　菊地信義

ISBN978-4-634-32311-7

付　　録

■ 索　　引

● あ　行

● か　行

● さ　行

● た　行

● な　行

● は　行

● ま 行

● や 行

● ら・わ 行

■ 年　　表

西暦	年　号	事　　項
	旧石器	東伯郡淀江町原畑遺跡，倉吉市中尾遺跡・長谷遺跡，東伯郡関金町野津三第１遺跡など。
	縄文早期	米子市上福万遺跡・倉吉市取木遺跡など。
	前期 ～ 晩期	岩美郡福部村栗谷遺跡，鳥取市桂見遺跡・布勢遺跡，東伯郡北条町島遺跡，倉吉市津田峰遺跡，東伯郡東伯町森藤第２遺跡・三朝町穴谷遺跡，米子市目久美《めぐみ》遺跡，西伯郡淀江町鮒が口遺跡・名和町南川遺跡・溝口町井後草里遺跡，米子市青木遺跡，八頭郡郡家町万代寺遺跡，倉吉市松ケ坪遺跡など。
	弥生前期	東伯郡羽合町長瀬高浜遺跡，米子市目久美遺跡，鳥取市岩吉遺跡，倉吉市イキス遺跡，米子市別所新田遺跡など。
	中期	岩美郡岩美町新井遺跡，鳥取市大桷《だいかく》遺跡，八頭郡郡家町万代寺遺跡，倉吉市後中尾遺跡，東伯郡三朝町丸山遺跡，西伯郡会見町宮尾遺跡・西伯町清水谷遺跡・会見町天王原遺跡，米子市青木遺跡，気高郡青谷町青谷上寺地《あおやかみじち》遺跡，西伯郡大山町～淀江町妻木晩田《むきばんだ》遺跡など。
	後期	倉吉市中峰遺跡，東伯郡大栄町上種第５遺跡・大栄町西高江遺跡，米子市尾高浅山遺跡，倉吉市コザンコウ遺跡，米子市尾高浅山１号墳丘墓，倉吉市阿弥大寺墳丘墓群・大谷後ロ谷墳丘墓，鳥取市西桂見遺跡など。 銅鐸出土地（岩美郡岩美町新井，鳥取市高住・越路，八頭郡郡家町下坂・船岡町破岩，倉吉市小田，東伯郡泊村小浜・北条町米里・東伯町八橋など）。
	古墳前期	倉吉市国分寺古墳，西伯郡会見町普段寺１号墳，東伯郡羽合町馬ノ山４号墳・東郷町宮内狐塚古墳，鳥取市六部山３号墳・桂見古墳群，倉吉市宮ノ峰古墳群・猫山遺跡，米子市青木遺跡，東伯郡羽合町長瀬高浜遺跡など。
	中期	東伯郡東郷町北山古墳，鳥取市古郡家《ここうげ》１号墳，西伯郡会見町三崎殿山古墳・淀江町上ノ山古墳，鳥取市桷間《かくま》１号墳，倉吉市イザ原古墳群・高畔古墳群など。
	後期	倉吉市大宮古墳，西伯郡岸本町吉定１号墳，鳥取市円護寺27号墳，岩美郡岩美町穴観音古墳，鳥取市坊ヶ塚古墳，岩美郡国府町梶山古墳，倉吉市向山６号墳，鳥取市大熊段１号墳，西伯郡淀江町長者ケ原古墳・淀江町岩屋古墳，倉吉市三明寺古墳など。
473	（雄略17）	因幡の私の民部を贄《にえ》の土師部と名づける。
645	大化　1	このころ，倉吉市大御堂《おおみどう》廃寺と東伯郡東伯町野方廃寺が造営。
684	天武　12	伯耆国造など14氏に連の姓を賜う。
		このころ，西伯郡淀江町上淀廃寺造営か。また，この前後の時期に岩美郡岩美町岩井廃寺・国府町岡益廃寺・国府町等ケ坪廃寺・国府町大権寺《だいごんじ》廃寺，鳥取市菖蒲《しょうぶ》廃寺，八頭郡郡家町土師百井《はじもい》廃寺，気高郡鹿野町寺内廃寺，東伯郡東郷町弥陀ケ平廃寺，倉吉市大原廃寺・石塚廃寺，東伯郡東伯町斎尾廃寺，西伯郡岸本町大寺廃寺などがあいついで造営される。

702	大宝	2	因幡・伯耆・隠岐３国蝗害にあう。
710	和銅	3	和銅元年に没した伊福吉部徳足比売(いふきべとこたりひめ)の火葬墓が営まれる。
716	霊亀	2	***4-27*** 山上憶良(おくら)，伯耆守に任官。
717	養老	1	***9-12*** 山陰道の伯耆以東と山陽道の備後以東の諸国の国司，近江の行在所にいき，土風の歌舞を演ずる。
732	天平	4	***8-17*** 多治比真人県守(あがたもり)，山陰道節度使に任ぜられる。
741		13	国分寺建立の詔。このころ，因幡国分寺・伯耆国分寺が造営される。
745		17	***11-*** 諸国の公廨稲(くげとう)を定める。因幡国・伯耆国とも正税，公廨稲30万束。
746		18	***9-*** 高丘連河内，伯耆守に任官。
756	天平勝宝	8	***10-*** 東大寺領，因幡国高庭庄成立。***12-20*** 伯耆国・因幡国など26国に仏具を下し，国分寺に寺物としておかせる。
758	天平宝字	2	***6-16*** 大伴家持(やかもち)ら，因幡国守に任官。
759		3	***9-19*** 新羅(しらぎ)征討のため，山陰道諸国に船145艘をつくらせる。
771	宝亀	2	***11-21*** 大嘗会(だいじょうえ)。
780		11	***7-15*** 因幡国・伯耆国などの沿岸の防備を天平４年の式によって厳重にさせる。
805	延暦	24	***3-23*** 桓武天皇，使を伯耆国に遣わして玄賓(げんぴん)法師を京に召す。
816	弘仁	7	***6-2*** 因幡・伯耆両国の俘囚(ふしゅう)ら，入京して小事を越訴(おっそ)する。
863	貞観	5	***11-17*** 新羅国人，因幡国荒坂浜頭に来着。
867		9	***5-26*** 新羅海賊を打ち払うため，伯耆など５カ国に四天王像を下し，像を祀る四王寺の建立を命ずる。
873		15	***3-19*** 因幡・伯耆などに不虞に備えるため，兵卒を戒厳させる。
894	寛平	6	***12-2*** 渤海(ぼっかい)国から105人，伯耆国に到着する。
908	延喜	8	***1-8*** 伯耆国，渤海国使の入朝を奏す。
947	天暦	1	***2-14*** 伯耆の百姓物部高茂・高明親子が藤原是助とたたかう。***12-28*** 伯耆国分寺・同尼寺焼失。
988	永延	2	伯耆国大日寺創建されるという。
1007	寛弘	4	***8-28*** 因幡守橘行平は因幡介因幡千里を殺害した罪により罷免される。
1023	治安	3	この年，伯耆国の百姓，伯耆守藤原資頼の不法を訴える。
1039	長暦	3	伯耆弘瀬(ひろせ)寺の円空上人が往生する。
1071	延久	3	大日寺瓦経つくられる。
1094	嘉保	1	伯耆国大山寺の僧徒が上京して強訴(ごうそ)。
1103	康和	5	伯耆一宮倭文(しとり)神社経塚造立。
1108	天仁	1	***1-6*** 因幡守平正盛，流人の源義親を出雲(いずも)で誅す。
1131	天承	1	***6-26*** 大仏師・大法師良円，伯耆大山寺に阿弥陀如来像を造立。
1158	保元	3	石清水八幡宮領荘園，因幡巨濃(この)別宮，伯耆山田・内蔵・種・奈良原別宮などの保全をはかる。
1168	仁安	3	***12-7*** 大見氏，一族結縁のため美徳山投入堂(みとくさんなげいれどう)の蔵王権現像を納入。
1170	嘉応	2	この年，伯耆大山寺内紛。ついで美徳山焼かれる。
1171	承安	1	***7-28*** 伯耆大山寺火災。
1173		3	***8-22*** 紀成盛，伯耆大山寺再興につくし，地蔵尊と厨子(ずし)を鋳造，宝殿を寄進，この日遷宮。

1184	元暦　1	***2-2*** 法皇の御子と称するもの美徳山に挙兵。***3-10*** 源頼朝，因幡住人長田実経の本領安堵(あんど)。***9-18*** 大江広元，因幡守となる。
1185	2	***1-1*** 鎌倉御家人大井実春，因幡国目代として下向。
1190	建久　1	***11-6*** 藤原泰頼，伯耆国長田荘のことにつき頼朝に直訴。
1226	嘉禄　2	***3-*** 伯耆大日寺の阿弥陀如来像がつくられる。
1235	嘉禎　1	閏 ***6-27*** 因幡を石清水八幡宮の知行国とする。
1258	正嘉　2	***11-*** 山城松尾社領伯耆東郷荘が下地中分される。
1285	弘安　8	***10-*** 一遍，因幡を遊行。冬，伯耆にはいる。
1293	正応　6	因幡船岡郷半分の新庄村を異国調伏の功として安芸厳島(あきいつくしま)社に寄進。
1298	永仁　6	***10-16*** 院宣により因幡宇倍社領服部荘を社家領とする。
1301	正安　3	***1-25*** 仏師隆円，因幡青龍寺の木造持国天・多聞天像を完成。
1333	元弘　3	閏 ***2-24*** 後醍醐天皇，隠岐から脱出し，伯耆の名和長年に迎えられて船上山で挙兵。***3-*** 名和長年，伯耆守となる。***6-5*** 後醍醐天皇京都に帰る。
1334	建武　1	***6-18*** 後醍醐天皇，因幡新興寺を祈願所とする。
1336	延元　1 (建武 3)	***6-30*** 名和長年，京都で戦死。***8-25*** 因幡佐治重泰，足利尊氏方につく。
1337	2 (　4)	山名時氏，伯耆国守護となる。***5-6*** 尊氏，山城東福寺に因幡古海郷地頭職を寄進。
1339	4 (暦応 2)	***12-23*** 伯耆竹田・三朝両郷を国衙より山城松尾社へ返す。
1349	正平　4 (貞和 5)	閏 ***6-17*** 伯耆守護山名時氏，山城醍醐寺蓮蔵院領伯耆国延保(くにのぶのほ)を下地中分して和する。
1351	6 (観応 2)	***5-24*** 山名時氏，伯耆久古御牧を伯耆大山寺西明院衆徒にあたえる。
1352	7 (文和 1)	***9-*** 山名時氏，南朝に帰順。
1357	12 (延文 2)	***7-2*** 山名時氏，因幡新興寺領を安堵。***10-*** 伯耆日野郡印賀の200余人が結衆して宝篋印塔(ほうきょういんとう)を造立。
1360	15 (　5)	***11-*** 因幡岩井荘内網代寺の鐘ができる。
1363	18 (貞治 2)	山名時氏，幕府に降り因幡・伯耆の守護となる。
1371	建徳　2 (応安 4)	***4-28*** 因幡守護山名氏重，73歳で２月に死去した山名時氏を伯耆光孝寺に葬り供養塔を建立。
1375	天授　1 (永和 1)	美徳山投入堂修理。***11-*** 道竟，伯耆不入岡(ふにおか)に石仏建立。
1385	正中　2 (至徳 2)	因幡新興寺僧徒，宝篋印塔を建立。
1391	8 (明徳 2)	***12-30*** 因幡守護山名氏家，京都を出奔(明徳の乱)。
1392	9 (　3)	***1-*** 幕府，山名氏之に伯耆，山名氏家に因幡守護職を還補。
1393	明徳　4	***12-25*** 足利義満，因幡智頭郡光恩寺を祈願所とする。

1394	明徳	5	***4-19*** 義満，因幡津ノ井郷を但馬《たじま》円通寺領とする。
1398	応永	5	***8-10*** 了阿，『大山寺縁起』全4巻をつくる。***11-7*** 義満，因幡服部荘領家職を但馬楞厳寺《りょうごんじ》に安堵。
1439	永享	11	***9-28*** 伯耆守護山名教之，同国円福寺および瑞仙寺領へ段銭などの諸介事を免除。
1441	嘉吉	1	***6-24*** 因幡守護山名熙貴《ひろたか》殺害され(嘉吉の変)，かわって但馬守護山名持豊が因伯を掌握。
1469	文明	1	山名義安，八カ州総太守として朝鮮王朝に使節派遣。
1470		2	山名教豊，因伯丹三州太守として朝鮮王朝に使節派遣。
1471		3	***8-21*** 尼子清貞，伯耆の西軍と境松にたたかう。
1473		5	山名氏，伯耆万福寺再建のための助縁を朝鮮王朝に要請。
1479		11	山名豊氏，私部《きさいち》で森(毛利)次郎と戦う。
1480		12	山名政豊，伯耆法勝寺城を攻め，翌年山名元之は美作に逃れる。***10-24*** 山名尚之，瑞仙寺領に安堵。
1513	永正	10	***4-23*** 山名豊頼，智頭郡三成別符を矢部備後守に戦功としてあたえる。
1524	大永	4	***4-19*** 出雲守護尼子経久，同国日御碕荘修造のため伯耆3郡に棟別銭を徴す。
1527		7	***5-6*** 足利義晴，但馬守護山名誠豊と因幡守護山名誠通とを調停。
1529	享禄	2	伯耆大山寺常行堂流失。
1540	天文	9	***10-9*** 但馬守護山名祐豊，伯耆に出兵して尼子国久と戦う。
1544		13	***5-*** 尼子晴久，因幡に進入して鹿野城を攻略。
1545		14	***2-*** 山名久通，鳥取久松山城を築く。
1548		17	山名豊定，布施屋形となる。
1552		21	***4-2*** 足利義輝，尼子晴久を因伯など8カ国守護とする。
1555	弘治	1	尼子晴久，大山寺再興。
1561	永禄	4	毛利元就，伯耆へ進出。
1564		7	毛利勢，伯耆の尼子勢を掃討。***8-*** 但馬の山名祐豊，因幡に出兵して毛利勢と対峙。
1566		9	***4-*** 毛利元就・輝元父子，大山寺の堂宇再興。
1569		12	***5-*** 尼子勝久挙兵，伯耆に進出。
1570	元亀	1	***1-*** 織田信長，但馬山名祐豊・氏政父子，同国侍，因幡国衆らに上京を命ずる。
1573	天正	1	***6-*** 山中鹿介ら因幡に進入。
1575		3	***10-14*** 伯耆羽衣石《うえし》城主南条宗勝死去。
1577		5	小早川隆景，伯耆を検地。***8-*** 伯耆南条元緒，美徳山領安堵。
1580		8	***3-*** 南条元緒，美徳山諸堂宇を修造。***9-21*** 羽柴秀吉，山名豊国を鳥取城に囲む。
1581		9	***3-18*** 吉川経家，石見福光城から救援のため鳥取城にはいる。***10-25*** 鳥取落城，経家は自刃。
1582		10	***6-*** 因幡城主亀井茲矩《これのり》，秀吉に謁して琉球国を所望。***9-29*** 吉川元春勢，羽衣石城を攻略。***10-19*** 秀吉，鳥取城主宮部継潤に軍備強化を命ずる。
1584		12	秀吉，伯耆東3郡を羽衣石城主南条直秀にあたえる。
1588		16	亀井茲矩，気多郡日光池の干拓に着手。

1591	天正	19	*10-* 秀吉，伯耆一国の御前帳の提出を吉川広家に命ずる。
1592	文禄	1	秀吉の朝鮮侵略戦争に因伯の諸大名はそれぞれ兵を率いて出陣。
1593		2	この冬，因幡巨濃郡銀山開坑。
1594		3	この年，大山寺の豪円，一山を管する。
1595		4	*4-3* 秀吉，亀井茲矩に命じて伯耆日野銀山採掘を盛んにさせる。
1596		5	吉川広家，米子湊山築城。*9-7* 秀吉，吉川広家に伯耆日野銀山の銀運上を命ずる。
1597	慶長	2	*1-* 秀吉，朝鮮再征を命令，因伯諸大名出兵。
1599		4	伯耆美徳山荒廃。*3-25* 宮部継潤死去。
1600		5	*9-15* 関ヶ原合戦。伯耆国では南条元忠が西軍に，吉川広家は西軍であったが東軍に内応，因幡国では宮部長熙・垣屋恒総・木下重賢・磯部兵部大輔らは西軍に，亀井茲矩だけが東軍に参加。*10-* 中村忠一，吉川広家のあと米子城主となる。
1601		6	桐山城主垣屋光成・鳥取城主宮部長熙。若桜鬼ヶ城主木下重賢の領地は没収，池田長吉を鳥取城主に，山崎家盛を若桜鬼ヶ城主とし，鹿野城主亀井茲矩については2万5000石を加増。
1603		8	中村忠一，老臣横田内膳を殺害する米子城の御家騒動。
1609		14	*5-11* 米子城主中村忠一死去，幕府は所領没収。*8-25* 鹿野城主亀井茲矩にシャム渡海交易の朱印状交付。
1610		15	*4-28* 大山寺西楽院に朱印をあたえ寺領3000石を認める。*7-19* 中村忠一の遺領を三分し，加藤貞安を米子城主に，市橋長吉を八橋城主に，関一政を黒坂城主とする。
1614		19	*3-13* 幕府，大山寺に法令五カ条を下す。
1617	元和	3	*3-6* 池田光政，因伯両国32万石に封じられる。*6-* 池田長吉は備中国松山城主に，山崎家治は同国成羽城主に転封。*7-* 米子城主加藤貞安は伊予国大洲城主に，鹿野城主亀井茲矩は石見国津和野城主に転封。
1618		4	*5-16* 米子商人大谷甚吉・村川市兵衛両人に幕府老中連署で竹島(朝鮮領鬱陵島)への渡海を許可。*7-* 黒坂城主関一政の所領没収。 この年，因伯両国で検地実施。
1619		5	池田光政，鳥取城下拡張工事に着手。
1632	寛永	9	*6-18* 池田光政は備前国岡山城に転じ，かわって岡山から池田光仲が鳥取城主に転封。
1633		10	この年，因伯両国で検地実施。
1635		12	*8-12* 因伯両国に大洪水。
1637		14	*9-10* 竹島渡海の帰途朝鮮国に漂着した米子商人30人が送還されたと対馬藩から幕府に報告。
1638		15	*2-4* 藩士佐分利九允ら80人余を島原の乱に派遣。*8-30* 荒木又右衛門，鳥取で死去。
1649	慶安	2	城下王子谷に東照宮を造営。
1655	明暦	1	*6-* 河村・久米両郡の鉄山稼行を禁止。
1656		2	*7-28* 藩士の知行物成免を平し免とする。
1660	万治	3	*11-18* 鳥取城下大火。
1662	寛文	2	*5-1* 領内大地震。
1664		4	閏 *5-11* 智頭・八上・八東の諸郡に大洪水。

1665	寛文	5	幕府の命により八東郡を八束郡と改めたが，まもなく旧称に復する。
1667		7	*2-22* 前年の秋に竹島からの帰途朝鮮国に漂着した米子商人21人が救助送還され大坂の藩邸で引き渡される。*3-6* 凶作につき4000石の救米放出。
1670		10	この年，宗旨庄屋設置。
1672		12	*8-28* 領内での検地検見の竿の長さを６尺３寸とする。
1673	延宝	1	*5-14* 領内大洪水。
1676		4	*10-14* はじめて藩札を発行。
1679		7	*7-28* 国内産の酒の他国積出しを禁止。
1681	天和	1	*10-14* 藩士の知行物成のうちから藩が借り上げる。
1684	貞享	1	米子の町人竹内自安斎，『都下り道之記』を刊行。
1686		3	*2-* 鳥取城で奉公人が不足したことから藩は在中に棒役50日ずつを割り当てる。*11-* 紙座をやめる。
1689	元禄	2	*1-2* 因伯両国に藍玉問屋開設。*2-* 気多・高草・八上３郡に２年をかぎって請免法実施。
1692		5	米子商人が竹島に渡海したところ朝鮮人がいたので，その旨を藩庁を通じて幕府に報告。領内に地平段免の法を実施。
1693		6	再度竹島に渡海したが漁ができなかったため，朝鮮人２人をとらえて米子に連行する。幕府は朝鮮人を長崎経由で釜山に送るように命ずるとともに，対馬藩に朝鮮政府と交渉して竹島へ朝鮮人の渡海を禁止するよう要求。
1694		7	*9-* 朝鮮政府，日本人が朝鮮領に侵入し朝鮮人を拘束したことに抗議。*10-27* 日野郡の鉄山を藩営とする。*12-5* 久米・河村・八橋３郡の鉄山を藩営とする。
1695		8	*3-1* 汗入(あせり)郡淀江村で操り芝居興行を許可。*8-22* 洪水。*12-23* 領内の米不足のため他国米の加露入津を許可。
1696		9	*1-28* 幕府，米子商人の竹島渡海を禁止。*6-4* 朝鮮人安龍福ら11人，隠岐を経て赤崎にきて日本関白に上訴を要求。
1698		11	*1-12* 領内に全面的に請免法を実施。*6-9* 鉄山藩営をやめる。
1701		14	*8-14* 領内大洪水。
1702		15	*8-1* 領内大洪水，とくに伯耆は被害甚大。
1704	宝永	1	*1-29* 町中に１間につき10匁，在中は高１石につき１匁５分の軒間銀を割り付ける。
1710		7	閏 *8-11* 領内大地震。
1711	正徳	1	*9-10* 鳥取城下大火災，町数18，戸数1027焼失。
1712		2	*3-1* 鳥取城下大火。
1713		3	*7-13* 領内大風雨で洪水。
1717	享保	2	*2-29* 日野郡百姓一揆が城下に押し出し，諸郡一揆もこれに続き，願筋はいずれも聞きとどけられる。
1720		5	*4-1* 鳥取城下大火，本丸，二の丸をはじめ侍屋敷507，町屋敷597，寺院なども焼失，死者19人。
1721		6	*4-19* 町方に津止めを要求して城下町民多数が町方役所に押しかける。閏 *7-15* 領内大洪水，米子・倉吉の被害大。
1722		7	*8-27* 米子の町民400人，借米の年賦払を要求して城下に押しかける。

1723	享保	8	*8-10* 大風雨で洪水，とくに伯耆の被害が甚大。
1724		9	*4-8* 鳥取城下大火，2791戸焼失。*7-1* 疫病流行し死者多数。 この年，農作物の虫害甚大。
1727		12	*2-26* 鳥取城下大火，1925戸焼失。
1729		14	*6-19*・*9-14* 領内大洪水。
1731		16	*10-6* 城下に銀札小座を設け銀札を領内に発行。
1732		17	蝗害で大凶作。
1733		18	*3-4* 日野郡の百姓一揆が城下に押しかける。
1735		20	*4-12* 城下大火。
1736	元文	1	*5-10* 銀札通用が滞ったため流通を停止。
1739		4	*2-* 因伯両国に百姓一揆がおこり，城外安長河原に群集するが月末には退散。*3-*下旬，会見郡・八橋郡・倉吉周辺に百姓一揆がおこる。
1740		5	*11-21* 元文一揆の東村勘右衛門ら処刑。
1742	寛保	2	倉吉詰藩士松岡布政，『伯耆民談記』を著す。
1745	延享	2	閏 *12-14* 会見郡天満村に百姓一揆。
1749	寛延	2	*8-22* 倉吉町大火，家中屋敷22，町家700戸余焼失。*12-7* 会見郡壺亀山に百姓一揆。*12-27* 年貢不足を理由に八橋郡笠見村の百姓全員を追放。
1751	宝暦	1	*12-* 会見郡壺亀山に百姓一揆。
1752		2	*8-3* 大風雨，洪水。
1753		3	*3-22* 倉吉大火。*9-* 在中に５歩の借米を命ずる。
1754		4	*7-8* 会見郡を東・西に二分する。
1755		5	*3-24* 藩の用紙を黄色と定め領内での黄紙の売買を禁止。*8-24* 大風雨で凶作。 この年，藩士の俸禄を８歩減とする。
1756		6	*1-10* 米価高騰し，藩は窮民に施粥。*4-8* 城下大火。
1758		8	*2-3* 城下町中に用心井戸33カ所を掘らせる。*2-18* 領内5カ所に目安箱をおく。*2-26* 在中に筆頭庄屋をおく。*10-22* 山林に植林を命ずる。
1759		9	*2-27* 秋年貢に，高１石につき銀１匁５分ずつ先納を命ず。*8-12* 在中で地主は４歩，作人は１歩の上げ米を割り当てる。
1760		10	*8-* 領内15カ所に目安箱をおく。
1762		12	*7-15*・*8-9* 領内大洪水。
1763		13	*7-8* 城下で銀札騒動(明和１・２年にも勃発)。
1767	明和	4	閏 *9-8* 汗入郡上万村に朝鮮人４人漂着。
1768		5	*5-19* 領内洪水。
1770		7	夏から秋にかけて干魃。
1771		8	*5-* ところどころに伊勢神宮の御札が降り，多数が抜け参りにでる。
1778	安永	7	*12-28* 在中に六歩米を割り当てる。
1779		8	*2-15* 在・町に目付銀を割り当てる。
1781	天明	1	*8-3* 在中に対して五歩米を割り当てる。*12-11* 会見郡に百姓一揆おこる。
1782		2	*10-20* 凶荒につき年貢のうち２歩を宥免。
1783		3	*9-15* 凶荒で収納にあたり３歩の救米を許可。

1784	天明	4	*3-27* 疫病大流行して多数の死亡者がでる。
1786		6	*2-27* 日野郡で百姓一揆。
			この年，大凶作。
1795	寛政	7	*3-10* 国産方を設置。*4-* 安陪恭庵，『因幡志』を著す。
1796		8	*3-24* 大山寺火災。
			この年，稲村三伯，『ハルマ和解』を完成。
1799		11	この年，在中に五歩米を割り当てる。
1801	享和	1	*8-19* 大風雨，洪水。
1806	文化	3	幕府天文方の伊能忠敬ら，領内海岸を測量。
1809		6	*5-12* 在町に目付銀を賦課。
1810		7	*4-19* 城下大火。*8-28* 在中に五歩米を賦課。
1812		9	*7-12* 城下大火。*9-11* 在中に五歩米を賦課。
1813		10	閏 *11-23* 伊能忠敬らふたたび領内測量。
1816		13	*7-27* 日野郡産鉄江戸直送仕法につき郡奉行に通達。
1817		14	*1-* 八東・八上両郡の貧民多数が城下にでて食を求める。
1818	文政	1	*8-7* 国益方設置，木綿など国産の流通を統制。
1819		2	*1-12* 12人乗り朝鮮船が八橋に漂着救助。閏 *4-1* 城下大火。
1821		4	*6-3* 在中に五歩米賦課。
1822		5	*9-19* 国益方を国産役所に合併。
1823		6	*5-12* 木綿を中心にした藩の流通統制廃止。*9-22* 在中に五歩米を割り当てる。
1825		8	諸運上の制度を改め封札の制をはじめる。
1827		10	*8-13* 在中に五歩米を賦課。
1830	天保	1	*2-3* 藩有船による廻米輸送の改革整備。
1833		4	*12-5* 不作のため在中に2歩の救米。
1834		5	*10-8* 風雨・洪水。
			この年，青谷海岸に帆立貝が集まる。
1835		6	*5-22* 大風雨・洪水。*8-* 境村に日野郡鉄山融通会所開設。
1836		7	*8-27* 凶作のため在中に三歩米を給付。
1837		8	*1-* 城下に多数が食を求めて集まる。*2-* 城下に乞食小屋をたてて収容（9月まで）。
			この年，因伯両国の死者200人という。
1838		9	*10-13* 朝鮮人7人，網代に漂着。
1840		11	*8-27* 在中に堕胎禁止の触書。
1850	嘉永	3	*9-* 領内大洪水。*10-29* 水戸から12代藩主として慶徳を迎える。
1852		5	*7-27* 国産奨励と流通統制。
1853		6	*5-3* 米子に国産融通座設置。*12-21* 在中に五歩米を賦課。
1854	安政	1	*12-6* 太平洋を漂流してアメリカ・中国で5年の海外生活をした長瀬村利七が鳥取に帰る。
1855		2	*2-3* 在方改革着手。
1856		3	*10-18* 八橋郡瀬戸村新九郎を反射竈御用懸に任命。
1858		5	*12-* 上道村景山粛，『伯耆志』を編纂して藩に提出。
			この年，会見・日野両郡を口・奥にわける。
1859		6	この夏，暴瀉病流行。

			この年，会見郡佐野用水工事を藩営とする。
1860	万延	1	*3-11* 藩校の改革実施。
1863	文久	3	*8-17* 京都本圀寺(ほんこくじ)で尊攘派が藩の重臣殺害。*8-25* 八橋郡六尾村の熔鉱炉拡張を指示。
1864	元治	1	*7-10* 蠟座・国産座を合併して産物会所開設。*9-6* 藩内尊攘派弾圧される。*10-26* 征長藩兵の出発。
1865	慶応	1	*7-11* 諸品の他国移出禁止。
1866		2	*11-23* 農兵編成の命令。
1867		3	*12-30* 大政一新で国事犯を釈放。
1868	明治	1	*1-3* 藩兵を伏見に出兵。*3-21* 八東郡村々に神札が降り人びとが踊りまわる風評を禁止。*11-6* 隠岐国を鳥取藩へ移管。*12-1* 大山寺領を鳥取藩管轄とする。
1869		2	*1-* 鳥取藩主池田慶徳が版籍奉還を上表。*5-15* 藩治職制にもとづく藩政改革実施。*6-* 池田慶徳が鳥取藩知事となる。
1870		3	*9-18* 大雨洪水。*11-23* 播磨国福本藩を鳥取藩管轄とする。
1871		4	*2-4* 大庄屋を郷長，村々庄屋を里正とする。*5-18* 大洪水。*7-14* 廃藩置県。*10-* 日野郡一揆勃発。*11-* 因伯両国を区域とする鳥取県をおき，河田景与を権令に任命。 この年，県下沖合にいたや貝大発生。
1872		5	*1-* 県下を112の区に分け，戸長・副戸長を任命。*7-* 郵便取扱所を設置。*9-*『鳥取県新報』発行。
1873		6	*6-* 会見郡に徴兵反対一揆勃発。*12-* 大区・小区制施行。
1874		7	*8-* 地租改正着手。
1876		9	*8-31* 鳥取県，島根県に併合され鳥取に支庁設置。
1878		11	*2-* 郵便汽船三菱会社，日本海航路開設(境寄港)。
1879		12	*1-* 大区・小区を郡区町村に改める。*5-3* 府県会規則にもとづく島根県会開設。旧鳥取県からは18人の県議選出。*6-* 松江・鳥取間に電信線架設。
1880		13	*8-* 鳥取県再置運動がはじまる。
1881		14	*1-* 養蚕伝習所設置。*9-12* 鳥取県再置。*12-* 河村郡に奨恵社設立。
1883		16	*7-* 士族授産のため製糸場・製糸伝習場を鳥取に開設。*11-* 境港，全国主要港湾に指定。 この年から主要道路開設工事はじまる。
1884		17	*6-* 北海道開拓移住民の先陣として士族36戸が賀露港出発。
1885		18	この年，八東郡若桜町に県下初の製糸工場開設。
1886		19	*8-* 因伯馬車会社，鳥取・倉吉間に乗合馬車開業。*9-* 県下西部に洪水。 この年，コレラ流行。
1888		21	この年，県下初の蒸汽機関による鳥取精穀会社設立。
1889		22	*11-1* 県下に市制・町村制施行され，鳥取は市となる。
1893		26	*8-* 鳥取市で貧民が米穀商を襲撃する米騒動勃発。*10-* 大洪水で中部の被害甚大。
1896		29	*4-1* 14郡を６郡に統合して郡制施行。*10-* 境港，外国貿易港に指定。
1899		32	*8-1* 境港，開港場に指定。
1900		33	*5-* 山陰鉄道西線の建設工事，境を起点にはじまる。

1902	明治	35	***4***- 県立農事試験場開設。 この年，鳥取文庫開設(県下初の図書館)。県費補助による韓海出漁はじまる。
1904		37	***11***- 鳥取市吉方に温泉湧出。 この年，岩美郡松保村の北脇永治が二十世紀梨栽培に着手。
1907		40	***4***- 境・鳥取間の鉄道開設。***5***- 皇太子行啓。はじめて鳥取に電灯がつく。鳥取県が『因伯記要』発行。
1908		41	***9***- 鳥取市内に電話開通。 この年，県費補助で奥田亀蔵，徳田平市兄弟が韓国江原道長箭で大敷網経営。
1910		43	***7***- 遠藤董が私立鳥取盲唖学校を創設。
1912		45	***3***- 山陰線全通(京都・出雲今市間)。***9***- 水害東部地区被害甚大。 この年，鳥取市に常設活動写真館の電気館開設。
1915	大正	4	***6***- 鳥取市上水道開設。***8***- 県下風水害。
1917		6	***8***- 米子の山陰自動車がバス営業開始。
1918		7	***8***- 米騒動にそなえて県下各地で厳戒体制。弓浜半島一帯で小作争議がおこる。***9***- 県下洪水，東部被害甚大。秋，スペイン風邪大流行。
1919		8	***8***- 伯備線の伯耆大山・溝口間開通。
1920		9	***2***- 県連合婦人会結成。***12***- 弓浜小作人組合連合会結成。
1923		12	***4***- 日本農民組合山陰連合会結成。鳥取県共済委員制度成立。***6***- 智頭線の鳥取・智頭間開通。***7***- 水害で西部被害大。智頭町に県下最初の水平社支部設立。***11***- 融和団体一心会結成。 この年，千代川改修工事着工。
1924		13	***8***- 米子・法勝寺間の電車開通。
1925		14	***1***- 日野郡各地で小作争議。 この年，各地で地主協会設立。
1926	昭和	1	***5***- 鳥取県海外協会設立。***6***- 小作争議各地でおこる。***7***- 郡役所廃止。
1927		2	***4***- 米子に市制実施。***9***- 普通選挙法による初の県会議員選挙施行。 ***12***- 米子市職業紹介所設置。
1928		3	***10***- 伯備線の米子・倉敷間全通。
1930		5	***7***- 日ノ丸自動車設立。***11***- 鳥取市職業紹介所開設。***12***- 若桜線開通。
1931		6	***7***- 県立鳥取図書館開館。
1932		7	***7***- 因美線の鳥取・津山間全通。大山国立公園指定。***10***- 箕蚊屋(みのかや)小作争議。
1934		9	***9***- 大水害。
1936		11	***12***- 鳥取放送局開局。
1937		12	***6***- 鳥取専門店会結成。***10***- 鳥取駅前に丸由百貨店開業。
1938		13	***1***- 東伯郡竹田村が満州に分村。***10***- 県下初の保健所が智頭町に開設。
1939		14	***10***- 鳥取新報・因伯時報・山陰日日新聞が合併して山陰同盟日本海新聞となる。美保海軍航空隊設置。
1940		15	***4***- 米子・京城(現ソウル)間に航空路開設。***7***- 満蒙開拓青少年義勇軍出発。
1941		16	***4***- 米穀配給制度開始。大山訓練所開設。
1943		18	***9***- 鳥取大地震。

1944	昭和	19	*6-* 中学校以上の通年動員開始。
1945		20	*4-* 境港で軍用船玉栄丸の爆発事故。*10-* 占領軍鳥取進駐。
1947		22	*2-* 県部落解放委員会結成。*3-* 第1次農地改革。*11-* 天皇行幸。第1回共同募金。
1948		23	*3-* 県立児童相談所設置。
1949		24	*2-* 県立中央病院開設。*6-* 鳥取大学(学芸・農・医学部)開学。*11-* 東部と西部の生活協同組合発足。*12-* 丸由百貨店が鳥取大丸となる。
1950		25	*8-* 県連合婦人会結成。*9-* 海外抑留同胞救出県民大会開催。*10-* 日本パルプ米子工場進出決定。
1952		27	*3-* 沢バス(のちの日交バス)開業。*4-18* 鳥取大火。
1953		28	*10-1* 倉吉に市制施行。
1954		29	*3-* ラジオ山陰(のちの山陰放送)米子で放送開始。*4-* 三朝・東郷湖が県立自然公園に指定。*9-* NHK 米子放送局開局。*11-* 鳥取砂丘が国の天然記念物に指定。極東航空が米子・大阪間に定期航空路開設。
1955		30	*4-* 小鴨鉱山で日本最初のウラン鉱床発見。*7-* 山陰海岸が国定公園に指定。*11-* 人形峠でウラン鉱発見。
1956		31	*4-1* 境港に市制施行。*11-* 美保基地拡張反対同盟結成。
1957		32	*10-* 市営鳥取飛行場開設。
1958		33	*4-* 米子・大阪間定期航空路開設。*8-* 鳥取・大阪間定期航空路開設。*9-* 米軍美保基地返還。*10-* 自衛隊美保航空輸送団。*12-* 倉吉線関金・山守間開通。
1959		34	*3-* NHK 鳥取・日本海テレビ開局。*12-* 山陰テレビ開局。
1960		35	*9-* 美保ジェット戦闘機基地反対協議会結成。
1961		36	*9-* 第2室戸台風水害。*10-* 山陰線に特急「まつかぜ」運行開始。*12-* 米子・広島間航空路開設。
1962		37	*3-* 智頭線着工決定。*8-* 県庁舎新築落成。
1963		38	*1-* 豪雪。*10-* 山陰日日新聞が日本海新聞に合併。*12-* 大山有料道路完成。
1964		39	*3-* 境木工団地完成。*4-* 国立米子工業高等専門学校開校。*6-* 奥日野県立公園発足。*11-* 中海干拓について島根・鳥取両県協定成立。*12-* 因幡山岳県立公園発足。*12-* NHK 鳥取が FM 放送開始。
1965		40	*4-* 鳥取大学に工学部設置。*8-* 米子・隠岐間定期航空路開設。境港1万トン岸壁完成。
1966		41	*3-* 鳥取・米子間急行バス運行開始。*5-* 米子鉄工団地完成。*6-* 三洋電機鳥取進出決定。*7-* 鳥取県総合開発計画策定(一次総。以降5年ごとに改定)。鳥取・大阪間特急バス運行開始。*11-* 中海地区新産業都市に指定。
1967		42	*5-* 日ソ貿易境港・ナホトカ間定期航路開設。法勝寺電車廃止。*7-* 境外港埋立工事完了。*8-* 鳥取空港開港，鳥取・東京間航空路開設。
1968		43	*3-* 境港5000トン岸壁完成。*4-* 日野川工業用水道完成。*10-* 明治百年記念式典，県章・県旗・県歌制定。*11-* 国道9号全線開通。
1969		44	*1-* 豪雪。*2-* 鳥取大学紛争激化。*4-* 氷の山・後山・那岐山国定公園指定。*5-* 鳥取・大阪間定期航空路開設。*12-* 県公害防止条例制定。
1970		45	*1-* 県教委，赤碕・法勝寺高校の廃止発表。

1971	昭和	46	***5***- 鳥取女子短期大学開学。***9***- 国道53号全線開通。
1972		47	***10***- 県立博物館開館。
1973		48	***5***- 鳥取砂丘こどもの国開園。
1974		49	***4***- 米子・境港間産業道路開通。***12***- 国鉄湖山駅に貨物・車両基地操業開始。
1977		52	***2***- 豪雪。***3***- 米子旗ヶ崎工業用地造成完成。
1978		53	***7***- 梶山古墳彩色壁画発見。***11***- 鳥取駅高架開通式。
1979		54	8〜***11***- 松くい虫県下に猛威をふるう。***8***- 鳥取・東京直行便就航。
1980		55	6〜***9***- 冷害による大被害。
1981		56	***12***- 米子・東京間ジェット機就航。
1982		57	***7***- 境港で35年ぶりのマグロの大漁。
1983		58	***12***- 豪雪。
1985		60	***7***- 鳥取空港にジェット機就航。***10***- わかとり国体。
1986		61	***4***- 鳥取港に5000トンバース岸壁供用開始。***6***- 鳥取県が中国河北省と友好提携。
1987		62	***10***- 若桜鉄道開業。
1988		63	***5***- 鳥取・東京間高速バス運行開始。
1989	平成	1	***7***- 鳥取で世界おもちゃ博覧会開催。***9***- ベトナム難民105人を境港市に収容。***12***- 中国横断自動車道米子・江府間開業。
1990		2	***9***- 米子市立図書館開館。
1991		3	***2***-「とっとり女性プラン」発表。***4***- 米子・名古屋間コミューター航空開始。***5***- 淀江町上淀廃寺跡から仏教壁画片400点出土。***9***- 県下全市町村で人権尊重宣言議決。
1992		4	***3***- 中海の県境決定。***6***- 全県公園化推進本部発足。***9***- 県民ことぶき憲章制定。***12***- 米子自動車道(米子・落合)全線開通。
1993		5	***2***- 鳥取県が韓国江原道と交流覚書に調印。***4***- 隠岐航路(境港・西郷)に超高速船就航。***5***- 氷温協会設立。***6***- 境港が漁獲水揚量日本一となる(以降3年連続)。***10***- 鳥取市桂見遺跡で縄文後期の国内最大級の丸木舟出土。
1994		6	***10***- 全県公園化週間実施。***12***- 智頭急行開業。
1995		7	***3***- 境港の輸入促進地域計画を政府承認。***5***- 中国大連・境港間定期コンテナ航路開設。***8***- 東郷町に燕趙園(中国庭園)開設。***8***- 韓国釜山・境港間定期コンテナ航路開設。***10***- 米子市で環日本海拡大拠点都市会議開催。
1996		8	***4***- 米子・札幌間航空開始。
1998		10	***9***- 日本海での日韓漁業新協定合意。
1999		11	環濠をもつ国内最大級の弥生集落と18基の四隅突出墓をもつ西伯郡大山町と淀江町にまたがる妻木晩田遺跡の保存が決定し，大山町にむきばんだ展示室が開設。
2000		12	***2***- 鳥取県では知事部局と県教委の全職種で職員採用の国籍要件を全廃。
2001		13	***4***- 鳥取市に鳥取環境大学開学。米子・ソウル間定期航空(週3便)開始。
2002		14	***10***- 日本初の「弥生人の脳」をはじめ，多種多様な出土遺物で注目され「弥生の博物館」といわれる気高郡青谷町の青谷上寺地遺跡に展示館開設。

2003	平成	15	***3***- 青谷・羽合道路，開通。***4***- 鳥取空港・名古屋空港の定期便就航。
2004		16	***4***- 鳥取情報ハイウェイ，全線開通。***10***- 境港と中海の江島を結ぶ江島大橋開通。
2005		17	***10***- 第17回全国生涯学習フェスティバル・まなびピアとっとり2005を開催する。***10***- 市町村合併で県内19市町村に再編。***11***- 中海干拓堤防の開削問題，森山堤防の一部開削で決着。***11***- 中海，ラムサール条約の登録湿地となる。

■ 沿　革　表

1. 国・郡沿革表

（2014年８月現在）

国名	延喜式	吾妻鏡 その他	郡名考・ 天保郷帳	郡区編制	現在	
					郡	市
因幡	巨《こ》濃《の》	石井 岩井	岩《いは》井《ゐ》	岩井		
	法《はふ》美《み》	法美	法《はふ》美《み》	法美	岩美郡《いわみ》	
	邑《おう》美《み》	上美 邑美	邑《おう》美《み》	邑美		鳥取市
	高《たか》草《くさ》	高草 竹草	高《たか》草《くさ》	高草		
	氣《け》多《た》	氣多	氣《け》多《た》	氣多		
	八《や》上《かみ》	八上	八《や》上《かみ》	八上		
		八東	八《はっ》東《とう》	八東	八頭郡《やず》	
	知《ち》頭《つ》	知豆 智頭	知《ち》豆《つ》 智頭	智頭		
伯耆	會《あふ》見《み》	相見 會見	會《あい》見《み》	會見	西伯郡《さいはく》	米子市・境港市
	汗《あせ》入《り》	汗入	汗《あせ》入《り》	汗入		
	日《ひ》野《の》	日野	日《ひ》野《の》	日野	日野郡	
	八《や》橋《はせ》	八橋	八《や》橋《はせ》	八橋		
	久《く》米《め》	久米	久《く》米《め》	久米	東伯郡《とうはく》	倉吉市
	河《かは》村《むら》	河村 川村	河《かは》村《むら》	河村		

2. 市・郡沿革表

（2014年８月現在）

鳥《とっ》取《とり》市

明治22年10月１日　市制施行

大正12年５月10日　岩美郡富桑村を編入

昭和７年４月１日　岩美郡稲葉村を編入

昭和８年４月１日　岩美郡中ノ郷村を編入

昭和８年10月１日　岩美郡美保村を編入

昭和12年２月15日　気高郡賀露村を編入

昭和28年７月１日　気高郡神戸《かんど》村(大正７年１月１日砂見村・岩坪村合併)・大和村・美穂村・大正村(大正６年10月１日海徳村・蒲野部《かぬのべ》村合併)・東郷村(大正６年９月１日東郷村・福富村合併)・豊実村・明治村(大正３年２月１日明治村・穏治《おんじ》村合併)・吉岡村・大郷村・末恒村・湖山村・松保《まつほ》村・千代水村，岩美郡面影《おもかげ》村・倉田村を編入

昭和30年７月20日　岩美郡米里村(大正７年４月１日大路村・三戸古村合併)を編入

昭和38年４月22日　岩美郡津ノ井村を編入

平成16年11月１日　岩美郡国府町《こくふちょう》(明治22年10月１日町村制施行，国府村・法美村・御陵《ごりょう》村・大茅《おおかや》村・登儀《とぎ》村・上船《うわふね》村となる，明治40年４月１日国府村・法美村・御陵村合併，宇倍野村となる，大正７年４月１日登儀村・上船村合併，成器《せいき》村となる，昭和27年11月１日　大茅村・成器村合併，大成《たいせい》村となる)・福部村《ふくべそん》(明治22年10月１日町村制施行，服部村・元塩見村・志保美村となる，大正６年９月１日元塩見村・志保美村合併，塩見村となる，昭和３年４月１日塩見村・服部村合併，福部村となる)・八頭郡河原町《かわはらちょう》(明治22年10月１日町村制施行，三保村・久長《ひさなが》村・国《くに》英《ふさ》村・曳田《ひけた》村・佐貫村・宇戸村・五総《ごそう》村・明治村となる，明治26年12月１日三保村・久長村合併，河原村となる，明治44年９月１日曳田村を八上村と改称，大正４年４月１日五総村・明治村合併，西郷村となる，大正６年10月１日佐貫村・宇戸村合併，散岐《さぬき》村となる，大正15年７月１日町制施行，河原町となる，昭和30年３月28日河原町・国英村・八上村・散岐村・西郷村合併，河原町となる)・用瀬《もちがせ》町《ちょう》(明治22年10月１日町村制施行，大《おお》村・用瀬村・社《やしろ》村となる，大正７年２月11日町制施行，用瀬町となる，昭和30年３月31日用瀬町・大村・社村合併，用瀬町となる)・佐治村《さじそん》(明治22年10月１日町村制施行，上佐治村・中佐治村・口佐治村となる，明治43年１月１日上佐治村・中佐治村・口佐治村合併，佐治村となる)・家高郡家高町《けたかちょう》(明治22年10月１日町村制施行，八東水《やつかみ》村・正条《せいじょう》村・逢坂村・瑞穂村・酒津《さけのつ》村・宝木村・光元村となる，大正３年２月１日宝木村・光元村合併，宝木村となる，大正４年６月１日八東水村・正条村合併，正条村となる，昭和23年４月１日町制施行，正条村を浜村町と改称，昭和30年７月１日浜村町・酒津村・宝木村・瑞穂村・逢坂村合併，町制施行，気高町となる)・鹿野町《しかのちょう》(明治22年10月１日町村制施行，鹿野村・小鷲河《こわしがわ》村・勝谷村となる，明治32年３月20日町制施行，鹿野町となる，昭和30年７月１日勝谷村・小鷲河村を編入)・青谷《あおや》町《ちょう》(明治22年10月１日町村制施行，青谷村・日置村・日置谷村・勝部《かちべ》村・中郷《ちゅうごう》村となる，大正３年４月１日町制施行，青谷町となる，昭和28年７月１日青谷

町・日置谷村・勝部村・中郷村合併，青谷町となる，昭和30年３月31日日置村を編入)編入

米《よな》子《ご》市

明治22年10月１日　町制施行

大正15年９月10日　西伯郡成美村の一部を編入

昭和２年４月１日　市制施行

昭和10年10月１日　西伯郡住吉村を編入

昭和11年７月15日　西伯郡車尾《くずも》村を編入

昭和13年３月17日　西伯郡加茂村・福原村・福生《ふくいけ》村を編入

昭和28年10月１日　西伯郡尚徳村・五千石村を編入

昭和29年６月１日　西伯郡彦名村・崎津村・大篠津村・富益《とみます》村・夜見村・厳村・成美《なるみ》村を編入

昭和31年７月10日　西伯郡春日村(明治45年２月１日王子村・古豊千《こほうち》村・八幡村合併)を編入

昭和43年４月１日　西伯郡伯仙町(昭和32年４月１日県村・大高村合併)を編入

平成17年３月31日　西伯郡淀《よど》江町《えちょう》(明治22年10月１日町村制施行，淀江町・高麗《こうれい》村・宇田川村・佐陀村〈明治22年12月１日大和《やまと》村と改称〉となる，昭和30年９月１日淀江町・宇田川村・大和村・高麗村今津地区合併，淀江町となる)が合併

倉《くら》吉《よし》市

明治22年10月１日　町制施行

昭和４年10月１日　東伯郡上灘《うわなだ》村を編入

昭和26年４月１日　東伯郡小鴨《おがも》村を編入

昭和28年10月１日　東伯郡倉吉町・上井町(昭和19年７月１日下村町制上井町)・上北条村・西郷村・社村・上小鴨村・北谷村・高城村(大正６年12月１日福米《ふくよね》村・東志《ひがしし》村・西志《にしし》村合併)・灘手村の一部合併，市制施行，倉吉市となる

昭和30年５月１日　東伯郡灘手村を編入

平成17年３月22日　東伯郡関金町《せきがねちょう》(明治22年10月１日町村制施行，山守村・南谷村・矢送村となる，昭和28年４月１日山守村・南谷村・矢送村合併，町制施行，関金町となる)編入

境港《さかいみなと》市

明治22年10月１日　町村制施行，境村・外江《とのえ》村・渡村・上道《あがりみち》村・中浜村・下浜村(明治22年12月１日余子《あまりこ》村と改称)

昭和29年８月10日　境町(明治20年８月23日町制)・渡村・外江町・上道村・余子村・中浜村合併，境港町となる

昭和31年４月１日　市制施行，境港市となる

岩《いわ》美《み》郡

岩美町《いわみちょう》　明治22年10月１日　町村制施行，東村・牧谷村・浦富《うらどめ》村・田後《たじり》村・網代《あじろ》村・大

岩村・本庄村・蒲生村・岩井村・新宮村・高野村となる
大正6年9月1日　新宮村・高野村合併，小田村となる
大正14年4月15日　浦富村・牧谷村合併，浦富村となる
昭和2年6月10日　町制施行，岩井町・浦富町となる
昭和29年7月1日　岩井町・浦富町・東村・田後村・網代村・大岩村・本庄村・蒲生村・小田村合併，岩美町となる

八頭《やず》郡

若桜町《わかさちょう》　明治22年10月1日　町村制施行，池田村・若桜村・赤松村となる
明治42年4月1日　若桜村・赤松村・菅野村合併，町制施行，若桜町となる
昭和29年3月1日　池田村を編入

智頭町《ちづちょう》　明治22年10月1日　町村制施行，智頭村・富沢村・那岐村・中田村(明治36年2月4日土師村と改称)・大内《おおち》村・虫井村・山郷《やまさと》村となる
明治45年4月1日　大内村・虫井村合併，山形村となる
大正3年6月1日　町制施行，智頭町となる
昭和10年2月20日　山形村・土師《はじ》村・那岐村を編入
昭和11年2月26日　富沢村を編入
昭和29年7月1日　山郷村を編入

八頭町《やずちょう》　平成17年3月31日　郡家町《こおげちょう》(明治22年10月1日町村制施行，国中《くになか》村・賀茂村・下私都《しもきさいち》村・中私都村・上私都村・大御門村となる，昭和26年4月1日町制施行，賀茂村を郡家町と改称，昭和28年5月5日国中村・大御門村・下私都村を編入，昭和32年3月31日上私都村・中私都村を編入)・船岡町《ふなおかちょう》(明治22年10月1日町村制施行，船岡村，伊井田村・大江村・隼《はやぶさ》村となる，大正7年4月1日伊井田村・大江村合併，大伊村となる，昭和27年11月1日町制施行，船岡町となる，昭和27年11月3日大伊村・隼村を編入)・八東町《はっとうちょう》(明治22年10月1日町村制施行，安部村・八東村・小畑村・逢郷《おうさと》村・登米《とよね》村となる，明治38年3月15日逢郷村・登米村合併，丹比《たんぴ》村となる，大正5年4月1日八東村・小畑村合併，八東村となる，昭和31年3月15日八東村・安部村合併，八頭村となる，昭和34年4月15日八頭村・丹比村合併，町制施行，八東町となる)合併，八頭町となる

東伯《とうはく》郡

三朝町《みささちょう》　明治22年10月1日　町村制施行，鼎《かなえ》村・三徳《みとく》村・三朝村・竹田村・賀茂村・高勢村・東竹田村・西竹田村・源村・小鹿《おじか》村・神中《かんなか》村となる
明治40年10月1日　竹田村・賀茂村・高勢村合併，旭村となる
明治44年1月1日　東竹田村・西竹田村・源村合併，竹田村となる
大正6年11月1日　小鹿村・神中村合併，小鹿村となる
大正6年12月1日　鼎村・三徳村合併，三徳村となる
昭和28年11月1日　三朝村・三徳村・旭村・竹田村・小鹿村合併，町制施行，三朝町となる

琴浦町《ことうらちょう》　平成16年9月1日　東伯町《とうはくちょう》(明治22年10月1日町村制施行，八橋《やばせ》村・市勢《いちせ》村・逢束《おうつか》村・伊勢崎村・上郷村・下郷村・古布庄《こうのしょう》村・三本杉村となる，明治33年5月1日古布庄村・三本杉村合併，古布庄村となる，昭和15年12月12日市勢村・逢束村・伊勢崎村合併，浦安村となる，昭和29年2月1日八橋町(明治32年5月17日町制)・浦安町(昭和17年2月11日町制)・上郷村・下郷村・古布庄村合併，東伯町となる)・赤碕町《あかさきちょう》(明治22年10月1日町村制施行，赤崎村・保永《やすなが》村・勝田村・以西《いさい》村・安田村となる，明治31年7月22日保永村・勝田村合併，成美《なるみ》村となる，明治33年3月27日町制施行，赤碕町となる，昭和29年1月1日赤碕町・成美村・安田村・以西村合併，赤碕町となる)合併，琴浦町となる

湯梨浜町《ゆりはまちょう》　平成16年10月1日　羽合町《はわいちょう》(明治22年10月1日町村制施行，長瀬村・浅津《あそづ》村・橋津村となる，明治24年10月23日橋津村から宇野村が分離独立，昭和28年4月1日長瀬村・浅津村・橋津村・宇野村合併，羽合町となる)・泊村《とまりそん》(明治22年10月1日町村制施行，久津賀村・三橋《みはし》村・泊村となる，大正7年1月1日久津賀村・三橋村・泊村合併，泊村となる)・東郷《とうごう》町《ちょう》(明治22年10月1日町村制施行，舎人《とねり》村・松崎村・東郷村・花見村となる，昭和26年3月31日東郷村・松崎村合併，町制施行，東郷松崎町となる，昭和28年4月1日東郷松崎町・花見村・舎人村合併，東郷町となる)合併，湯梨浜町となる

北栄町《ほくえいちょう》　平成17年10月1日　北条町《ほうじょうちょう》(明治22年10月1日町村制施行，中北条村・下北条村となる，昭和29年6月1日中北条村・下北条村合併，町制施行，北条町となる)・大栄町《だいえいちょう》(明治22年10月1日町村制施行，由良村・栄村・瑞穂村・常盤《ときわ》村となる，大正6年11月1日瑞穂村・常盤村合併，大誠村となる，昭和30年5月1日大誠村・栄村合併，町制施行，大栄町となる，昭和34年4月1日由良町(大正5年3月1日町制)・大栄町合併，大栄町となる)合併，北栄町となる

西《さい》　伯《はく》　郡

日吉津村《ひえづそん》　明治22年10月1日　村制施行

大山町《だいせんちょう》　平成17年3月28日　大山町(明治22年10月1日町村制施行，大山村・所子《ところご》村・高麗村となる，昭和30年9月1日所子村・高麗村(今津を除く)合併，町制施行，大山町となる，昭和30年11月3日大山町・大山村合併，大山町となる)・名和町《なわちょう》(明治22年10月1日町村制施行，光徳村・御来屋《みくりや》村・名和村・庄内村となる，昭和29年4月1日庄内村・名和村・光徳村・御来屋町(明治32年3月18日町制)合併，町制施行，名和町となる)・中山町《なかやまちょう》(明治22年10月1日町村制施行，下中山村・上中山村となる，昭和30年4月1日下中山村・上中山村合併，中山村となる，昭和32年3月30日東伯郡中山村，西伯郡逢坂村合併，町制施行，中山町となり，西伯郡に編入)合併，大山町となる

南部町《なんぶちょう》　平成16年10月1日　西伯町《さいはくちょう》(明治22年10月1日町村制施行，東長田村・上長田村・法勝寺《ほっしょうじ》村・大国村・天津《あまつ》村となる，昭和30年3月31日東長田村・

上長田村・法勝寺村・大国村・天津村合併，町制施行，西伯町となる）・会見町《あいみちょう》(明治22年10月1日町村制施行，手間村・賀野村となる，昭和30年3月31日幡郷村諸木地区を手間村に編入，昭和30年4月25日手間村・賀野村合併，町制施行，会見町となる)合併，南部町となる

伯耆町《ほうきちょう》　平成17年1月1日　岸本町《きしもとちょう》(明治22年10月1日町村制施行，日吉村・吉寿《よしず》村・大幡村・幡郷《はたさと》村となる，明治45年1月1日日吉村・吉寿村合併，八郷《やごう》村となる，昭和30年3月31日八郷村・大幡村・幡郷村合併，町制施行，岸本町となる）・溝口町《みぞくちちょう》(明治22年10月1日町村制施行，米原村・金沢村・溝口村・栄村・金岩村・二部《にぶ》村・野上村・旭村となる，大正3年2月1日溝口村・栄村・金岩村合併，溝口村となる，大正7年4月1日米原村・金沢村合併，日光村となる，大正10年12月1日二部村・野上村合併，二部村となる，昭和6年10月1日溝口村・旭村合併，町制施行，溝口町となる，昭和29年4月1日溝口町・二部村・日光村合併，溝口町となる)合併，伯耆町となる

日《ひ》野《の》郡

日南町《にちなんちょう》　明治22年10月1日　町村制施行，石見村・福成村・菅沢《すげさわ》村・印賀《いんが》村・霞村・宮内村・阿毘縁《あびれ》村・多里《たり》村・福栄《ふくさかえ》村・山上村となる

大正1年12月28日　石見村・福成村合併，石見村となる。

大正6年12月1日　菅沢村・印賀村合併，大宮村となる

大正10年12月1日　霞村・宮内村合併，日野上村となる

昭和30年5月20日　日野上村・山上村合併，町制施行，伯南《はくなん》町となる。

昭和30年6月30日　大宮村・阿毘縁村合併，高宮村となる

昭和34年4月1日　伯南町・高宮村・多里村・福栄村・石見村合併，日南町となる

日野町《ひのちょう》　明治22年10月1日　町村制施行，根雨《ねう》村・真住《まなずみ》村・安井村・渡村・黒坂村・菅福《すげふく》村となる

大正2年9月1日　安井村・渡村合併，日野村となる

大正2年10月17日　根雨村・真住村合併，町制施行，根雨町となる

大正2年10月17日　黒坂村・菅福村合併，黒坂村となる

昭和28年10月1日　根雨村，日野村合併，根雨町となる

昭和34年5月1日　根雨町・黒坂町(大正11年1月1日町制)合併，日野町となる

江府町《こうふちょう》　明治22年10月1日　町村制施行，江尾《えび》村・米沢村・神奈川村となる

昭和28年6月1日　江尾町(昭和22年11月3日町制)・米沢村・神奈川村合併，江府町となる

昭和29年4月1日　日光村吉原・大河原地区を編入

■ 祭礼・行事

(2014年7月現在)

〔1月〕

中旬　**酒津《さけのつ》のトンドウ**　➔鳥取市気高町《けたかちょう》酒津(JR山陰本線宝木《ほうぎ》駅下車)

男子で構成される子供組が行事の中心となり，区長・世話役の指導によって，高さ4m，中心に松の神木をたてた円錐形のつくりものを構築。正月の神送りの儀礼。県指定無形民俗文化財。

〔2月〕

3　**節分厄除追儺式《せつぶんやくよけついなしき》**　➔東伯《とうはく》郡北栄町《ほくえいちょう》北尾・北条八幡宮(JR山陰本線下北条駅下車)

氏子のうち，男女それぞれの厄年の人が八幡宮にでかける。この日，拝殿前の広場で弓の儀式があり，のち，神官が「鬼は外福は内」を唱え，厄年の人たちも唱和，ついで拝殿にはいり厄除け札をいただく。

〔3月〕

旧3　**用瀬《もちがせ》のひな送り**　➔鳥取市用瀬町用瀬(JR因美線用瀬駅下車)

人形に穢《けがれ》・災厄《さいやく》をうつして流す。用瀬では，「流しびな」といわれる立びな形式の男女一対の紙びなを，内裏《だいり》びななどとひな壇に飾り，桟俵《さんだわら》にのせて千代《せんだい》川に流す。県指定無形民俗文化財。

旧14〜15　**九品山会式《くほんざんえしき》**　➔東伯郡湯梨浜町《ゆりはまちょう》引地・九品山大伝寺《だいでんじ》(JR山陰本線松崎駅下車)

九品山会式という大法要のなかに「流灌頂大施餓鬼供養《ながれかんちょうだいせがきくよう》」があり，古くなった卒塔婆《そとば》や不要になった位牌などを供養する仏事。練《ねり》供養として，大和国当麻寺《たいまでら》から勧請《かんじょう》した西本堂の中将《ちゅうじょう》姫を御開帳する。

〔4月〕

15　**倉田《くらた》八幡宮の祭り**　➔鳥取市馬場・倉田八幡神社(JR山陰本線鳥取駅下車)

隔年ではあるが，例祭には神幸行列が繰りだされ，榊《さかき》・鉾《ほこ》・流し旗・幟《のぼり》武者《むしゃ》・獅子《しし》・奴《やっこ》・神輿《みこし》と続く行列は，千代河原までの松並木を神幸する。麒麟《きりん》獅子舞は大ぶりの頭《かしら》をかぶり，スピードのある舞である。

15　**勝田《かんだ》神社の祭り**　➔米子市博労町《ばくろうちょう》・勝田神社(JR山陰本線米子駅下車)

勝田神社は，米子の古社，地方の氏神として崇敬を集め，春祭りは近郷からの参詣人が群集して，大いに賑う。秋祭りは10月15日。

15・22日に近い日曜日　**志加奴《しかの》・城山神社獅子舞**　➔鳥取市気高町気高宿・志加奴神社，鹿野町《しかのちょう》鹿野・城山神社(JR山陰本線浜村駅下車)

気高宿の志加奴神社と鹿野の城山神社の両方に奉納される2人立ちの獅子舞。城山神社は4月15日に近い日曜日の祭礼に奉納。志加奴神社の祭礼日は4月22日に近い日曜日。県指定無形民俗文化財。

21　**宇倍神社獅子舞**　➡鳥取市国府町《こくふちょう》宮下・宇倍神社(JR 山陰本線鳥取駅バス宮下下車)

因幡特有の麒麟《きりん》獅子舞で，2人立ち。指導役は猩々《しょうじょう》総勢6人，荘重な三方舞を本格とし，古式そのままを踏襲，鳥取市の樗谿《おうちだに》神社(東照権現)獅子舞の直系をつぐものである。県指定無形民俗文化財。

第4日曜日　**姫路神社の百手《ももて》の神事**　➡鳥取市気高町八束水《やつかみ》・姫路神社(JR 山陰本線浜村駅下車)

例祭に行われる神事。潔斎《けっさい》した神官が木鉾をふるい，的に12本の矢を放ち，天地四方の邪悪を祓う。この日氏子は御面獅子頭の青年を先頭に，1戸1人ずつ幣《ぬさ》をもって奉仕。県指定無形民俗文化財。

最終日曜日　**賀露《かろ》神社の祭り**　➡鳥取市賀露町・賀露神社(JR 山陰本線鳥取駅バス賀露下車)

2年に1度豪華な神幸行列がある。千代川べりの御旅所で「御船移りの神事」ののち，日本海上の第2御旅所へ。箱船の上で麒麟獅子舞の奉納があり，航海安全・海の幸の豊漁を祈る。

〔5月〕

3～4　**三朝《みささ》温泉花湯祭り**　➡東伯郡三朝町三朝(JR 山陰本線倉吉駅バス三朝温泉下車)

この祭りは三朝温泉薬師堂の祭りに，端午《たんご》の節句の菖蒲綱が取り込まれ，「陣所」といわれる大綱引がある。2回，3回引いて勝敗を決するが，豊作祈願の意味をもつ。

5　**布勢《ふせ》の山王《さんのう》さん祭り**　➡鳥取市布勢・日吉神社(JR 山陰本線湖山駅下車)

小児の疳《かん》の虫に霊験ありと知られる。境内には山王の神使猿の彫像が奉納され，祭りに和紙に包んだ小さな猿のお守りが授けられる。いまでは，災難や穢《けがれ》を付着させ「去る」ためといわれている。

旧5　**宝木の菖蒲綱《しょうぶづな》**　➡鳥取市気高町宝木(JR 山陰本線宝木駅下車)

「因幡の菖蒲綱引」の一つ。宝木地区の新町と古町の少年がカヤとショウブとヨモギを束ねた「竜の綱」を引き合う行事。その前に，少年たちは，地区内を門付《かどつ》けし，その綱を大地に打ちつけ，悪魔を祓う。国指定重要無形民俗文化財。

18・19　**聖《ひじり》神社祭り**　➡鳥取市行徳・聖神社(JR 山陰本線鳥取駅下車)

鳥取市民に「聖さん」と親しまれて，現在も神幸祭は盛大。『鳥府志』にも，町々より屋台がで，子供歌舞伎を仕組んで，古海の松原までひくと記され，見物の賑々しいさまを伝える。

24　**大山《だいせん》春祭り**　➡西伯郡大山町大山寺・大神山《おおかみやま》神社奥宮(JR 山陰本線大山口駅・米子駅バス大山寺下車)

大山の大神山神社の春季例祭で，有名な牛馬市はなくなったが，豊穣《ほうじょう》を祈願する。祭典の最後に神官が神社本殿両側の勾欄《こうらん》から小さな福餅を投げる「福迎えの神事」がある。

〔6月〕

上旬　**山開き祭り**　➔西伯郡大山町大山寺(JR山陰本線大山口駅バス大山寺下車)

おもに第1土・日曜日に行われる。祈願祭・コーラス・頂上祭り・松明《たいまつ》行進などがある。

〔7月〕

14～15　**大山古式祭**　➔西伯郡大山町大山寺・大神山神社(JR山陰本線大山口駅・米子駅バス大山寺下車)

大山霊山の頂にわく御神水を持ち帰る行事。現在，大神山神社奥宮(西伯郡大山寺)の神官の神事であるが，古くは大山の修験僧や僧侶が管理，「弥山禅《みせんぜん》定《じょう》」といわれた。

18　**三徳山三仏寺《みとくさんさんぶつじ》の夏会式**　➔東伯郡三朝町三徳・三徳山三仏寺(JR山陰本線倉吉駅バス三徳下車)

三仏寺の本堂での大護摩《ごま》供と大般若経転読。護摩供法要は，護摩壇で，住職が護摩を焚《た》いて祈る修法。本堂に参集した信者たちの背中を経文の冊子でたたき，大般若経で加護される。

20　**水郷祭**　➔東伯郡湯梨浜町松崎・東郷湖畔(JR山陰本線松崎駅下車)

東郷町の主催。当夜は東郷池に数百の迎え火が浮かび，花火が打ち上げられ，松崎神社の神輿《しんよ》渡御《とぎょ》をはじめ，船上で豊作・豊漁を祈願し，浦安の舞，剣の舞が奉納される。湖畔では南条氏の拠点羽衣石《うえし》城の落城の折，死者の霊をなぐさめるために踊ったという浪人踊りも行われる。浪人踊りは一説に，松崎城主小森氏をしたう住民たちの供養の踊りともいう。県指定無形民俗文化財。

〔8月〕

第1土曜日　**みつぼし踊り**　➔倉吉市大正町通り(JR山陰本線倉吉駅バス倉吉大正町下車)

夏祭り「倉吉打吹《うつぶき》まつり」での「みつぼし踊り」は，チーム20数連で市の目抜き通りを踊る。一説に，文和2(1353)年山名時氏が美作三星城を攻めた折，戦死者の霊を弔うために踊った念仏踊りとも伝える。

14　**しゃんしゃん祭り**　➔鳥取市内若桜《わかさ》街道(JR山陰本線鳥取駅下車)

祭りの踊りは，昭和40(1965)年，因幡の傘踊りをだれでも踊れるように振付けを考案，14日の夕刻，47連約4000人の踊り子は，長柄の傘の軽快な鈴の音とともに，市内の目抜き通りで踊る。

14　**三本杉の盆踊り**　➔東伯郡琴浦町三本杉(JR山陰本線浦安駅バス三本杉下車)

倉吉市から東伯郡一帯に伝わる「みつぼし踊り」の系統をひく古態の盆踊り。絣《かすり》の着物にたすきがけ，編み笠をかぶり，三本杉分校校庭で踊る。県指定無形民俗文化財。

14～15　**日置のはねそ踊り**　➔鳥取市青谷町山根・河原(JR山陰本線青谷駅バス河原下車)

「はねそ踊り」は江戸時代中期から因幡各地で伝承された盆踊り。手踊りの代表的なもので，踊りの歌詞は主として浄瑠璃を台本とし，踊りというより舞に近い優雅なもの。県指定無形民俗文化財。

14〜15　**牧谷のはねそ踊り**　➡岩美郡岩美町牧谷(JR 山陰本線岩美駅下車)
男女とも浴衣がけ，白足袋《たび》，草履《ぞうり》ばきで，優雅な踊り。男性は小鈴のついた六尺長柄の風流《ふりゅう》傘をもち，女性は編み笠をかぶって対になって踊る。県指定無形民俗文化財。

14〜　**米子盆踊り**　➡米子市博労町3丁目(JR 山陰本線米子駅下車)
「米子盆踊り」は米子市富士見町2丁目に伝わる盆踊り。「大正踊り」「こだいぢ踊」の三種類が伝えられ，米子市内の公会堂前の広場で踊る。県指定無形民俗文化財。

17　**江尾のこだいぢ踊り**　➡日野郡江府町《こうふちょう》江尾(JR 伯備線江尾駅下車)
踊りを「こだいぢ」というのは，新保広大寺節の口説をまねて，歌い踊られたから。江尾ではこれを音頭として「こだいぢ踊り」と名づけ，盆踊りとして踊る。県指定無形民俗文化財。

〔9月〕

15　**関金《せきがね》の御幸《みゆき》行列**　➡倉吉市関金町関金宿(JR 山陰本線倉吉駅バス関金下車)
御幸行列は，現在は統一され，大鳥居神社・日吉神社・湯関神社の三社からでる。鳥取市にある樗谿神社の古式祭礼をならったと伝える。各社の御幸行列は，関金温泉までの道を練り歩く。

旧15　**うわなり打ちの神事**　➡西伯郡大山町宮内・高杉神社(JR 山陰本線大山口駅バス宮内下車)
4年に1度。旧暦9月15日深夜，選ばれて大神霊のよりしろになる3人は，神饌をいただいて，荒々しい神事のあと，「かや」を束ねた打杖をぶつけあう。中世の神事芸能をいまに伝える。

〔10月〕

10　**湊神社の祭り**　➡東伯郡湯梨浜町橋津(JR 山陰本線倉吉駅バス橋津下車)
榊・神輿・ダンジリなどを船にのせ，橋津川をくだる船神幸。正保2(1645)年橋津に鳥取藩倉が設けられ，湊神社に輸送の安全を祈願したのがはじまり。現在は，町内にダンジリ2台がでる。

体育の日の前日　**岩坪神社の獅子舞**　➡鳥取市岩坪・岩坪神社(JR 山陰本線鳥取駅バス岩坪下車)
3年に1度。秋祭りに岩坪神社に獅子舞が奉納され，氏子の各家にも門付けされる。東照権現(樗谿神社)から伝授された舞といわれる。県指定無形民俗文化財。

10月10日直後の日曜日　**大和佐美命《やまとさみのみこと》神社獅子舞**　➡鳥取市上砂見・中砂見(JR 山陰本線鳥取駅バス上砂見下車)
上砂見の大和佐美命神社に奉納される獅子舞。中砂見の大湯棚地区と上砂見地区の2カ所に伝わる。東照権現の「権現流」を伝承。県指定無形民俗文化

財。

中旬　**福岡神社神事**　➡西伯郡伯耆町福岡・福岡神社(JR 伯備線溝口駅バス上代下車)

17日夜，氏子中から選ばれた榧《へぎ》取りが，栗の木から榧(下座神に供える器)などをとる。とくに19日の「蛸《たこ》舞式」では，大勢の氏子の勇壮な裸祭りが神楽《かぐら》殿で行われる。県指定無形民俗文化財。

22日に近い日曜日　**江波《えなみ》の三番叟《さんばそう》**　➡鳥取市用瀬町江波(JR 因美線用瀬駅下車)

神社境内の回り舞台で演じられ，その起源は江戸中期。近年まで長男を中心に伝承され，村祭りの歌舞伎の前座に祝儀として舞った。県内唯一の保存伝承例で，地方歌舞伎芝居として価値がある。県指定無形民俗文化財。

24日直前の日曜日　**由良のだんじり**　➡東伯郡北栄町由良宿・高江神社(JR 山陰本線由良駅下車)

高江神社に航海安全を祈願し，祭りにダンジリ2基を威勢よく練る。由良宿庄屋「大前」の屋号を名乗る竹歳《たけとし》勘助の申請で許されたといわれ，大前家の庭先で気勢をあげて町にでる。

25　**細尾の獅子舞**　➡鳥取市佐治町加茂・加茂神社(JR 因美線用瀬駅バス加茂下車)

賀茂神社の氏子細尾地区に伝えられる。神楽獅子である獅子舞は，舞姿が格調高く，用具類の作風においても評価されている。県指定無形民俗文化財。

28　**虫井神社の花籠祭り**　➡八頭郡智頭町芦津・虫井神社(JR 因美線智頭駅バス芦津下車)

氏子たちが美しい花籠を奉納。輪番制の頭屋《とうや》制度を保持，若者が奉納，お祓いのあと，花籠の飾りのついた竹ヒゴ(ヤナギ)を抜き，屋根に投げあげると火災・厄病除けになる。県指定無形民俗文化財。

〔旧暦11月〕

1　**田後《たじり》神社頭屋祭「宮の飯」**　➡東伯郡湯梨浜町・田後神社(JR 山陰本線倉吉駅バス田後下車)

田後神社で行われる神事。「宮の飯」とは，神に奉げる御供で，「神饌献上」が中心。この神事は，神官1人，世襲制の5人の頭人で執行する。

〔12月〕

4　**馬佐良《ばさら》の申し上げ**　➡西伯郡南部町馬佐良・釿守《ちょうのもり》神社(JR 山陰本線米子駅下車，車30分)

氏子は各自で荒神幣《こうじんぬさ》をつくり，全戸分を束ね，新藁《しんわら》で7ｍの蛇体をつくり境内に安置。頭屋役が新米の甘粥を埋め瓶に移し，先年埋めた酒状になった液の量で新年の作柄を占う。県指定無形民俗文化財。

■ 参考文献

【鳥取県における地域史研究の現状と課題】

鳥取県では，東・中・西部で地域としての歴史，風土に特徴がみられる。県内の文化財公開施設は多いが，資料を保存し公開しているおもな施設と各地の研究会の事務局がおかれている機関をあげる。

鳥取県立博物館(鳥取藩政資料を所蔵)，鳥取地域史研究会(『鳥取地域史研究』を刊行)，鳥取県立公文書館(鳥取県史編さん室を開設)(『県立公文書館研究紀要』)，鳥取市歴史博物館(やまびこ館)(『因幡地方の歴史と文化』鳥取市文化財団叢書)。倉吉博物館・倉吉歴史民俗資料館，倉吉文化財協会(「文化財だより」を刊行)，米子市立山陰歴史館(『米子市立山陰歴史館紀要』)，米子市立米子図書館(〈伯耆文化研究会〉『伯耆文化研究』を刊行)。

鳥取県の地域は，因幡・伯耆の２国にあたる。鳥取藩は近世の初め，池田家の入部に始まり，両国を池田氏が領有して明治の廃藩置県に至る。藩主であった池田家で鳥取藩史の編纂が計画されたのは明治24年のことで，二十有余年の歳月を費やして「鳥取藩史稿本」58巻の完成をみた。別に，維新史料編纂も進められ，鳥取藩最後の藩主池田慶徳の伝記が編集され，「贈従一位池田慶徳公御伝記」として完了する。これらの編纂物を含めて池田家から寄贈された「鳥取池田家史料」は１万数千点といわれ，近世研究の一大宝庫といえる。藩史稿本，御伝記も鳥取県で刊行出版しており，随所に引用されている原本により，藩政，幕末維新の時代が分かる。『池田慶徳御伝記別』(県立博物館編集)には，藩政資料の解説もなされている。ただ，庶民生活を知るためには，地域に残された諸家文書など詳しい調査を進める必要がある。

鳥取県史の編纂が企画され発足した1963年は，戦後の復興もようやく終わり，新しい未来へと飛躍しようという時期であった。これより約19年，謙虚に先人の業績に学ぼうという姿勢で孜々として事業が続けられた。

第１期事業(1963年～1967年)，明治以降の近代編５巻

第２期事業(1968年～1981年)，原始古代・中世・近世の各編13巻を刊行している。近世編では本文編(通史)３巻のほかに資料編８巻を刊行して資料編の充実をはかっている。なかでも，藩政資料のうち民政にかかる「在方《ざいかた》諸事《しょじ》控《ひかえ》」(正徳４年から明治４年)を全冊活字化した(近世資料９～13巻，５冊)ことで，その後編さんされた県内の市・町村誌(史)にも大いに活用されている。

新鳥取県史編さん事業は，『鳥取県史』の事業を継承し，郷土に対する県民の理解と愛着を深め，貴重な歴史的資料を県民共有の財産として後世に伝える。さらに歴史に関わる人材を育成し，地域文化に活力を与えることを目標に掲げている。

鳥取県史にあっても資料編を重視しているので，これを継承する新鳥取県史は次の業務を進める。

・鳥取県史資料編の刊行　考古，古代・中世，近世，近代，民俗の部会ごとに重要

史料を調査し刊行する。
・鳥取県史ブックレットの刊行　最近の研究成果をわかりやすく提供する。小冊子の形をとり，28冊を計画。
・巡回講座の開催　研究調査の成果や事業内容を県民に紹介。
・県史への協力　有識者からなる古文書の解読，民具の調査などの活動を運営していく。

鳥取地域史研究会では，月例会で研究発表があり，成果は「鳥取地域史研究」(第１号，1999年刊)に掲載されている。倉吉文化財協会(1955年設立)は，伯耆国分寺跡の発掘調査(1970年)に始まる伯耆国府など古代文化研究調査に協力，これらの活動を通して広く市民に文化財(歴史)に関心をもってもらうよう活動を進めている。伯耆文化研究会は，1951年『伯耆文化』の刊行から研究が始まった。その後の活動の経緯は『伯耆文化研究』第９号に詳しく報じている。同書では今日の課題は若い世代の参加を勧め，社会教育の機関と学校教育の連携を強めていく方向を論じている。

新しい資料集の刊行を企画している新鳥取県史では，目下『新鳥取県史　資料編　古代・中世１』の編さんのなかで，県外に伝わる鳥取県にかかわる文書，資料の集収が進められている。これらの成果をどのように伝えていくのか議論がなされているのである。

【県・市町村史】

鳥取県編『鳥取県史１　原始・古代』　鳥取県　1972
鳥取県編『鳥取県史２　中世』　鳥取県　1973
鳥取県編『鳥取県史３　近世政治』　鳥取県　1979
鳥取県編『鳥取県史４　近世社会経済』　鳥取県　1981
鳥取県編『鳥取県史５　近世文化産業』　鳥取県　1981
鳥取県編『鳥取県史６　近世資料 因府録・鳥府志』　鳥取県　1973
鳥取県編『鳥取県史７　近世資料 因府年表』　鳥取県　1976
鳥取県編『鳥取県史８　近世資料 在方史料』　鳥取県　1974
鳥取県編『鳥取県史９　近世資料 諸事控Ⅰ』　鳥取県　1975
鳥取県編『鳥取県史10 近世資料 諸事控Ⅱ』　鳥取県　1980
鳥取県編『鳥取県史11 近世資料 諸事控Ⅲ』　鳥取県　1981
鳥取県編『鳥取県史12 近世資料 諸事控Ⅳ』　鳥取県　1979
鳥取県編『鳥取県史13 近世資料 諸事控Ⅴ』　鳥取県　1978
鳥取県編『鳥取県史編纂余録』　鳥取県　1982
鳥取県編『鳥取県史１　近代総説』　鳥取県　1969
鳥取県編『鳥取県史２　近代政治』　鳥取県　1968
鳥取県編『鳥取県史３　近代経済』　鳥取県　1968
鳥取県編『鳥取県史４　近代社会文化』　鳥取県　1968
鳥取県編『鳥取県史５　資料』　鳥取県　1966

鳥取県編『鳥取藩史１　世家・藩士列伝』 鳥取県立図書館　1969
鳥取県編『鳥取藩史２　職制志・禄制志』 鳥取県立図書館　1970
鳥取県編『鳥取藩史３　軍制志・学制志・儀式志』 鳥取県立図書館　1970
鳥取県編『鳥取藩史４　財政志・刑法志・寺社志』 鳥取県立図書館　1971
鳥取県編『鳥取藩史５　民政志』 鳥取県立図書館　1971
鳥取県編『鳥取藩史６　殖産商工志・事変志』 鳥取県立図書館　1971
鳥取県編『鳥取藩史別巻 図版・藩主画像他』 鳥取県立図書館　1973
鳥取県編『新鳥取県史 資料編 考古１ 旧石器・縄文・弥生時代』 2017
鳥取県編『新鳥取県史 資料編 古代中世１　古文書編』 2015
鳥取県編『新鳥取県史 資料編 古代中世２　古記録編』 2017
鳥取県編『新鳥取県史 資料編 近世１ 東伯耆』 2011
鳥取県編『新鳥取県史 資料編 近世２ 西伯耆 上』 2015
鳥取県編『新鳥取県史 資料編 近世３ 西伯耆 下』 2015
鳥取県編『新鳥取県史 資料編 近代１ 鳥取県史料１』 2009
鳥取県編『新鳥取県史 資料編 近代２ 鳥取県史料２』 2011
鳥取県編『新鳥取県史 資料編 近代３ 鳥取県史料３』 2011
鳥取県編『新鳥取県史 資料編 近代４ 行政１』 2016
鳥取県編『新鳥取県史 資料編 近代６ 軍事・兵事』 2017
鳥取県編『新鳥取県史 民俗１ 民俗編』 2016
鳥取県編『鳥取県史ブックレット』
　第１巻 織田 vs 毛利―鳥取をめぐる攻防―　2007
　第２巻 鳥取県の無らい県運動―ハンセン病の近代史―　2008
　第３巻 明治時代の消費生活―郡是・村是資料にみる鳥取の家計と食―　2009
　第４巻 尼子氏と戦国時代の鳥取　2010
　第５巻 江戸時代の鳥取と朝鮮　2010
　第６巻 子どもと地域社会―鳥取の民俗再発見―　2010
　第７巻 満蒙開拓と鳥取県―大陸への遥かなる夢―　2011
　第８巻 古代因幡の豪族と采女　2011
　第９巻 里海と弓浜半島の暮らし―中海における肥料藻と採集用具―　2011
　第10巻 鳥取藩の参勤交代　2012
　第11巻 褒められた人びと―表彰・栄典からみた鳥取―　2013
　第12巻 古代中世の因伯の交通　2013
　第13巻 鳥取県の妖怪―お化けの視点再考―　2013
　第14巻 武家の女性・村の女性　2014
　第15巻 鳥取県への学童疎開　2014
　第16巻 鳥取県教育会と教師―学び続ける明治期の教師たち―　2015
　第17巻 鳥取の村に生きる―過疎化の中の知恵と誇り―　2015
　第18巻 大庄屋と地域社会―八橋郡箆津村河本家文書が語るもの―　2016
鳥取市編『新修鳥取市史』１－５　鳥取市　1983-2014

米子市編さん協議会編『新修米子市史』1-15　米子市　1996-2010
倉吉市編さん委員会編『新編倉吉市史』1-5　倉吉市　1993-96
境港市編『境港市史』上・下　境港市　1989
国府町誌編纂委員会編『国府町誌』　岩美郡国府町　1987
岩美町誌刊行委員会編『岩美町誌』　岩美郡岩美町　1968
福部村誌編纂委員会編『福部村誌』　岩美郡福部村　1981
郡家町誌編纂委員会編『郡家町誌』　八頭郡郡家町　1969
船岡町誌編纂委員会編『船岡町誌』　八頭郡船岡町　1968
河原町誌編纂委員会編『河原町誌』　八頭郡河原町　1986
八東町編『八東町誌』　八頭郡八東町　1979
若桜町編『若桜町誌』　八頭郡若桜町　1982
用瀬町編『用瀬町誌』　八頭郡用瀬町　1973
佐治村編『佐治村誌』　八頭郡佐治村　1983
気高町教育委員会編『気高町誌』　気高郡気高町　1982
鹿野町誌編さん委員会編『鹿野町誌』　気高郡鹿野町　1992
青谷町誌編さん委員会編『青谷町誌』　気高郡青谷町　1984
羽合町史編さん委員会編『新修羽合町史』　東伯郡羽合町　1994
泊村誌編さん委員会編『泊村誌』　東伯郡泊村　1989
東郷町誌編さん委員会編『東郷町誌』　東伯郡東郷町　1987
三朝町編『三朝町誌』正・続　東伯郡三朝町　1965・68
関金町誌編さん委員会編『関金町誌』　東伯郡関金町　1980-83
北條町誌編さん委員会編『北條町誌』　東伯郡北條町　1974
大栄町誌編さん委員会編『大栄町誌』　東伯郡大栄町　1980
東伯町誌編さん委員会編『東伯町誌』　東伯郡東伯町　1968
赤碕町誌編纂委員会編『赤碕町誌』　東伯郡赤碕町　1974
西伯町誌編纂委員会編『西伯町誌』　西伯郡西伯町　1975
会見町誌編纂委員会編『会見町誌』　西伯郡会見町　1995
岸本町誌編さん委員会編『岸本町誌』　西伯郡岸本町　1983
日吉津村編『日吉津村誌』　西伯郡日吉津村　1986
淀江町編『淀江町誌』　西伯郡淀江町　1985
大山町誌編さん委員会編『大山町誌』　西伯郡大山町　1980
名和町誌編さん委員会編『名和町誌』　西伯郡名和町　1978
中山町史編集委員会編『中山町史』　西伯郡中山町　1967
日南町史編纂審議委員会編『日南町史』　日野郡日南町　1984
日野町誌編纂委員会編『日野町誌』　日野郡日野町　1970
江府町誌編さん委員会編『江府町史』　日野郡江府町　1975
溝口町誌編さん委員会編『溝口町誌』　日野郡溝口町　1973
会見町誌続編編さん企画委員会編『会見町誌続編』　会見町　1995
西伯町誌編纂委員会編『西伯町誌　完結編』　西伯町　2004

新修北条町史編纂委員会編『新修北条町史』 東伯郡北条町　2005
岩美町誌執筆編集委員会『新編岩美町誌』上巻，下巻　岩美町　2006
新修江府町史編纂委員会『新修江府町史』江府町　2008
中山町誌編集委員会『新修中山町誌』上巻，下巻　大山町　2009
名和町誌編集委員会『続名和町誌』 大山町　2010
大山町誌編集委員会『続大山町誌』 大山町　2010

【通　史】

徳永職男『因伯史考』 徳永職男論文刊行会　1975
徳永職男『因伯地名考』 鳥取郷土文化研究会　1975
鳥取県高等学校歴史研究協議会編『鳥取県の歴史散歩』 山川出版社　1975
鳥取県歴史散歩研究会編『新版鳥取県の歴史散歩』 山川出版社　1994
内藤正中『山陰の風土と歴史』 山川出版社　1976
内藤正中『山陰の日朝関係史』 報光社　1993
畠中弘『弓浜物語』 今井書店　1989
松尾陽吉編『郷土史事典―鳥取県』 昌平社　1980
山中寿夫編『鳥取県の歴史』 山川出版社　1970

【古　代】

近藤義郎編『前方後円墳集成 中国・四国編』 山川出版社　1981
山陰中央新報社『白鳳のロマン―上淀廃寺』 山陰中央新報社　1991
島根大学考古学研究室編『山陰地方における弥生墳丘墓の研究』 島根大学法文学部考古学研究室　1992
高見茂『よみがえる因幡国府』 富士書店　1994
鳥取県埋蔵文化財センター編『鳥取県の古墳』 鳥取県教育文化財団　1986
鳥取県埋蔵文化財センター編『弥生時代の鳥取県』 鳥取県教育文化財団　1987
鳥取県埋蔵文化財センター編『旧石器・縄文時代の鳥取県』 鳥取県埋蔵文化財センター　1988
鳥取県埋蔵文化財センター編『歴史時代の鳥取県』 鳥取県埋蔵文化財センター　1989
内藤正中編『山陰地域における日朝交流の歴史的展開』 島根史学会　1994
野田久男・清水真一『日本の古代遺跡 9　鳥取』 保育社　1983
山田一仁『ふるさとの古代史―因幡・伯耆の遺跡めぐり』 今井書店　1994
山中敏史・佐藤興治『古代の役所』 岩波書店　1985
淀江町教育委員会編『上淀廃寺と彩色壁画概報』 淀江町教育委員会　1992
淀江町教育委員会編『淀江町国際シンポジウム―上淀廃寺彩色壁画の謎を追う』 今井書店　1993
鷲塚泰光編『仏像を旅する 山陰線』 至文堂　1989

【中　世】
大類伸編『日本城郭全集11 鳥取県の城』 人物往来社　1961
小坂博之『山名豊国』 村岡藩公菩提所法雲寺　1973
環日本海松江国際文化交流会議編『高麗仏教文化と山陰』 環日本海松江国際交流会議　1992
高橋正弘『因伯の戦国城郭』 総合印刷出版　1986
高橋正弘『山陰戦国史の諸問題』 総合印刷出版　1993
沼田頼輔『大山雑考』 稲葉書房　1962
平泉澄『名和世家』 日本文化研究所　1954
宮家準編『大山・石槌と西国修験道』 名著出版　1979
森浩一編『日本海と出雲世界―海と列島文化』 小学館　1991
奥野中彦編『荘園絵図研究の視座』 東京堂出版　2000
日置粂左ヱ門『史料にみる鳥取―歴史と伝え―』 今井出版　2014
『鳥取県中世城館分布調査報告書』第1集(因幡編) 鳥取県教育委員会　2002
『鳥取県中世城館分布調査報告書』第2集(伯耆編) 鳥取県教育委員会　2004
基盤研究(A)『荘園絵図の史料学とデジタル画像解析の発展的研究』 東京大学史料編纂所　林譲　2008
『伯耆倉吉里見忠義関係資料調査報告書』里見氏叢書1，里見氏調査会編集　2008
鳥取歴史博物館編『庭先にひろがる中世―因幡国荘園の世界』 2012
鳥取市あおや郷土館『戦国の知将　亀井茲矩　その足跡と遺産』 2012

【近　世】
鳥取県立博物館編『贈従一位池田慶徳公御伝記』1－5巻　1987-90
鳥取県立公文書館編『鳥府志図録』 鳥取県立公文書館　1994
安達一二『伯耆鉄山農民史』 自家出版　1990
安達一彪『宜堂と純亭』 江府町　1992
梅林武雄校訂『伯耆の元禄旅日記』 今井書店　1989
影山猛『日野町根雨近藤家資料集』1－3巻　自家出版　1984-89
影山猛『たたらの里』 今井書店　1989
河手龍海『因州藩鳥取池田藩の成立』 鳥取市教育福祉振興会　1981
河手龍海『鳥取藩の元禄享保時代』 鳥取市社会教育事業団　1985
河手龍海『鳥取池田家の殿様』 富士書店　1991
徳永職男・河手龍海・日置粂左ヱ門・福井淳人『江戸時代の因伯』上・下　新日本海新聞社　1978・80
鳥取女性史研究会編『ある若き儒者の書状』 鳥取女性史研究会　1994
内藤正中編『山陰の城下町』 山陰中央新報社　1983
森納『因伯の医師たち』 大因伯　1979
山根幸恵他『江戸時代人づくり風土記 鳥取』 農文協　1994

【近・現代】
鳥取県立博物館編『鳥取城絵図集』鳥取県立博物館所蔵　1998
鳥取市歴史博物館編『大名池田家のひろがり　信長・秀吉そして徳川の時代へ』鳥取市歴史博物館開館1周年記念　2001
鳥取市歴史博物館編『天正九年鳥取城をめぐる戦い―毛利・織田戦争と戦国武将・吉川経家』 2005
浅沼喜美・伊谷ます子『明治大正のころ』 鳥取市教育福祉振興会　1977
浅沼喜美『市政をめぐる人々』 鳥取市教育福祉振興会　1978
生田清『生田清遺稿集』 同編集委員会　1993
井上嘉明『山陰の金融史物語』 富士書店　1993
大久保弘『鳥取市事始め物語』 鳥取市教育福祉振興会　1979
山陰合同銀行編『山陰合同銀行史』 山陰合同銀行　1973
山陰合同銀行編『山陰合同銀行五十年史』 山陰合同銀行　1992
須崎俊雄『鳥取の市民運動』 鳥取市教育福祉振興会　1981
曽根樫次『鳥取移住百年誌』 釧路市　1984
竹本節・遠藤一夫『嵐の中の十二年―鳥取県戦後農民運動史』 県政新聞社　1957
鳥取県編『百年の年輪』 鳥取県　1968
鳥取県教育委員会編『鳥取県郷土が誇る人物誌』 第一法規　1990
鳥取県警察本部編『鳥取県警察史』第1巻　鳥取県警察本部　1981
鳥取県の戦災を記録する会編『鳥取県の戦災記録』 鳥取県の戦災を記録する会 1982
鳥取女子短期大学北東アジア文化研究所編『鳥取県の環日本海交流』 富士書店 1996
内藤正中『日本海地域の在日朝鮮人』 多賀出版　1989
中井龍一『鳥取県の農民運動』第1巻　たたら書房　1985
橋浦泰雄『五塵録』 創樹社　1982
福井貞子『倉吉がすり』 米子プリント社　1966
福井貞子『図説日本の絣文化史』 京都書院　1973
福井貞子『木綿口伝』 法政大学出版会　1984
本城常雄『大正の鳥取』 鳥取市教育福祉振興会　1980
松尾茂『鳥取明治大正史』 国書刊行会　1979
松尾茂『鳥取の昭和史』 国書刊行会　1975
松尾茂『鳥取県の誕生』 国書刊行会　1981
松尾茂・須崎博通『なるほど鳥取事始め』 国書刊行会　1985
米沢健一『郷土の青春群像―解放運動に挺身した人々』 県政新聞社　1982
米子商工会議所編『米子商業史』 米子商工会議所　1990

■ 図版所蔵・提供者一覧

見返し表	東京大学史料編纂所
裏上	倉吉博物館
下	鳥取県淀江町
口絵1上	鳥取県淀江町
下	倉吉博物館
2	柳澤迪子・東京大学史料編纂所
3	豊乗寺
4	『鳥府志』岡島正義著，鳥取県立公文書館
5	鳥取県立図書館
6下	倉吉博物館
7上	小坂博之
下	倉吉博物館
8上	燕趙園
下	鳥取県広報室
p. 3	鳥取県広報室
p. 5	鳥取県東郷町
p. 9	倉吉博物館
p. 12上左	日野琢郎
上中	倉吉博物館
上右	鳥取県淀江町
下左	倉吉博物館
下中	倉吉博物館
下右	米子市教育委員会
p. 17上	倉吉博物館
下	読売新聞鳥取支局
p. 19	米子市教育委員会
p. 25	倉吉博物館
p. 28	米子市教育委員会
p. 31	倉吉博物館
p. 34	鳥取県埋蔵文化財センター
p. 38	倉吉博物館
p. 46	倉吉市教育委員会
p. 47	鳥取県教育委員会
p. 50	倉吉市教育委員会
p. 51	倉吉博物館
p. 52	国府町教育委員会
p. 61	倉吉市教育委員会
p. 69	倉吉博物館
p. 75	大山寺
p. 77	倉吉博物館
p. 83	東京大学史料編纂所
p. 95	新興寺
p. 99	瑞仙寺
p. 105	鳥取県教育委員会
p. 109	若桜町教育委員会
p. 110	大日寺
p. 116	山口県文書館
p. 119	小寺琢朗
p. 120	早稲田大学図書館
p. 123	川田信行
p. 149	小坂博之
p. 151	『鳥府志』岡島正義著，鳥取県立公文書館
p. 175	山陰中央新報社
p. 189	鳥取県立図書館
p. 205	倉吉博物館
p. 207	早稲田大学図書館
p. 209	鳥取県立公文書館編『鳥府志図録』
p. 212	早稲田大学図書館
p. 216	新日本海新聞社
p. 231	鳥取県立博物館
p. 249	鳥取県編『因伯記要』
p. 259	鳥取県編『因伯記要』
p. 269	鳥取県編『因伯記要』
p. 276	鳥取県編『因伯記要』
p. 278	鳥取県編『因伯記要』
p. 285	鳥取県編『因伯記要』
p. 287	『山陰道商工便覧』
p. 288	鳥取県編『因伯記要』
p. 296	鳥取県編『因伯記要』
p. 302	新日本海新聞社

敬称は略させていただきました。

紙面構成の都合で個々に記載せず，巻末に一括しました。所蔵者不明の図版は，転載書名を掲載しました。万一，記載洩れなどがありましたら，お手数でも編集部までお申し出下さい。